상표법개론

김원준 저

pnc
publishing and culture
피앤씨미디어

Preface **머리말**

상표란 자기의 상품과 타인의 상품을 식별하기 위하여 사용하는 표장(標章)을 말한다. 상표를 '상품의 얼굴'이라고도 한다. 등록상표를 포함하는 브랜드(brand)란 수요자들의 마음에 가장 먼저 떠오를 수 있는 특정 상품이나 서비스의 가치를 말한다. 상표권은 상표에 내재된 해당 상품에 관한 상표권자의 영업상의 신용 내지 고객 흡인력을 보호법익으로 한다. 상표는 생산업자나 유통업자 등이 자기가 생산하고, 유통하는 상품을 타인의 상품과 구별되도록 하기 위해서 사용하는 식별표지이므로 상표는 거래사회에서 자기의 상품과 타인의 상품을 구별할 수 있는 식별력이 있어야 한다.

상표의 브랜드 가치(brand value)는 브랜드가 가지고 있는 무형의 자산(資産)이다. 기업의 경영자와 브랜드 담당자가 상품이나 서비스를 브랜딩(branding)할 때 수요자에게 브랜드를 광고하고, 브랜드의 인지도를 높이는 전략이 바로 성공의 열쇠라 할 수 있다.

경영학에서 마케팅의 기본적 원리는 '4P'라고 한다. 4P란 제품(product), 가격(price), 유통(place), 촉진(promotion)을 말한다. 프로모션(Promotion)은 주로 제품의 광고선전이다. 광고선전에 필요한 필수적인 요소가 바로 상표권의 취득이라 할 수 있다. 상표권은 설정등록에 의하여 발생한다. 상표(브랜드)관리는 기업경영의 핵심적 요소이며, 상표개발의 중요성은 점차 증대하고 있다.

상표법은 전부개정되어 2016년 9월 1일부터 시행되었다. 이러한 전부개정으로 상표법의 내용이 많이 변경되었으므로 이 책을 집필하게 되었다. 이 책을 집필함에 있어서 여러 제도를 분석·평가하여 소개하였고, 아울러 이해하기 어렵거나 불명확한 부분을 해설하고 그동안 생산된 국내외의 판례와 이론을 모두 정리하여 반영하였다.

교수가 교과서를 집필하는 일은 고행(苦行)의 길이지만, 시중에 「상표법」

교과서가 별로 없으므로 대학과 대학원의 강의교재로 상재(上梓)한다. 저자는 독자들이 이 책을 통하여 상표법의 법리를 이해하고 활용할 수 있는 길잡이가 되기를 기대한다. 이 책을 펴내는 데에 있어서 교정을 도와준 모혜수 연구원에게 감사의 뜻을 표한다.

끝으로 어려운 여건에도 불구하고 이 책이 나오도록 배려해주신 피앤씨미디어 박노일·김중용 대표님과 편집부 여러분에게 깊이 감사드린다.

2017. 1. 10.

전남대학교 법학전문대학원 연구실에서

김 원 준 드림

Content 차 례

제 1 장 상표법 개관

제 2 장 절차의 총칙

제 3 장 상표등록의 요건

제 4 장 상표등록출원

제 5 장 상표심사

제 6 장 상표등록절차

제 7 장 상표권

제 8 장 상표의 유사판단

제 9 장 상표심판 및 재심

제10장 상표소송

제11장 상표권자의 보호

제12장 마드리드 국제상표출원

제13장 브랜드 개발

참고문헌·약어 등

1. 참고문헌

- 김명신, 이제는 지식재산이다, 매일경제신문사, 2012.
- 김원준, 산업재산권법, 마로니에, 2015.
- 김태봉, 로스쿨 민법총칙, 전남대학교출판부, 2015.
- 나종갑, 미국상표법연구, 도서출판 글누리, 2006.
- 문삼섭, 상표법, 세창출판사, 2002.
- 이병용, 조문별·쟁점별 상표판례, 대한변리사회, 2013.
- 이시윤, 신민사소송법(제9판), 박영사, 2015.
- 송영식 외 4인, 송영식지적소유권법[제2판](상), 육법사, 2013.
- 수잔 피스크·크리스 말론, 장진영 옮김, 어떤 브랜드가 마음을 파고 드는가, 전략시티, 2013.
- 사법연수원, 2015 상표법, 사법연수원출판부, 2015.
- 특허청, 상표심사기준, 2016. 9.
- 특허심판원, 특허법원·대법원 상표판결요지집 16집, 2016. 1.
- 특허청 국제특허연수원, 상표법 이론과 실제, 2012. 12.
- 특허청, 2014 지재권 핵심판례 100선, 2014. 12.
- 특허심판원, 2008~2010년 대법원 판례 분석집, 2011.11.

2. 판결의 인용

(1) 본문과 각주에서 국내 판결의 표시는 선고법원, 선고연월일 및 사건번호 순으로 표시하였다.

(예) 대법원 2016. 8. 20. 선고 2015후3560 판결.

(2) 판결요지는 대법원판례집을 인용함을 원칙으로 하되, 필요에 따라 중요한 부분만 발췌하여 편집하였다. 법조문은 현행 상표법 법조문으로 표기했다.

3. 법령의 인용 및 약어

(1) 상표법의 법률명은 표시하지 않고 해당 법률의 법조문 숫자만 표기하였다.

(예) **제33조**: 상표법 제33조를 나타낸다.

(2) 특허청, 「상표심사기준」(시행일: 2016. 9. 1.)은 "상표심사기준"으로 표기하였다.

(3) 다른 법률은 원래의 명칭을 사용하되 다음의 법률은 약칭을 사용하였다.

– 부정경쟁방지 및 영업비밀보호에 관한 법률은 "부정경쟁방지법"으로 표기하였다.

(4) 상표법 시행령과 상표법 시행규칙의 조문은 다음과 같이 표기하였다.

(예) 시행령 제12조 또는 시행규칙 제28조

CHAPTER

1

상표법 개관

제 1 장

상표법 개관

I 서 설

1. 상표의 개념

상표란 자기의 상품과 타인의 상품을 식별하기 위하여 사용하는 표장(標章)을 말한다. 상표는 시장에서 거래되는 독립적인 상품에 부착된 등록상표(trademark)이다. 상표를 '상품의 얼굴'이라고도 한다. 등록상표를 포함하는 브랜드(brand)란 소비자와 거래자(이하 '수요자'라 한다)들의 마음에 가장 먼저 떠오를 수 있는 특정 상품이나 서비스의 가치를 말한다. 좁은 의미의 브랜드는 어떤 상품이나 서비스, 회사 등을 나타내는 상표를 의미하고, 넓은 의미로 브랜드는 자사(自社)의 상품이나 서비스를 타사(他社)의 상품 및 서비스와 차별화하고 자사의 정체성을 담을 수 있는 명칭, 용어, 기호, 상징, 디자인 또는 이러한 요소들의 결합된 표장을 의미한다. 수요자들은 그 브랜드의 존재를 인지하지 못하면 그 브랜드의 상품을 구입하지 않는 경향이 있다.

등록상표의 브랜드 가치(brand value)는 브랜드가 가지고 있는 무형의 자산(資産)이다.[1] 기업의 경영자와 브랜드 담당자가 상품이나 서비스를 브랜딩(branding)

1) 스포츠 의류 중에는 많은 상표가 있지만 그중에서 우리에게 가장 많이 알려진 나이키(NIKE)는 그리스 신화에 나오는 승리의 여신 니케(NIKE)의 날개를 상징한 것으로 열정적인 스포츠의 정신과 승리의 의지를 표현한 상표이다. 나이키 회사 창립 당시 회사를 상징

할 때 수요자에게 브랜드를 광고하고, 브랜드의 인지도를 높이는 전략이 바로 성공의 열쇠라 할 수 있다. 브랜드 관리자는 브랜드 인지도를 높이는 전략으로 고객들의 마음에 좋은 이미지를 각인(deposition)시키는 작업도 연구해야 한다.

2. 상표권의 기능

상표권은 상표에 내재된 해당 상품에 관한 상표권자의 영업상의 신용 내지 고객 흡인력을 보호법익으로 한다. 상표는 생산업자나 유통업자 등이 자기가 생산하고, 유통하는 상품을 타인의 상품과 구별되도록 하기 위해서 사용되는 식별표지이므로 상표는 거래사회에서 자기의 상품과 타인의 상품을 구별할 수 있는 식별력을 가지고 있어야 한다.

상표권의 금지적 효력은 제3자가 상표권자의 등록상표와 동일 또는 유사한 상표를 지정상품과 동일 또는 유사한 상품에 사용하는 것을 금지할 수 있는 권리를 말한다.

상표권의 보호는 유사상표에 관한 금지적 효력이 미치는 범위로서 상표의 유사여부 판단이 실체적인 판단이라 할 수 있다. 등록된 상표권이라 하더라도 일정기간 사용하지 않거나, 상표권자가 고의로 지정상품에 등록상표와 유사한 상표를 사용하여 수요자로 하여금 오인·혼동하게 하는 경우에는 상표등록을 취소하는 취소심판제도가 있다. 등록상표의 취소심판제도는 등록주의의 폐단을 줄이고 타인이 상표를 선택할 수 있는 기회를 확대하기 위한 것이다.

3. 마케팅과 상표의 관계

마케팅의 기본적 원리는 '4P'라고 한다. 4P란 제품(product), 가격(price), 유통(place), 촉진(promotion)을 말한다. 프로모션(Promotion)은 주로 제품의 광고·선전이다. 광고·선전에 필요한 필수적인 요소가 바로 상표권의 취득이라 할 수 있다. 상표권은 설정등록에 의하여 발생한다.

할 수 있는 브랜드를 공모한 결과 포틀랜드 주립대학교의 한 여대생이 창작한 상표인 NIKE가 선정되었다. 나이키사는 골프선수 타이거 우즈와 같은 스포츠 스타에게 NIKE 로고가 새겨진 모자나 의류를 입히는 광고를 하면서 브랜드 파워(brand power)를 구축하고 있다. 미국 경제저널 포브스(Forbes)가 2016년 5월에 발표한 'The World's Most Brands 2016'에 의하면, NIKE의 브랜드 가치는 18위로 275억 달러이다. NIKE는 브랜드를 창작한 사람에게 40만 달러 상당의 주식을 제공했다.

애플은 기술기업이라기보다는 디자인의 차별화와 아이덴티티(브랜드)의 일관성을 추구했고 그것을 마케팅이라는 종합예술로 만들어 시대를 선도하고 있다. 경영학의 대가인 피터 드러커(Peter Durcker)는 “기업경영의 기본적인 기능은 단 2가지, 마케팅과 혁신이다”라고 했는데, 혁신에서는 특허가 그리고 마케팅에서는 상표와 디자인이 핵심적인 역할을 수행한다. 최근에는 경제적 가치와 고객 가치의 개념이 변하여 종전에는 가격, 품질 및 기능이 중요한 경쟁요소였다면, 오늘날의 수요자들은 브랜드(상표), 디자인, 편의성, 감성적 체험을 중시하는 경향이 있다.

상표는 기업경영의 핵심적 요소이며, 인기 있는 상표개발은 중요성이 더욱 증대하고 있다. 최근 상표법의 국제적인 변화는 상표법의 통일화(Harmonization), 상표범위의 확대, 보호내용의 확정이라 할 수 있다. 특히 상품 거래의 국제화(Globalization)가 활발해짐에 따라 상표제도 역시 국제화가 진전되고 있는 경향이다.

4. 상표 환경의 변화

우리나라는 인구 100만 명당 상표출원건수와 디자인출원건수에서 세계 1위를 차지할 정도로 브랜드의 개발과 권리화에 적극적이다. 최근에는 대부분의 경제활동인구가 스마트폰을 사용하게 되면서, 모바일과 스마트폰에 적합한 광고, 마케팅, 브랜딩이 필요하게 되었다. 상표의 경우에도 스마트폰의 작은 화면에 상표를 노출시켜야 하고, 수요자들에게 각인시켜야 하기 때문에 오감브랜딩, 감각브랜딩이 등장하고 있으며 그와 연계하여 소리상표, 동작상표, 냄새상표 등 오감상표의 보호가 중요해지고 있다.

한편, 특허청은 상표법을 지속적으로 개정하여 제도를 보완하고, 국무조정실 주관으로 상표 브로커 근절, 위조상품 단속을 국무조정실 주관의 비정상의 정상화 과제로 추진하는 등 상표 제도의 선진화를 추구하고 있고 상당한 성과를 거두고 있다.

그러나 중국이나 동남아 등지에서는 우리나라 기업들의 유명상표가 선점되어 해당국에서의 영업에 애로를 겪는 경우가 적지 않으며, 최근에는 그 추세가 중소, 중견 기업의 상표로까지 확대되는 경우가 없지 않다.

따라서 기업들은 오감상표 등 비전형 상표가 해외에서 어떻게 보호되는지, 해외에서 상표가 상표브로커에 의해 선점된 경우에는 어떻게 대응해야 하는지 등에 대해서 더욱 신경을 쓰지 않을 수 없게 되었다. 우리나라 경제의 무역의존도는 80% 정도로서 세계 최고수준이다. 우리나라는 수출주도형 경제일 수밖에 없는 형편이므로 계속해서 경제 영토를 넓혀갈 수밖에 없는 경제구조이다.

그만큼 우리나라 기업들은 해외에서 지식재산권 분쟁에 휘말리게 될 가능성이 더 높기 때문에 상표출원과 상표권의 확보 및 방어에 더 많은 투자를 할 필요가 있다고 본다.

Ⅱ 상표제도의 목적

상표법은 상표를 보호함으로써 상표 사용자의 업무상 신용유지를 도모하여 산업발전에 이바지하고 수요자의 이익을 보호함을 목적으로 한다(제1조). 상표법의 목적은 상표권자의 입장에서는 상표에 내재된 상표권자의 신용을 보호·유지하게 하고, 일반 수요자의 입장에서는 상표의 차별성을 이용하여 자기가 원하는 품질의 상품을 선택할 수 있게 하며, 국가적 측면에서는 건전한 상품 거래의 활성화를 통하여 산업발전에 도움이 되도록 하는 데에 있다.

1. 산업발전에 이바지

상표권은 경제거래의 수단으로서 산업의 발전을 도모하기 위하여 인정된 권리이다. 상표의 보호를 통하여 상표사용자의 신용을 보호하고 타인에 의한 부정경쟁행위가 방지되고, 수요자가 안심하고 상품거래를 하게 되면 국가 전체적으로는 시장에서 건전한 상거래질서가 확립되므로 이를 통해서 궁극적으로 국가의 산업발전에 이바지하게 된다.

2. 수요자의 이익보호

상표를 보호하면 상표의 본래의 기능인 상품 출처와 상품 품질의 보증 기능이 발휘될 수 있도록 함으로써 수요자와 거래자의 신뢰이익을 보장하고, 상표사용자로 하여금 계속적인 상품품질의 향상에 노력하도록 함으로써 결과적으로 수요자의 이익을 보호한다.

상표침해행위나 기타 부정한 수단에 의한 상표의 사용행위는 수요자에게 상품의 출처 및 품질에 관하여 오인·혼동을 일으키게 하여 수요자의 신뢰이익을 해치고 경제적 손실을 초래하므로 상표법은 이를 방지하여 수요자의 이익을 보호하는 공익적인 목적을 가지고 있다.

3. 부정경쟁방지 목적

상표제도의 목적은 상표의 오인 내지는 상품의 혼동으로 인하여 발생될 부정경쟁을 방지하고 그 혼동으로 피해를 입은 상표권자의 영업상의 신용을 보전함과 아울러 거래자 및 수요자를 보호하려는 데에 있다. 부정경쟁이란 산업상 또는 영업상 공정한 관행에 반하는 경쟁행위를 의미한다. 상표법은 그 기능이나 목적의 면에서 보면 부정경쟁을 방지하고 건전한 상거래 질서의 확립을 목적으로 한다.

판례는 등록상표권의 행사가 상표사용자의 업무상 신용유지에 피해를 주거나, 공정한 경쟁질서와 상거래질서를 어지럽히는 경우에는 비록 권리행사의 외형을 갖추었다 하더라도 등록상표에 관한 권리를 남용하는 것으로서 허용될 수 없다고 한다.[2)]

상표법은 부정경쟁방지법과 함께 영업상 공정하고 투명한 경쟁질서와 상거래질서를 위한 경쟁법의 일부를 구성한다. 또한 무역 관련 지식재산권 협정(TRIPs)에서 규정하는 상표의 보호를 목적으로 하며, 수요자의 보호에도 기여할 수 있어야 한다.

Ⅲ 상표의 종류

1. 상 표

(1) 서 설

상표란 자타상품을 식별하기 위하여 사용하는 일체의 감각적인 표현수단

2) 대법원 2008. 7. 24. 선고 2006다40461, 40478 판결.

을 의미한다. 상표는 상품의 표장(mark)이다. 넓은 의미의 상표개념으로는 상표 외에 서비스표, 단체표장 및 업무표장을 포함한다. 2016년 개정법(법률 제14033호, 시행일 2016. 9. 1.)에서는 상표와 서비스표를 구분하지 않고 상표로 통일한 것이 특징이다. 상표는 상품의 표장(sign, mark)이며, 구 상표법에서 표장은 기호·문자·도형·입체적 형상 또는 이들을 결합한 것과 이들 각각에 색채를 결합한 것, 색채 또는 색채의 조합만으로 된 상표·홀로그램상표·동작상표 및 그 밖에 시각적으로 인식할 수 있는 모든 유형의 표장을 의미하여 상표법으로 보호받을 수 있었다.

우리나라는 1997년 개정법에서 입체상표제도를, 2007년 개정법에서 색채상표, 홀로그램상표 및 동작상표제도를 도입했다. 또한 2012년 3월 15일 발효된 한미 FTA를 이행하기 위하여 소리상표와 냄새상표가 도입되었다.

(2) 상표의 정의

상표란 자기의 상품과 타인의 상품을 식별하기 위하여 사용하는 표장(標章)을 말한다(제2조 제1항 제1호). 자기의 상품과 타인의 상품을 식별하기 위하여 사용되지 않는 표장은 상표로 볼 수 없다. 상표는 생산업자나 유통업자 등이 자기가 생산하거나 취급하는 상품을 타인의 상품과 구별하기 위하여 사용하는 식별표지이므로, 상표는 자기의 상품과 타인의 상품을 구별할 수 있는 힘인 '식별력(distinctiveness)'을 갖추어야 한다.

상품은 지리적 표시가 사용되는 상품의 경우를 제외하고는 서비스 또는 서비스의 제공에 관련된 물건을 포함한다. 상품은 거래사회에서 상품의 생산자와 소비자를 연결하여 주는 도구로서 시장에서 유통을 위한 산물이라 할 수 있다.

2. 표 장

표장(symbol mark)이란 기호, 문자, 도형, 소리, 냄새, 입체적 형상, 홀로그램·동작 또는 색채 등으로서 그 구성이나 표현방식에 상관없이 상품의 출처(出處)를 나타내기 위하여 사용하는 모든 표시를 말한다(제2조 제1항 제2호). 2015년 개정법에서 표장(標章)을 기호, 문자, 도형, 소리, 냄새, 입체적 형상 또는 색채 등으로서 그 구성이나 표현방식에 상관없이 상품의 출처를 나타내기 위하여 사용하는 모든 표시로 정의하여, 상품의 식별력과 출처 표시 등 그 핵심적인 의미와 대표적인 표현방식 위주로 간결하게 정의하고 있다.

상표법상 상표는 기호, 문자, 도형, 소리, 냄새, 입체적 형상, 홀로그램·동작 또는 색채를 구성요소로 하며, 그것은 시각을 통하여 인식할 수 있는 표지(visible signs) 또는 시각을 통하여 인식할 수 없는 표지를 모두 포함한다.

3. 단체표장

단체표장(collective mark)이란 상품을 생산·가공·판매하거나 서비스를 제공하는 자가 공동으로 설립한 법인이 직접 사용하거나 그 소속 단체원에게 사용하게 하기 위한 표장을 말한다(제2조 제1항 제3호). 상표는 생산·가공·판매·증명하는 것을 업(業)으로 영위하는 자가 자기의 상품에 사용하는 표장이다. 여기서 '업으로 영위한다' 함은 일정한 목적으로 계속 반복하여 영업을 한다는 것을 의미한다.

영리목적의 유무는 묻지 아니하므로 협동조합이나 자선단체 등에서 상표표식으로 사용하는 것도 상표라 할 수 있다. 단체표장의 예로 지리적 표시 단체표장, 로터리 클럽의 로고, 코파스(서울시 가구공업협동조합의 단체표장) 등이 있다. 파리협약 제7조의2에서 단체표장을 보호하도록 규정하고 있으나, 보호요건은 동맹국의 법령에 위임하고 있다.

4. 업무표장

업무표장(business emblem)이란 영리를 목적으로 하지 아니하는 업무를 하는 자가 그 업무를 나타내기 위하여 사용하는 표장을 말한다(제2조 제1항 제9호). 업무표장에 관하여 상표법에 특별히 규정한 것을 제외하고는 상표에 관한 규정이 그대로 적용된다. 대한적십자사, 청년회의소, YMCA, 보이스카우트, YWCA, 한국소비자원 등이 업무표장의 사례이다.

5. 지리적 표시 단체표장

지리적 표시 단체표장이란 지리적 표시를 사용할 수 있는 상품을 생산·제조 또는 가공하는 자가 공동으로 설립한 법인이 직접 사용하거나 그 소속 단체원에게 사용하게 하기 위한 표장을 말한다(제2조 제1항 제6호). 지리적 표시란 상품의 특정 품질·명성 또는 그 밖의 특성이 본질적으로 특정지역에서 비롯된 경우에 그 지역에서 생산·제조 또는 가공된 상품임을 나타내는 표시를 말한다.

지리적 표시 단체표장의 예로 상주군의 상주곶감, 공주군의 정안밤, 영암군의 영암무화과, 진천군의 생거진천쌀, 고흥군의 해맞이쌀 등이 있다.

6. 증명표장

증명표장(certification mark)이란 상품의 품질, 원산지, 생산방법 또는 그 밖의 특성을 증명하고 관리하는 것을 업(業)으로 하는 자가 타인의 상품에 대하여 그 상품이 품질, 원산지, 생산방법 또는 그 밖의 특성을 충족한다는 것을 증명하는 데 사용하는 표장을 말한다(제2조 제1항 제7호). 상표의 기능은 자기의 업무와 관련된 상품을 다른 사람의 상품과 식별하도록 하는 데 중점을 두고 있어 품질인증 기능이 제한적이기 때문에, 상표의 품질보증기능을 강화하여 소비자에게 올바른 상품의 정보를 제공하여 최적의 선택과 소비를 할 수 있도록 하는 데에 그 의의가 있다.

Ⅳ 상표 구성상의 분류

1. 기호상표

기호상표는 문자나 부호 등을 간략히 도안화하거나 Ω · Σ · Ψ 등의 기호를 이용하여 만든 상표를 말한다. 기호상표의 예로 오메가 시계의 상표 'Ω +OMEGA(지정상품: 시계)'는 기호와 문자가 결합된 표장이다. 보통 상품에 기호가 사용되는 경우는 사표(社標, house mark)로서 문자 등과 결합되어 쓰인다.

2. 문자상표

문자상표란 한글·한자·외국어·로마자·숫자 등의 문자로 구성된 상표이다. 문자상표의 예로 PRADA, VERSACE, CHANNEL N° 5, Google, SONATA, 모나미(Monami) 등이 있다. 문자상표를 식별력이 있는 순서로 구분하면, Kodak과 같은 조어(造語)상표, Apple과 같은 임의 선택적 상표, Microsoft와 같은 암시적 상표가 있다. 기술적 상표(descriptive mark)는 그 지정상품의 성질을 직접적으로 설명하고 있는 상표이므로 식별력을 인정할 수 없어 상표등록을 받을 수 없다(제33조 제1항 제3호).

3. 도형상표

도형상표는 동물·식물·풍경 등의 자연물이나 인공물·추상물 또는 기하학적인 도형을 근거하여 만든 로고(logo)를 의미한다. 도형상표의 예로는 벤츠의 로고, 현대자동차의 로고, LG의 로고, NIKE의 로고, Apple의 로고 등이 있다.

4. 결합상표

결합상표는 기호·문자·도형 등이 결합된 상표 또는 입체적 형상 중 둘 이상이 하나로 결합되거나 이들 각각에 색채를 결합하여 구성된 상표를 말한다. 회사의 표장(社標)으로 기호나 도형과 상품표시로서의 문자상표가 결합되어 하나의 상표를 구성한다. 예를 들면, BMW, Audi, Microsoft, Starbucks, 삼성전자, 아시아나항공, 대한항공 등의 상표가 결합상표에 해당한다. 다음 [그림 1-1]은 결합상표의 예이다.

그림 1-1 결합상표의 예 (출처: Google 이미지)

5. 입체상표

(1) 서 설

입체상표는 상품 또는 용기의 외형을 입체적 형상으로 도안화하여 구성된 상표이다. 입체상표가 상품의 기능성을 갖지 않고 자타상품의 식별력을 가질 경우 상표등록을 받을 수 있다. 입체상표의 예로 미키마우스의 형상, KFC의 할아버지 형상, 맥도날드 햄버거의 광대(clown), 야쿠르트 유산균의 용기 등이 있다. 기업은 상품 자체의 형상이나 상품의 용기 또는 포장을 독특하고 디자인적으로도 훌륭하게 만들어 사용하려고 한다.

상품이나 포장, 용기는 수요자의 눈에 띄게 되는데, 당초에는 단지 디자인적으로만 어필하는 정도이지만 반복하여 거래가 지속되면 수요자들은 그 독특함으로 인하여 상품의 출처를 연상하게 된다. 한편, 상품의 형상이나 용기 또는 포장만을 단독으로 사용하는 기업은 없으며, 대부분은 그것들에 상호나 문자상표, 도안이나 라벨 등을 부착해서 사용함이 일반적이지만, 그 경우에도 수요자들은 입체적 형상과 다른 구성부분을 분리하여 각각으로부터 상품의 출처를 연상하는 경우가 많다.

(2) 입체상표로서의 음료용기에 대한 식별력 인정 여부

일본 지적고재(知的高裁) 平城22. 9. 14. 선고 平城22(行ケ)10169 판결에서 야쿠르트 유산균 용기에 사용되는 플라스틱 용기인 입체상표가 일본 상표법 제3조 제2항(사용에 의한 식별력)에 해당한다고 판시함으로써, 유산균 음료 용기 자체에 대한 자타상품의 식별력을 인정하였다. 이 사건 판결은 입체적 형상에 다른 식별력이 있는 구성요소가 있더라도 그 입체적 형상만을 관념적으로 분리하여 그 부분에 대해서 식별력이 인정될 수 있음을 인정한 판결로서 의미가 있다. 우리나라는 아직까지 이와 같은 취지의 판례는 없지만, K2 판결이나 몬테소리 판결 등에서 실사용 상표와 출원상표의 동일성을 보다 탄력적으로 인정하는 경향을 보이고 있다.

한편, 중국 최고인민법원 2012년 知行字 第68號 판결에서 이 사건 출원상표(에르메스의 가죽제 가방)는 입체상표로 출원하였으나 지정상품인 가방의 특성을 고려했을 때 다른 가방에서 보편적으로 채택하는 디자인과 차별화되는 현저한 특징이 있다고 볼 수 없고, 사용에 의한 식별력도 취득했다고 볼 수 없기 때문에 식별력을 인정할 수 없다고 판단하였다.

중국 법원은 입체상표의 식별력을 판단함에 있어서 지정상품에 대한 일반 수요자의 통상적인 인식을 토대로 식별력 여부를 판단하고, 사용에 의한 식별력 취득을 인정하기는 하나 이는 입체상표의 출원인이 직접 사용하여 제출한 증거만으로 판단하는 것이 아니라 지정상품의 전체적인 시장에서 동종업계의 실제 사용 현황도 심리하여 식별력 여부를 판단한다.

6. 색채상표

색채상표는 기호·문자·도형 또는 입체적 형상 등에 채색을 하여 구성된 상표를 말한다. 색채는 그 자체로서는 상표의 구성요소가 될 수 없지만, 기호·문자·도형 또는 입체적 형상 등에 색채가 결합되면 상표의 구성요소로 될 수 있다. 색채상표의 예로는 LG전자의 상표, 코카콜라의 상표, 맥도날드 햄버거의 상표, 피자헛의 모자 형상에 채색된 빨간색 상표 등이 색채상표에 속한다. 1995년 개정법에서 색채상표제도를 도입하였다.

7. 홀로그램상표

미국 콜롬비아 트라이스타 영화사의 홀로그램상표는 움직이는 로고이다. 다음 [그림 1-2]는 콜롬비아 트라이스타 영화사의 홀로그램상표이다. 하늘과 구름을 배경으로 한 줄기의 빛이 나오고, 그 빛은 횃불을 들고 있는 한 여인을 향해 나아가는 모습이다. 이 홀로그램은 1996년 5월 미국 특허청에 상표로 등록되었다. 홀로그램은 각도에 따라 보이는 화상이 다르기 때문에 상품의 위조 방지 수단으로 이용되는 경우가 많다.

그림 1-2 콜롬비아 트라이스타 영화사의 홀로그램상표

8. 동작상표

[그림 1-3]과 같이 미국 MGM 영화사의 수사자 레오가 세 번 울음소리를 내면서 움직이는 표장은 동작상표이자 소리상표로 1986년 7월 미국 특허청에 등록되었다. 또한 람보르기니(Lamborghini) 자동차 문이 수직으로 열리는 '움직이는 방법'이 미국 특허청에 등록되었다. 동작상표에서 제일 중요한 것은 동작상표의 특정 문제이다.

그림 1-3 미국 MGM 영화사의 레오 동작상표

9. 소리상표

소리상표를 출원할 경우, 사실적 표현 요건을 충족하기 위해서 소리표장이 음악 또는 언어를 수반하는 음악인 경우에는 반드시 악보를 제출하여야 한다. 소리표장이 비음악적 소리인 경우에는 오실로그램, 스펙트럼, 소노그램 등으로 소리를 시각적으로 표현하거나 전자파일을 제출하여야 한다. 소리상표의 예로 미국 NBC의 3화음 차임벨 소리, 펩시콜라의 병 따는 소리, MGM 영화의 첫 장면에 등장하는 사자(獅子) 레오(Leo)의 울음소리, SK텔레콤의 '띵띵띠딩띵' 또는 KT의 '두두두 올레'와 같은 소리가 소리상표에 해당된다.

10. 냄새상표

(1) 서 설

냄새상표를 최초로 인정한 사례로는 1990년 미국에서 자수용 실 및 바느질용 실이 지닌 특징적 냄새에 대하여도 출처를 구별하는 상표로서 다른 요소와 달리 취급할 아무런 이유가 없다고 하여, 냄새상표의 사용에 대하여 식별력을 인정하였다. 이후 레이저프린터의 토너에 대한 레몬향, 차량용 윤활유에 대한 아몬드향 등이 등록결정을 받았다. 종래에 미국 특허청은 냄새상표가 시각적으로 인식이 불가능하므로 상표를 자세하게 설명한 서면 제출을 요구하였으나, 상표심사기준에서는 문지르거나 긁어서 냄새를 맡을 수 있는 스티커를 상표의 견본으로서 설명서와 함께 제출할 것을 요구하고 있다.

상표법 시행규칙 제28조 제2항 제5호에 따라 시각적 표현에 합치하는 냄새를 담은 밀폐용기 3통 또는 냄새가 첨가된 패치 30장 중 어느 하나에 해당하는 냄새견본을 제출하여야 한다. 상표의 등록 여부를 연상 작용과 결부시켜 냄새를 통해 우리가 잘 알고 있는 어떤 이미지를 연상할 수 있으면 냄새상표로 등록할 수 있도록 하고 있다.

(2) 사실적 표현의 요건 관련 판례

냄새상표는 시각으로 인식 가능한 상표에 비해서 문제가 많다. 냄새상표는 비전형적인 상표 중에서도 가장 주관적으로 정의되기 때문에 해석의 여지가 크다고 할 수 있다. 유럽사법재판소(CJ) 2002. 12. 12. 선고 C-273/00 판결[3])에서 유럽사법재판소는 "표장이 명확하고, 정확하며, 독립적이고, 쉽게 이해될 수 있으며, 오랫동안 같은 의미로 해석될 수 있고, 객관적으로 표현되어야 한다는 기준을 제시하면서도, 냄새표장의 경우 그 냄새를 화학식으로 표시하고, 문자로 그 특징을 설명하며, 냄새견본을 제출한 것만으로 위 요건을 충족하는 것으로 볼 수 없다"고 하여, 냄새상표의 경우에는 상표등록 가능성을 차단한 것과 같은 결론에 이르게 되었다. 냄새상표가 등록을 받기 위해서 넘어야 하는 큰 장애물 중의 하나가 유럽상표지침 제2조 '사실적 표현(graphical representation)'의 요건을 충족하는 것이다.

(3) 사용에 의한 식별력 인정

냄새상표가 위 요건을 충족하더라도 상표등록을 받기 위해서 넘어야 하는 또 다른 장벽은 일반수요자들이 그 냄새를 상표로서 인식하여야 하며, 그 냄새가 상품 자체의 성질로부터 기인한 것이 아니어야 한다는 것이다. 영국에서는 1994년에 샤넬 N°5 향수의 냄새를 등록하기 위한 출원이 거절되었는데, 왜냐하면 그 냄새는 향수라는 상품의 중요한 속성이기 때문이다. 상표심사기준 제4조 제2항에 따르면 소리·냄새상표는 원칙적으로 식별력을 인정받을 수 없고 사용에 의한 식별력을 인정받아야 한다고 규정하고 있다.

한편, 미국에서는 냄새상표의 등록을 받기 위해서 넘어야 하는 큰 산은 일반수요자들이 그 냄새를 상표로서 인식하고 있다는 것을 입증하는 것인데, 이때 증거의 양이 중요하다고 한다(TMEP §1202.13). 냄새는 비기능적이어야 하며, 지정상품과의 관계에서 식별력이 있음을 입증해야 한다. 냄새상표가 기능적이지는 않지만 식별력을 획득했다고 보기 어려운 경우라면 주등록이 아니라 보조등록을 선택했다가 등록 후 5년이 경과한 후에 주등록으로 옮겨가는 것도 좋은 대안이 될 수 있다. 미국에서 대량으로 상품을 판매하거나 상품에 관한 광고를 하는 것이 쉽지 않은 우리나라 중소기업의 입장에서는 보조등록 후 주등록이라는 루트를 선택하는 것도 좋은 방법일 수 있다.

---

3) EU에서 냄새상표의 등록을 받기 위해서는 그 냄새의 화학식과 '약간 계피향이 나는 과일향'이라는 설명을 하고, 냄새견본을 제출한 것만으로는 유럽연합 상표지침 제2조에서 요구하는 제대로 된 상표의 표현이라고 할 수 없다고 판결하였다.

(4) 냄새상표로 등록된 사례

유럽공동체상표청(OHIM)에 의해 받아들여진 냄새상표로는 테니스공에 대한 '막자른 잔디의 신선한 냄새'와 엔진오일에 대한 '레즈베리 냄새' 등이 있다. 영국에서 냄새상표가 등록된 사례로는 제28류의 다트용 화살에 출원된 '맥주의 강한 향'과 제12류의 자동차용 타이어에 출원된 '장미를 연상시키는 꽃향기 또는 냄새'가 있지만, 이 사건 판결 이후로 유럽에서 냄새상표가 등록된 사례를 찾아볼 수 없다는 점을 고려할 때 국내 기업이 유럽에서 냄새상표를 등록받고자 한다면 그것은 매우 어려운 과정이 될 것이므로 주의를 요한다.

한편, 미국에서는 냄새상표의 견본을 제출할 필요가 없고 그 냄새를 문자로 상세하게 설명하면 충분한 것으로 받아들여지고 있다. 1990년에 미국 상표심판원(TTAB)은 플루메리아꽃을 연상시키는 냄새는 '바느질용 실과 자수용 실'에 대해서 등록될 수 있다고 판단하였다.[4]

11. 위치상표

상표법에서는 위치상표를 규정하고 있지 않지만, 대법원 판례에 따르면, 위치상표는 비록 일정한 형상이나 모양 등이 그 자체로는 식별력을 가지지 아니하더라도 지정상품의 특정 위치에 부착되어 사용됨으로써 당해 상품에 대한 거래자 및 수요자 대다수에게 특정인의 상품을 표시하는 것으로 인식되기에 이르렀다면, 사용에 의한 식별력을 취득한 것으로 인정받아 상표로서 등록될 수 있다. 상표법상 기호·문자·도형 각각 또는 그 결합이 일정한 형상이나 모양을 이루고, 이러한 일정한 형상이나 모양이 지정상품의 특정 위치에 부착되는 것에 의하여 자타상품을 식별하게 되는 표장이 상표의 한 가지로서 인정될 수 있다.

위치상표는 유럽이나 미국에서도 등록이 인정된다. 기업의 입장에서 식별력이 약한 태그(예: 리바이스 청바지의 빨간색 직사각형 태그)나 원포인트 마크라도 그것을 일관된 위치와 방식으로 사용되어 수요자들이 그 부분을 그 상품의 출처표지로 인식하게 되면 그 부분은 상표로서 보호를 받을 수 있게 되므로 활용도가 높을 수 있다. 다만, 위치상표는 출원 단계에서 위치상표로 보호받고자

---

4) In re Clarke, 17 U.S.P. Q.2d 1238(TTAB 1990).

하는 부분과 상품의 형상을 명확하게 구분하는 등 상표의 표현에 세심한 주의를 기울일 필요가 있으며, 각국마다 위치상표의 인정 여부 및 등록요건이 다를 수 있기 때문에 국제적 보호에 있어서는 관심을 가질 필요가 있다.

판 례 아디다스 사건(대법원 2012. 12. 20. 선고 2010후2339 전원합의체 판결)

원고(아디다스)는 2007년 6월 12일에 이 사건 출원을 하였는데, 특허청 심사관은 이 사건 상표가 지정상품인 '스포츠셔츠'의 형상을 보통으로 사용하는 방법으로 표시한 상표에 해당하여 상표법 제33조 제1항 제3호 및 제7호에 해당하고 또한 사용에 의한 식별력을 취득하였다고 볼 수도 없다는 이유로 거절결정을 하였다. 그 후 특허심판원이 원고의 거절결정에 대한 불복심판청구를 기각하자, 원고는 특허법원에 그 심결의 취소를 구하는 소를 제기하였으나 특허법원마저 원고의 청구를 기각하자 이 사건 상고에 이르게 된 것이다.

대법원 전원합의체 판결내용은 다음과 같다.

상표법상 상표의 정의 규정은 1949. 11. 28. 법률 제71호로 제정된 상표법 제1조 제1항에서부터 이 사건 출원상표에 대하여 적용되는 구 상표법(2011. 12. 2. 법률 제11113호로 개정되기 전의 것) 제2조 제1항 제1호에 이르기까지 여러 차례 개정되어 왔으나, '자기의 상품을 타인의 상품과 식별되도록 하기 위하여 사용하는 기호·문자·도형 또는 그 결합'을 상표로 보는 취지는 공통적으로 포함되어 있다. 이러한 상표의 정의 규정은 기호·문자·도형 또는 그 결합을 사용하여 시각적으로 인식할 수 있도록 구성하는 모든 형태의 표장을 상표의 범위로 포섭하고 있다고 할 것이다. 따라서 이러한 규정에 따르면, '기호·문자·도형 각각 또는 그 결합이 일정한 형상이나 모양을 이루고, 이러한 일정한 형상이나 모양이 지정상품의 특정 위치에 부착되는 것에 의하여 자타상품을 식별하게 되는 표장'도 상표의 한 가지로서 인정될 수 있다(이러한 표장을 이하 '위치상표'라고 한다).

위치상표에서는 지정상품에 일정한 형상이나 모양 등이 부착되는 특정 위치를 설명하기 위하여 지정상품의 형상을 표시하는 부분을 필요로 하게 된다. 이때 지정상품의 형상을 표시하는 부분에 대하여는 표장의 전체적인 구성, 표장의 각 부분에 사용된 선의 종류, 지정상품의 종류 및 그 특성 등에 비추어 출원인의 의사가 위와 같은 설명의 의미를 부여한 것뿐임을 쉽사리 알 수 있는 한 이 부분은 위치상표의 표장 자체의 외형을 이루는 도형이 아니라고 파악하여야 한다. 출원인이 심사과정 중에 특허청 심사관에게 위와 같은 의사를 의견제출통지에 대한 의견서 제출 등의 방법으로 밝힌 바가 있는지 등의 사정도 고려되어야 할 것이다. 한편 현재 우리나라에서 상표의 출원 및 그 심사의 과정에서 출원인이 위치상표라는 취지를 별도로 밝히는 상표설명서를 제출하는 절차 또는 위 지정상품의 형상 표시는 상표권이 행사되지 아니하는 부분임을 미리 밝히는 권리불요구 절차 등에 관한 규정이 마련되어 있지 아니하다는 사유는 위와 같은 위치상표의 인정에 방해가 되지 아니한다고 할 것이다. 또한 위치상표는 비록 일정한 형상이나 모양 등이 그 자체로는 식별력을 가지지 아니하더라도 지정상품의 특정 위치에 부착되어 사용됨으로써 당해 상품에 대한 거래자 및 수요자 대다수에게 특정인의 상품을 표시하는 것으로 인식되기에 이르렀다면, 사용에 의한 식별력을 취득한 것으로 인정받아 상표로서 등록될 수 있다.

갑 외국회사가 출원상표 ""를 출원하자 특허청 심사관이 출원상표가 상표법 제33조 제1항 제3호, 제7호에 해당한다는 이유로 거절결정을 한 사안에서, 위 표장의 전체적인 구성 및 표장의 각 부분에 사용된 선의 종류, 지정상품의 종류 및 특성 등에 비추어 보면, 위 출원상표를 출원한 갑 회사의 의사는 지정상품의 형상을 표시하는 부분에 대하여는 세 개의 굵은 선이 부착되는 위치를 나타내기 위한 설명의 의미를 부여한 것뿐임을 쉽사리 알 수 있으므로, 위 출원상표는 세 개의 굵은 선이 지정상품의 옆구리에서 허리까지의 위치에 부착되는 것에 의하여 자타상품을 식별하게 되는 위치상표이고, 위 일점쇄선 부분은 출원상표의 표장 자체의 외형을 이루는 도형이 아니라고 봄이 상당하다.

이 판결은 우리나라 상표법상 위치상표의 개념을 최초로 인정하고, 식별력을 판단함에 있어서 위치상표가 표시된 상품의 형상 부분을 제외하고 위치상표 부분만을 중심으로 판단해야 함을 명백히 한 판결로서 그 의의가 있다. 일반적으로 위치상표는 상품의 특정 위치에 표시된다는 특징과 결합하여 식별력이 인정되는 것이므로, 반드시 그 상표가 표시되는 위치와 연관하여 식별력이나 유사여부 또는 상표의 불사용 여부를 따져야 한다.[5)]

V 상표의 기능

1. 자타상품의 식별기능

상표가 상품의 출처를 표시하거나 상품의 품질을 보증하는 기능을 발휘하

5) 서울중앙지방법원 2011. 5. 6. 선고 2010가합11532 판결에서 원고가 등록한 하단 좌측의 등록상표와 하단 우측의 피고 사용 상표를 대비하면서 "피고의 표장 중 하의의 3선 줄무늬는 허리 부분부터 허벅지 부분까지 상단에만 표시되어 있다. 그러나 이러한 세부적 차이에도 불구하고 전체적인 외관상 '3선 줄무늬가 그려진 스포츠 의류'로 관념되므로 피고의 표장들은 등록상표와 유사하다"고 하여 위치상표의 유사 여부를 판단하였다.

기 위해서는 그 전체로서 자기의 상품과 타인의 상품을 구별할 수 있는 능력인 '자타상품의 식별기능(function of discrimination)'을 가지고 있어야 한다. 상표란 자기의 상품과 타인의 상품을 식별하기 위하여 사용하는 표장이기 때문에 식별기능을 가진다. 상표는 자타상품을 식별하기 위하여 상품과 관련해서 사용하는 표지이다. 따라서 상품은 거래사회에서 유통되는 유체물이므로 자기의 상품과 타인의 상품을 구별할 수 있어서 상품으로서 그 의의가 있다.

예를 들면, 'Galaxy 6'라는 삼성전자가 제조한 스마트폰과 'iPhone 7'이라는 애플이 제조한 스마트폰에 대하여 수요자는 상표를 통해서 스마트폰이 어느 회사의 제품인지를 판단한 후 상품을 선택한다. 따라서 상표는 상품의 출처를 나타내는 자타상품의 식별표지이므로 자기의 상품과 다른 사람의 상품과 구별할 수 있는 '식별력(識別力)'을 갖추어야 등록을 받을 수 있다(제33조).

상표의 자타상품 식별기능은 상표권자의 상품을 같은 종류의 타인의 상품과 구별시켜 주는 기능으로서 상표의 기본적이고 가장 중요한 기능이라고 할 수 있다.

2. 출처표시 기능

상표의 출처표시 기능이란 동일한 상표를 표시한 상품은 동일한 출처(제조사)에서 생산되거나 판매된다는 것을 수요자에게 나타내는 기능을 말한다. 출처표시의 기능은 주로 상표사용자 측면에서 본 상표의 기능이라 할 수 있다. 특히 유명상표가 부착된 상품에 대해서 소비자는 그 상품의 실제 제조업자가 누구인가에 대해서는 별로 관심이 없고 상표만으로 상품의 품질을 믿고 구입하는 것이 통례이다.

예를 들면, 'SONATA'라는 상표가 부착된 자동차를 구입한 경우, 수요자는 자동차의 제조회사가 H사임을 알 수 있다. 판례에 의하면 특정인의 출처로 인식된다고 하는 것은 기존의 상표에 관한 권리자의 명칭이 구체적으로 알려져야 하는 것은 아니며, 누구인지 알 수 없다고 하더라도 동일하고 일관된 출처로 인식될 수 있으면 충분하다고 한다.[6]

---

6) 대법원 2007. 6. 28. 선고 2006후3113 판결.

3. 품질보증 기능

품질보증 기능이란 동일한 상표가 부착된 상품은 통상 동일한 특성과 품질을 가지고 있다고 수요자로 하여금 기억하게 하는 기능을 말한다. 품질보증 기능은 상품의 품질의 동일성을 보증하는 기능이다. 이러한 품질보증 기능은 주로 소비자 측면에서 본 상표의 기능이라 할 수 있고, 일반 수요자를 위한 공익상 필요에 의하여 인정된다고 할 수 있다. 예를 들면, 2000년에 K사가 판매한 세탁기를 사용한 소비자는 K사가 2016년 10월에 세탁기 신제품을 시장에 내놓으면, K사의 세탁기 품질을 믿고 K사의 상표가 부착된 세탁기를 다시 구입하게 된다. 소비자는 일반적으로 K사의 전자 제품의 품질을 인정하기 때문에 다시 동일한 상표가 부착된 제품을 믿고 선호하는 경향이 있다.

4. 재산적 기능

상표는 상표사용자가 자기의 상표를 오랜 기간 계속 반복적으로 사용함으로써 그 상표에 대한 신용이 화체되어 주지·저명한 상표가 되면 그 상표는 무형재산(invisible asset)으로서의 가치인 영업상의 고객흡인력을 창출하게 된다.[7)]

상표의 재산적 기능은 상표권의 자유양도 및 사용권 설정을 통해 구현되고, 기업의 M&A 등에서 상표권의 양도 및 상표의 사용권 설정을 통해서도 구현된다. 상표의 출처표시 기능을 통하여 상표사용자의 신용이 상표에 그대로 반영되기 때문에, 상표의 재산적 가치는 여타 동산, 부동산 등과 비교가 안 될 정도로 그 가치가 높이 평가된다. 또한 상표는 상표법에 의하여 독점배타적인 권리로 보호를 받기 때문에 시장에서 유리한 위치에서 독점권을 행사할 수 있는 재산권이라 할 수 있다.

5. 광고선전 기능

역사적으로 볼 때 출처표시 기능만을 상표의 본래 기능이라고 생각하였으나, 경제 발전과 상품거래의 발전에 따라서 광고선전 기능의 비중이 점차 커지

---

7) 미국 경제 잡지인 포브스(Forbes)가 2016년 5월 11일자로 발표한 2016년 세계 100대 브랜드(The World's Most Brands 2016) 가치 평가에 의하면, 1위 Apple($ 154.3B), 2위 Google, 3위 Microsoft, 4위 CocaCola, 5위 Facebook, 6위 Toyaota, 7위 IBM, 8위 Disney, 9위 MacDonald's, 10위 GE, 11위 Samsung($ 36.1B), 18위 Nike, 71위 Hyundai이다.

고 있다. 상표의 상품에 대한 심리적인 연상작용을 동적인 측면에서 파악한 것으로 상표를 수단으로 하여 거래사회에서 상품의 구매의욕을 일으키는 판매촉진수단으로서의 상표의 기능을 말한다. 이러한 측면에서 상표를 '말 없는 판매원(silent salesman)'이라고도 한다. 광고적 사용행위는 상표의 사용에 해당한다. 디자이너는 방송, 영화 등에서 대중의 인지도가 높은 연예인을 내세워 잡지나 TV 광고 등을 통해서 브랜드의 이미지를 높이는 전략(image making)을 구사한다.

영화 <7년만의 외출>(the Seven Year Itch)에서 지하철 통풍구를 통해 치맛자락을 날린 마릴린 먼로(Marilyn Monroe)의 섹시한 구두는 디자이너 페라가모의 작품이다. 페라가모 구두는 당대 스타인 오드리 헵번, 그레타 가르보, 소피아 로렌 등에게 할리우드 영화 소품으로 쓰이게 하여 유명세를 탔다. 오드리 헵번이 주연한 영화 <티파니에서 아침을>(Breakfast at Tiffany's)을 통해 뉴욕 맨해튼에 있는 보석거리인 티파니(TIFFANY)를 전 세계에 알렸다.

1960년대 스타인 마릴린 먼로에게 잠잘 때 무엇을 입고 자느냐고 묻는 기자의 질문에 먼로는 '넘버파이브 몇 방울'이라고 말하여[8] 샤넬 N°5 향수[9]가 세상에 널리 알려지게 되었다. [그림 1-4]는 샤넬 N°5 향수와 페라가모(FERAGAMO) 여성 구두를 나타낸다.

그림 1-4 N°5 향수와 페라가모 구두

8) What do I wear in bed? Just a few drops of N°5.

9) 가브리엘 샤넬(Gabrielle Chanel)은 20세기 패션계에 혁신을 몰고 오면서 세계적인 명품을 디자인했다. 1920년 프랑스의 패션의 혁명가, 가브리엘 샤넬이 자신의 이름을 딴 향수를 만들고 다섯 번째로 개발하였으므로 숫자 5를 넣어서 1921년에 내놓은 향수가 바로 '샤넬 넘버 파이브'이다. 브랜드 마케팅 결과 CHANEL N°5는 전 세계에서 잘 팔리는 향수가 되었다.

Ⅵ 상표의 사용

1. 상표사용의 행위

상표는 상품에 사용되는 것이다. 상표보호에 관하여 종래에는 영미법계의 사용주의와 대륙법계의 등록주의가 대립되었으나, 상품경제사회의 발전과 더불어 사용주의 국가는 등록주의를, 등록주의 국가는 사용주의를 가미하는 경향이 있다. 상표법상 상표의 사용이란 상품의 동일성을 나타내기 위한 모든 이용을 말한다. 상품 자체 또는 상품의 포장 등에 붙여서 사용되는 경우가 대분이고 상품의 동일성을 나타내기 위하여 사용되는 경우도 포함한다.

상표법상 상표의 사용은 (i) 상품 또는 상품의 포장에 상표를 표시하는 행위, (ii) 상품 또는 상품의 포장에 상표를 표시한 것을 양도 또는 인도하거나 인도할 목적으로 전시·수출 또는 수입하는 행위, (iii) 상품에 관한 광고·정가표·거래서류, 그 밖의 수단에 상표를 표시하고 전시하거나 널리 알리는 행위(제2조 제1항 제11호) 중 어느 하나를 말한다. 상표를 표시하는 행위에는 표장의 형상이나 소리 또는 냄새로 상표를 표시하는 행위와 전기통신회선을 통하여 제공되는 정보에 전자적 방법으로 표시하는 행위가 포함된다(제2조 제2항). 상표사용에 대한 유형으로는 상표법 제2조 제1항 제11호 및 제2항에서 일정한 표시행위, 유통행위, 광고행위를 열거하고 있다. 이러한 상표사용 행위 중 어느 하나에 해당하면 상표법상의 상표의 사용이라 할 수 있다.

2. 상표사용의 유형

상표사용의 유형은 (i) 표시행위: 상품 또는 상품의 포장에 상표를 표시하는 행위, (ii) 유통행위: 상품 또는 상품의 포장에 상표를 표시한 것을 양도 또는 인도하거나 인도할 목적으로 전시·수출 또는 수입하는 행위, (iii) 광고행위: 상품에 관한 광고·정가표·거래서류, 그 밖의 수단에 상표를 표시하고, 전시하거나 널리 알리는 행위로 구분할 수 있다.

3. 상표가 비교광고로서만 사용된 경우

판례 1 CASS 맥주 사건(서울지방법원 1995. 10. 24. 선고 95카합3529 판결)

신청인은 제25류 수영복, 티셔츠 등을 지정상품으로 하는 등록상표 CASS의 상표권자이고, 피신청인은 제32류 맥주, 청주 등을 지정상품으로 하는 등록상표 CASS 상표권자이다.

피신청인이 그 상품인 CASS 상표가 부착된 맥주의 제품출시를 기념하고 그 선전광고를 위하여 피신청인회사의 직원 및 피신청인회사의 제품을 취급하는 주류도매점의 직원들에게 CASS 상표가 부착된 티셔츠 등을 무료로 배포하였다. 피신청인이 배포한 위 티셔츠 등은 피신청인이 그의 상품인 카스맥주의 선전광고 또는 판매촉진의 목적으로 피신청인의 상품을 취급하는 자 또는 그에 관련되는 자에 한정하여 무상으로 배포한 것이라고 할 것이므로, 위 티셔츠 등은 그 자체가 독립된 상거래의 목적물인 상품이 아니라 피신청인의 상품인 카스맥주의 단순한 광고매체에 지나지 아니한다고 보아야 한다. 따라서 피신청인의 위와 같은 경위로 CASS 상표가 부착된 티셔츠 등을 배포한 행위는 신청인의 상표의 사용에 해당하지 아니하여 이는 신청인의 상표를 침해하는 것이라고 할 수 없다.

판례 2 인터넷 검색사이트의 광고 사건(대법원 2012. 5. 24. 선고 2010후3073 판결)

인터넷 검색결과 화면에 스폰서링크로 표시되는 확인대상표장 'VSP 엔티씨'가 갑 주식회사의 등록상표 'VSP'의 권리범위에 속하지 아니한다는 이유로 확인대상표장 사용자 을이 소극적 권리범위 확인심판을 청구한 사안에서, 위 표장이 표시된 인터넷 키워드 검색결과 화면의 내용과 을이 운영하는 회사 홈페이지로 연결되는 전체적인 화면 구조 등을 살펴보면, 인터넷 키워드 검색결과 화면은 위 표장을 붙여 상품에 관한 정보를 일반 소비자에게 시각적으로 알림으로써 광고한 것으로 보기에 충분하므로, 을이 인터넷 키워드 검색결과 화면에 위 표장을 표시하여 한 광고행위는 상표법 제2조 제1항 제11호 (다)목이 정한 상품에 관한 광고에 상표를 표시하고 전시하는 상표의 사용행위에 해당한다.

4. 광고매체가 되는 물품에 대한 상표의 사용

상표법상 상표의 사용이란 또는 상품의 포장에 상표를 표시하는 행위 등을 의미하고, 여기에서 말하는 상품은 그 자체가 교환가치를 가지고 독립된 상거래의 목적물이 되는 물품을 의미한다. 대법원은 "상품의 선전광고나 판매촉진 또는 고객에 대한 서비스 제공 등의 목적으로 그 상품과 함께 또는 이와 별도로 고객에게 무상으로 배부되어 거래시장에서 유통될 가능성이 없는 이른바 광고 매체가 되는 물품은 비록 그 물품에 상표가 표시되어 있다고 하더라도, 물품에 표시된 상표 이외의 다른 문자나 도형 등에 의하여 광고하고자 하는 상품의 출처표시로 사용된 것으로 인식할 수 있는 등의 특별한 사정이 없는 한, 그 자체가 교환가치를 가지고 독립된 상거래의 목적물이 되는 물품이라고 볼 수 없고, 이러한 물품에 상표를 표시한 것은 상표의 사용이라고 할 수 없다.

타인의 등록상표를 그 지정상품과 동일 또는 유사한 상품에 사용하면 타인의 상표권을 침해하는 행위가 되나, 타인의 등록상표를 이용한 경우라고 하더라도 그것이 상표의 본질적인 기능이라고 할 수 있는 출처표시를 위한 것이 아니어서 상표의 사용으로 인식될 수 없는 경우에는 등록상표의 상표권을 침해한 행위로 볼 수 없고, 그것이 상표로서 사용되고 있는지는 상품과 관계, 해당 표장의 사용 태양(즉 상품 등에 표시된 위치, 크기 등), 등록상표의 주지저명성 그리고 사용자의 의도와 사용 경위 등을 종합하여 실제 거래계에서 표시된 표장이 상품의 식별표지로서 사용되고 있는지에 의하여 판단하여야 한다"고 판시하였다.[10)]

판 례 포트메리온 디자인 상표 사건(대법원 2013. 3. 28. 선고 2010다58261 판결)

디자인과 상표는 배타적·선택적인 관계에 있는 것이 아니므로 디자인이 될 수 있는 형상이나 모양이라고 하더라도 그것이 상표의 본질적인 기능이라고 할 수 있는 자타상품의 출처표시를 위하여 사용되는 것으로 볼 수 있는 경우에는 위 사용은 상표로서의 사용이라고 보아야 할 것이다. 그것이 상표로서 사용되고 있는지는 상품과의 관계, 당해 표장의 사용 태양(즉 상품 등에 표시된 위치, 크기 등), 등록상표의 주지저명성 그리고 사용자의 의도와 사용 경위 등을 종합하여 실제 거래계에서 표시된 표장이 상품의 식별표지로서 사용되고 있는지에 의하여 판단하여야 한다(대법원 2012. 3. 29. 선고 2010다20044 판결 등 참조).

원심이 적법하게 채택한 증거들 및 기록에 의하면, ① 원심판시 원고 등록상표 1, 2, 4, 5의 구성은 다음과 같다.

10) 대법원 2012. 3. 29. 선고 2010다20044 판결.

“”, “”, “

”, “”.

이하 순서대로 1, 2, 4, 5를 붙여 ‘원고 등록상표 1’과 같은 방식으로 부르며, 그와 같은 유형의 표장들을 사용한 원고의 보타닉가든 제품은 1999년경부터 한미 유나이티드 주식회사를 통하여 국내에 수입·판매되었고, 그때부터 2006년경까지 판매된 매출액이 약 552억 원 정도이며, 1998년부터 약 10여 년간 각종 잡지, 일간신문, 유명백화점 광고책자 등에서 약 120여 회, 공중파 TV방송으로 약 60여 회, 케이블 TV방송으로 약 7,000여 회 광고 등이 되었는데, 2006. 5. 8.자 중앙일보에는 ‘유럽 명품 도자기 여심 유혹’이라는 제목으로 “야생화, 과일, 나비, 벌 등 자연을 소재로 한 무늬로 유명한 포트메리온은 독특한 마크의 문양 때문에 인기를 얻고 있다. 꽃무늬가 그려진 보타닉가든과 과일이 그려진 포모나는 그림만 봐도 어느 회사 제품인지 알아차릴 정도이다. 230여 가지 모델이 있으며 수집용으로도 인기다”라는 내용의 기사가 게재되기도 한 사실, ② 원고 등록상표 1, 2는 꽃나무나 풀꽃을 잎과 함께 한두 송이를 꺾어 꽃을 중심으로 줄기와 잎을 그 아래로 배치하고 꽃이나 잎 주위에 나비나 잠자리를 2~4마리 배치하여 구성한 도형상표이고, 특히 원고 등록상표 5는 잎맥이 드러나는 세 갈래 잎 형상의 단위 구성요소인 “”가 “”와 같이 동일한 방향으로 연속적으로 배열됨으로써 전체적으로 세 갈래 잎이 일렬로 연결되어 원형을 이루는 도형상표로서 이전의 도자기그릇류에서 볼 수 없었던 독특한 문양의 상표인 사실, ③ 원고는 그릇 가운데의 문양을 여러 가지의 꽃 문양으로 다양하게 교체하고 테두리에는 원고 등록상표 5와 같은 나뭇잎 띠 문양을 배치하여 만든 보타닉가든 제품들을 국내에서 주로 판매하여 왔는데, 원심판시 피고 표장 1~4(그 구성은 각 “”, “”, “”, “”와 같다. 이하 순서대로 1, 2, 3, 4를 붙여 ‘피고 표장 1’과 같은 방식으로 부르며, 제품들에도 원고의 보타닉가든 제품과 동일한 위치에 동일한 크기로 피고 표장 1~4의 나뭇잎 띠 문양과 꽃과 나비 등 문양이 배치되어 있는 사실, ④ 피고 표장 1~4 제품들은 2006년경과 2010년경 인터넷 쇼핑몰인 옥션(Auction), 인터파크, 지마켓(Gmarket)에서 ‘포트메리★스타일’, ‘포트메리온 st 접시’ 또는 ‘명품’ 등으로 선전, 광고되고 판매되어 온 사실을 알 수 있다.

위 사실관계를 앞서 본 법리에 비추어 살펴보면, 도자기그릇에 표현된 디자인은 단순히 디자인으로서만 사용되는 것은 아니고 다른 상품과 구별하는 식별표지로서도 사용되는 것으로 보이고, 원고 등록상표 5와 같은 나뭇잎 띠 문양이나 원고 등록상표 4와 같이 테두리에 나뭇잎 띠 문양을 두르고 가운데에 꽃과 나비 등의 문양을 배치한 문양은 피고 표장 1~4가 사용된 2006년경에는 그 거래자와 수요자에게 현저하게 인식되었다고 할 것이며, 피고 표장 1~4는 원고 등록상표 4 또는 5와 같은 문양이 사용된 원고의 보타닉가든 제품과 거의 동일한 크기와 위치로 제품에 표현되어 있고, 피고 표장 1~4 제품들은 '포트메리온 st 접시' 또는 '명품' 등으로 광고되어 원고의 포트메리온 제품인 것처럼 판매되어 왔으므로, 피고 표장 1~4는 순전히 디자인이나 장식용으로 사용된 것이 아니라 상품의 출처 표시를 위하여 사용된 것으로서 상표로서 사용되었다고 할 것이다.

Ⅶ 상표법의 기본원칙

1. 상표법의 특징

상표법은 상표의 등록요건 및 상표권 등의 실체적 규정을 두고 있는 실체법의 성격을 갖고 있는 한편, 상표등록출원에서부터 심사, 등록, 심판 및 소송 등의 절차를 규율하기 때문에 절차법으로서의 성격도 가지고 있다. 상표법은 상표제도의 원활한 운영을 위하여 사용주의 요소를 가미하고 있다. 상표법의 기본원칙으로서 등록주의, 선원주의, 1상표 1출원주의, 심사주의,[11] 출원공고주의, 직권주의, 권리주의[12] 등을 채택하고 있다.

상표법은 형식적 의미에서 상표법이라고 불리는 법전(法典)을 가리키지만, 실질적으로는 상표제도를 규율하는 법률을 말한다. 상표법은 형식적으로는 지식재산권법의 범주에 속하는 법률이지만, 목적이나 기능의 측면에서 보면 부정경쟁을 방지하고 건전한 상거래질서 확립을 목적으로 하는 일종의 경쟁법 또는 경업질서법으로 부정경쟁방지법과 유사한 법률이라고 말할 수 있다. 상표법 체계를 거시적으로 분석하여 보면, 권리발생, 권리행사, 권리분쟁 및 상표제도의

11) 심사주의란 상표로서 등록받기 위한 법정요건을 갖추었는지 여부에 관하여 특허청 심사관이 심사하는 원칙이다.

12) 권리주의란 상표를 자타 상품식별표지로서 사용하고자 하는 자는 누구라도 국가(특허청)에 등록을 요구할 수 있고, 출원상표가 법정요건을 갖추고 있는 한 국가는 이를 거절할 수 없다는 원칙이다.

경제적인 기여로 구분할 수 있다. 상표법은 기본 법률이고, 하위 법령으로 상표법 시행령과 상표법 시행규칙이 있다.

2. 주요 상표제도

상표법의 기본원칙으로서 등록주의, 선출원주의, 1상표 1출원주의, 심사주의, 출원공고주의, 직권주의, 권리주의 등을 채택하고 있다.

(1) 등록주의

등록주의란 상표가 법정의 요건을 구비하는 경우 업무상 사용한 사실이 있는지의 여부에 불문하고 그 등록을 허용하는 입법주의를 말한다. 사용주의란 상표를 현실로 업무상 사용하고 있어야 그 등록을 인정해주는 입법주의를 의미한다. 상표권은 설정등록에 의하여 발생한다(제82조 제1항)고 규정함으로써 등록주의를 명문화하고 있다. 특허청 심사관으로부터 상표등록결정서를 받았다 하더라도 등록절차를 밟지 아니하면 상표권이 발생되지 않는다.

1) 미국의 사용주의

미국에서 연방상표권의 발생은 주간통상(interstate commerce)에 있어서 상표의 선택과 사용이 전제가 되어야 한다. 즉 미국 상표법(Lanham Act)이 연방법으로 적용이 되기 위해서는 주(state) 내에서만 상업적으로 사용될 것이 아니라 주와 주 사이의 통상(interstate commerce)에 이용되어야 한다. 상표의 우선관계(priority)는 등록이 아닌 사용에 의하여 결정된다. 즉 선사용자가 그 상표에 대하여 우선권이 있다. 상표권자는 등록일로부터 6년이 되는 해에 상업적 사용을 하고 있다는 증명(affidavit)을 신청하여야 한다. 그러한 조치를 취하지 않는 경우에는 상표권의 효력을 상실하게 된다.

2) 미국의 등록주의

미국 상표법하에서 사용을 하지 않으면 상표등록출원을 할 수 없었으나, 1988년 법 개정으로 사용의사(intent-to-use: ITU)가 있으면 등록출원을 할 수 있도록 하였다. ITU(intent-to-use)의 경우에는 사용주의 원칙에 대한 예외가 된다. 우리 상표법은 등록주의가 원칙이지만, 상표법 제33조 제2항에 의하여 기술적 명칭과 같은 경우에는 사용에 의하여 2차적 의미(특별현저성)가 발생하여야 상표권을 등록을 할 수 있으므로 사용주의를 가미한 것과 같은 결과가 된다.

미국 상표법 제44조에 의한 외국에서의 상표등록에 의하여 미국 내에서 상표등록을 하는 경우에는 미국에서 상표등록 전에 실제로 사용하였을 것을 요구하지 않는다. 그러나 상표등록한 후에 사용의무까지 면제되는 것은 아니므로 상표등록을 유지하기 위해서는 상표등록인은 미국 상표법 제8조에서 정하여진 바와 같이 상당한 기간 내에 상표를 사용하고 상표를 상업적 사용을 하고 있다는 점에 대한 증명(affidavit) 또는 선언(declaration)을 신청하여야 한다. 물론 상표를 사용하지 않은 경우에도 특별한 사정이 있는 경우에는 불사용의 하자가 치유될 수 있다. 만일 상표등록 후에 상당한 기간 내에 상표를 사용하지 않거나 상표를 사용하지 않은 것에 대한 정당한 사정이 없는 한 상표등록의 포기로 간주되어 상표등록은 취소된다.[13)]

(2) 선출원주의

동일·유사한 상품에 대하여 동일·유사한 상표가 2 이상 중복 출원되어 경합되었을 경우 먼저 상표등록출원을 한 출원인에게 상표권을 부여한다는 원칙을 선출원주의라 한다(제35조). 한국·일본·독일 등 세계 대부분의 국가들이 선출원주의를 채택하고 있으나, 미국 등 일부국가에서는 선사용주의를 채택하고 있다.

(3) 1상표 1출원주의

상표등록출원을 하고자 하는 자는 상표법 시행규칙 제28조 제1항(별표 1)이 정하는 상품류의 구분에 따라 1류 상의 상품을 지정하여 1상표마다 1출원하여야 한다(제38조 제1항). 이를 '1상표 1출원의 원칙'이라 한다. 1997년 개정법에서 2 이상의 상품류 구분에 속하는 지정상품을 1출원서에 일괄 기재하고 출원하여 등록받을 수 있도록 함으로서 출원절차를 간소화하였다.

(4) 심사주의

심사주의란 상표등록출원에 대하여 등록을 받는 데 필요한 실질적·형식적 요건을 특허청에서 심사한 후 등록 여부를 결정하는 원칙이다. 특허청장은 심사관에게 상표로서 등록받기 위한 법정요건을 갖추었는지 여부에 관하여 상표

13) 나종갑, 239면.

등록출원 및 이의신청을 심사하게 한다(제50조 제1항). 우리나라는 미국, 영국, 일본과 마찬가지로 심사주의를 채택하고 있다.

(5) 출원공고주의

심사관의 심사결과 거절이유를 발견하지 못한 경우 바로 등록사정하던 것을 출원공고를 하고(제57조), 이의신청을 할 수 있도록(제60조) 하는 공중심사제도를 도입하여 등록 이후의 상표권의 분쟁을 미연에 방지하고 심사의 공정을 기하도록 하여 심사주의 단점을 보완하고 있다.

(6) 직권주의

직권주의는 당사자주의에 대립되는 주의로, 상표법은 출원·심사 및 심판 등에서 권한과 책임의 주도권을 국가행정기관인 특허청에게 부여하는 직권주의를 광범위하게 채택하고 있다. 상표법은 심판에 있어서 심리를 위한 자료 및 증거의 채증은 심판관이 직권으로 진행할 수 있는 직권탐지주의(제145조)와 당사자 등의 의사에 관계없이 절차를 진행할 수 있는 직권심리주의(제146조)에서 직권주의를 택하고 있다.

(7) 권리주의

권리주의란 상표를 자타 상품식별표지로서 사용하고자 하는 자는 누구라도 국가(특허청)에 등록을 요구할 수 있고, 출원상표가 법정요건을 갖추고 있는 한 국가는 이를 거절할 수 없다는 원칙이다. 우리 상표법은 권리주의를 채택하여 거절이유(제54조), 정보제공이유(제49조), 이의신청이유(제60조 제1항), 무효사유(제117조 제1항)를 규정하고 있다.

Ⅷ 상표법과 관련되는 법률

1. 특허법

특허나 실용신안은 기술적 아이디어를 보호하고, 상표는 사업자가 상품에 대하여 경쟁업체의 상품과 구별하기 위하여 사용하는 기호, 문자, 도형 등의 일정한 표장을 보호하는 것이 특징이다. 특허는 특허권자나 전용실시권자가 업으로서 특허발명을 독점하여 실시하도록 하여 권리자의 경제적 이익을 보호하면서 제3자가 이를 이용할 수 있다. 반면에 상표는 생산자나 영업자의 신용을 보호하고 나아가서 이에 의지하여 상품이나 서비스를 선택, 구매하는 수요자의 심리적 기능을 보호한다. 상표의 사용은 상품에 관한 사용으로 상품 자체 또는 상품의 포장 등에 붙여서 사용된다.

2. 상 법

상호(trade name)는 상법에 의하여 보호되고, 상표는 상표법으로 보호된다. 상표는 상품의 자타상품의 식별기능을 가지는 것이나, 상호는 상인이 영업상 자기를 표시하는 명칭으로서 영업의 동일성을 표시하는 기능이 있다. 상호는 상인이 영업에 관하여 자기를 표시하는 명칭, 즉 상인의 영업상 명칭이라고 할 수 있다. 상호를 등기하면 동일한 특별시·광역시·시·군에서 동일한 상호를 동종업의 상호로 등기하지 못한다(상법 제22조).

상호가 상품표지로 사용되고 상표로서 등록요건을 갖추어 등록된 경우에는 법률상 상표가 된다. 예를 들면, 진로(소주), 이브자리(이불, 요 등), 모나미(볼펜, 문방구 등) 등과 같이 주식회사라는 법인격을 나타내는 문자를 제외한 부분으로 된 상표가 상호의 약칭인 경우가 대부분이지만 상호가 그대로 상표로 등록된 경우도 있다. 특정의 제품을 주력상품으로 하는 유명메이커가 상호상표를 선정하여 사용하는 예가 많다.

상표는 상인이 제조·판매하는 상품의 동일성을 표시하고, 상호는 상인의 영업상 명칭을 표시한다. 예를 들면, 휴대폰 기기에 붙어 있는 'Galaxy 6'라는 표장은 그 휴대폰의 상표이고, 그 제품을 생산하는 '삼성전자'는 상호 또는 서비스표이다. 상호는 오랜 기간 동안 영업과 일체로 사용되면서 그 기업의 제품, 서비스의 가치나 상인의 대외적 명성 등이 축적되기 때문에 상호권은 상표권처럼 재산적 가치를 갖게 된다.

3. 저작권법

상표법과 저작권법은 모두 지식재산권법의 일종이라는 점에서는 유사하지만, 저작권법은 인간의 지적창작물인 문학·예술·미술 및 음악 등 저작물을 보호하는 법률이다. 반면 상표법은 상표사용자의 단순한 선택에 의한 식별표지를 보호하는 법이라는 점에서 본질적인 차이가 있다. 아울러 정보의 측면에서 보면 저작권법은 저작물의 표현을 보호하는 법이고, 상표법은 상징정보인 상표를 보호하는 법이다. 책의 제호(題號)의 경우 저작권법으로 보호받지 못하나 이를 상표로 출원하면 상표등록을 받을 수 있다.

식별력이 있는 책의 제목은 상표등록이 가능하다. 예를 들면, 태백산맥(조정래), 멀리가는 향기(정채봉), 클래식의 사생활(유정아), 너희와 모든 이를 위하여(김수환) 등은 식별력이 있다.

4. 부정경쟁방지법

상표법은 그 기능이나 목적에서 보면 부정경쟁을 방지하고 건전한 상거래 질서의 확립을 목적으로 한다는 점에서 부정경쟁방지법과 유사한 측면이 있다. 부정경쟁방지법은 국내에 널리 알려진 타인의 상표·상호(商號) 등을 부정하게 사용하는 등의 부정경쟁행위와 타인의 영업비밀을 침해하는 행위를 방지하여 건전한 거래질서를 유지하기 위한 경업질서법에 해당한다. 상표법은 상표등록을 통하여 형식적·획일적으로 보호하는 것에 반하여 부정경쟁방지법은 국내 널리 인식되었음을 요건으로 하여 이른바 '주지상표'를 구체적·개별적으로 보호하는 법률에 해당한다. 따라서 비록 타인의 상표가 국내에서 등록되지 않은 경우에는 이러한 상표를 모방하여 사용하여도 상표법상 전혀 문제가 되지 않으나, 그 타인의 상표가 국내 널리 인식된 주지상표인 경우에는 이를 모방하여 사용하면 부정경쟁방지법상의 부정경쟁행위에 해당하게 되어 법적 제재를 받을 수 있다.

부정경쟁방지법의 특징으로 타인의 상품이나 서비스로 혼동할 가능성이 있도록 자신의 상품이나 서비스를 표출할 때 적용된다는 점, 산업재산권법에 의해서 보호받을 수 없는 경우에 적용된다는 점, 타인의 영업비밀을 침해하는 경우에 적용된다는 점을 들 수 있다. 부정경쟁방지법에서 보호의 대상은 상품출처를 표시하는 모든 표지이고, 보호조건은 국내에서 주지성을 획득하였는지 여부이다. 부정경쟁방지법상의 부정경쟁행위 관련 규정이 상표법과 충돌할 경우는 상표법에 따른다(부정경쟁방지법 제15조). 따라서 부정경쟁방지법은 영업상 표지보호의 부정경쟁에 관하여는 상표법의 특별법의 관계에 있다고 볼 수 있다.

Ⅸ 상표의 인접분야

1. 상 호

(1) 서 설

상표는 자타상품을 식별하기 위하여 사용하는 표장이다. 상호(trade name)란 상인이 영업에 관하여 자기를 표시하는 명칭이다. 상호는 인적 표시인 동시에 영업의 동일성을 나타내는 영업표지이다. 상호는 상법에 의하여 보호될 뿐만 아니라 부정경쟁방지법에 의하여도 보호된다. 상호등기의 효력은 타인이 등기한 상호는 동일한 특별시·광역시·시·군에서 동종영업의 상호로 등기하지 못한다(상법 제22조). 회사 기업이 영업상 거래활동을 하는 경우에는 법인인 회사의 상호 이외에 달리 기업을 나타내는 방법이 없으므로 상호의 사용은 강제적이라 할 수 있다.

상호는 등기하면 그 지자체에서만 보호되나, 상표는 특허청에 등록하면 전국적으로 독점권을 갖는다. 상호는 문자로만 구성되지만, 상표는 도형 등이 결합될 수 있다. 실제로 상호가 영업의 동일성과 신용을 나타내는 표지로 관념되는 경우가 많아 상표와 상호는 사실상으로나 법률상으로 교차되는 경우가 적지 않다.

(2) 상호의 특징

첫째, 상호는 명칭이기 때문에 문자로 표시되고 호칭될 수 있어야 한다. 따라서 문자로 표시할 수 없는 기호나 도형 등은 상호로 사용될 수 없다. 둘째, 상호는 상인의 명칭이다. 따라서 상인이 아닌 자, 예를 들어 소상인, 상호보험회사 또는 협동조합의 명칭은 상호가 아니다. 셋째, 상호는 상인의 영업상 명칭이다. 회사의 경우에는 회사의 명칭이 상호이고, 개인상인(자연인)의 경우에는 자신의 성명 이외에 영업활동에서 사용하는 명칭이 상호이다. 그리고 영업활동에 사용하지 않는 아호 또는 예명 등은 상호가 아니다. 넷째, 상호는 상인이 영업에서

'자기'를 표시한 명칭이다. 상인이 자신의 상품을 표시하기 위한 상표나 영업을 표시하는 영업표는 영업주체인 상인을 표시하는 명칭이 아니므로 상호가 아니다. 상호가 상품표지로 사용되고 상표로서 등록요건을 갖추어 등록된 경우에는 법률상 상표이다. 예를 들어 샘표(간장), 태평양(화장품), 금강(구두), 샤넬(의류) 등과 같이 주식회사라는 법인격을 나타내는 문자를 제외한 부분으로 된 상표가 상호의 약칭인 경우가 대부분이지만 상호가 그대로 상표로 등록된 경우(full name의 상호상표)도 있다. 특정의 제품을 주력상품으로 하는 유명메이커가 상호상표를 선정하여 사용하는 예가 많다.

다섯째, 상법상 주체를 오인시킬 상호의 사용을 금지한다. 상법 제23조 제1항은 "누구든지 부정한 목적으로 타인의 영업으로 오인할 수 있는 상호를 사용하지 못한다"고 규정하고 있다.[14] 상법 제23조 제1항의 규정에 위반하여 상호를 사용하는 자가 있는 경우에 이로 인하여 손해를 받을 염려가 있는 자 또는 상호를 등기한 자는 그 폐지를 청구할 수 있도록 하고 있다(상법 제23조 제2항).

(3) 상표와 상호의 차이점

상표는 상인이 제조·판매하는 상품의 동일성을 표시하고, 상호는 상인의 영업상 명칭을 표시한다. 상호에 관한 권리는 상인이 어느 명칭을 상호로 선정·사용함에 따라 발생한다는 점에서 특허청에 등록하여 권리가 설정되는 상표와는 다르다. 예를 들어, 'SONATA'(지정상품: 제9류, 제12류, 제39류, 제41류)는 상

---

14) 대법원 2016. 1. 28. 선고 2013다76635 판결: 상법 제23조 제1항은 "누구든지 부정한 목적으로 타인의 영업으로 오인할 수 있는 상호를 사용하지 못한다"라고 규정하고 있다. 위 규정의 취지는 일반거래시장에서 상호에 관한 공중의 오인·혼동을 방지하여 이에 대한 신뢰를 보호함과 아울러 상호권자가 타인의 상호와 구별되는 상호를 사용할 수 있는 이익을 보호하는 데 있다. 위와 같은 입법 취지에 비추어 볼 때 어떤 상호가 '타인의 영업으로 오인할 수 있는 상호'에 해당하는지를 판단할 때에는 양 상호 전체를 비교 관찰하여 각 영업의 성질이나 내용, 영업 방법, 수요자층 등에서 서로 밀접한 관련을 가지고 있는 경우로서 일반인이 양 업무의 주체가 서로 관련이 있는 것으로 생각하거나 또는 타인의 상호가 현저하게 널리 알려져 있어 일반인으로부터 기업의 명성으로 견고한 신뢰를 획득한 경우에 해당하는지를 종합적으로 고려하여야 한다.

또한 위 조항에 규정된 '부정한 목적'이란 어느 명칭을 자기의 상호로 사용함으로써 일반인으로 하여금 자기의 영업을 명칭에 의하여 표시된 타인의 영업으로 오인하게 하여 부당한 이익을 얻으려 하거나 타인에게 손해를 가하려고 하는 등의 부정한 의도를 말하고, 부정한 목적이 있는지는 상인의 명성이나 신용, 영업의 종류·규모·방법, 상호 사용의 경위 등 여러 가지 사정을 종합하여 판단하여야 한다.

표이고, 상표권자는 현대자동차 주식회사이다. 소나타 자동차에 부착된 상표는 'SONATA'이고, '현대자동차 주식회사'는 상호이다. 모나미 볼펜에 부착되어 있는 '모나미 153(Monami 153)'이라는 표장은 그 볼펜의 상표이고, 그 볼펜을 생산하여 판매하는 회사인 '모나미 주식회사'가 상호이다.

상호는 오랜 기간 동안 영업과 일체로 사용되면서 그 기업의 제품, 서비스의 가치나 상인의 대외적 명성 등이 축적되기 때문에 상호권은 상표권처럼 재산적 가치를 갖게 된다. 상호가 상품표지로 사용되고 상표로서 등록요건을 갖추어 등록된 경우에는 법률상 상표이다. 예를 들면, 진로(소주), 한샘(부엌가구), 오뚜기(식품), 농심(라면), LG(가전제품), PRADA(의류), 이랜드(캐주얼의류) 등이 있다.

2. 도메인 이름

(1) 서 설

도메인 이름(domain name)은 인터넷상 호스트컴퓨터의 주소에 해당하는 숫자로 된 주소(IP Address)에 해당하는 알파벳 및 숫자의 일련의 결합을 의미한다. 상표가 도메인 이름으로 흔히 사용되는 것은 도메인이름이 주소이고 이 주소를 가장 쉽게 인식시킬 수 있는 도구 중의 하나가 상표이기 때문이다.

문자상표의 경우 그 구성이 도메인 이름과 유사하며 양자는 모두 선전하는 상품이나 서비스의 출처표시 기능을 할 수 있다는 점에서 유사하다. 여기서 도메인 이름과 상호 또는 상표의 충돌문제가 발생된다.

(2) 도메인 이름 침해판단 사례

판례 1 마하몰(MAHAMALL) 사건(대법원 2011. 8. 25. 선고 2010도7088 판결)

상표권 침해가 인정될 수 있으려면 상표의 사용이 전제되어야 하고, 상표법상 '상표의 사용'이란 상표법 제2조 제1항 제11호 각 목에서 정한 행위를 의미하는데, 도메인 이름의 사용이 여기에 해당하기 위해서는 도메인 이름의 사용태양 및 도메인 이름으로 연결되는 웹사이트 화면 표시 내용 등을 전체적으로 고려하여 볼 때 거래통념상 상품의 출처표시로 기능하고 있어야 하고, 이러한 법리는 상표법 제2조 제3항에 의하여 서비스표의 경우에도 마찬가지로 적용된다.

피고인이 갑의 등록서비스표 "마 하" 또는 "마하몰 MAHAMALL"과 유사한 여러 도메인 이름을 사용함으로써 갑의 서비스표권을 침해하였다고 하여 상표법 위반으로 기소된 사안에서, 피고인은 'www.mahamall.com', 'www.mahamall.net', '마하몰.kr', '마하몰.com'이라는 도메인 이름과 '마하몰'이라는 한글 인터넷 도메인 이름을 등록하고(이하 이들 도메인 이름을 합쳐 '이 사건 각 도메인 이름'이라고 한다), 인터넷 사용자가 웹브라우저의 주소창에 이를 입력하면 피고인의 불교정보 포털사이트인 '사찰넷'으로 연결되도록 하는 한편, 위 '사찰넷'에는 피고인의 불교용품 판매사이트인 '사찰몰'로 링크(link)를 해 놓았는데, 이 사건 각 도메인 이름은 '사찰넷' 웹사이트에 접속하는 단계에서 웹브라우저의 주소창에 입력하는 순간에만 잠시 나타나 있다가 '사찰넷' 웹사이트로 연결되는 과정에서 사라져버리고, 나아가 '사찰몰' 웹사이트에 접속하기 위해서는 '사찰넷' 홈페이지의 링크 부분을 다시 클릭해야 하며, 이에 따라 '사찰넷'과 '사찰몰' 웹사이트의 주소창에는 각각의 도메인 이름인 'www.sachal.net'과 'www.sachalmall.com'이 표시될 뿐 이 사건 각 도메인 이름은 나타나지 아니하는 반면, 각 웹사이트의 화면 좌측 상단에는 "사찰넷"과 "사찰몰"로 된 표장이 별도로 표시되어 피고인이 제공하는 불교용품 판매업 등 서비스업의 출처를 표시하는 기능을 하고 있으므로 이 사건 각 도메인 이름이 서비스업의 출처표시로 기능하고 있다고 보기 어렵다. 따라서 이 사건 각 도메인 이름은 상표법상 서비스표로 사용되었다고 할 수 없어 갑의 서비스표권을 침해하였다고 할 수 없다.

판례 2 chanel.co.kr 사건(서울지방법원 1999. 10. 8. 선고 99가합41812 판결)

도메인 이름이 타인의 등록상표권의 침해로 인정되기 위해서는 도메인 이름의 사용이 지정상품이 동일·유사하고, 상표적 사용에 해당하여야 한다. 도메인 이름 chanel.co.kr 사건에서 프랑스 샤넬(chanel)이라는 저명 상호 또는 상표와 동일한 'chanel'을 'chanel.co.kr'이라는 인터넷 도메인 이름으로 등록한 다음 그 홈페이지 여러 곳에 'Chanel International' 또는 '샤넬인터내셔널'이라는 상호를 표시하고, 거래 상품도 샤넬이라 상호 내지는 상표를 들으면 소비자의 머릿속에 연상되는 상품 또는 그와 유사한 상품을 전자거래에서 취급한 경우이다. 이 판결은 도메인 이름과 관련된 우리나라 최초의 판결로서, 저명상표와 동일 유사한 명칭이 포함된 도메인 이름을 사용하는 것은 부정경쟁방지법 위반이라고 판단한 사례이다.

판례 3 vigara.co.kr 사건(대법원 2004. 5. 14. 선고 2002다13782 판결)

비아그라 사건은 위 샤넬 판결의 경우와 달리 상호는 아니며 저명한 상표와 관련된 것이다. 피고들은 'vigara.co.kr'이라는 인터넷 도메인 이름의 홈페이지를 개설·운영하면서 인터넷 통신망으로 생칡즙·칡수 등의 건강식품을 판매하고 있었다. 법원의 상표권 침해행위 해당 여부에 대하여 "원고들은 피고들이 위와 같이 원고들의 상표인 'viagra 또는 비아그라'와 동일한 것을 이 사건 도메인 이름 페이지에 사용하여 생칡즙 등의 건강식품을 판매하는 행위는 원고들 상품권을 침해하거나 침해할 우려가 있는 행위로서 상품권 침해행위에 해당하므로, 이러한 상표권 침해행위는 금지 또는 예방되어야 한다"고 주장하였다. 이에 대해 1심 법원은 상표법상 상표권을 침해하는 행위로 인정되기 위해서는 상표사용자가 타인의 등록상표와 동일한 상표를 그 지정상품과 유사한 상품에 사용하거나 타인의 등록상표와 동일 또는 유사한 상표를 그 지정상품과 동일 또는 유사한 상품에 사용하여야 하므로 상표사용자가 타인의 등록상표를 사용하였더라도 그것이 타인등록상표의 지정상품과 유사하지 않는 상품의 판매를 위하여 사용된 것이라 이를 가리켜 상표권 침해행위라고 할 수 없다고 판단하였다. 또한 1심 법원은 피고들의 행위로 인하여 원고들이 영업상의 이익을 침해받을 우려가 있으므로, 이러한 부정경쟁행위는 금지 또는 예방되어야 한다고 주장하는 원고의 청구를 기각하였다. 그러나 이 사건은 고등법원에서는 부정경쟁방지법 위반으로 인정되었고,[15] 대법원에서도 고등법원의 판결이 그대로 유지되었다. 대법원은 "저명상표인 'viagra'와 유사한 'viagra.co.kr'이라는 도메인 이름의 사용이 부정경쟁방지법 제2조 제1호 (가)목의 부정경쟁행위(상품주체혼동행위)에는 해당하지 아니하나, 같은 호 (다)목의 부정경쟁행위(식별력 손상행위)에 해당하므로 도메인 이름 일부로 사용된 'viagra' 상표 보유자는 자신의 명의로 '.kr' 도메인 이름을 등록할 적격이 있는지 여부와 관계없이 그 도메인 이름의 등록말소를 청구할 수 있다"고 판단하였다.

한편, rolls-royce.co.kr 사건의 판례는 등록한 도메인 이름으로 웹사이트를 개설하였지만 타인의 등록상표의 지정상품과 무관하게 비영리적으로 운영하는 경우로 상표권을 침해하지 않는다고 판단하였다.[16]

X 상표법 개정 동향

1949년 법률 제71호로 상표법이 제정·공포되었다. 1963년 3월 5일 상표법을 일부개정하여 단일법으로 법체계를 갖추게 되었다. 상표법은 1974년과 1990

15) 서울고등법원 2001. 12. 11. 선고 99나66719 판결.

16) 대법원 2004. 2. 13. 선고 2001다57709 판결.

년에 전부개정이 있었고, 28차례의 일부개정이 있었다. 2016년 상표법 전부개정법(제14033호)이 2016년 9월 1일부터 시행되었다.

1. 2012년 개정(시행 2012. 3. 15. 법률 제11113호, 일부개정)

2012년 개정은 「대한민국과 미합중국 간의 자유무역협정 및 대한민국과 미합중국 간의 자유무역협정에 관한 서한교환」의 합의사항에 따라 소리·냄새를 상표의 범위에 포함하고, 상품에 대한 정확한 품질정보를 제공할 수 있도록 증명표장제도를 도입하며, 전용상표사용권 등록제도를 폐지하여 등록하지 아니한 전용사용권도 그 효력이 발생하도록 하였다. 또한 이 법에서 준용하던 특허법의 관련 조문들을 직접 이 법에 규정하여 국민들이 쉽게 이해할 수 있도록 하는 등 현행 제도의 운영상 나타난 일부 미비점을 개선·보완하는 한편, 여러 가지 내용이 한 문장 속에 뒤섞여 있어 내용을 파악하기 어렵거나 너무 길고 복잡한 문장을 간소화하거나 문장을 나누는 등 체계를 정비하여 명확하게 하였다.

(1) 비시각적인 표장인 소리·냄새를 상표의 범위에 추가

소리·냄새 등 비시각적인 표장이라 하더라도 기호·문자·도형 또는 그 밖의 방법으로 시각적으로 인식할 수 있도록 표현한 것은 상표의 범위에 추가하여 상표법에 따라 등록되고 보호될 수 있도록 하였다. 구 상표법은 상표를 시각을 통해 인식될 수 있는 표장으로 한정하고 있으므로 소리·냄새 등 비시각적인 상표는 보호대상이 아니었다. 그러나 소리·냄새상표는 미국뿐만 아니라 유럽·호주 등에서도 인정하고 있어서 이를 도입하였다.

(2) 상품 및 서비스업에 대한 증명표장 신설

상품이나 서비스업의 품질, 원산지, 생산방법 등의 특성을 증명하는 증명표장제도를 도입하여 상표의 품질 보증기능을 강화하고, 소비자에게 상품이나 서비스업에 대한 올바른 정보를 제공하도록 하였다. 증명표장은 우리의 단체표장과 유사하며 상품이나 서비스업의 품질을 증명하기 위하여 사용하는 표장이다. 이 제도의 도입으로 정부·지자체·민간단체 등에서 시행하고 있는 인증 마크제를 활성화시키고 소비 촉진에 기여할 것으로 보인다. 또한 지리적 표시 단체표장권자 및 상표권자에게 선출원주의에 근거한 배타적 권리를 부여하였다.

(3) 특허법 준용규정의 해소

그동안 특허법에서 준용하였던 조문의 내용을 상표법에 직접 규정하여 국민들이 상표법만으로도 상표제도를 쉽게 이해할 수 있도록 하였다. 상표법은 비로소 독립된 법체계를 가질 수 있게 되었다.

(4) 전용사용권의 등록 의무제도 폐지

그동안 상표사용권 중 전용사용권은 등록을 효력발생요건으로 하고 있어 등록하지 않는 경우 그 효력이 발생하지 않았다. 그러나 2012년 개정은 전용사용권을 등록하지 않더라도 그 효력이 발생하도록 하고, 등록을 제3자 대항요건으로 변경하여 상표사용권자의 보호를 강화하였다.

(5) 법정손해배상제도 도입

상표권 침해에 따른 손해배상소송에서 손해의 입증이나 손해액을 추정하기 곤란하여 상표권자 등의 권리 보호가 어려운 경우가 있어 5천만 원 이하의 손해액에 대하여는 상표권자 등의 입증책임을 완화하는 법정손해배상제도를 신설하여 상표권자 등이 실손해액과 법정손해액 중 선택하여 청구할 수 있도록 하였다.

(6) 비밀유지명령제도 도입

상표권의 침해에 관한 소송에서 당사자가 보유한 영업비밀에 대한 비밀유지명령제도를 도입하였다.

2. 2013년 개정(시행 2013. 10. 6. 법률 제11747호, 일부개정)

2013년 개정은 출원인이 타인의 선등록 상표에 대하여 불사용을 이유로 취소심판을 청구한 경우 그 심판결과를 반영하여 상표심사를 진행하도록 함으로써 상표권 취득기간을 단축하고, 상표등록출원인이 심사관의 거절이유 통지에 대한 의견서를 제출기간에 내지 못한 경우에도 일정 기간 이내에 절차의 계속을 신청하여 의견서를 제출할 수 있도록 함으로써 출원인의 편의를 증진하였다. 또한 부정경쟁의 목적 없이 성명·상호 등을 상표로 사용한 경우에는 그 상표를 계속 사용할 수 있도록 함으로써 선사용 상표를 보호하도록 하는 한편, 그 밖에 현행 제도의 운영상 나타난 일부 미비점을 개선하였다.

(1) 상표 불사용 취소심판제도의 개선

출원인이 타인의 선등록 상표에 대하여 불사용을 이유로 취소심판을 청구한 경우에는 출원상표와 타인의 선등록 상표의 동일·유사 여부 판단시점을 현행 출원 시에서 상표등록 여부 결정시로 변경함으로써 출원인의 상표권 취득기간을 단축하였다. 또한 선등록 상표의 불사용을 이유로 취소심판을 청구한 자에 대한 6개월의 우선출원기간을 폐지하여 취소심판청구보다 상표등록출원을 먼저 하도록 함으로써 취소심판청구의 남용 및 취소심판 청구인들 간의 출원경합을 방지하였다.

(2) 기간 미준수에 대한 권리구제수단 마련

출원인 등이 상표등록거절이유 등에 대한 의견서를 해당 기간 내에 제출하지 아니한 경우 바로 거절결정을 하지 아니하고, 그 기간의 만료 후 2개월 이내에 그 절차의 계속을 신청하여 의견서를 제출할 수 있도록 함으로써 상표등록출원인의 편의를 도모하였다.

(3) 선사용에 따른 상표사용권의 인정

자기의 성명·상호 등 인격의 동일성을 표시하는 수단을 상표로 사용하는 자가 부정경쟁의 목적 없이 타인의 상표등록출원 전부터 국내에서 해당 상표를 사용하여 온 경우에는 그 상표를 계속 사용할 수 있도록 함으로써 선의의 상표사용자가 부당하게 상표권 분쟁에 휘말리지 않도록 하였다.

3. 2014년 개정(시행 2014. 6. 11. 법률 제12751호, 일부개정)

2014년 개정은 방송프로그램, 연예인 명칭 등을 무단으로 등록하여 정당한 권리자의 권리행사를 침해하는 등 신의칙에 반하는 상표를 거절할 수 있는 근거 조항을 신설하였다. 또한 개인과 기업의 노력으로 저명해진 상표의 식별력을 약화시키는 유사상표등록을 방지하는 한편, 상표의 사용에 의한 식별력 인정요건을 완화하여 개인과 기업이 실제로 사용하고 있는 상표가 간단하거나 성질표시적인 상표라도 등록을 받을 수 있도록 함으로써 개인과 기업의 브랜드 관리활동을 적극 지원하도록 하였다.

(1) 상표의 사용에 의한 식별력 인정요건 완화

상표등록출원 전부터 상표를 사용한 결과 수요자 간에 특정인의 상품에 관한 출처를 표시로 식별할 수 있는 경우에 상표를 사용한 상품에 한하여 상표등록을 할 수 있다.

(2) 수요자 간에 현저하게 인식되어 있는 상표 희석화 방지조항 마련

수요자 간에 현저하게 인식되어 있는 타인의 상품이나 영업과 혼동을 일으키게 하거나 식별력이나 명성을 손상시킬 염려가 있는 상표에 대하여는 그 등록을 방지할 수 있도록 근거 규정을 마련하였다.

(3) 신의칙에 반하는 출원의 상표등록 방지 및 사용권 제한 규정 신설

계약 및 업무상 관계 등으로 타인이 상표를 사용하거나 상표사용을 준비중임을 알고 있는 자가 정당한 권원 없이 같은 상표를 먼저 출원한 경우 부등록사유에 포함하고, 상표권의 사용이 부정경쟁행위에 해당하게 될 경우 사용권을 제한하는 규정을 신설하였다.

4. 2016년 개정(시행 2016. 9. 1. 법률 제14033호, 전부개정)

2016년 개정법은 상표에 대한 국민들의 이해를 돕기 위하여, 지나치게 복잡하고 제한적으로 규정되어 있는 상표의 정의(定義) 규정을 상표의 핵심적 의미와 그 대표적인 표현방식 위주로 간결하게 정비하였다. 또한 상표를 먼저 사용한 상표등록 출원인에 대한 권리를 보호하기 위하여 상표의 선사용(先使用)에 따른 우선등록 관련 규정을 신설하고, 상표의 불사용에 대한 사후관리를 강화하기 위하여 상표등록의 취소심판제도를 정비하였다. 법 문장은 원칙적으로 한글로 적고, 어려운 용어를 쉬운 용어로 바꾸며, 길고 복잡한 문장을 간결하게 하는 등 국민이 법 문장을 알기 쉽게 이해할 수 있도록 정비하였다.

(1) 상표 등의 정의 규정 개선

상표를 자기의 상품 또는 서비스 등과 타인의 상품 또는 서비스 등을 식별하기 위하여 사용하는 표장(標章)으로 정의하고, 표장을 기호, 문자, 도형, 소리, 냄새, 입체적 형상 또는 색채 등으로서 그 구성이나 표현방식에 상관없이 상품

의 출처를 나타내기 위하여 사용하는 모든 표시로 정의하여, 상품의 식별력과 출처 표시 등 그 핵심적인 의미와 대표적인 표현방식 위주로 간결하게 정비하였다.

(2) 상표등록의 출원공고에 대한 이의신청 이유의 보정기간 등의 연장 근거 마련

특허청장 또는 특허심판원장은 상표등록의 출원공고에 대한 이의신청 이유 등의 보정기간 및 보정각하결정에 대한 심판의 청구기간 등을 당사자의 청구 또는 직권으로 30일 이내에서 한 차례 연장할 수 있도록 하였다.

(3) 상표권 소멸 후 1년간 상표등록 제한 규정의 삭제

먼저 출원하여 등록한 상표에 대한 상표권이 소멸한 후 그 상표와 동일·유사한 상표를 타인이 상표등록하려는 경우 지금까지는 그 상표권이 소멸한 날부터 1년이 지나지 아니하면 상표등록을 받을 수 없도록 하여 왔으나, 앞으로는 1년이 지나지 아니하여도 상표등록을 받을 수 있도록 하였다.

(4) 상표등록을 받을 수 없는 상표 여부 판단시점의 변경

상표등록을 받을 수 없는 상표인지를 판단하는 시점을 지금까지는 상표등록을 출원하는 때를 기준으로 하여 왔으나, 앞으로는 상표등록거절결정 또는 상표등록결정시를 기준으로 하도록 하되, 특정인에게 손해를 입히려고 하는 등 부정한 목적을 가지고 사용하는 상표의 경우 등은 종전과 같이 상표등록을 출원시를 기준으로 하도록 하였다.

(5) 상표의 선사용(先使用)에 따른 우선등록 규정의 신설

동일·유사한 상품에 사용할 동일·유사한 상표에 대하여 같은 날에 둘 이상의 상표등록출원이 경합하는 경우에는 상표등록출원일 전에 그 상표를 먼저 사용한 출원인이 그 상표를 등록받을 수 있도록 하였다.

(6) 선출원(先出願)의 예외 규정의 신설

먼저 출원한 타인의 등록상표와 동일·유사한 상표로서 그 지정상품과 동일·유사한 상품에 사용하는 상표의 경우 지금까지는 상표등록을 받을 수 없도록 하여 왔으나, 앞으로는 먼저 출원하여 등록한 상표권자 등으로부터 상표등록의 동의를 받은 경우에는 상표의 출처 오인 등의 우려가 있는 경우 등을 제외

하고는 상표등록을 받을 수 있도록 하였다.

(7) 상표등록에 대한 심판 취하시 수수료 반환 근거의 신설

상표등록에 대한 심판청구 후 1개월 이내에 그 심판을 취하한 경우에 이미 납부한 수수료는 납부한 자의 청구에 의하여 반환되도록 하여 수수료 반환 대상의 범위를 확대하였다.

(8) 상표등록 취소심판제도의 정비

1) 상표의 정당한 사용 부인(否認) 규정 신설

취소심판의 청구일 전 3개월 이내에 심판청구가 있을 것을 알고서 상표를 사용한 경우는 상표의 정당한 사용에 해당하지 아니한 사용으로 추정하도록 하였다.

2) 청구인 적격 인정범위의 확대

상표등록의 취소심판은 누구든지 청구할 수 있도록 청구인 적격의 인정범위를 확대하되, 단체표장 등에 대한 취소심판 청구의 경우에는 이해관계인만 청구할 수 있도록 하였다.

3) 상표등록의 취소심결의 확정시 상표권 소멸시점의 변경

상표불사용에 따른 취소심판심결이 확정되었을 경우 지금까지는 그 취소심판의 심결이 확정되었을 경우에는 상표권은 그때부터 소멸되고, 불사용취소심판에 해당하는 것을 사유로 취소한다는 심결이 확정되는 경우에는 그 심판청구일에 상표권이 소멸되는 것으로 본다.

(9) 이의신청 이유 등의 보정기간 연장

특허청장 또는 특허심판원장은 상표등록의 출원공고에 대한 이의신청 이유 등의 보정기간 및 보정각하결정에 대한 심판의 청구기간 등을 당사자의 청구 또는 직권으로 30일 이내에서 한 차례 연장할 수 있도록 하였다.

(10) 절차 보완 기간 2개월로 확대

상표에 관한 절차를 밟은 자가 책임질 수 없는 사유로 인하여 거절결정에 대한 심판 등의 청구기간을 지키지 못한 경우에 그 절차를 추후에 보완할 수 있

는 기간을 그 사유가 소멸한 날부터 2개월로 확대하였다.

(11) 조약국 상표권자의 동의 없는 상표등록을 제한하는 출원인의 범위 확대

조약국 상표권자의 동의 없는 상표등록을 제한하는 출원인의 범위를 동업·고용 등 계약관계나 업무상 거래관계 또는 그 밖의 관계로 확대하였다.

(12) 부정한 목적으로 출원한 지리적 표시 등의 판단시기

지리적 표시를 부정한 목적으로 출원하거나 저명한 타인의 상표를 사용하는 경우에 대하여는 상표등록을 받을 수 없는 상표 여부의 판단시기를 출원시로 하였다.

(13) 직권보정 효력과 관련한 출원공고결정의 취소

직권보정의 전부 또는 일부가 처음부터 없었던 것으로 보는 경우 이미 결정된 출원공고결정도 취소된 것으로 본다.

CHAPTER

2

절차의 총칙

제 2 장

절차의 총칙

상표에 관한 절차에 관련되는 서류의 송달, 대리인, 대리인의 선임절차, 기간의 계산, 기간의 연장 및 단축, 전자문서에 의한 상표에 관한 절차의 수행, 절차의 중단, 중단된 절차의 수계, 절차의 중지 등의 절차는 특허에 관한 절차와 동일하기 때문에 특허법의 절차와 중복되는 부분은 생략한다. 상표등록출원절차에 관련되는 권리능력과 행위능력, 절차의 보완과 절차의 무효 등을 설명하기로 한다.

I 상표등록을 받을 수 있는 자

1. 상표등록의 의사적인 요건

국내에서 상표를 사용하는 자 또는 사용하고자 하는 자는 자기의 상표를 등록받을 수 있다. 다만 특허청 직원 및 특허심판원 직원은 상속 또는 유증의 경우를 제외하고는 재직 중 상표를 등록받을 수 없다(제3조 제1항). 상표를 출원하여 등록받으려는 자는 국내에서 출원된 상표를 사용하고 있거나, 적어도 그 상표를 사용할 의사가 있어야 한다.

상표법 제3조를 위반하면 거절이유가 되고 무효사유가 된다. 심사관은 상표를 상표출원인(이하 '출원인'이라 한다)에게 사용할 의사가 없다고 판단한 경우에는 상표법 제3조 위반을 이유로 의견제출통지를 해야 한다(상표심사기준 제5조).

2. 취 지

우리나라에서 상표등록을 받을 수 있는 자는 첫째, 국내에서 상표를 사용하는 자 또는 사용하고자 하는 자이어야 하고, 둘째, 자기의 상표를 등록하는 자이어야 한다. 외국에서 상표를 사용하고자 하거나 사용하지도 않고 방어적인 목적만으로 상표를 등록받고자 하거나 타인을 위하여 하는 상표등록은 인정되지 않는다. 이는 상표제도의 속지성과 상표의 사용에 의한 축적된 신용을 보호하려는 취지 때문이다.

단서규정은 공무원이라는 신분상의 윤리적인 측면에서 특허청 직원 및 특허심판원 직원에 대하여 상표등록을 받을 수 있는 권리를 제한한 것이다. 상표를 등록받을 수 있는 자가 되기 위해서는 민법상 권리를 향유할 수 있는 권리능력을 가져야 한다. 출원인은 자연인과 법인으로 모두 권리능력이 인정된다.

Ⅱ 권리능력

1. 자연인의 권리능력

권리능력이란 인간(자연인)이라면 누구나 갖고 있는 사법상의 권리와 의무의 주체가 될 수 있는 지위 또는 자격을 말한다. 사람은 생존하는 동안 권리와 의무의 주체가 된다(민법 제3조). 따라서 자연인은 출생에서 사망까지 당연히 권리능력을 가지기 때문에 상표에 관하여도 권리 및 의무의 주체가 될 수 있다.

2. 법인의 권리능력

법인은 법률에 의해 법인격을 얻은 주체로서 설립등기를 한 때부터 해산등기를 할 때까지 법적 인격을 가지므로 정관으로 정한 목적의 범위에서 권리와 의무의 주체가 된다(민법 제34조). 따라서 법인은 상표에 관하여도 자기의 이름으로 권리 및 의무의 주체가 될 수 있다. 국가는 주권을 가진 주체로서 법인격이 있는 것으로 간주되므로 상표에 관하여 대한민국의 이름으로 권리 및 의무의 주체가 될 수 있고, 지방자치단체는 지방자치법 제3조에 의해 법인격이 인정되므로 상표에 관하여도 권리 및 의무의 주체가 될 수 있다.

3. 외국인의 권리능력

최근 교통과 통신의 발전으로 인하여 국가 간 인적·물적 교류가 활발하게 증가함에 따라 많은 나라가 내외국인 평등의 원칙을 채택하고 있다. 우리나라에서도 외국인은 국제법과 조약이 정하는 바에 의하여 그 지위를 보장하고 있다(헌법 제6조 제2항). 상표법상 재외자 중 외국인의 권리능력을 인정하는 경우는 (i) 그 자가 속하는 국가에서 대한민국 국민에 대하여 그 국민과 같은 조건으로 상표권 또는 상표에 관한 권리의 향유를 인정하는 경우(평등주의), (ii) 대한민국이 그 외국인에 대하여 상표권 또는 상표에 관한 권리의 향유를 인정하는 경우에는 그 자가 속하는 국가에서 대한민국 국민에 대하여 그 국민과 같은 조건으로 상표권 또는 상표에 관한 권리의 향유를 인정하는 경우(상호주의), (iii) 조약 및 이에 준하는 것에 따라 상표권 또는 상표에 관한 권리의 향유를 인정하는 경우이다(제27조).

우리나라가 외교적으로 승인하지 않는 국가라 할지라도 파리협약의 동맹국이거나 상호주의를 채택하고 있는 등 외국인의 권리능력을 인정받는 국가의 국민은 상표에 관한 권리를 향유할 수 있다. 만일 권리능력이 없는 외국인이 한 상표등록출원이 등록된 경우에는 상표등록의 무효사유가 된다(제117조 제1항 제5호).

Ⅲ 행위능력

1. 당사자

민사소송에서 당사자란 자기의 이름으로 국가의 권리보호(재판이나 강제집행)를 요구하는 사람과 그 상대방을 말한다. 당사자의 호칭은 각 절차에 따라 다르다. 판결절차에서 당사자는 자기의 이름으로 판결을 요구하는 사람 및 그 상대방이다.

미성년자의 친권자·법인의 대표이사 등의 법정대리인이나 소송대리인은 다른 사람의 이름으로 판결을 요구하거나 요구받는 사람이기 때문에 당사자가 아니다.[1)]

2. 미성년자 등의 행위능력

행위능력이란 단독으로 유효한 법률행위를 할 수 있는 능력을 말한다. 우리 민법은 행위무능력자를 보호하므로 상표법은 민법의 취지와 동일한 관점에서 행위무능력자를 규정하고 있다. 미성년자·피한정후견인(상표권 또는 상표에 관한 권리와 관련된 법정대리인이 있는 경우만 해당한다) 또는 피성년후견인은 법정대리인에 의해서만 상표등록에 관한 출원·청구, 그 밖의 절차(이하 '상표에 관한 절차'라 한다)를 밟을 수 있다. 다만, 미성년자 또는 피한정후견인이 독립하여 법률행위를 할 수 있는 경우에는 그러하지 아니하다(제4조 제1항).

미성년자, 사무처리능력이 부족한 장애인, 노약자와 같은 피한정후견인 또는 피성년후견인이 법정대리인을 선임하면 상표에 관한 절차를 밟을 수 있다. 상표법 제4조 제1항 단서에서 "미성년자와 피한정후견인이 독립하여 법률행위를 할 수 있는 경우에는 그러하지 아니하다"고 하여 미성년자 또는 피한정후견인이 법정대리인에 의하지 아니하고 상표에 관한 절차를 밟을 수 있도록 예외 규정을 두고 있다.

상표에 관한 절차에서 미성년자와 피한정후견인이 독립하여 법률행위를 한 경우는 미성년자가 권리만을 얻거나 의무만을 면하는 행위(민법 제5조 제1항),[2)] 법정대리인으로부터 허락된 영업에 관한 행위(민법 제8조 제1항), 미성년자가 혼인을 하여 성년으로 의제된 경우이다(민법 제826조의2).

(1) 성년후견인제도

2013년 7월 1일부터 시행된 민법에서 부정적 인식이 강한 금치산·한정치

---

1) 이시윤, 127면.

2) 부담 없는 증여를 받는 행위, 채무면제의 청약에 대한 승낙, 친권자에 대한 부양료 청구가 이에 해당한다. 법은 부담 없이 증여를 받는 행위 또는 경제적으로 유리한 매매계약 체결 등은 이익을 얻기도 하지만 의무를 부담하는 것이어서 단독으로 하지 못하는 것으로 본다.

산제도를 폐지하고 성년후견제를 도입하였으므로 상표법에서 성년후견인제도를 시행하고 있다. 성년후견제도란 질병 등의 사유로 인한 정신적 제약으로 사무를 처리할 능력이 지속적으로 결여된 사람에 대하여 본인, 배우자 등 청구권자의 청구에 의해 가정법원이 심판하여 법률행위와 재산관리 등의 후견임무를 수행할 후견인을 선임하고 후견감독인을 두는 제도이다.

성년후견인은 본인, 친족, 검사 등의 청구에 의해 선임되는 데 선정된 후견인은 피후견인의 법률행위를 대신하고 재산관리뿐만 아니라 신상보호를 할 수 있다.

이러한 권한은 법원의 재판에 의하여 부여받는다. 새로운 성년후견제도는 후견인의 법정순위(최근친, 연장자 순) 폐지, 복수후견인과 법인후견인제도의 도입, 대리권과 동의권의 범위를 탄력적으로 결정, 신상보호의 개념 도입, 친족회의 폐지와 후견감독인제도의 도입, 법원의 감독기능 강화, 후견계약제도의 도입, 가족관계등록부에서 후견등기로 공시방법의 전환 등이 구 제도와 다른 특징이 있다.[3)]

(2) 후견감독인

법정대리인은 후견감독인의 동의없이 상대방이 청구한 상표등록 이의신청이나 심판 또는 재심에 대한 절차를 밟을 수 있다(제4조 제2항). 후견감독은 종전에는 친족회가 형식적으로 감독하였으나, 개정법에서는 후견감독인이 실질적으로 감독한다.

상표법에서 상대방이 청구한 심판 또는 재심에 관한 절차를 후견감독인의 동의 없이도 수행할 수 있도록 하는 것은 이들 행위는 소극적 행위로서 미성년자 또는 피한정후견인의 권리를 해칠 우려가 적기 때문이다.

(3) 미성년자의 법정대리인

미성년자의 법정대리인은 제1차로 친권을 행사하는 부 또는 모가 된다(민법 제911조). 제2차로는 미성년후견인이고, 미성년자에게 친권자가 없거나 친권자가 법률행위의 대리권과 재산관리권을 행사할 수 없는 경우에는 미성년후견인이 법정대리인이 된다(민법 제928조).

---

3) 김태봉, 67면.

3. 법인이 아닌 사단 등의 행위능력

법인이 아닌 사단 또는 재단으로서 대표자 또는 관리인이 정해져 있는 경우에는 그 사단이나 재단의 이름으로 상표등록의 이의신청인이나 심판 또는 재심의 당사자가 될 수 있다(제5조). 민법의 권리주체에는 자연인과 법인이 있다. 민법은 법인으로서 재단법인과 사단법인을 규정하고 있다. 재단법인은 항상 비영리법인이며, 사단법인은 영리법인 또는 비영리법인이 될 수 있다.

4. 재외자의 상표관리인

국내에 주소 또는 영업소를 가지는 자를 '재내자'라 하고, 국내에 주소 또는 영업소가 없는 자는 '재외자'라 한다. 재외자는 재외자(법인인 경우에는 그 대표자)가 국내에 체재하는 경우를 제외하고는 그 재외자의 상표에 관한 대리인으로서 국내에 주소 또는 영업소가 있는 자(이하 '상표관리인'이라 한다)에 의해서만 상표에 관한 절차를 밟거나 이 법 또는 이 법에 따른 명령에 따라 행정청이 한 처분에 대하여 소를 제기할 수 있다(제6조 제1항).

재외자가 상표관리인을 선임하지 않거나 국내에 체재하지 않은 채로 상표에 관한 절차를 밟기 위하여 서류를 제출한 경우에는 적법한 출원서류로 인정하지 아니한다.

상표관리인은 위임된 권한의 범위에서 상표에 관한 절차 및 이 법 또는 이 법에 따른 명령에 따라 행정청이 한 처분에 관한 소송에 대하여 본인을 대리한다(제6조 제2항).

Ⅳ 절차의 보정과 무효처분 등

1. 절차의 보정

특허청장 또는 특허심판원장은 상표에 관한 절차가 (ⅰ) 미성년자 등의 행위능력(제4조) 또는 대리권의 범위(제7조)를 넘어서는 경우, (ⅱ) 이 법 또는 이 법에 의한 명령에서 정한 방식에 위반된 경우, (ⅲ) 수수료를 내지 아니한 경우

(제78조) 중 어느 하나에 해당하는 경우에는 기간을 정하여 보정을 명하여야 한다(제39조).

절차의 보정이란 상표등록출원의 절차적 사항에 관한 형식적 요건에 흠결이 있는 경우 이를 보충하거나 정정하는 것을 말한다. 절차에 관한 보정은 특허청장이나 특허심판원장에 의한 보정이 일반적이지만, 출원인이 해당 절차의 흠을 자진하여 보정할 수도 있다. 특허청장은 지정기간 내에 보완을 하지 않은 상표등록출원을 부적법한 것으로 보아 반려할 수 있다.

2. 무효처분

특허청장 또는 특허심판원장은 상표법 제39조에 따른 보정명령을 받은 자가 지정된 기간 내에 그 보정을 하지 아니하면 상표에 관한 절차를 무효로 할 수 있다(제18조 제1항).

특허청장 또는 특허심판원장은 상표에 관한 절차를 무효로 하였더라도 지정된 기간을 지키지 못한 것이 보정명령을 받은 자가 책임질 수 없는 사유에 의한 것으로 인정되는 경우에는 그 사유가 소멸한 날부터 2개월 이내에 보정명령을 받은 자의 청구에 따라 그 무효처분을 취소할 수 있다. 다만, 지정된 기간의 만료일부터 1년이 지났을 경우에는 그러하지 아니하다(제18조 제2항). 대법원은 “민사소송법 제173조 제1항[4]이 규정하는 소송행위의 추후보완은 당사자가 그 책임을 질 수 없는 사유로 인하여 불변기간을 준수할 수 없었던 경우에 비로소 가능한 것이고, 여기서 당사자가 책임질 수 없는 사유란 당사자가 그 소송행위를 하기 위하여 일반적으로 하여야 할 주의를 다하였음에도 불구하고 그 기간을 준수할 수 없었던 경우를 가리키는 것이다”라고 판시하였다.[5]

3. 절차의 추후 보완

상표에 관한 절차를 밟은 자가 책임질 수 없는 사유로 인하여 거절결정에 대한 심판의 청구기간이나 보정각하결정에 대한 심판의 청구기간 또는 재심의

4) **민사소송법 제173조** ① 당사자가 책임질 수 없는 사유로 말미암아 불변기간을 지킬 수 없었던 경우에는 그 사유가 없어진 날부터 2주 이내에 게을리한 소송행위를 보완할 수 있다. 다만, 그 사유가 없어질 당시 외국에 있던 당사자에 대하여는 이 기간을 30일로 한다.

5) 대법원 2009. 9. 24. 선고 2009다44679 판결.

청구기간을 지키지 못한 경우에는 그 사유가 소멸한 날부터 2개월 내에 지키지 못한 절차를 추후 보완할 수 있다. 다만, 그 기간 만료일부터 1년이 지났을 경우에는 그러하지 아니하다(제19조).

4. 절차의 효력 승계

상표권 또는 상표에 관한 권리에 관하여 밟은 절차의 효력은 그 상표권 또는 상표에 관한 권리의 승계인에게 미친다(제20조). 상표등록출원의 승계는 상속이나 그 밖의 일반승계의 경우를 제외하고는 출원인 변경신고를 하지 아니하면 그 효력이 발생하지 아니한다(제48조 제1항). 상표등록출원의 상속이나 그 밖의 일반승계가 있는 경우에는 승계인은 지체 없이 그 취지를 특허청장에게 신고하여야 한다(제48조 제3항).

5. 절차의 속행

특허청장 또는 심판장은 상표에 관한 절차가 특허청 또는 특허심판원에 계속(繫屬) 중일 때 상표권 또는 상표에 관한 권리가 이전된 경우에는 그 상표권 또는 상표에 관한 권리의 승계인에게 그 절차를 속행(續行)하게 할 수 있다(제21조).

V 서류의 열람 · 송달

1. 서류의 열람

상표등록출원 및 심판에 관한 증명, 서류의 등본 또는 초본의 발급, 상표원부 및 서류의 열람 또는 복사를 원하는 자는 특허청장 또는 특허심판원장에게 서류의 열람 등의 허가를 신청할 수 있다(제215조). 상표권이 발생된 후 상표권의 심판 또는 소송이 제기되면, 이해관계인 또는 대리인은 특허청에서 발생된 서류를 열람하여 출원경과를 파악할 필요가 있다.

2. 서류의 반출과 공개금지

(1) 서류의 반출 금지

상표등록출원·심사·상표등록 이의신청 심판 또는 재심에 관한 서류나 상표원부는 (ⅰ) 상표검색 등을 위하여 상표등록출원, 지리적 표시 단체표장등록출원, 심사 또는 이의신청에 관한 서류를 반출하는 경우, (ⅱ) 상표문서 전자화 업무의 위탁을 위하여 상표등록출원, 심사, 이의신청, 심판 또는 재심에 관한 서류나 상표원부를 반출하는 경우, (iii) 온라인 원격근무를 위하여 상표등록출원, 심사, 이의신청, 심판 또는 재심에 관한 서류나 상표원부를 반출하는 경우 중 어느 하나에 해당하는 경우를 제외하고는 이를 외부로 반출할 수 없다(제216조 제1항). 상표에 관한 절차에서 발생된 서류는 외부로 반출할 수 없고 비밀로 유지하여야 한다. 다만, 상표문서전자화 업무의 위탁을 위하여 전문기관에 서류를 반출하는 경우와 심사관이 원격근무에 필요한 경우에 예외적으로 외부로 반출이 허용된다.

(2) 서류의 공개금지

상표등록출원, 심사, 이의신청, 심판 또는 재심으로 계속 중인 사건의 내용이나 상표등록여부결정, 심결 또는 결정의 내용에 관하여는 감정·증언을 하거나 질의에 응답할 수 없다(제216조 제2항). 심사관 또는 심판관은 해당 업무에 대하여 독립하여 심사 또는 심판하여야 한다. 심사관 또는 심판관이 판단한 사항은 상표권의 대세적 효력과 직접 관련되므로 상표법 제216조 제2항에 따라 감사원 또는 법원 등에서 담당한 사건의 증언이나 질의에 응답할 의무가 없다.

3. 서류의 송달

(1) 재외자에 대한 서류의 송달

재외자로서 상표관리인이 있으면 그 재외자에게 송달할 서류는 상표관리인에게 송달하여야 한다. 다만, 심사관이 국제사무국을 통하여 국제상표출원인에게 거절이유를 통지하는 경우에는 그러하지 아니하다(제220조 제1항).

(2) 공시송달

송달을 받을 자의 주소나 영업소가 불분명하여 송달할 수 없는 때에는 공시송달을 하여야 한다(제219조 제1항). 공시송달은 송달할 서류를 받을 자에게 어느 때라도 교부한다는 뜻을 상표공보에 게재함으로써 행한다(제219조 제2항). 최초의 공시송달은 상표공보에 게재한 날부터 2주일이 지나면 그 효력이 발생한다(제219조 제3항). 이는 민법 제113조(의사표시의 공시송달)[6]에 기한 민사소송법 공시송달의 규정과 동일한 취지이다.

4. 서류 제출의 효력 발생 시기

이 법 또는 이 법에 따른 명령에 따라 특허청장 또는 특허심판원장에게 제출하는 출원서·청구서, 그 밖의 서류(물건을 포함한다)는 특허청장 또는 특허심판원장에게 도달한 날부터 그 효력이 발생한다(제28조 제1항). 상표법에서 서류제출의 효력발생시기는 '도달주의'를 택하고 있다. 이는 민법 제111조[7]의 의사표시의 효력발생시기의 효력을 도달주의로 하고 있는 취지와 같다. 출원서·청구서, 그 밖의 서류를 우편으로 특허청장 또는 특허심판원장에게 제출하는 경우에는 (ⅰ) 우편법령에 따른 통신날짜도장에 표시된 날이 분명한 경우: 표시된 날, (ⅱ) 우편법령에 따른 통신날짜도장에 표시된 날이 분명하지 아니한 경우: 우체국에 제출한 날(우편물 수령증에 의하여 증명된 날을 말한다)의 구분에 따른 날에 특허청장 또는 특허심판원장에게 도달한 것으로 본다. 다만, 상표권 및 상표에 관한 권리의 등록신청서류를 우편으로 제출하는 경우에는 그 서류가 특허청장 또는 특허심판원장에게 도달한 날부터 효력이 발생한다(제28조 제2항).

---

6) **민법 제113조(의사표시의 공시송달)** 표의자가 과실없이 상대방을 알지 못하거나 상대방의 소재를 알지 못하는 경우에는 의사표시는 민사소송법 공시송달의 규정에 의하여 송달할 수 있다.

7) **민법 제111조(의사표시의 효력발생시기)** ① 상대방이 있는 의사표시는 상대방에게 도달한 때에 그 효력이 생긴다. ② 의사표시자가 그 통지를 발송한 후 사망하거나 제한능력자가 되어도 의사표시의 효력에 영향을 미치지 아니한다.

민법 112조(제한능력자에 대한 의사표시의 효력) 의사표시의 상대방이 의사표시를 받은 때에 제한능력자인 경우에는 의사표시자는 그 의사표시로써 대항할 수 없다. 다만, 그 상대방의 법정대리인이 의사표시가 도달한 사실을 안 후에는 그러하지 아니하다.

CHAPTER

3

상표등록의 요건

제 3 장

상표등록의 요건

상표법은 등록주의, 심사주의, 선출원주의 등을 원칙으로 하고 있다. 출원상표가 상표등록을 받기 위해서는 다음 요건들을 모두 충족해야 한다. 즉 (i) 상표법상의 상표에 해당하여야 하고, (ii) 출원상표와 동일한 선등록상표가 없어야 하며, (iii) 상표에 대한 사용사실의 유무와 관계없이 상표로서의 구성요건을 갖추어 상표로서의 식별력[1]이 있어야 하고, (iv) 부등록 사유에 해당하지 않아야 하며, (v) 출원상표와 유사한 선등록상표가 존재할 경우 상표가 유사하지 않아야 한다.

제 1 절 식별력 요건

I 등록요건의 종류

1. 주체적 요건

주체적 요건이란 상표권자가 될 수 있는 자격을 말한다. 국내에서 상표를 사용하는 자 또는 사용하고자 하는 자는 상표법이 정하는 바에 의하여 자기의 상

1) 상표법상 식별력(distinctiveness)이란 거래자나 일반 수요자로 하여금 상표를 표시한 상품이 누구의 상품인가를 알 수 있도록 인식시켜 주는 능력을 말한다. 식별력을 '특별 현저성'이라고도 한다.

표를 등록받을 수 있다(제3조). 상표법상 출원인은 자연인 또는 법인이며, 외국인은 평등주의·상호주의 원칙과 조약에 따라 그 자격이 결정된다. 상표사용에 합리적인 의심이 있는 경우, 심사관의 판단에 따라 사용의사를 확인할 수 있다.

외국에서 상표를 사용하고자 하거나 사용하지도 않고 방어적인 목적만으로 상표를 등록받고자 하거나 타인을 위하여 하는 상표등록은 인정되지 않는다. 이는 상표제도의 속지성과 상표의 사용에 의한 축적된 신용을 보호하려는 상표법의 취지 때문이다. 주체적 요건을 위반하면 거절이유(제55조), 이의신청이유(제60조 제1항)와 무효사유(제117조 제1항)가 된다.

2. 실체적 요건

상표법 제33조에서 상표등록의 요건을 규정하고 있다. 상표의 등록요건은 출원의 형식 등 절차적 요건과 상표의 구성 자체가 자타상품의 식별력을 가진 것인지, 부등록사유에 해당되지 않는지에 관한 실체적 요건이 있다. 이 중에서 실체적 요건은 적극적 요건과 소극적 요건으로 구분한다. 적극적 요건은 상표등록을 받을 수 있는 요건(제33조)을, 소극적 요건은 상표등록을 받을 수 없는 상표(제34조)를 말한다.

3. 적극적 요건

상표의 가장 중요한 기능은 자타상품 식별기능이기 때문에, 출원상표가 등록받기 위해서는 식별력을 가져야 한다. 상표법 제33조 제1항 제1호 내지 제7호에서는 자타상품의 식별력이 없는 상표를 열거하고 있다. 일반적으로 식별력 유무의 판단은 지정상품과 관련하여 판단한다. 식별력이 없는 상표라 하더라도, 상표등록출원일 전부터 그 상표를 사용한 결과 수요자 간에 특정인의 상표로 현저하게 인식된 경우에는 예외적으로 등록이 가능한 경우가 있다(제33조 제2항).

주체적 판단기준은 해당 지정상품에 관한 거래사회에서의 일반 수요자 및 거래자의 평균적 인식을 기준으로 식별력 유무를 판단한다. 식별력 유무의 판단기준시점에 대하여 대법원은 "출원된 상표가 상표법 제33조 제1항 각 호의 식별력 요건을 갖추고 있는지 여부에 관한 판단의 기준 시점은 원칙적으로 등록결정시 또는 거절결정시이고 거절결정에 대한 불복심판에 의하여 등록 여부

가 결정되는 경우에는 그 심결시라고 할 것이다"고 판시하였다.[2)]

4. 식별력의 판단

(1) 식별력의 의의

식별력(Distinctiveness)이란 자기의 상품과 타인의 상품을 구별하게 해주는 힘(自他商品識別力)을 의미한다. 나아가 특정인에게 독점배타적인 권리를 주는 것이 공익상 적합한지 여부(자유사용의 필요성)까지 포함하는 개념으로 사용된다. 상표는 식별력 정도에 따라 보통명칭 표장(generic mark), 기술적 표장(descriptive mark), 암시적 표장(suggestive mark),[3)] 임의선택 표장(arbitrary mark), 조어(창작) 표장(coined mark)으로 구분할 수 있다.

(2) 식별력 여부의 판단

상표법 제33조 제1항 각 호의 식별력 없는 표장에는 본질적으로 상품의 출처표시기능을 할 수 없는 것뿐만 아니라, 경쟁업자 간의 자유로운 사용을 위하여 또는 공익상 특정인에게 독점배타적인 권리를 주는 것이 바람직하지 않은 경우까지 포함하고 있다. 따라서 식별력 여부를 판단할 때에는 먼저 상표로서 자타상품의 출처를 구별할 수 있는 기능을 할 수 있는지를 파악하고, 특정인에게 독점배타적인 권리를 부여해도 경업자 간의 자유경쟁 등 공익을 해칠 우려가 없는지를 판단하여야 한다. 다만, 상표법의 1차적 목적은 상표사용자의 업무상 신용유지와 수요자의 이익보호에 있으므로 해당 거래업계의 자유사용을 제한할 우려를 지나치게 확대해석해서는 안된다.

일반적으로 보통명칭(제1호)·관용표장(제2호)·성질표시(제3호)는 '상품과 관련'하여 식별력 유무를 판단하여야 하나, 현저한 지리적 명칭(제4호)·흔한 성이나 명칭(제5호)·간단하고 흔한 표장(제6호)은 '상품과 관련없이' 특정인에게 독점배타적인 권리를 부여하는 것이 공익상 부당하다는 정책적인 고려에서 식별력이 없는 것으로 보고 있다.[4)]

---

2) 대법원 2014. 10. 15. 선고 2013후1146 판결; 대법원 2015. 1. 29. 선고 2014후2283 판결.

3) 암시적으로 표시한 사례: SMAT & SOFT(냉장고, 1996후1729), QUEEN(화장품, 2009후2098), PUREYOGA(요가교육업, 2005후2595), BLUEMARK(프린터용 잉크, 2009허7345).

4) 상표심사기준, 122면.

Ⅱ 자타상품의 식별력이 없는 상표

1. 보통명칭상표

(1) 의 의

그 상품의 보통명칭을 보통으로 사용하는 방법으로 표시한 표장만으로 된 상표는 상표등록을 받을 수 없다(제33조 제1항 제1호). 보통명칭이란 그 상품을 취급하는 거래사회에서 통상의 기술자 및 일반수요자 사이에 그 상품을 일반적으로 지칭하는 것으로 사용되고 인식되어 있는 명칭을 말한다. 따라서 보통명칭상표는 상품의 식별력이 없을 뿐만 아니라, 누구나 자유롭게 사용할 필요가 있는 것이므로 특정인에게 독점배타권을 인정하는 것은 공익에 반하기 때문에 등록을 받을 수 없다.

(2) '~만으로 된'의 해석

상표법상 상표등록이 거절되기 위해서는 보통명칭을 보통으로 사용하는 방법으로 표시한 표장만을 사용하는 경우로 한정하고 있다. 따라서 보통명칭이 포함된 상표로서 그 보통명칭이 다른 식별력이 있는 표장의 부기적인 부분이나 식별력이 있는 표장(예: 도형)과 결합되어 불가분의 일체를 구성하고 있는 때에는 식별력이 있는 것으로 본다(상표심사기준 제6조 해석참고자료 제6호). 상표법 제33조 제1항 제1호, 제3호, 제4호, 제5호, 제6호에서 규정하는 '~ 표장(또는 지도)만으로 된 상표'의 해석은 동일하게 적용한다.

(3) 보통으로 사용하는 방법으로 표시한 표장의 해석

상표법 제33조 제1항 제1호, 제3호 및 제5호에서 '보통으로 사용하는 방법으로 표시한 표장'이란 상표의 외관, 칭호 또는 관념을 통하여 상품의 보통명칭, 성질 또는 성이나 명칭을 직감할 수 있도록 표시된 표장을 말한다. 상품의 보통명칭, 흔히 있는 명칭 등을 한글, 영어, 한자 또는 로마 문자로 표시한 것을 말한다.

(4) 보통명칭화된 보통명칭상표

보통명칭에는 처음부터 상품의 일반적 명칭(예: 두부, 화장품, 자동차, 소주)

인 것과 당초에는 상표로 등록되었으나 그 상품이 유명하게 되고 상표권자가 상표관리를 허술하게 하여 보통명칭화된 것이 있다. 보통명칭화된 예로 **정로환**(구급약), **Xerox**(복사기), **YOGURT**(유산균 발효유), **ASPIRIN**(해열진통제), **Cafe Latte**(커피), **JEEP**(자동차) 등이 있다.

판례 1 정로환(正露丸) 사건(대법원 1998. 4. 24. 선고 97누17131 판결)

러일전쟁은 1904년 일본이 한반도 동북부 지방의 관할을 둘러싸고 러시아와 벌인 전쟁이다. 정로환은 1905년 러시와 전쟁 중인 일본군의 식중독과 각기병을 예방하기 위해 개발된 약이다. 이름도 "러시아를 치자(征露)"라는 뜻으로 정로환(征露丸)이라고 지었다.

1945년 일본은 패전 후 정(征)자를 정(正)자로 바꾸고 정로환(正露丸)을 상표로 등록했다. 동성제약은 일본과 독점으로 계약하고 '동성정로환 당의정'이라는 상표를 사용하고 있었다. 정로환 특유의 향을 없애기 위해 코팅한 제품이었다. 그 후 보령제약에서 '보령정로환 당의정'이라는 상표로 제품을 출시하였다. 다음 사진은 일본 정로환과 한국 동성제약이 판매한 동성정로환 당의정이다.

일본 정로환과 동성정로환

1996년 동성제약은 보건복지부가 보령제약의 보령정로환 당의정을 허가해준 것은 부당하다고 취소를 요구하는 행정소송을 냈다. 이에 보령제약은 정로환은 러일전쟁 때 러시아를 이기자는 뜻에서 일본군이 만든 구급약으로 지금은 보통명사로 사용하고 있다고 응수했다. 또 일본에서도 보통명사로 판결된 적이 있었다며 항변하였다. 1998년 서울 고등법원은 보령제약의 손을 들어주었다. 정로환은 보통명사라는 것이 그 이유였다. 동성제약은 즉시 대법원에 상고했지만 받아들여지지 않았다. 정로환은 이제 보통명사이다.[5)]

일본 법원은 "부정경쟁방지법의 사건이기는 하나, 보통명칭으로 된 '정로환'(正露丸)의 표장에 대해, 장기간 시장에서 태반의 점유율을 유지하고 있었다고 하더라도 경업자가 병행하여 사용하고 있는 이상, 출처표시성을 획득하였다고는 할 수

---

5) 김명신, 229~231면.

없다고 판시하였다.[6] 적어도 독점적 사용과 그에 의한 시장에서의 주지성이 필요한 것이다. 예외적으로 출처식별력을 획득하여 보통명칭으로 평가되지 않는 경우라 하더라도, 사전 등의 기재를 그대로 내버려두고 있는 경우 혼란이 생긴다"고 판단하였다.

대법원 97누17131 판결은 "피고가 원고에 대하여 한 1996. 3. 21.자 의약품제조품목허가처분에 대하여 소외 동성제약 주식회사가 이미 자신에게 허가한 의약품과 동일·유사한 명칭을 사용하는 의약품에 대하여 허가를 한 것이어서 위법하다는 이유로 행정심판을 제기하자 위 허가에 관한 처분청 겸 재결청인 피고가 국무총리행정심판위원회의 의결을 거쳐 1997. 1. 11. 위 허가처분을 취소한다는 내용의 이 사건 취소재결을 하였고, 이어서 1997. 1. 23. 원고에게 다시 위 허가처분을 취소하는 내용의 이 사건 처분을 하였음을 인정한 다음, 이 사건 처분은 위 허가처분을 취소하도록 명한 이 사건 취소재결에 따라 위 허가처분을 취소한 것으로서 항고소송의 대상이 되는 처분에 해당한다고 판단하여 이 사건 처분이 항고소송의 대상이 되는 처분이 아니라고 한 피고보조참가인의 본안전항변을 배척하고, 나아가 원고에게 허가한 의약품의 명칭(보령정로환당의정)과 이미 위 소외 회사에게 허가한 의약품의 명칭(동성정로환)이 서로 동일·유사한 명칭이 아니라는 이유로 이 사건 처분이 위법하다"고 판단하였다.

그러나 행정심판법 제32조 제3항에 의하면 재결청은 취소심판의 청구가 이유있다고 인정할 때에는 처분을 취소·변경하거나 처분청에게 취소·변경할 것을 명한다고 규정하고 있으므로, 행정심판 재결의 내용이 처분청에게 처분의 취소를 명하는 것이 아니라 재결청이 스스로 처분을 취소하는 것일 때에는 그 재결의 형성력에 의하여 당해 처분은 별도의 행정처분을 기다릴 것 없이 당연히 취소되어 소멸되는 것이라 할 것인바(대법원 1994. 4. 12. 선고 93누1879 판결, 대법원 1997. 5. 30. 선고 96누14678 판결 등 참조), 기록에 의하면 이 사건 취소재결은 피고가 재결청의 지위에서 스스로 원고에 대한 위 의약품제조품목허가처분을 취소한 이른바 형성재결임이 명백하므로, 원고에 대한 의약품제조품목허가처분은 이 사건 취소재결에 의하여 당연히 취소·소멸되었고, 그 이후에 다시 위 허가처분을 취소한 이 사건 처분은 이 사건 취소재결의 당사자가 아니어서 그 재결이 있었음을 모르고 있는 원고에게 위 허가처분이 취소·소멸되었음을 확인하여 알려주는 의미의 사실 또는 관념의 통지에 불과할 뿐 위 허가처분을 취소·소멸시키는 새로운 형성적 행위가 아니므로 항고소송의 대상이 되는 처분이라고 할 수 없다. 그럼에도 불구하고 원심이 이 사건 처분이 항고소송의 대상이 되는 새로운 행정처분으로 보고 본안에 들어가 판단하였으니 거기에는 항고소송의 대상이 되는 처분에 관한 법리오해의 위법이 있다"고 판시하였다.

6) 東京高判 1981. 9. 3. 無體裁集 3권 2호, 293면.

판례 2 아스피린(ASPIRIN) 사건(대법원 1977. 5. 10. 선고 76다1721 판결)

아스피린(ASPIRIN)은 아세릴살리씰산과 동일한 약품 또는 그것을 주제로 한 해열 진통제 약품을 가리키는 보통명칭으로 쓰이고 있으므로 원고의 등록상표인 ASPIRIN에 관한 상표권의 효력은 보통명칭인 아스피린(ASPIRIN)을 보통으로 사용하는 방법으로 표시하는 상표에는 미치지 아니하며 피고회사가 사용하는 '아스포린'은 위 보통명칭인 '아스피린'을 중요한 구성자료로 하여 표시한 상표로서 아스피린을 변경시켜 표시한 정도가 특수한 자체나 모양을 사용한 도안으로 표시하는 등 다른 상품과 구별되는 특별현저성을 갖는 정도에는 이르지 못하였다면 등록상표라 하더라도 그것이 보통명칭이 된 때에는 기왕의 등록여하에 불구하고 상품식별의 표준으로서 특별현저성이 없어진 것으로 그 상표권의 효력이 피고의 본건 상표 사용에 미칠 수 없다.

판례 3 지프(JEEP) 사건(대법원 1992. 11. 10. 선고 92후414 판결)

원심결 이유에 의하면, 원심은 인용상표 '**JEEP**'(이하 '인용상표'라고 한다)가 주지, 저명한 상표인가의 여부는 그 사용기간, 방법, 태양, 사용량, 거래범위와 거래계의 실정 등을 감안하여 객관적으로 판단하여야 하는데, 심판청구인이 제출한 증거만으로는 인용상표가 주지, 저명한 상표라고 인정할 수 없고, 국어사전, 영어사전에 지프(JEEP)가 소형자동차를 의미한다고 되어 있고, 국내 일반 거래계에도 박스형의 소형자동차를 지프라고 호칭하고 있는 등 인용상표는 박스형의 소형자동차를 지칭하는 보통명사로 되어 자타상품을 식별하는 식별력이 없으므로 심판청구인이 등록무효를 구하는 이 사건 상표와의 유사 여부를 비교할 필요도 없이 이 사건 청구는 이유 없다고 판단하고 있다. 인용상표가 주지, 저명한 상표인가의 점에 대하여 살펴본다.

어느 상표가 주지, 저명한 상표인가의 여부를 판단함에 있어서는 그 상표의 사용, 상품의 공급, 영업활동의 기간, 방법, 태양 및 거래범위 등을 고려하여 거래실정 또는 사회통념상 객관적으로 널리 알려졌느냐의 여부 등을 일응의 기준으로 삼아야 할 것이고, 인용상표가 다른 나라에 등록되어 있고 거기에서 그 상표 및 상품이 널리 선전되어 있다거나 상품판매실적이 상당하다고 하여 반드시 우리나라의 일반 수요자들 사이에서도 현저하게 인식되었다고 단정할 수는 없다 할 것이다. 기록에 의하면, 인용상표의 지정상품인 소위 지프(차)가 국내에서 많이 사용되어 왔을 뿐 아니라, 인용상표는 수십 가지의 상품에 대한 상표 또는 서비스표로서 국내에 등록이 되어 있고, 국내의 자동차회사에 상표의 통상사용권을 설정하여 수년간 사용하게 하였으며, 세계 100여 개국에 등록이 되어 있고, 국어

사전이나 영어사전에도 기재되어 있으며, 특허청에서 간행된 '일류상표조사자료'에 인용상표가 전 세계적 저명상표로 기재되어 있는 사실은 인정되지만 위 사실만으로 인용상표가 우리나라의 일반 수요자들에게 상품의 명칭이 아닌 상표로서 현저하게 인식되었다고 할 수 없고, 그 밖에 심판청구인이 국내에 인용상표를 부착한 상품을 판매하여 왔는지, 판매하였다면 그 수량이나 판매조직은 어떠하며, 광고는 어떤 방법으로 어느 정도의 기간 동안 하여 왔는지에 관하여 아무런 입증이 없다. 결국 원심이 인용상표를 주지, 저명한 상표로 볼 수 없다고 판단한 것은 수긍이 가고, 거기에 소론과 같은 심리미진이나 법리오해의 위법이 있다 할 수 없다. 논지는 이유 없다. 인용상표가 보통명칭화되었다는 점에 대하여 살펴본다.

어느 상표가 지정상품의 보통명칭화 내지 관용하는 상표로 되었는가의 여부는 그 나라에 있어서 당해 상품의 거래실정에 따라서 이를 결정하여야 하고(대법원 1987. 2. 10. 선고 85후94 판결 등 참조), 상표권자의 이익 및 상표에 화체되어 있는 영업상의 신용에 의한 일반수요자의 이익을 희생하면서까지 이를 인정해야 할 만한 예외적인 경우에 해당하는가를 고려하여 신중하게 판단하여야 할 것임은 소론과 같다. 그러나 이 사건 기록에 의하면 인용상표의 희석화를 방지하기 위한 심판청구인의 노력에도 불구하고 우리나라의 일반 수요자 사이에는 지프가 상표로서 인식되고 있다고 하기보다는 박스형의 소형자동차를 지칭하는 보통명칭으로 인식되고 있음을 인정할 수 있으므로(대법원 1977. 5. 10. 선고 76다1721 판결 참조), 이와 같은 취지인 원심의 판단은 옳은 것으로 수긍이 가고, 그 과정에 소론과 같은 심리미진이나 채증법칙 위배 또는 법리오해의 위법이 있다고 할 수 없다. 그리고 특허청에서 보통명칭화한 인용상표에 대하여 존속기간갱신등록을 하여 주었다 하더라도 원심이 위 처분에 기속된다고 할 수 없으므로 위 결론에는 영향이 없다.

판례 4 초코파이 사건(특허법원 1999. 7. 7. 선고 99허185 판결)

피고 등은 경쟁업체가 이미 1979년경부터 초코파이 표장을 상품명으로 광범위하게 사용하는 것을 보고도 한 번도 사용 중지를 요구하지 않는 등 20여 년에 걸쳐 '초코파이'를 상표로서 보호하기 위하여 필요한 조치를 취한 바 없다.

이에 따라 피고나 피고보조참가인들도 초코파이 표장을 자유롭게 사용하여 왔고 각종 언론매체에서도 마치 '초코파이'가 상품의 종류를 나타내는 보통명칭인 것처럼 사용하여 온 결과, 갑 제15호증에서 보는 바와 같이 언론매체에 따라서는 초코파이를 상표로서 이해하고 있는 경우도 있으나, 대부분의 언론매체는 초코파이가 상품의 보통명칭으로서 여러 제과회사에서 누구나 사용할 수 있는 것으로 기재하고 있다.

> "**초코파이**" 표장 자체는 원형의 작은 빵과자에 마쉬맬로우를 넣고 초콜릿을 바른 제품을 의미하는 것으로 일반 수요자에게 인식이 되며, 여러 제조회사의 초코파이 제품은 그 앞에 붙은 오리온, 롯데, 크라운, 해태 등에 의하여 제품의 출처가 식별되게 되었다고 보이므로 결국 '초코파이'는 그러한 상품의 보통명칭 내지는 관용하는 상표로 되어 자타 상품의 식별력을 상실하였다고 봄이 상당하다. 등록상표 "**롯데 + 초코파이**"가 인용상표 "**오리온 초코파이**"와 대비할 때 상품 출처의 오인·혼동을 일으킬 염려 또는 상품의 품질을 오인하게 하거나 수요자를 기만할 염려가 없다.
>
> 상표가 상품의 보통명칭화되었는지 여부는 당해 거래사회에서의 상품거래의 실정에 따라 결정되는 것이므로 "CHOCOPIE"가 법제와 관습 및 거래실정이 다른 외국으로 상표로서 등록되었다고 하여 우리나라에서도 식별력이 있다고 할 수는 없다.

2. 관용상표

(1) 의 의

그 상품에 대하여 관용하는 상표는 상표등록을 받을 수 없다(제33조 제1항 제2호). 관용상표는 특정종류의 상품에 관하여 동업자들에 의하여 관용적으로 사용되는 상표를 말한다. 관용상표의 요건은 (ⅰ) 그 상표를 특정상품에 대하여 그 상품의 제조업자나 판매업자 등 불특정 다수인이 일반적으로 자유롭게 사용한 것일 것, (ⅱ) 그 사용결과 그 상표가 출처표시기능 또는 식별력을 상실한 것일 것, (ⅲ) 상표권자가 해당 상표의 보호를 위하여 필요한 조치를 취하지 아니할 것 등이다.

(2) 보통명칭과 차이점

보통명칭상표는 거래자 및 일반소비자에게 상품의 일반명칭으로 인식되고 현실로 사용될 것을 요하나, 관용상표는 동종업자에게 인식되어 사용되면 충분하다. 관용표장은 문자 이외에 도형, 입체적 형상 등 모든 구성요소를 포함할 수 있지만, 상품의 보통명칭인 상표는 문자로만 구성된다.

(3) 관용상표의 식별력 판단

관용상표와 유사한 상표는 관용상표로 보지 아니한다. 관용상표가 다른 식별력이 있는 표장의 부기적 부분이거나 식별력이 있는 표장에 흡수되어 있는 경우에는 전체적으로 식별력이 있는 것으로 본다. 관용상표는 특정 상품에 대하여 관용적으로 사용하는 상표이므로 당연히 지정상품과의 관계를 고려하여 판단한다. **정종**(청주), **나폴레온**(코냑), **깡**(과자), **VASELINE**(콜드크림), **cyber·web·net·com·net**(통신업), **MICOM**(컴퓨터), **가든·장**(요식업), **데코시트**(장식용 시트) 등은 식별력이 없는 관용상표의 사례이다.

3. 성질표시상표

(1) 의 의

그 상품의 산지·품질·원재료·효능·용도·수량·형상(포장의 형상을 포함한다)·가격·생산방법·가공방법·사용방법 또는 시기를 보통으로 사용하는 방법으로 표시한 표장만으로 된 상표는 상표등록을 받을 수 없다(제33조 제1항 제3호). 상표법 제33조 제1항 제3호는 기술적 상표(descriptive mark)에 관한 규정으로 상품의 성질을 직접적으로 기술(記述)하는 것을 내용으로 하는 상표로서 '성질표시 상표'라고도 한다. 상품의 산지·품질·원재료 등은 성질표시 상표에 관한 예시에 불과하므로 이러한 예시에 해당하지 않는 표장이라도 상품의 성질이나 품질을 표시한 것이라면 성질표시 상표로 등록받을 수 없다.

(2) 판단기준

상표심사기준에 의하면, 상표법 제33조 제1항 제3호는 상표의 외관·칭호·관념을 종합으로 고려하여 해당 상품의 수요자나 거래자가 산지, 품질, 원재료 등 본 호에서 규정하고 있는 상품의 성질을 직감할 수 있어 상품의 출처표시로 인식될 수 없거나 특정인에게 독점시킬 경우 당업계의 경쟁을 제한할 우려가 있는 경우에 적용한다. 다만, 단순히 상품의 성질을 간접적·암시적으로 표시하는 것에 지나지 않는 경우에는 본 호를 적용하지 아니한다.[7]

본 호는 특수하게 사용하는 방법으로 표시한 표장이거나 다른 식별력 있는 부분과 결합하여 상표체로서 자타상품의 식별력이 인정되는 경우에는 적용하지 아니한다. 다만, 특수하게 사용하는 방법으로 표시한 표장이라도 일반인이 보통의 주의력을 가지고 있는 경우 전체적으로 보아 그 도형화된 정도가 일반인의

7) 상표심사기준, 133면.

특별한 주의를 끌 정도에 이르러 문자의 기술적 또는 설명적인 의미를 직감할 수 없을 만큼 문자인식력을 압도할 정도에 해당되지 않는 경우와 다른 식별력 있는 문자·기호·도형 등이 결합되어 있다고 하더라도 그 결합된 부분들이 상표 전체 구성에 있어서 부수적 또는 보조적인 것에 불과하다거나 그 자체적으로 볼 때 품질 등 성질표시 상표로 인식되는 경우에는 본 호를 적용한다. 이 경우 부수적, 보조적이란 성질표시 부분 이외의 구성요소가 상표 전체에서 차지하는 크기의 크고 작음이 아니라 수요자에게 상표의 핵심 요소로 인식되는지 여부로 판단하며, 상표 전체의 구성상 도형 등 다른 식별력 있는 부분이 성질표시 부분을 압도하지 못하는 경우를 포함한다.

외국어사전이나 전문용어사전 등에 성질표시 의미로 기재되어 있거나 인터넷 등에서 성질표시로 널리 사용되고 있는 경우에는 원칙적으로 이에 해당하는 것으로 본다. 약칭이나 이니셜은 그 약칭이나 이니셜이 직접적인 성질표시로 인식될 경우 이에 해당하는 것으로 본다.[8] 다만, 직접적인 성질표시로 인식되지 않거나 간접적으로 암시하는 경우에는 이에 해당하지 않는 것으로 본다.

성질표시 표장인지의 판단은 거래사회에서 실제로 사용되고 있는지의 여부를 불문한다. 다만, 지정상품과의 관계에서 간접적, 암시적이라고 인식될 수 있는 표장이라도 실제 거래업계에서 직접적으로 상품의 성질을 표시하는 표장으로 사용되고 있는 경우에는 본 호에 해당하는 것으로 본다. 성질표시 표장인지는 상표등록여부결정을 할 때에 당해 상품 거래계의 실정을 중시하여 판단하여야 한다. 과거의 판례, 심결례, 심사례 또는 외국의 등록 등은 고려대상은 될 수 있으나 이에 구속받지 아니한다.

(3) 자타상품 식별력이 없는 성질표시 상표의 유형

1) 산지표시

상품의 산지표시란 해당지역의 기후, 토양 등의 지리 조건 등과 관련하여 해당상품의 특성을 직감할 수 있는 지역을 표시하는 것에 불과하고, 해당상품이 해당지방에서 과거에 생산되었거나 현실적으로 생산되고 있는 경우는 물론 그 지방에서 생산되고 있는 것으로 일반수요자에게 인식될 수 있는 경우에도

---

8) 외국어 약칭 성질표시 사례: ITF/국제태권도연맹(태권도 교수업, 태권도 경기조직업), 외국어 약칭 설질표시가 아닌 사례: A. G. S/Ace Golf Service(2003후403).

이에 해당하는 것으로 본다. 상품의 산지표시는 통상 상품의 유통과정에서 필요한 표시이므로 누구라도 이를 사용할 필요가 있으므로 특정인에게 독점배타적으로 사용하게 할 수 없으므로 이를 허용하고 있지 않다.

산지표시 사례는 **금산인삼**(인삼), **대구사과**(사과), **한산모시**(모시), **울릉도 오징어**(오징어), **영광굴비**(굴비), **VIENNA 안경**(안경), **청진동해장국**(식당업), **마산아구찜**(식당업), **보성녹차**(차), **이동갈비**(식당업), **춘천막국수 닭갈비**(식당업)가 산지표시에 해당한다.

산지표시 판결례로 **안흥찐빵**(찐빵: 2000허4710), **普爾茶/보이차**(오룡차, 녹차: 2001허5893)가 있다. 산지표시가 아닌 판결례로 **화정똥돼지**(식당업:2004후240), **장수구들**(돌침대전시업 등: 2000허3128) 판결이 있다.

2) 품질표시

상품의 품질표시란 해당 지정상품과의 관계에서 그 상품 품질의 상태 또는 우수성을 직접적으로 표시하는 것을 의미한다. 품질표시 사례는 (i) 환경친화표시: 청정, 무공해, Green, Bio, ECO, 유기농, Organic 등, (ii) 품질우수표시: 일품, 특선, 으뜸, 원조, 특급, 특별, 명품, STANDARD, KS, NEW, DELUXE, GENUINE, SUPER, SPECIAL, ULTRA, NICE, SUPER, No. 1, (iii) 품질등급표시: 상, 중, 하, 수, 우, 미, A+, 1++, 투플러스, 1등급 등, (iv) 품질보증표시: KS, JIS(일본공업규격) 등, (v) 상품미감표시: Soft(초콜릿), Mild(커피) 등이 있다.[9]

판례 1 HDL+ -LDL 사건(특허법원 2016. 5. 27. 선고 2016허816 판결)

갑 주식회사가 지정상품을 '사탕수수의 지방성 알코올 성분을 추출하여 가공한 건강보조식품' 등으로 하는 등록상표  의 권리자 을을 상대로 등록상표가 상표법 제33조 제1항 제3호에 해당한다며 등록무효심판을 청구하였으나 특허심판원이 기각하는 심결을 한 사안에서, 특허법원은 "화살표 모양은 일반적인 형태가 아닌 리본 형태로 도형화되어 있고, 화살표 내의 녹색 역시 일반적으로 사용되는 색으로 볼 수 없다. 화살표 도형 내부에 'HDL+', '-LDL'을 배치하여 구성상의

9) 품질표시가 아닌 사례: **순생**(밀가루, 녹차, 건강기능식품 등)은 일상생활에서 일반적으로 사용되지 않는 조어로서 純生, 順生 등 여러 가지로 인식될 수도 있어 암시적이거나 강조하는 것에 불과하다(2008허6468).

독창성이 있는 점 등을 종합하면, 등록상표는 상표를 구성하는 외관에 있어서 도형, 영문자, 수학적 기호 및 색채를 결합한 독창적인 형태로 구성되어 있어서 전체적으로 지정상품 중 '사탕수수의 지방성 알코올 성분을 추출하여 가공한 건강보조식품'의 품질·효능·용도 등을 보통으로 사용하는 방법으로 표시한 표장만으로 된 상표라고 볼 수 없어, 전체적으로 식별력을 갖춘 표장으로 일반 수요자나 거래자가 지정상품의 단순한 품질·효능·용도 등을 표시하는 것으로 인식하기 어려우므로, 상표법 제33조 제1항 제3호에 해당하지 않는다"고 판시하였다.

판례 2 COLOR CON 사건(대법원 2007. 6. 1. 선고 2007후555 판결)

원심이 인정한 사실과 기록에 의하면, 지정상품을 '모르타르, 아스팔트, 아스팔트펠트, 보도판, 아스팔트타일, 콘크리트타일, 바닥재, 투수콘크리트, 투수콘크리트타일'로 하고 "**COLOR CON**"으로 구성된 이 사건 등록상표(등록번호 제342343호)의 등록결정일인 1996. 6. 10.경에는 콘크리트 업계 또는 건축 관련 업계에서 레미콘(Ready Mixed Concrete의 약칭), 아스콘(Asphalt Concrete의 약칭), 투수콘(투수 Concrete의 약칭)이라는 용어가 광범위하게 사용되고 있어 '콘'이라 함은 콘크리트의 약칭으로 인식되고 있었던 점, 늦어도 1991년경부터 기존의 흑색, 회색 등 무채색 계열의 콘크리트와 색채에 있어 크게 다른 녹색, 적색 등을 포함한 유채색 계열의 콘크리트·아스팔트 콘크리트가 생산되기 시작하여 콘크리트 업계 또는 건축 관련 업계에서는 이를 기존의 무채색 계열의 콘크리트·아스팔트 콘크리트에 대칭되는 개념으로 각각 컬러 콘크리트 및 컬러 아스콘이라고 부르고 있었던 점을 알 수 있다. 이러한 사정에 비추어 볼 때, 콘크리트 제품의 수요자들은 "COLOR CON"을 기존의 무채색 콘크리트에 대칭되는 개념으로서 '유채색의 콘크리트'를 의미하는 것으로 직감할 것으로 보이므로, 이 사건 등록상표가 지정상품 중 '유채색'의 콘크리트타일, 투수콘크리트, 투수콘크리트타일에 대하여 사용될 경우에는 상품의 성질을 나타낸 것으로 식별력이 없고, '무채색'의 콘크리트타일, 투수콘크리트, 투수콘크리트타일에 대하여 사용될 경우에는 이를 유채색의 콘크리트 제품으로 상품의 성질을 오인할 수 있으며, 모르타르, 아스팔트, 아스팔트펠트, 아스팔트타일에 사용될 경우에는 이를 유채색의 콘크리트 제품으로 상품의 성질과 상품 자체 모두를 오인할 우려가 있다.

따라서 이 사건 등록상표는 위 지정상품들에 대하여 그 성질을 보통으로 사용하는 방법으로 표시한 표장만으로 구성된 기술적 상표이거나 상품의 품질을 오인하게 할 염려가 있는 상표에 해당한다.

3) 원재료표시

상품의 원재료표시란 해당 원재료(주요부품을 포함한다)가 지정상품에 현실적으로 사용되고 있거나 사용될 수 있다고 인정되는 경우를 말한다. 원재료표시 사례로 **WOOL**(양복), **KERATIN**(화장품, 샴푸), **야콘**(냉면), **비타두유**(두유), **오뎅사께**(식당업), **죽엽청주**(고량주), **종이나라**(색종이) 등이다. 원재료표시가 아닌 사례는 **불가리스**(과즙함유 발효유: 2005허9305), **아스타/ASTA**(계란, 비스킷 등: 2007허2605)가 있다.

> **판 례** TOMATILLO 사건(대법원 2012. 4. 13. 선고 2011후1142 판결)
>
> 멕시코음식 전문레스토랑업(멕시코식 TACO 요리를 주메뉴로 하는 업종에 한함) 등을 지정서비스업으로 하는 갑의 출원서비스표 “ ”에 대해 특허청이 상표법 제33조 제1항 제3호에 해당한다는 이유로 등록거절결정을 하자 이에 갑이 거절결정에 대한 불복심판을 청구하였으나 특허심판원도 같은 이유로 이를 기각하는 심결을 한 사안에서, 출원서비스표는 'TOMATILLO'로 인식될 수 있다. 심결 시 국내의 사전 등에 '토마틸로(Tomatillo)'가 '주로 멕시코와 미국 남부가 원산지인 가짓과(과) 꽈리속(속)의 1년 초(초)로서 자주색 열매가 식용으로 사용되는 식물이고 멕시코요리에 즐겨 사용되는 식재료'라는 점이 나타나 있었고, 이 외에도 인터넷이나 국내에 시판된 서적 등을 통해 “토마틸로가 식용 열매로서 식재료로 사용된다”는 점이 국내에도 알려져 있었던 사정 등을 보면, 적어도 지정서비스업의 거래자들이 출원서비스표를 지정서비스업에서 제공되는 멕시코음식의 원재료를 뜻하는 'TOMATILLO'로 인식하고 있다고 봄이 타당하다.

4) 효능표시

상품의 효능표시란 해당 지정상품과의 관계에서 물품의 성능과 효과를 직접적으로 표시하는 것을 의미한다. **생명물**(차류), **SPEEDY**(자동차수선업), **SOFTLIPS**(입술연고), **GOLD BLEND**(커피), **우아미**(가구), **Quick copy**(복사기), **보들보들**(화장품), **원터치**(전자레인지), **생명물**(광천수), **키높이**(구두), **BLACKCARD**(신용카드), **Color Wearing**(립스틱, 매니큐어), **Decoration Eyes**(마스카라) 등이 효능표시 상표에 해당한다.

5) 용도표시

상품의 용도표시란 해당 지정상품의 사용목적, 사용처, 수요계층 또는 수요자, 다용도, 전천후, 필수품, 레저용, 기타 용도에 관한 설명적인 표시를 말한다. 예를 들면, **베이비**(의류), **프로용**(운동용품), **원예**(비료), **Body Makeup**(화장품), **DIET COLA**(콜라), **KICKERS**(축구화), **WATERLINE**(가정용 물분배기), **AutoLife**(자동차 장식업) 등이다.

판 례 VIX 사건(대법원 2012. 10. 25. 선고 2012후2128 판결)

원심은 그 채용 증거에 의하여 판시와 같은 사실을 인정한 다음, 이 사건 출원서비스표(출원번호 생략) "VIX"는 이 사건 심결 당시 각종 신문·논문 등에 'Volatility Index(변동성 지수)'의 약자로서 'S&P 500 지수 옵션과 관련하여 장래 30일간의 변동성에 대한 투자기대지수' 또는 '공포지수'를 가리킨다고 소개되어 있기는 하나, 이는 다양한 변동성 지수 중 원고가 자신의 서비스업과 관련하여 독자적으로 창안하여 제공하는 특정 지수에 대한 고유 명칭일 뿐이라 할 것이므로, 그 무렵 'VIX'가 일반 수요자나 거래자들에게 원고가 제공하는 위와 같은 특정 지수보다 넓은 의미의 일반적인 경제용어로 '변동성 지수'를 지칭하는 것으로 인식되거나 사용되고 있다고 할 수 없다고 판단하였다. 또 원고로 하여금 이를 그 지정서비스업인 '시장변동성을 예측하고 전자매체 혹은 인쇄매체를 통하여 금융상품 거래에 관한 정보를 제공하는 서비스업'에 독점배타적으로 사용하게 하는 것이 공익에 반하는 것이라고도 볼 수 없어, 결국 이 사건 출원서비스표는 그 지정서비스업의 용도, 서비스 제공내용 등의 성질을 보통으로 사용하는 방법으로 표시한 표장만으로 된 서비스표에 해당하지 않는다.

6) 수량표시

상품의 수량표시란 해당 지정상품과의 관계에서 거래사회에서 사용되고 있는 수량과 수량표시로 인식되고 있는 단위 및 그 단위의 기호 등을 표시하는 것을 말한다. 예를 들면, 일반상품의 **2짝**, **100 봉지**, **1,000봉지**, **L-830**(비디오테이프), **325리터** 등이다. 수량표시가 아닌 사례로 **MILLION/밀리온**(의료용 기구: 85후99), **BE 2566**(콘테이너 문짝부품: 96후245)이 있다.

7) 형상표시

상품 또는 포장의 형상표시란 해당 지정상품과의 관계에서 그 상품 포장의 외형, 모양, 규격 또는 크기, 무늬, 색깔, 구조 등에 관한 기술적 또는 설명적인 표시를 말한다. 특히 입체상표일 경우에는 그에 관한 도면 또는 사진이 그 상품 포장의 외형이 해당 물품의 일반 형태를 나타내는 것이라고 인식될 때에는 이에 해당하는 것으로 본다. **소형, 대형, 캡슐, SLIM, 4각품**(연필), **POP MODE**(의류), **265mm**(신발), **True Beige**(페이스파우더) 등이 형상표시에 해당한다.

판례 1 완구용 블록 사건(대법원 2014. 10. 15. 선고 2013후1146 판결)

상품 등의 입체적 형상으로 된 이른바 입체상표의 경우, 그 입체적 형상이 해당 지정상품이 거래되는 시장에서 그 상품 등의 통상적·기본적인 형태에 해당하거나, 거래사회에서 채용할 수 있는 범위 내에서 이를 변형한 형태에 불과하거나, 또는 당해 상품 유형에 일반적으로 잘 알려진 장식적 형태를 단순히 도입하여 이루어진 형상으로서 그 상품의 장식 또는 외장으로만 인식되는 데에 그칠 뿐 이례적이거나 독특한 형태상의 특징을 가지고 있는 등으로 수요자가 상품의 출처 표시로 인식할 수 있는 정도의 것이 아니라면, 위 규정에서 말하는 '상품 등의 형상을 보통으로 사용하는 방법으로 표시한 표장만으로 된 상표'에 해당한다고 보아야 한다.

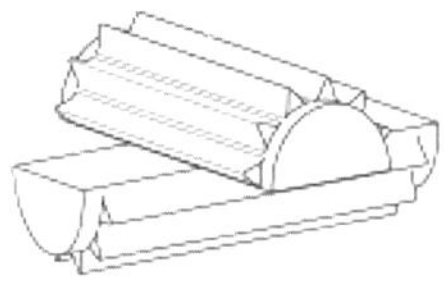

원심은 그 판시와 같은 이유로, '블록쌓기(장난감) 및 완구용 블록' 등을 지정상품으로 하고 위와 같이 구성된 이 사건 출원상표(상표출원번호 생략)는 이 사건 심결일 당시에 수요자에게 톱니 모양의 홈과 돌기를 이용하여 다른 것과 끼워 맞춤으로써 원하는 사물의 형태를 만들 수 있는 블록의 형상으로 인식될 것이므로, 블록쌓기(장난감) 및 완구용 블록이라는 지정상품과 관련하여 그 상품의 형상을 보통으로 사용하는 방법으로 표시한 표장만으로 된 상표로서 상표법 제33조 제1항 제3호에 해당한다고 판단하였다.

판례 2 유산균음료 사건(東京高載 2001. 7. 17. 判決 平城12年(行ケ) 第474호)

일본 동경고등법원은 "본 출원상표는 그 지정상품과의 관계에서 볼 때 다소 디자인이 실시되어 들어가 있지만 특이성이 있다고는 인정되지 않고, 통상 채용할 수 있는 형상의 범위를 넘고 있다고 인식할 수 없어, 전체적으로 그 상품 형상(수납용기)의 한 형태를 표현한 것으로 인식케 하는 입체적 형상만으로 된 것이다. 본 출원상표는 지정상품인 '유산균음료'의 용기에 관한 것이다. 거기에서 음료와 관계된 상품 용기의 형상에 관한 입체상표에 관하여 보건대, 이와 같은 용기의 형상은 용기 자체가 지니는 기능을 효과적으로 발휘케 하는 등의 목적으로 선택되는 한, 원칙적으로 상품의 출처를 표시하여 자타상품을 식별하는 표지를 갖는다고 할 수는 없다"고 판시하였다. 본건은 유산균음료를 지정상품으로 하는 용기의 형상으로 된 입체상표의 상표법 제33조 제1항 3호 및 같은 조 제2항의 해당성, 즉 입체상표의 식별력이 쟁점이 된 사건이다.

8) 가격표시

상품의 가격표시란 해당 거래사회에서 현실적으로 사용되고 있는 가격과 가격표시로 인식되고 있는 단위 및 그 단위의 기호 등을 표시하는 것을 의미한다. 예를 들면, **100$, 100¥, ₩500, 100원, 10Dollar** 등이다.

9) 생산방법·가공방법·사용방법의 표시

상품의 생산방법·가공방법·사용방법의 표시란 해당 지정상품의 생산방법, 가공방법, 사용방법을 직접적으로 표시하는 것을 말한다. 예를 들면, **수제**(구두), **자연농법**(농산물), **조립**(책상), **훈제**(햄), **정밀가공**(시계), **멕시칸**(치킨전문점) 등이다.

10) 시기표시

상품의 시기표시란 해당 지정상품과의 관계에서 그 상품의 판매 또는 사용의 계절, 시기, 시간 등을 직접적으로 표시하는 것을 말한다. 예를 들면, **Summer Shirt**(의류), **전천후**(타이어), **Four Season**(타이어), **크리스마스 케이크**(일반상품), **식전·식후**(약품) 등이다.

(4) 서적의 식별력 유무

서적의 제호(제목)가 직접 서적의 내용을 표시하는 경우에는 식별력이 없는 것으로 본다. 저작물의 제호는 저작물의 일부가 아니고 그 저작물의 내용을 나타내는 것이다. 따라서 저작권법으로 보호되지 않지만 상표법에서 보호받을 수 있다. 서적 및 정기간행물의 제호(Title)가 직접적으로 서적이나 정기간행물의 내용을 나타내는 것이라고 인정되는 경우에는 이에 해당하는 것으로 본다. 녹음된 자기테이프, 녹음된 자기디스크, 녹음된 콤팩트디스크(CD), 영상이 기록된 필름 등의 제명에 대하여도 이에 준하여 판단한다.

단행본 서적의 제호가 직접 서적의 내용을 나타내는 경우에는 식별력이 없다. 예를 들면, 민법총칙, 지식재산권법, 경제학, 영한사전 등이다. 그러나 서적이나 영화 제목인 **태백산맥**, **태극기 휘날리며**는 등록받을 수 있다. 단행본의 제호와 달리 시리즈물의 경우에는 일정한 경우 상표등록이 가능하다. 예를 들면, **월간 뿌리 깊은 나무**, **정글만리**(상, 하) 등은 식별력이 있다.

(5) 소리·냄새의 성질표시

시각적 표현을 통하여 특정되는 소리 또는 냄새가 지정상품의 용도, 목적 등의 성질표시를 직접적으로 나타낸다고 인정되는 경우에는 본 호가 적용된다. 소리·냄새 등은 수요자들에게 상품의 출처표시로 인식되지 않고, 소리(음향), 냄새(향기) 등으로 인식되는 것이 일반적이라 할 것이므로, 자타 상품을 구별하는 식별력이 없는 것으로 본다.

예를 들면, 체인 톱소리(벌목서비스업), 현금출납기 소리(각종 소매업), 자동차 시동소리(자동차 수리업), 나무냄새(목재가공업), 바닐라 향기·허브향(향수) 등이 이에 해당한다. 소리·냄새 등 시각적으로 인식할 수 없는 것은 사용에 의한 식별력을 인정받아야 한다(상표심사기준 제4조 제2항). 클래식 음악, 동요, 레몬향기 등과 같은 비시각적인 상표는 상표법 제33조 제2항에 따른 사용에 의한 식별력을 취득하지 않는 한 식별력이 없는 것으로 본다.

4. 현저한 지리적 명칭

(1) 의 의

현저한 지리적 명칭이나 그 약어 또는 지도만으로 된 상표는 상표등록을 받을 수 없다(제33조 제1항 제4호). 현저한 지리적 명칭은 자타상품 식별력이 약할 뿐만 아니라, 이를 어느 한 사람에게만 독점시키는 것은 타당하지 않기 때문이다.

(2) 현저한 지리적 명칭의 식별력 판단

현저한 지리적 명칭에 해당한다고 하려면 상표에 표시된 지명이 국내의 일반 수요자나 거래자들에게 널리 알려진 저명한 지명으로서 일반 수요자들에게 즉각적인 지리적 감각을 전달할 수 있는 표장을 말한다. 현저한 지리적 명칭인지의 여부의 판단은 일반수요자 또는 거래업계에서 널리 인식될 수 있는 정도가 기준이 되어야 하며, 관광지가 아닌 단순한 지명이거나, 관광지라도 널리 알려지지 않는 경우에는 본 호를 적용하지 아니한다.

현저한 지리적 명칭은 국가명, 국내의 서울특별시, 광역시 또는 도의 명칭, 시 또는 서울특별시의 구, 광역시의 구, 군의 명칭, 저명한 외국의 수도명, 대도시명, 주 이름, 유명한 국내외 고적지, 관광지, 번화가의 명칭과 이들의 약칭을 말한다. 현저한 지리적 명칭 사례는 금강산, 백두산, 한라산, 상제리제, 아비뇽, JAVA, PRAHA, 핀란디아, GEORGIA, OXFORD, HEIDELBERG 등이다.

현저한 지리적 명칭이 아닌 사례는 월출, 영산, 대청, 예천/藝泉(2000허624), 척추동해비(2004후1441)가 있다. 현저한 지리적 명칭에 업종 명칭이 단순히 결합된 표장은 식별력이 없는 것으로 본다. 예를 들어, 천진함흥냉면(식당체인업), 충청방송(방송업) 등이 있다.

판례 1 서울대학교 사건(대법원 2015. 1. 29. 선고 2014후2283 판결)

대법원은 "상표법 제33조 제1항 제4호는 현저한 지리적 명칭·그 약어 또는 지도만으로 된 상표는 등록을 받을 수 없다고 규정하고 있다. 이와 같은 상표는 현저성과 주지성 때문에 상표의 식별력을 인정할 수 없어 어느 특정 개인에게만 독점사용권을 부여하지 않으려는 데 규정의 취지가 있다. 이에 비추어 보면, 상표법 제33조 제1항 제4호의 규정은 현저한 지리적 명칭 등이 다른 식별력 없는 표장과 결합되어 있는 경우에도 적용될 수 있기는 하나, 그러한 결합에 의하여 본래의 현저한 지리적 명칭 등을 떠나 새로운 관념을 낳거나 새로운 식별력을 형성하는 경우에는 위 법조항의 적용이 배제된다.

한편, 출원상표가 상표법 제33조 제1항 각 호의 식별력 요건을 갖추고 있는지 여부에 관한 판단의 기준 시점은 원칙적으로 상표에 대하여 등록 여부를 결정하는 결정시이고, 거절결정에 대한 불복 심판에 의하여 등록 허부가 결정되는 경우에는 심결시이다.

특허청 심사관이 지정상품을 농산물이유식 등으로 하는 "**서 울 대 학 교**"로 구성된 출원상표가 상표법 제33조 제1항 제4호, 제7호에 해당한다는 이유로 상표등록을 거절하는 결정을 한 사안에서, 위 출원상표는 현저한 지리적 명칭인 '서울'과 흔히 있는 명칭인 '대학교'가 불가분적으로 결합됨에 따라, 단순히 '서울에 있는 대학교'라는 의미가 아니라 '서울특별시 관악구 등에 소재하고 있는 국립종합대학교'라는 새로운 관념이 일반 수요자나 거래자 사이에 형성되어 충분한 식별력을 가지므로 위 지정상품에 대한 상표등록이 허용되어야 한다고 본 원심판단에 법리오해 등의 위법이 없다"고 판시하였다.

서울대가 지난 2011년 7월 1일부터 학교 로고나 상징물을 사용하는 병·의원으로부터 사용료를 받겠다고 했다가 동문회의 반발로 잠정 중단했다. 서울대 산학협력단장은 "2011년 7월 21일 상표 사용료 시행을 잠정 중단한다는 공문을 각 단과대학 동문회에 보냈다"고 25일 밝혔다. 단장은 "동문들의 부담을 덜기 위해 사용료 일부 조정과 최신 의료정보 제공도 고려하고 있다"고 덧붙였다. 이에 대해 의과대학동창회 사무국장은 "학교 쪽에서 논의가 마무리되면 동문회 입장을 정할 것"이라고 말했다. 약학대학 동문회 총무도 "동문회의 의견 수렴 없이 일방적으로 결정됐다"며 "비상업적인 용도는 사용료를 내지 않겠다"고 밝혔다.

서울대는 앞서 연간 로고 사용료를 전년도 매출 기준으로 3억 원 미만이면 100만 원, 3억 원 이상 5억 원 미만 150만 원, 5억 원 이상 10억 원 미만 300만 원, 10억 원 이상 50억 원 미만 500만 원, 50억 원 이상 1,000만 원으로 결정했다. 서울대는 또 학교의 상표권을 보호하고 관리하기 위해 산학협력단 산하에 상표관리위원회를 출범시키고, 학교를 상징하는 정식 문장을 포함해 한글·영문 학교명과 영문 이니셜 로고 등 9건의 상표 등록을 출원한 바 있다.[10)]

사설 교육 업체가 서울대학교 로고 등이 들어있는 기념품 등을 나눠주며 영업을 하는 것은 부정경쟁에 해당한다는 법원 판결이 나왔다. 서울중앙지법 12민사부는 서울대가 사설 교육업체를 상대로 낸 상표침해금지 등 청구 소송에서 원고 승소판결했다고 2016년 9월 14일 밝혔다. 앞서 서울대는 해당 교육업체가 무단으로 서울대 로고 등을 활용해 학생들에게 학용품 등을 나눠주는 영업 행위를 했다며 상표권 침해 소송을 제기했다.

사설 교육 업체는 초중고 학생들을 대상으로 월 한차례 8만 8,000원~12만 원씩 받고 서울대 멘토링 캠프를 운영하거나, 방학기간에는 월 62만 원의 참가비를 받아 서울대 공부습관 캠프 등을 진행해온 사설 교육업체다. 해당 업체는 이 캠프에 참여하는 학생들에게 서울대 로고 등이 그려진 공책 등 문구용품을 지급했다.

---

10) 이충신, '서울대○○병원'에 사용료 … 동문 반발로 잠정 중단, 2011. 7. 25.자 한겨레 신문기사.

서울대학교는 2012년 4월부터 해당 업체에 서울대 로고 사용 중단을 요구했지만 업체는 사용을 중단하겠다는 확인서만 서울대 쪽에 제출할 뿐 실제로는 서울대 로고를 활용한 영리 행위를 계속했다. 재판부는 "○업체가 서울대의 상표권과 서비스표권을 침해했고 국내에 널리 인식된 서울대 로고를 무단으로 사용해 ○업체의 상품 또는 영업과 혼동하게 하는 행위를 했다"며 "부정경쟁방지법 위반에 해당한다"고 밝혔다. 재판부는 또 ○업체는 서울대학교 쪽에 2,000만 원의 손해를 배상하라고 선고했다.[11)]

판례 2 GEORGIA 커피 사건(대법원 2012. 12. 13. 선고 2011후958 판결)

갑 외국회사가 출원상표 " GEORGIA "를 출원하였으나 특허청이 출원상표가 상표법 제33조 제1항 제4호 등에 해당한다는 이유로 등록거절결정을 한 사안에서, 위 표장 중 문자부분 'GEORGIA'는 아시아 북서부에 있는 국가인 그루지야의 영문 명칭 또는 미국 남동부 주의 명칭으로서 일반 수요자들에게 널리 알려져 있으므로 현저한 지리적 명칭에 해당하고, 커피 원두 도형은 커피 원두의 형상과 모양을 그대로 표시한 것에 불과하며, 찻잔 도형은 다소 도안화가 되어 있으나 찻잔 형상의 기본적인 형태를 유지하고 있어 일반 수요자들이 이를 출원상표의 지정상품 중 커피의 원두와 그 음용의 용도에 쓰이는 찻잔의 형상으로 직감할 수 있으므로 이들 도형부분은 커피와 관련하여 볼 때 식별력이 없고, 위 문자부분과 도형부분의 결합에 의하여 출원상표가 본래의 현저한 지리적 명칭이나 기술적 의미를 떠나 새로운 관념을 낳는다거나 새로운 식별력을 형성하는 것도 아니므로, 위 출원상표는 전체적으로 보아 일반 수요자들 사이에 주로 현저한 지리적 명칭인 'GEORGIA'로 인식될 것이어서 상표법 제33조 제1항 제4호가 규정하는 현저한 지리적 명칭만으로 된 표장에 해당된다.

5. 흔히 있는 성 또는 명칭

(1) 의 의

흔히 있는 성 또는 명칭을 보통으로 사용하는 방법으로 표시한 표장만으로 된 상표는 상표등록을 받을 수 없다(제33조 제1항 제5호). 본 호에서 규정하는 흔한 성 또는 명칭은 자타상품식별력이 약하고, 이를 어느 한 사람에게만 독점시키는 것은 타당하지 않기 때문이다. 다만, 일반 수요자가 직관적으로 흔한 성

11) 허재현, 서울대 로고 사용 사설 교육업체 부당행위, 2016. 9. 14.자 한겨레 신문 기사.

또는 명칭으로 인식할 수 있도록 표시된 것을 말하므로 표장이 도형화, 도안화되어 새로운 식별력을 갖는 경우와 흔한 성 또는 명칭이 다른 식별력 있는 부분과 결합함으로써 전체로서 자타상품 식별력을 가지는 경우에는 등록이 가능하다.

(2) 흔한 성 또는 명칭의 식별력 판단

흔한 성 또는 명칭인지의 여부의 판단은 전화번호부 또는 인명록 등에 상당수가 있는지를 참고로 하여, 특정인에게 독점시킬 때 거래상의 혼란을 가져올 우려가 있거나 같은 성이나 명칭을 가진 자에게 불측의 피해를 줄 우려가 있다고 인정되는지 여부를 기준으로 한다. 여기서 명칭에는 법인명, 단체명, 법인격이 없는 단체명, 상호, 아호, 예명, 필명 또는 그 약칭 등을 포함한다. 외국에서만 흔한 성이고 국내에서 흔하지 않는 것은 상표등록을 받을 수 있다. 흔한 성인 경우의 예는 윤씨 농방, 직위를 나타내는 사장, 조합, 총장, PRESIDENT 등은 흔한 명칭으로 본다.

6. 간단하고 흔히 있는 표장으로 된 상표

(1) 의 의

간단하고 흔히 있는 표장만으로 된 상표는 상표등록을 받을 수 없다(제33조 제1항 제6호). 본 호에서 규정하는 간단하고 흔히 있는 표장은 자타상품 식별력이 약할 뿐만 아니라, 이를 어느 한 사람에게만 독점시키는 것은 타당하지 않기 때문이다. 간단할 뿐만 아니라 흔하기도 한 표장이어야 상기 규정이 적용되고, 간단하지만 흔하지 않거나, 흔하기는 하지만 간단하지 않은 표장으로 된 상표는 등록이 가능하다. 또한 간단하고 흔한 표장만으로 된 상표이어야 하므로 간단하고 흔한 표장에 다른 식별력 있는 요소가 결합되어 상표 전체로서 자타상품 식별력이 인정되는 경우에는 등록이 가능하다.

(2) 간단하고 흔한 표장의 식별력 판단기준

1) 특정인의 출처표시로 직감되는 사례

문자상표가 거래사회에서 사물의 관념으로 직감될 수 있는 경우에는 식별력을 인정한다. 여기에서 사물의 관념은 특정인의 출처표시로 직감되는 경우를 포함한다. 특정인의 출처표시로 직감되는 경우란 실제 사용에 의하여 특정인의 상표라는 것이 일반수요자에게 널리 알려져 있어 특별히 증명할 필요가 없는 경우를 말한다. 예를 들면, NH, KT, LG, CJ, GS, SK, HP 등이 여기에 해당한다. 2자로 구성된 외국문자가 사물의 관념으로 직감될 수 있게 표시된 경우에는 식별력이 있는 것으로 본다. 다만, 거래사회(일반수요자나 거래업계)에서 이해할 수 없는 외국어인 경우에는 그러하지 아니하다.[12)]

2) 1자의 한글 또는 2자 이내의 외국문자

1자의 한글 또는 2자 이내의 외국문자가 기타 식별력이 없는 문자와 결합한 때에는 식별력이 없는 것으로 본다. 다만, 외국문자 2자를 '&'로 연결한 것은 식별력이 있다고 본다. 식별력이 없는 표장의 예로 OMEGA(Ω), ALPHA(α), Beta(β), MT, Ltd, E PRINT, K－Y, OZ, PB－1 등이 있다. 식별력이 있는 표장의 예로 A&Z, AC－BC, AB55, 선AC, ACF가 있다. 한글 1자 또는 외국어 2자를 도형화 또는 모노그램(monogram)으로 나타낸 것은 원칙적으로 식별력이 인정된다. 그러나 하이픈으로 연결한 것, Co., Ltd 등의 문자를 결합한 것은 식별력이 없는 것으로 취급한다.

3) 100 이상의 숫자로 흔히 있는 표장

100 이상의 숫자라 하더라도 1 2 3 4 5 등은 흔히 있는 표장으로서 식별력이 없는 것으로 본다. 다만, 1 2 3 & 4 5 등은 식별력이 있는 것으로 한다. 식별력이 없는 표장의 예로 123, 345, One Two Three 등이 있고, 777, 888, One five Three, FIVE ONE THREE는 식별력이 인정된다.

4) 2개의 숫자를 결합하여 표시한 표장

2개의 숫자를 결합하여 표시한 것, 1자의 외국문자와 1자의 숫자를 결합한 것 또는 숫자를 순위의 문자로 표시한 경우에는 식별력이 없는 것으로 본다. 예를 들면, 57, A1, 원 쓰리, ninety－nine, 제2, second는 식별력이 없는 표장이다.

5) 1음 또는 2음으로 구성된 소리상표

소리상표를 구성하는 소리가 1음 또는 2음으로 구성되는 경우는 간단하고

12) 상표심사기준, 158면.

흔히 있는 표장에 해당하는 것으로 보아 본 호가 적용된다. 아무런 장식이 없는 둥근 원, 삼각형, 십자가 모양 등과 같이 간단하고 흔히 있는 표장은 식별력이 없는 것으로 본다.

7. 기타 상품의 식별력이 없는 상표

(1) 서 설

상표법 제33조 제1항 내지 제6호까지에 해당하는 상표 외에 수요자가 누구의 업무에 관련된 상품을 표시하는 것인가를 식별할 수 없는 상표는 상표등록을 받을 수 없다(제33조 제1항 제7호). 본 호는 상표법 제33조의 취지에 따라 외관상 식별력을 인정하기 곤란하거나 다수인이 현재 사용하고 있어서 식별력이 인정되지 않는 경우와 같이 자타상품의 식별력이 없거나 설사 식별력이 인정된다고 할지라도 공익상 특정인에게 독점시키는 것이 적당하지 않다고 인정되는 상표를 포함하는 것으로 넓게 해석하는 경향이다.

본 호는 일반적으로 쓰이는 구호, 표어, 인사말이나 인칭대명사 또는 유행어로 표시한 표장, 단기나 서기를 문자로 표시하거나 연도와 혼동할 우려가 있는 표장, 사람, 천연물 또는 자연물을 사진으로 표시한 표장, 기타 수요자가 누구의 업무와 관련된 상품(서비스)을 표시하는가를 식별할 수 없는 표장의 경우에 적용된다. 제7호는 매우 포괄적인 규정으로 제33조 제1항 제1호 내지 제6호에 해당하지 아니한 상표라도 식별력이 없는 상표는 등록하지 아니한다는 취지의 보충 규정이라 할 수 있다.

관련 대법원 판례로 **이게웬떡이냐**(과자, 호떡: 97후945), **Drink in the SUN**(과일주스: 94후555), **BELIEVE IT OR NOT**(박물관 경영업: 94후173), **IT'S MAGIC**(94후906), **부적형상의 도형상표**(신사복: 91후1878), **CO-LAN**(97후3616)이 있다.

(2) 구체적인 적용 사례

1) 외관상으로 보아 사회통념상 식별력을 인정하기 곤란한 경우

사람, 동식물, 자연물 또는 문화재를 사진·인쇄 또는 복사하는 등의 형태로 구성된 표장, 단순한 색채만으로 구성된 표장, 단기 또는 서기로 연도를 나타내거나 연도표시로 인식될 수 있는 표장은 식별력이 없는 것으로 본다. 사회

통념상 식별력을 인정하기 곤란한 경우로는 http://www, @ 또는 서식의 한 면을 그대로 복사한 경우이다.

2) 다수인이 현실적으로 사용하고 있어 식별력이 인정되지 않는 경우

일반적으로 쓰이는 구호, 짧은 문장, 표어, 슬로건, 인사말이나 인칭대명사 또는 유행어로 표시한 표장, 다수인이 현실적으로 사용하고 있어서 식별력이 없는 사례는 CYBER, NET, COM, TEL, WEB(통신), NEWS, DATA(정보자료제공), CASH, CARD, PASS(금융) 등이다. 일반적으로 쓰이는 구호·표어·인사말의 예로 "Believe it or not, I can do", 인류를 아름답게 사회를 아름답게, hi, Good morning 등은 식별력이 없다.

3) 공익상 특정인에게 독점시키는 것이 적합하지 않다고 인정되는 표장

공익상 특정인에게 독점시키는 것이 적합하지 않다고 인정되는 표장의 예로는 조계종(업무표장), 114(컴퓨터통신업)이다. 기타 수요자가 누구의 업무와 관련된 상품을 표시하는가를 식별할 수 없는 표장도 본 호를 적용한다.

판 례 군대리아 사건(특허법원 2016. 6. 2. 선고 2015허6619 판결)

갑 주식회사가 지정서비스업을 의류 판매대행업 등으로 하는 을의 출원서비스표 "**군대리아**"에 대하여 서비스표등록 이의신청을 하자 특허청 심사관이 이를 받아들여 등록거절결정을 하였다. 이에 을이 거절결정 취소심판을 청구하자 특허심판원이 기각하는 심결을 한 사안에서, 출원서비스표가 지정서비스업에 관하여 상표법 제33조 제1항 제7호에서 정한 '수요자가 누구의 업무에 관련된 상품을 표시하는 것인가를 식별할 수 없는 상표'에 해당한다고 할 수 없다. '군대리아'는 '군대에서 일주일에 한두 번 특식으로 나오는 버거류 또는 그 조리법에 따라 조리한 버거류'를 나타내는 단어로 널리 사용되고 있으나, 나아가 심결시에 군대에서 사용하는 물품 전체를 의미하는 용어로 사용되고 있지는 않고, 출원서비스표가 버거류와 관계없는 지정서비스업에 사용될 경우에도 지정서비스업의 소비자들이 '군대에서 제공하는 물품'을 판매하는 것으로 품질을 오인할 염려가 있다거나 소비자에게 출처의 혼동을 초래할 염려가 있다고 볼 수 없으므로, 출원서비스표는 상표법 제34조 제1항 제11호의 '상품의 품질을 오인하게 할 염려가 있는 상표 또는 수요자를 기만할 염려가 있는 상표'에 해당하지 않아, 심결이 위법하다.

4) 상품의 판매나 서비스 제공의 장소적 의미로 사용되는 경우

어떠한 표장이 상품의 집합, 판매, 제조장소 또는 서비스 제공의 장소적 의미로 사용되는 경우에는 일반적으로 식별력이 없는 것으로 본다. 다만, 결합하여 새로운 관념을 형성하는 경우에는 그러하지 아니하다. 장소적 의미가 있는 표장으로서 식별력이 없는 표장의 예로 LAND, MART, CLUB, PLAZA, WORLD, OUTLET, TOWN, PARK, HOUSE, CITY, DEPOT, 나라, 마을, 마당, 촌, BANK, VILLAGE 등이 있다.

판 례 이브자리 사건(대법원 2014. 2. 27. 선고 2013후2230 판결)

출원상표(evezary/이브자리)의 한글 부분 '이브자리'는 일반 수요자들에게 사람이 잠잘 때 쓰는 이불과 요를 가리키는 '이부자리'로 인식되고, 영문자 부분 'evezary'도 우리나라의 영어보급 수준과 함께 그 우측 하단에 한글 '이브자리'가 기재되어 있는 점에 비추어 볼 때, 일반 수요자들은 이를 '이브자리'로 발음하여 역시 사람이 잠잘 때 쓰는 '이부자리'로 인식할 것으로 보인다. 따라서 이 사건 출원서비스표 중 위 부분은 그 지정서비스업 중 '침구류 판매대행업, 이불 판매대행업, 침구류 판매알선업, 이불 판매알선업, 인터넷을 이용한 침구류 판매알선업, 인터넷을 이용한 이불 판매알선업, 인터넷을 이용한 침구류 판매대행업, 인터넷을 이용한 이불 판매대행업, 침구류 도매업, 이불 도매업, 의료용 물침대 소매업, 의료용 물침대 판매대행업' 등을 포함하여 사람의 잠자리용 물품과 관련된 제반 서비스업에 관하여 그 품질·효능·용도 등을 보통으로 사용하는 방법으로 표시한 기술적 표장에 해당하여 식별력이 없고, 그 외 연두색 물결무늬 형태의 도형 부분은 단순히 문자 부분을 장식하는 부수적 또는 보조적인 것에 불과하며, 이들 부분의 결합으로 인하여 새로운 식별력이 생긴다고 볼 수도 없으므로, 이 사건 출원서비스표는 전체적으로 이 사건 지정서비스업에 관하여 상표법 제33조 제1항 제7호의 수요자가 누구의 업무에 관련된 서비스업을 표시하는 것인가를 식별할 수 없는 서비스표에 해당한다.

Ⅲ 상표 사용에 의한 식별력의 취득

1. 서 설

상표법 제33조 제1항 제3호부터 제6호까지에 해당하는 상표라도 상표등록출원 전부터 그 상표를 사용한 결과 수요자 간에 특정인의 상품에 관한 출처를 표시하는 것으로 식별할 수 있게 된 경우에는 그 상표를 사용한 상품에 한정하여 상표등록을 받을 수 있다(제33조 제2항). 사용에 의한 식별력을 인정하는 제도의 취지는 원래 식별력이 없는 상표라도 특정인이 일정기간 계속하여 사용한 결과 식별력을 획득한 경우 이미 상표로서 기능할 뿐만 아니라, 더 이상 경쟁업자 간의 자유사용을 보장할 공익상의 필요성이 없어졌다고 볼 수 있으며, 상표등록을 허용함으로써 제3자의 부정경쟁 목적의 사용을 방지하여 상표사용자의 신용을 보호하고, 일반수요자로 하여금 상품의 품질 오인이나 출처 혼동을 방지하는 것이 상표법의 본래 목적에 부합하기 때문에 사후적으로 식별력을 인정하는 것이 타당하기 때문이다.

식별력을 취득하여 등록을 받을 수 있는 대상은 성질표시 표장(제3호), 현저한 지리적 명칭(제4호), 흔히 있는 성 또는 명칭(제5호), 간단하고 흔히 있는 표장(제6호)이다. 사용에 의한 식별력을 가지는 상표의 등록은 원칙적으로 그 상표 및 그 상표를 사용하고 있던 상품에 한하여 인정한다. 대법원은 "수요자 간에 그 상표·서비스표가 누구의 상표·서비스표인지 현저하게 인식되었다는 사실은 그 상표·서비스표가 어느 정도 선전 광고된 사실이 있다거나 또는 외국에서 등록된 사실이 있다는 것만으로는 이를 추정할 수 없고 구체적으로 그 상표·서비스표 자체가 수요자 간에 현저하게 인식되었다는 것이 증거에 의하여 명확하게 되어야 할 것이다.

출원상표가 상표법 제33조 제2항의 사용에 의한 식별력을 취득하였는지 여부에 관한 판단의 기준시점은 원칙적으로 등록결정시 또는 거절결정시이고 거절결정에 대한 불복심판에 의하여 등록 허부가 결정되는 경우에는 그 심결시라고 할 것이다"고 판시하였다.[13]

2. 식별력의 인정기준

사용에 의한 식별력은 원칙적으로 실제로 사용한 상표와 동일한 상표를 사용한 상품과 동일한 상품에 출원한 경우에 한하여 인정할 수 있으며, 유사한 상표나 상품에 대하여는 인정할 수 없다. 이 경우 상표와 상품이 동일한지 여부는

13) 대법원 2003. 5. 16. 선고 2002후1768 판결; 대법원 2014. 10. 15. 선고 2013후1146 판결.

물리적 동일성을 의미하는 것이 아니라 실질적 동일성을 의미하는 것으로 거래사회의 통념상 일반수요자나 거래자가 동일하다고 인식할 수 있는 상표 및 상품을 말한다. 사용에 의하여 식별력을 갖는 상표의 입증은 사용한 결과 수요자들이 그 상표 및 상품의 출처를 인식할 수 있다고 인정할 수 있는 정도면 되고 주지상표 이상이나 저명상표 정도의 인식력을 요구하는 것은 아니다.

3. 상표의 사용에 의한 식별력 인정요건 완화

2014년 개정법에서 상표등록출원 전부터 그 상표를 사용한 결과 수요자 간에 특정인의 상품에 관한 출처를 표시하는 것으로 식별할 수 있게 되면, 그 상표를 사용한 상품에 한하여 등록이 가능하도록 개정하였다. 상표법 제33조 제1항 제3호부터 제6호까지에 해당하는 상표라도 상표등록출원 전부터 그 상표를 사용한 결과 수요자 간에 특정인의 상품에 관한 출처를 표시하는 것으로 식별할 수 있게 된 경우에는 그 상표를 사용한 상품에 한정하여 상표등록을 받을 수 있다.

사용에 의한 식별력의 인정기준을 완화하여 해당 상표가 사용된 상품에 대한 거래자 및 수요자 대다수에게 특정인의 상품을 표시하는 것으로 인식하는 정도는 주지상표 이상이나 저명상표 정도의 인식력을 요구하지 않고, 실질적인 동일성이 있으면 인정받을 수 있다. 실질적 동일성은 거래사회의 통념상 일반수요자나 거래자가 동일하다고 인식할 수 있는 상표 및 상품의 정도를 의미한다. 주지상표 이상이나 저명상표 정도의 인식력을 요구하는 것은 아니다.

4. 상표의 사용에 의한 식별력 판단기준

상표등록출원 전부터 그 상표를 사용한 결과 수요자 간에 사용하여 널리 인식되어 있는지의 판단기준은 (i) 인적 범위는 해당 상품의 거래자나 수요자를 기준으로 하고, (ii) 지역적 범위는 원칙적으로는 전국적으로 알려져 있는 경우를 말하지만 지정상품의 특성상 일정한 지역에서 널리 알려져 있는 경우도 포함하되 그 범위는 최소한 기초자치단체(시, 군, 구) 이상이어야 하며, (iii) 사용에 의한 식별력 인정 여부 판단시점은 상표등록여부 결정시로 한다.[14] 다만, 사용

14) 상표심사기준, 37면.

상표를 상표등록출원 전부터 등록여부 결정시까지 계속하여 사용하여야 한다. 지정상품과 관련하여 그 상품의 성질로 직감되지 않거나 단순히 암시 또는 강조하는 데 지나지 않는 경우 및 성질표시상표에 다른 식별력 있는 요소가 결합되어 상표 전체로서도 식별력을 가지는 경우에는 등록이 가능하다. 암시적 상표는 상품의 성질 등을 직감시키는 정도가 아니라 단지 상품의 성질 등을 암시하거나 시사하는 정도의 상표를 말하며, 이러한 암시적 상표는 상표로서의 자타상품 식별력이 인정되어 등록이 가능하다.

판례 1 K2 사건(대법원 2008. 9. 25. 선고 2006후2288 판결)

상표법 제33조 제2항이 상표를 등록출원 전에 사용한 결과 수요자 사이에 그 상표가 누구의 상품을 표시하는 상표인가가 현저하게 인식되어 있는 경우 같은 법 제33조 제1항 제3호 내지 제6호의 규정에 불구하고 상표등록을 받을 수 있도록 규정한 것은, 원래 식별력이 없는 표장이어서 특정인에게 독점사용하도록 하는 것이 적당하지 않은 표장에 대하여 대세적 권리를 부여하는 것이므로 그 기준은 엄격하게 해석·적용되어야 할 것이다. 상표의 사용기간, 사용횟수 및 사용의 계속성, 그 상표가 부착된 상품의 생산·판매량 및 시장점유율, 광고·선전의 방법, 횟수, 내용, 기간 및 그 액수, 상품품질의 우수성, 상표사용자의 명성과 신용, 상표의 경합적 사용의 정도 및 태양 등을 종합적으로 고려할 때, 당해 상표가 사용된 상품에 대한 거래자 및 수요자 대다수에게 특정인의 상품을 표시하는 것으로 인식되기에 이르렀다면 사용에 의한 식별력의 취득을 인정할 수 있다.

기록에 의하면, 원고 케이투코리아 주식회사(이하 '원고 회사'라고 한다)의 전신(전신)인 정동남 경영의 케이투 상사와 원고 회사는 2000년경까지 "K2, K2, K2" 등 '**K2**' 상표와 동일성 범위 내에 있는 상표들을 20여 년 동안 등산화 등의 상품과 그에 대한 광고에 사용하여 왔고, 등산화에 쌓인 원고 회사 제품의 명성과 신용을 바탕으로 1995년경부터 등산 레저용 자켓, 점퍼, 비지 등 등산용 의류와 안전화, 배낭 등을 제조·판매하는 것으로 사업을 확장하였다. 2001년경부터 "K2" 상표를 전면에 내세운 텔레비전 광고를 전국적으로 방송한 것을 비롯하여 라디오, 지하철역 광고판 및 버스 외벽 등의 다양한 광고수단을 이용하여 "K2" 상표를 중점적으로 광고하였고 2002년부터는 고딕화된 형태의 '**K2**' 상표를 본격적으로 사용하기 시작한 점, 1997년부터 2000년까지 동안 원고 회사의 매출액 합계가 400억 원 상당, 광고비 합계가 15억 원 상당이었는데, 2001년 이후 그 매출액이 2001년 약 257억 원, 2002년 약 330억 원, 2003년 534억 원, 2004년 743억 원 등 지속적으로 가파르게 증대하였으며, 광고비도 2001년 약 9억 3천만 원, 2002년 약

6억 3천만 원, 2003년 약 11억 2천만 원, 2004년 40억 2천만 원 등 상당액을 지출한 점, 그 결과 2003년 4월경 이미 원고 회사의 제품은 국내 등산화 시장의 약 40%, 국내 안전화 시장의 약 80%의 점유율을 차지하게 되었다.

그 무렵 각종 언론매체 등에서 'K2'를 원고 회사 또는 원고 회사의 제품을 지칭하는 것으로 사용하는 등 원고 회사의 등산화 등 등산 관련 제품의 품질에 대한 언론기관의 호의적인 보도가 잇따른 점, 반면에 이 사건 등록상표를 포함한 K2 관련 표장을 등록사용하고 있던 박해영과 주식회사 케이투스포츠의 경우 그 생산·판매량과 광고량이 미미하고 주로 상표사용권설정계약을 통하여 수익을 올리고 있으며, 주식회사 케이투스포츠 등과 상표사용권설정계약을 체결한 상표사용자들은 그 등록상표를 그대로 사용하지 아니하고 '**K2**' 상표만을 부각시켜 사용하는 등 형식적으로 등록상표를 사용한 점 등을 알 수 있다.

그렇다면 원고 회사는 "K2"와 동일성이 인정되는 상표들을 장기간에 걸쳐 사용하였을 뿐만 아니라 2002년경부터 이 사건 등록상표의 등록결정일까지 '**K2**' 상표를 3년 6개월간 계속적·중점적으로 사용함으로써 이 사건 등록상표의 등록결정일인 2004. 10. 16. 무렵 등산화, 안전화 및 기타 등산용품에 관한 거래자 및 수요자의 대다수에게 '**K2**' 상표는 원고 회사의 상표로 인식되기에 이르렀다고 할 것이어서, 사용에 의한 식별력을 취득하였다고 할 것이다.

판례 2 **SUPERIOR** 사건(대법원 2012. 11. 29. 선고 2011후774 판결)

상표의 구성 중 식별력이 없거나 미약한 부분과 동일한 표장이 거래사회에서 오랜 기간 사용된 결과 상표의 등록 또는 지정상품 추가등록 전부터 수요자 간에 누구의 업무에 관련된 상품을 표시하는 것인가 현저하게 인식되어 있는 경우에는 그 부분은 사용된 상품에 관하여 식별력 있는 요부로 보아 상표의 유사 여부를 판단할 수 있고(대법원 2008. 5. 15. 선고 2005후2977 판결 참조), 그러한 부분은 상표법 제90조 제1항 제2호에 의한 상표권 효력의 제한을 받지 않는다(대법원 1997. 5. 30. 선고 96다56382 판결 등 참조).

기록에 의하면, 원고는 1983년경부터 골프화가 이 사건 등록상표 "SGF SUPERIOR"(등록번호 제662467호)의 지정상품으로 추가등록결정된 2010. 10. 27.까지 약 27년간 "SUPERIOR"라는 영문자로만 구성된 상표(이하 'SUPERIOR 문자 상표'라 한다)와 "SUPERIOR", "SUPERIOR 슈페리어", "SUPERIOR"와 같이 월계관 도형과 "SUPERIOR" 문자가 결합된 결합상표(이하 'SUPERIOR 결합상표'라 한다) 및 이 사건 등록상표를 골프의류, 골프가방, 골프화 등 원고가 생산·판매하는 각종 골프 관련 상품의 표장으로 사용하여 온 점, 원고가 하나의 카탈로그나 하나의 골프용품에 SUPERIOR 문자 상표 및 SUPERIOR 결합상표를 자주 혼용함으로써 일반 수요자들은 SUPERIOR 문자 상표와 SUPERIOR 결합상표의 출처가 동일하다고 인식하였을 것으로 보이는 점, 원고가 1995년부터 2000년까지 5회에 걸쳐 방송사 후원 아래 "SUPERIOR OPEN" 골프대회를 주최하였으며, 1996년 4월경 기간을 3년으로 정하여 프로 골프선수 소외인과 후원계약을 체결하고, 이후 두 차례 계약을 갱신하여 2004년 4월경까지 그 후원계약을 유지하였는데, 소외인이 2002년 미국 PGA 골프대회에서 한국인 최초로 우승을 하기도 함으로써 2002년경부터 2006년경까지 국내 각종 신문에 SUPERIOR 문자 상표가 부착된 모자를 착용한 소외인의 사진이 상당수 게재되기도 한 점, SUPERIOR 결합상표 및 이 사건 등록상표와 SUPERIOR 문자 상표를 사용한 원고 회사 상품의 매출액이 1983년경부터 2008년경까지 연간 적게는 11억여 원에서 많게는 859억여 원에 이르는 등 위 기간 합계 8,652억여 원에 이르고, 같은 기간 광고비도 적게는 연간 1억 2,000여만 원에서 많게는 55억여 원 정도를 지출하여 위 기간 합계 약 543억여 원 상당의 광고비를 지출하였다. 그에 따라 SUPERIOR 결합상표 중 "SUPERIOR" 상표는 1998년 국내 골프의류시장에서 5대 상표 중 하나로 자리 잡게 된 점, 원고의 매장이 2008년경 전국 각지의 126개 백화점과 22개의 골프장에 입점하여 있는 점, SUPERIOR 결합상표 및 이 사건 등록상표는 모두 "SUPERIOR"라는 문자부분에 의해 호칭되어 온 점 등을 알 수 있다. 이러한 사정, 특히 원고가 SUPERIOR 결합상표뿐만 아니라 SUPERIOR 문자 상표도 장기간 사용하여 왔던 점과 SUPERIOR 결합상표는 이 사건 등록상표의 구성 중 "**SUPERIOR**" 문자부분과 동일성이 인정되는 SUPERIOR 문자부분을 포함하고 있을 뿐만 아니라 그러한 문자부분에 의해 호칭되어 왔으므로 SUPERIOR 결합상표 및 이 사건 등록상표의 사용은 이 사건 등록상표의 구성 중 "**SUPERIOR**" 문자부분이 사용에 의한 식별력을 취득하는 데 도움이 되었을 것으로 보이는 점 등을 앞서 본 법리에 비추어 종합적으로 고려하면, 이 사건 등록상표의 구성 중 "**SUPERIOR**" 문자부분은 골프화가 이 사건 등록상표의 지정상품으로 추가등록결정된 2010. 10. 27.경 이미 골프의류, 골프가방뿐만 아니라 골프화에 관해서도 국내 수요자나 거래자에게 누구의 업무에 관련된 상품을 표시하는 것으로 '현저하게' 인식되어 있었다고 보아야 할 것이다. 따라서 이 사건 등록상표의 구성 중 "**SUPERIOR**" 문자부분은 지정상품으로 추가등록된 골프화에 관해서는 '독립하여 자타 상품의 식별기능을 하는 부분', 즉 요부가 될 수 있다.

또한 앞서 본 법리에 비추어 보면 이 사건 등록상표의 구성 중 "**SUPERIOR**" 문자부분이 골프화에 관하여 사용에 의한 식별력을 취득한 이상 그 이후에 지정상품으로 추가등록된 골프화와 관련하여서는 위 문자부분이 상표법 제90조 제1

항 제2호에 의한 상표권 효력의 제한을 받지 아니하므로, 골프화와 동일·유사한 상품에 "**SUPERIOR**" 문자부분과 동일·유사한 표장을 사용하는 것은 이 사건 등록상표의 권리범위에 속한다고 할 것이다.

따라서 이 사건 등록상표의 구성 중 "**SUPERIOR**" 문자부분이 지정상품 추가등록 출원일인 2010. 6. 24.경 사용에 의한 식별력을 취득하지 못하였음을 전제로 확인대상표장이 이 사건 등록상표의 권리범위에 속하지 아니한다고 판단한 원심판결에는 사용에 의한 식별력의 취득에 관한 법리 및 상표법 제90조 제1항 제2호에 의한 상표권 효력의 제한에 관한 법리를 오해하여 필요한 심리를 다하지 아니함으로써 판결에 영향을 미친 위법이 있다. 이를 지적하는 원고의 상고이유 주장은 이유 있다.

판례 3 경남대학교 사건(대법원 2012. 11. 15. 선고 2011후1982 판결)

등록상표의 구성 중 식별력이 없거나 미약한 부분과 동일한 표장이 거래사회에서 오랜 기간 사용된 결과 상표의 등록 전부터 수요자 간에 누구의 업무에 관련된 상품을 표시하는 것인가 현저하게 인식되어 있는 경우에는 그 부분은 사용된 상품에 관하여 식별력을 가지게 되므로, 위와 같이 식별력을 취득한 부분을 그대로 포함함으로써 그 이외의 구성 부분과의 결합으로 인하여 이미 취득한 식별력이 감쇄되지 않는 경우에는 그 등록상표는 전체적으로 볼 때에도 그 사용된 상품에 관하여는 자타상품의 식별력이 없다고 할 수 없고, 이러한 법리는 상표법 제2조 제3항에 의하여 서비스표의 경우에도 마찬가지로 적용된다고 할 것이다.

갑 대학교산학협력단이 등록서비스표 "경남대학교 KYUNGNAM UNIVERSITY 慶南大學校"의 등록권리자 을 학교법인을 상대로 등록서비스표가 상표법 제33조 제1항 제4호, 제7호 등에 해당한다는 이유로 등록무효심판청구를 한 사안에서, 등록서비스표의 구성 중 '**경남대학교**' 부분은 그 자체로는 현저한 지리적 명칭인 '경상남도'의 약어인 '경남'과 보통명칭인 '대학교'를 표시한 것에 지나지 않아 식별력이 있다고 할 수 없으나, 오랜 기간 지정서비스업에 사용된 결과 등록결정일 무렵에는 수요자 사이에 그 표장이 을 학교법인의 업무에 관련된 서비스업을 표시하는 것으로 현저하게 인식되기에 이르렀으므로 그 표장이 사용된 지정서비스업에 관하여 식별력을 가지게 되었고, 위와 같이 식별력을 취득한 '**경남대학교**' 부분을 그대로 포함한 등록서비스표는 영문자 부분인 'KYUNGNAM UNIVERSITY' 및 한자 부분인 '**慶南大學校**'와의 결합으로 이미 취득한 식별력이 감쇄된다고 볼 수 없어 전체적으로 볼 때에도 지정서비스업에 대해서 자타서비스업의 식별력이 없다고 할 수 없다.

5. 식별력 입증 자료

사용에 의한 식별력을 인정받기 위해서는 그 상표가 어느 정도 선전광고된 사실이 있다거나 그 상표와 유사한 상표가 등록된 사실이 있다는 것만으로는 이를 추정할 수 없고, 구체적으로 해당 상품의 거래자나 수요자 간에 어느 정도 널리 인식되어 있다는 입증자료가 있어야 한다. 사용에 의한 식별력을 입증하기 위해서는 출원인이 적절한 입증자료를 제출해야 한다. 출원인은 다음 사항과 그 사항을 증명하는 서류 및 증거물을 특허청장에게 제출할 수 있다(시행규칙 제28조 제7항). (i) 사용한 상표, (ii) 사용기간, (iii) 사용지역, (iv) 지정상품의 생산·가공·증명 또는 판매량 등, (v) 사용방법 및 횟수, (vi) 등록출원한 상표에 대한 소비자 인식도 조사 결과, (vii) 그 밖에 사용사실을 증명하는 사항(지정상품의 시장점유율, 광고선전의 방법·횟수·내용·기간, 상품품질이나 명성을 입증할 수 있는 자료, 사용상표를 독점배타적으로 사용하고 있다는 자료 등)을 제출할 수 있다.

증거 방법은 국가 또는 시, 도, 기타 공공단체의 증명서, 상공회의소의 증명서, 동업조합의 증명서, 상품거래선 또는 대리점 등 충분히 입증할 수 있는 다수의 증명서(이 경우는 상품거래선 또는 대리점 등의 사업자 등록증을 첨부할 것), 신문·잡지·라디오·텔레비전 등에 선전·광고한 기간 및 횟수 등에 관한 사실 증명서에 해당하는 경우로 한다. 대법원이 사용에 의한 식별력을 인정한 사례로 K2(등산화), 하이포크(돼지고지) 등이 있다.

Ⅳ 지리적 표시 단체표장등록출원

1. 의 의

상표법 제33조 제1항 제3호(산지로 한정한다) 또는 제4호에 해당하는 표장이라도 그 표장이 특정 상품에 대한 지리적 표시인 경우에는 그 지리적 표시를 사용한 상품을 지정상품으로 하여 지리적 표시 단체표장등록을 받을 수 있다(제33조 제3항). 상표법 제33조 제3항이 규정하는 산지의 범위는 해당 상품이 그

곳에서 현실적으로 생산되었거나 생산되고 있는 경우는 물론 일반수요자 또는 거래자가 그곳에서 생산되는 것으로 인식하고 있는 경우를 포함한다.

2. 지리적 표시

지리적 표시란 상품의 특정 품질·명성 또는 그 밖의 특성이 본질적으로 특정 지역에서 비롯된 경우에 그 지역에서 생산·제조 또는 가공된 상품임을 나타내는 표시를 말한다(제2조 제1항 제4호). 원칙적으로 지리적 표시는 산지표시(제33조 제1항 제3호) 또는 현저한 지리적 명칭(제33조 제1항 제4호)에 해당한다는 것 등을 이유로 상표등록을 받을 수 없다. 그러나 예외적으로 산지표시나 현저한 지리적 명칭 등이 특정 상품의 지리적 표시인 경우에는 해당 상품을 지정상품으로 하여 지리적 표시 단체표장등록이나 지리적 표시 증명표장등록을 받을 수 있다(제33조 제3항).[15]

3. 상표법상 지리적 표시의 보호

2004년 개정법에서 지리적 표시를 단체표장제도를 통하여 보호하도록 하였다. 지리적 표시 단체표장등록출원 또는 지리적 표시 증명표장등록출원의 경우에는 산지표시에 해당하는 경우인 상표법 제33조 제1항 제3호를 적용하지 않는다. 포도주 증류주의 산지에 관한 지리적 표시에 해당하는 상표등록출원을 한 경우(제34조 제1항 제16호의 단서규정에 해당하는 경우를 제외한다)에는 상표법 제34조 제1항 제16호[16]를 적용한다.

---

15) 지리적 표시 단체표장이란 지리적 표시를 사용할 수 있는 상품을 생산·제조 또는 가공하는 자가 공동으로 설립한 법인이 직접 사용하거나 그 소속 단체원에게 사용하게 하기 위한 표장을 말한다(제2조 제1항 제6호). 지리적 표시 증명표장이란 지리적 표시를 증명하는 것을 업으로 하는 자가 타인의 상품에 대하여 그 상품이 정해진 지리적 특성을 충족한다는 것을 증명하는 데 사용하는 표장을 말한다(제2조 제1항 제8호).

16) 상표법 제34조 제1항 제16호: 세계무역기구(WTO) 회원국 내의 포도주 또는 증류주의 산지에 관한 지리적 표시로서 구성되거나 그 지리적 표시를 포함하는 상표로서 포도주 또는 증류주에 사용하려는 상표는 상표등록을 받을 수 없다. 다만, 지리적 표시의 정당한 사용자가 해당 상품을 지정상품으로 하여 지리적 표시 단체표장등록출원을 한 경우에는 상표등록을 받을 수 있다.

제 2 절 등록을 받을 수 없는 상표

출원상표가 자타상품의 식별력을 가지고 있다 하더라도 독점배타적 성질의 상표권을 부여하는 경우 공익상 또는 타인의 이익을 침해하는 경우에는 해당 상표등록을 배제할 필요가 있다. 상표법 제34조 제1항에서는 출원상표가 상표법상 상표의 구성요건을 갖추고, 상표법 제33조에 의하여 적극적 등록요건을 갖추었다고 하더라도 공익상의 이유와 사익 간의 조정을 위하여 일정한 경우 등록을 받을 수 없는 부등록사유를 열거하고 있다.

I 국기 등과 동일·유사한 상표

1. 서 설

대한민국의 국기, 국장, 파리협약 동맹국, 세계무역기구 회원국 또는 상표법조약 체약국의 훈장, 포장, 국제적십자, 올림픽 등의 공공마크와 동일 또는 유사한 상표는 상표등록을 받을 수 없다(제34조 제1항 제1호). 본 호의 취지는 국기, 국장 등이 상징하는 국가, 훈공자의 존엄성을 유지하고 국제적인 신의를 보호하는 한편 상표의 사용자가 이들 기관과 특수한 관계에 있는 것처럼 오인·혼동할 우려가 있기 때문에 이를 방지하기 위해서이다.

2. 판 단

본 호의 규정은 상표등록 여부 결정시를 기준으로 하여 판단하고, 현존하는 것에 한하여 적용한다. 상표의 일부에 본 호가 규정하는 표장을 결합하였을 때에도 본 호에 해당하는 것으로 보며 국기 또는 외국 국기의 존엄을 해할 우려가 있다고 인정되는 상표는 설사 그것이 본 호의 표장과 유사하지 않는 경우에도 상표법 제34조 제1항 제2호 및 제4호를 적용한다. 무궁화 도형, IMF, WTO, NATO, OPEC, IAEA, 올림픽, 적십자 로고, 태극문양 로고 등이 본 호에 해당한다. 판례는 출원서비스표 'OLYMPIC'이 상표법 제34조 제1항 제1호에서 규정하고 있는 올림픽 대회, 올림픽 경기, 국제올림픽 경기대회를 의미하는 올림픽(OLYMPIC)과 동일하므로, 그 출원인이 비록 국제올림픽 경기대회를 운영·주관하는 국제올림픽조직위원회(IOC)라 하더라도 등록을 받을 수 없다고 한다.[17]

Ⅱ 국가·민족 등과의 관계를 모욕하는 상표

1. 서 설

국가·민족·공공단체·종교 또는 저명한 고인과의 관계를 허위로 표시하거나 이들을 비방 또는 모욕하거나 이들에 대하여 나쁜 평판을 받게 할 우려가 있는 상표는 상표등록을 받을 수 없다(제34조 제1항 제2호). 본 호의 취지는 국가, 인종 등에 대한 권위와 존엄을 인정하여 국제적 신의를 보호하고 저명한 고인 등의 명예와 인격을 보호하기 위함이다.

2. 판 단

본 호에서 국가란 대한민국은 물론 외국을 포함한다. 본 호의 규정은 원칙적으로 상표등록 여부 결정시를 기준으로 하여 판단한다. 본 호에 해당하는지의 여부를 판단함에 있어서는 해당 국가, 인종, 민족, 공공단체, 종교의 신도, 고인의 유족의 입장과 감정을 충분히 고려하여야 한다. 본 호에 해당하는 것은 양키, 로스케, Nigger(Negro), Darkie이다. 본 호에 해당하지 않는 사례는 인디안, MOZART(지정상품: 가죽신, 농구화),[18] 박통(지정상품: 김밥, 국수), JAMES DEAN, 카디날이다. 판례는 출원상표 'JAMES DEAN'은 단순히 고인의 성명 그 자체를 상표로 사용한 것에 지나지 아니할 뿐 고인과의 관련성에 관한 아무런 표시가 없어 상표법 제34조 제1항 제2호 소정의 고인과의 관계를 허위로 표시한 상표

17) 대법원 1997. 6. 13. 선고 96후1774 판결.

18) 대법원 1998. 2. 13. 선고 97후938 판결: 출원상표는 검은색 바탕에 흰 오선을 긋고 그 위에 단순히 'MOZART'라는 고인의 성명 자체를 기재하여 상표로 사용한 것에 지나지 아니할 뿐, 고인과의 관련성에 관한 아무런 표시가 없어 상표법 제34조 제1항 제2호 소정의 고인과의 관계를 허위로 표시한 상표에 해당한다고 볼 수 없다.

에 해당하지 않는다고 한다.[19]

Ⅲ 공공단체 등의 저명한 업무표장과 동일·유사한 상표

1. 서 설

국가·공공단체 또는 이들의 기관과 공익법인의 비영리 업무나 공익사업을 표시하는 표장으로서 저명한 것과 동일·유사한 상표는 상표등록을 받을 수 없다. 다만, 그 국가 등이 자기의 표장을 상표등록출원한 경우에는 상표등록을 받을 수 있다(제34조 제1항 제3호). 본 호의 취지는 저명한 업무표장을 가진 공익단체의 업무상의 신용과 권위를 보호함과 동시에 그것이 상품에 사용되면 수요자·거래자에게 상품의 출처에 관한 혼동을 생기게 할 염려가 있으므로 일반 공중을 보호하는 데에 있다.

2. 판 단

본 호에서 규정하는 '저명한 것과 동일·유사한 상표'란 사회통념상 또는 거래사회에서 일반적으로 널리 인지되고 있는 표장 또는 단체명을 말한다. 여기서 공익법인은 비영리법인(사단 또는 재단법인) 중 공익을 주목적으로 하는 법인을 말한다. 예를 들면, YMCA, 보이스카웃, YWCA 등이다. 공공단체는 지방자치단체, 공공조합, 공법상 영조물법인과 그 대표기관 및 산하기관을 포함한다. 저명한 업무표장으로 예로는 KBS, JCI, 적십자, 농업협동조합, 축산업협동조합중앙회 등이 있다.

---

19) 대법원 1997. 7. 11. 선고 96후2173 판결.

Ⅳ 공서양속에 어긋나는 상표

1. 서 설

상표 그 자체 또는 상표가 상품에 사용되는 경우 수요자에게 주는 의미와 내용 등이 일반인의 통상적인 도덕관념인 선량한 풍속에 어긋나는 등 공공의 질서를 해칠 우려가 있는 상표는 상표등록을 받을 수 없다(제34조 제1항 제4호). 주지·저명한 상표의 모방행위는 공서양속에 위반된다. 저명한 예술가의 명성에 편승하여 수요자의 구매를 불공정하게 흡인하고자 하는 상표는 공정한 상품유통이나 상도덕 등 선량한 풍속을 문란하게 할 염려가 있다. 공공의 질서 또는 선량한 풍속을 문란하게 할 염려가 있는 상표란 상표의 구성 자체 또는 그 상표가 지정상품에 사용되는 경우 수요자에게 주는 의미나 내용이 사회공공의 질서에 위반하거나 사회 일반인의 통상적인 도덕관념인 선량한 풍속에 반하는 경우를 말한다.

본 호는 (ⅰ) 외설적인 도형이나 과격한 슬로건으로 구성된 상표, (ⅱ) 특정의 나라나 그 국민을 모욕하는 것과 같은 국제신의에 반하는 상표, (ⅲ) 기타 사회공공의 이익이나 일반의 도덕관념에 반하는 상표를 말한다. 미국의 예로 상표 'MADONNA'는 '성모 마리아'를 뜻하므로 양속에 반한다. 일본의 예로는 'Old Smuggler'는 smuggler가 밀수꾼, 주류밀조자를 의미이므로 양속에 반한 것으로 판단한 바 있다. 사이비 종교, 부적 등 미신, 국민 간의 불신과 지역감정을 조장하는 문자나 도형, 선량한 풍속에 어긋나는 외설적인 도형이나 문자는 공서양속에 반하는 상표로 본다.

2. 판 단

본 호에 해당하는지 여부는 상표등록결정시를 기준으로 판단한다. 상표의 구성 자체가 공공의 질서 또는 선량한 풍속에 반하는 경우가 아닌 상표의 출원과 등록이 위 규정에 해당하기 위해서는 상표의 출원·등록절차에 사회적 타당성이 현저히 결여되어 그 등록을 인정하는 것이 상표법의 질서에 반하는 것으로서 도저히 용인할 수 없다고 보이는 경우에 한한다. 고의로 저명한 타인의 상표·서비스표나 상호 등의 명성에 편승하기 위하여 무단으로 타인의 표장을 모방한 상표를 등록하여 사용하는 것이 아닌 이상, 주지·저명하지 아니한 타인의 상표를 모방하여 출원·등록한다거나 또는 상표를 등록하여 사용하는 행위가 특정 당사자 사이에 이루어진 계약을 위반하거나 특정인에 대한 관계에서 신의성실의 원칙에 위배된 것으로 보인다고 하더라도 그러한 사정만을 들어 곧바로 위 규정에 해당한다고 할 수 없다.[20]

판례 1 JAMES DEAN 사건(대법원 1997. 7. 11. 선고 96후2173 판결)

개그맨 주병진 씨가 설립한 (주)좋은사람들은 속옷 회사다. 그는 '제임스 딘'이라는 상표를 달고 다양한 속옷을 출시했고, 이는 공전의 히트를 기록했다. 그런데 미국에 사는 제임스 딘의 유족들과 제임스 딘 상표권 보호를 대행하고 있는 커티스는 1994년 11월 주병진 씨를 상대로 '제임스 딘' 상표권 사용을 금지하는 내용의 표장사용 금지청구소송을 제기하였다.[21] 다음 사진은 주병진 씨의 JAMES DEAN 상표와 배우 제임스 딘 및 영화 「GIANT」의 포스터이다.

주병진 씨의 JAMES DEAN 상표와 배우 제임스 딘 (출처: Google 이미지)

영화 〈에덴의 동쪽〉, 〈이유 없는 반항〉, 〈자이언트(Giant)〉의 주연 배우인 제임스 딘의 유족들은 주병진 씨가 가족의 이름을 상표로 사용하는 것은 부당하고, 저명한 고인을 비방하고 모욕하는 처사라고 주장했다. 판결요지는 다음과 같다.

대법원 96후2173 판결은 "원심은 이 사건 출원상표(1994. 1. 20. 출원, 이하 본원상표라고 한다) 'JAMES DEAN'은 1955. 9. 30. 사망한 세계적으로 유명한 미국의 영화배우 제임스 딘(JAMES DEAN)의 영문성명으로 구성된 것으로 제임스 딘과 특정

20) 대법원 2006. 7. 13. 선고 2005후70 판결.
21) 김명신, 232~233면.

한 관계가 없음에도 관계가 있는 것처럼 제임스 딘의 성명을 허위로 표시한 상표에 해당하고, 또한 저명한 고인의 성명을 정당한 권한 없이 등록, 사용하여 고인의 명성에 편승하고자 하는 것으로 공정하고 신용 있는 거래질서를 문란케 할 염려가 있을 뿐만 아니라 국제적 선린관계 및 신뢰관계를 저해할 우려가 있으며, 일반 수요자로 하여금 위 고인의 성명 등의 상표화 등 상업적 사용권한을 가진 자와 특정한 관계에 있는 것으로 상품의 출처의 오인·혼동을 유발할 우려가 있다는 이유로 상표법 제34조 제1항 제2호, 제4호 및 제11호에 의하여 본원상표의 등록을 거절한 원사정을 유지하였다.

그런데, 기록과 관련 법규에 의하여 살펴보면, 본원상표는 단순히 고인의 성명 그 자체를 상표로 사용한 것에 지나지 아니할 뿐 동인과의 관련성에 관한 아무런 표시가 없어 이를 가리켜 상표법 제34조 제1항 제2호 소정의 고인과의 관계를 허위로 표시한 상표에 해당한다고 볼 수 없다. 또한 본원상표 자체의 의미에서 선량한 도덕관념이나 국제신의에 반하는 내용이 도출될 수는 없으며, 본원상표와 같은 표장을 사용한 상품이 국내에서 유통됨으로써 국내의 일반 수요자들에게 어느 정도라도 인식되었음을 인정할 자료가 없는 이상 국내의 일반거래에 있어서 수요자나 거래자들이 본원상표를 타인의 상품 표장으로서 인식할 가능성은 없으므로, 본원상표를 상표법 제34조 제1항 제4호 소정의 공공의 질서 또는 선량한 풍속을 문란하게 할 염려가 있는 상표라거나 상표법 제34조 제1항 제11호 소정의 수요자를 기만할 염려가 있는 상표라고도 볼 수 없다"고 판시하였다.

판례 2 우리은행 사건(대법원 2009. 5. 28. 선고 2007후3325 판결)

대법원 2007후3325 판결에서 내린 판결요지는 다음과 같다.
상표법 제34조 제1항 제4호는 '공공의 질서 또는 선량한 풍속을 문란하게 할 염려가 있는 상표'는 상표등록을 받을 수 없다고 규정하고 있는바, 여기서 '공공의 질서 또는 선량한 풍속을 문란하게 할 염려가 있는 상표'란 상표의 구성 자체 또는 그 상표가 지정상품에 사용되는 경우 일반 수요자에게 주는 의미나 내용이 사회 공공의 질서에 위반하거나 사회 일반인의 통상적인 도덕관념인 선량한 풍속에 반하는 경우뿐만 아니라, 그 상표를 등록하여 사용하는 행위가 공정한 상품 유통질서나 국제적 신의와 상도덕 등 선량한 풍속에 위배되는 경우도 포함된다. 또한 그 상표의 사용이 사회 공공의 이익을 침해하는 것이라면 이는 공공의 질서에 위반되는 것으로서 허용될 수 없다고 보아야 할 것이다.

위 법리와 기록에 비추어 살펴보면, 이 사건 등록서비스표의 일부를 구성하고 있는 '우리'라는 단어의 사전적 의미는 피고의 상고이유에 대한 판단에서 이미 본 바 있거니와, 이 단어는 '우리 회사', '우리 동네' 등과 같이 그 뒤에 오는 다른 명사를 수식하여 소유관계나 소속 기타 자신과의 일정한 관련성을 표시하는 의미로 일반인의 일상생활에서 지극히 빈번하고 광범위하게 사용되는 용어이고('나'를 지칭하는 경우에도 '우리'라는 용어가 흔히 쓰이고 있을 정도이다), 한정된 특정 영역에서만 사용되는 것이 아니라 주제, 장소, 분야, 이념 등을 가리지 않고 어느 영역에서도 사용되는 우리 언어에 있어 가장 보편적이고 기본적인 인칭대명사로서, 만일 이 단어의 사용이 제한되거나 그 뜻에 혼란이 일어난다면 보편적, 일상적 생활에 지장을 받을 정도로 일반인에게 필수불가결한 단어이다. 따라서 이 단어는 어느 누구든지 아무 제약없이 자유로이 사용할 수 있어야 할 뿐 아니라 위에서 본 바와 같은 위 단어의 일상생활에서의 기능과 비중에 비추어 이를 아무 제약없이 자유롭고 혼란없이 사용할 수 있어야 한다는 요구는 단순한 개인적 차원이나 특정된 부분적 영역을 넘는 일반 공공의 이익에 속하는 것이라고 봄이 상당하다.

그런데 이 사건 등록서비스표의 문자 부분인 '우리은행'(이하 '서비스표 은행'이라 한다)은 자신과 관련이 있는 은행을 나타내는 일상적인 용어인 '우리 은행'(이하 '일상용어 은행'이라 한다)과 외관이 거의 동일하여 그 자체만으로는 구별이 어렵고 그 용법 또한 유사한 상황에서 사용되는 경우가 많아, 위 두 용어가 혼용될 경우 그 언급되고 있는 용어가 서비스표 은행과 일상용어 은행 중 어느 쪽을 의미하는 것인지에 관한 혼란을 피할 수 없다. 그러한 혼란을 주지 않으려면 별도의 부가적인 설명을 덧붙이거나 '우리'라는 용어를 대체할 수 있는 적절한 단어를 찾아 사용하는 번거로움을 겪어야 할 것이다. 특히 동일한 업종에 종사하는 사람에게는 그러한 불편과 제약이 가중되어 그 업무수행에도 상당한 지장을 받게 될 것으로 보인다. 이러한 결과는 '우리'라는 단어에 대한 일반인의 자유로운 사용을 방해하는 것이어서 '우리은행'을 포함하는 이 사건 등록서비스표의 사용은 위에서 본 사회 일반의 공익을 해하여 공공의 질서를 위반하는 것이라 하겠고, 나아가 그와 같은 서비스표의 등록을 허용한다면 지정된 업종에 관련된 사람이 모두 누려야 할 '우리'라는 용어에 대한 이익을 그 등록권자에게 독점시키거나 특별한 혜택을 줌으로써 공정한 서비스업의 유통질서에도 반하는 것으로 판단된다. 따라서 이 사건 등록서비스표는 상표법 제34조 제1항 제4호에 해당하는 것으로서 등록을 받을 수 없는 서비스표에 해당한다고 보아야 할 것이다.

우리은행 상표 사건에 대한 법률적 고찰

우리은행 상표 사건은 한 시중은행이 그 상호를 '우리은행'이라 지으면서 발생한 하나의 상표사건이다. 우리은행이 상표(엄밀히 말하면 서비스표이지만 여기서는 상표라 한다)로서 등록되자 국민은행, 한국외환은행, 조흥은행, 신한은행, 하나은행, 제주은행, 대구은행, 부산은행, 및 전북은행 모두 9개 은행(이하 '청구인'이라 한다)이 우리은행의 상표등록이 무효라고 주장하면서 특허청에 무효심판을 제기하였다. 우리은행 상표의 구성은 다음과 같다. 이 상표는 우리은행이 아니고 우리은행과 도형(logo)이 결합된 상표다(이하 '우리은행 상표'라 한다).

우리은행

심판청구인이 특허심판원에 우리은행상표의 등록무효심판을 청구하였다. 심결문에 적혀 있는 무효사유는 우리은행상표가 상표법 제33조 제1항 제3호, 제5호 및 제7호에 해당되고, 상표법 제34조 제1항 제4호 및 제11호에 해당되기 때문에 등록받을 수 없는 상표이고, 또한 상표법 제1조 및 제2조에도 위반되어 등록된 것이다. 특허심판원은 청구인의 무효심판 청구를 기각하였다. 즉 특허청은 우리은행 상표가 적법하게 등록된 것이라고 판단한 것이다. 무효심판청구를 기각당한 청구인은 특허법원에 소송을 제기하였다.

특허법원은 우리은행상표등록의 서비스업 중에서 일부에 대하여 특허청의 심결을 취소하였다. 즉 일부 서비스업에 대하여는 우리은행의 상표권을 인정한 것이지만, 나머지 다른 업종에 대하여는 상표권을 인정하지 않은 것이다. 이는 우리은행측과 청구인은 각각 일부에 대해서만 승소한 것처럼 보이기 때문에, 거의 비긴 것처럼 보일 수 있다. 그러나 서비스 업종 중에서 가장 중요한 '은행업'이 살아 있기 때문에 우리은행 상표는 여전히 건재하다.

청구인이 제기한 무효사유의 적법성을 살펴보면, 청구인은 모두 7가지의 무효사유를 주장하였다. 이들 7가지 무효사유의 적법성을 살펴보기 위하여 우선 은행의 상호로서 우리은행이 어떤 이유에서 등록받을 수 없는 것인지를 먼저 법률적인 관점에서 살펴본다.

무효사유 1과 관련하여, 우리은행이 일종의 기술적 상표의 문제로 볼 수 있는지의 여부이다. 우리은행은 일종의 기술적 상표(성질표시 상표)로 볼 수 있다.

특허심판원 심결에서는 청구인이 주장한 7가지 무효사유에 대하여 판단하였다. 심결에서도 이들 주장을 모두 배척하였다. 물론 심결에서는 무효사유 2 내지 7에 대한 배척이유를 상세히 설시하고 있지 않다. 우리은행 사건에서 가장 적합한 무효사유라 할 수 있는 무효사유 1에 대하여 특허심판원은 "이건 등록서비스표가 제3호에 해당하기 위해서는 포장으로부터 인식되는 관념이 당해 지정서비스업의 품질이나, 효능, 용도 등을 나타내는 것으로서 식별력이 없는 것이어야 하는데, '우리'라는 부분을 이건등록서비스표의 지정서비스업인 '은행업, 국제금융업' 등과 관련지어 볼 때 그러한 서비스업들의 품질이나 효능, 용도 등을 나타내는 것이라고 볼 수는 없으므로, 이건등록서비스표가 상표법 제33조 제1항 제3호의 규정에 해당된다는 청구인의 주장은 이유없다"고 심결하였다. 결국 위 인용된 심결이유와 같이, 특허심판원은 우리은행이 기술적 상표가 아니라고 판단하였다.

판례 3 피카소 사건(대법원 2000. 4. 21. 선고 97후860 판결)

상표법 제34조 제1항 제4호에서 규정한 '공공의 질서 또는 선량한 풍속을 문란하게 할 염려가 있는 상표'란 상표의 구성 자체 또는 그 상표가 지정상품에 사용되는 경우 일반 수요자에게 주는 의미나 내용이 사회공공의 질서에 위반하거나 사회 일반인의 통상적인 도덕관념인 선량한 풍속에 반하는 경우뿐만 아니라 상표를 등록하여 사용하는 행위가 공정한 상품유통질서나 국제적 신의와 상도덕 등 선량한 풍속에 위배되는 경우도 이에 포함된다 할 것이다. 이러한 점에 비추어, 화가가 그의 미술저작물에 표시한 서명은 그 저작물이 자신의 작품임을 표시하는 수단에 불과하여 특별한 사정이 없는 한 그 자체가 예술적 감정이나 사상의 표현을 위한 것이라고는 할 수 없어 저작권법상의 독립된 저작물이라고 보기 어려움은 상고이유에서 지적하는 바와 같다 할 것이나, 이러한 서명은 저작자인 화가가 저작권법 제12조 제1항에 의한 성명표시권에 의하여 자기 저작물의 내용에 대한 책임의 귀속을 명백히 함과 동시에 저작물에 대하여 주어지는 사회적 평가를 저작자 자신에게 귀속시키려는 의도로 표시하는 것이다. 그 서명이 세계적으로 주지·저명한 화가의 것으로서 그의 미술저작물에 주로 사용해 왔던 관계로 널리 알려진 경우라면, 그 서명과 동일·유사한 상표를 무단으로 출원등록하여 사용하는 행위는 저명한 화가로서의 명성을 떨어뜨려 그 화가의 저작물들에 대한 평가는 물론 그 화가의 명예를 훼손하는 것으로서, 그 유족의 고인에 대한 추모경애의 마음을 손상하는 행위에 해당하여 사회 일반의 도덕관념인 선량한 풍속에 반할 뿐만 아니라, 이러한 상표는 저명한 고인의 명성에 편승하여 수요자의 구매를 불공정하게 흡인하고자 하는 것으로서 공정하고 신용있는 상품의 유통질서를 침해할 염려가 있다 할 것이므로 이러한 상표는 상표법 제34조 제1항 제4호에 해당한다고 봄이 상당하다.

V 박람회의 상장 등과 동일·유사한 상표

1. 서 설

정부가 개최하거나 정부의 승인을 얻어 개최하는 박람회 또는 외국정부가 개최하거나 외국정부의 승인을 얻어 개최하는 박람회의 상패·상장 또는 포장과 동일·유사한 표장이 있는 상표는 상표등록을 받을 수 없다. 다만, 그 박람회에서 수상한 자가 그 수상한 상품에 관하여 상표의 일부로서 그 표장을 사용하는 경우에는 상표등록을 받을 수 있다(제34조 제1항 제5호).

본 호는 박람회에서 시상한 상의 권위를 보호하는 한편 상품의 출처나 오인·혼동을 방지하여 일반 수요자의 이익을 보호하기 위한 것이다.

2. 판 단

정부 또는 외국정부의 승인이란 정부 또는 외국정부의 인가, 허가, 면허, 인정, 공인, 허락 등 그 용어를 불문하고 정부가 권위를 부여하거나 이를 허용하는 일체의 행위를 말한다. 본 호에서 규정하는 그 상을 받은 자의 범위에는 그 사람의 영업을 승계한 자도 포함하는 것으로 본다. 상패·상장 또는 포장을 받은 자가 해당 박람회에서 수상한 상품에 관하여 상표의 일부로서 그 표장을 사용한 때에는 예외적으로 상표등록이 허용된다.

Ⅵ 저명한 타인의 성명 등을 포함한 상표

1. 서 설

저명한 타인의 성명·명칭 또는 상호·초상·서명·인장·아호·예명·필명 또는 이들의 약칭을 포함하는 상표는 상표등록을 받을 수 없다. 다만, 그 타인의 승낙을 얻은 경우에는 상표등록을 받을 수 있다(제34조 제1항 제6호). 저명성 판단 시기는 출원시를 기준으로 한다. 저명한 타인의 승낙을 얻어 일단 등록된 경우에는 유효한 상표권이 발생한다. 본 호에서 규정하는 약칭이란 그 약칭에 관한 그 타인의 결정 여부를 불문하고 국내 일반수요자 또는 거래업계에서 그 타인으로 약칭되고 있으면 족하다.

예를 들면, 한국전력주식회사의 약칭은 한전, 한국은행의 약칭은 한은, 한국주택공사의 약칭은 주공이다.

2. 판 단

'저명'이란 사회통념상 국내 일반수요자 또는 관련 거래업계에서 일반적으로 널리 인지될 수 있는 정도를 말한다. 다만, 저명성 요건은 널리 알려진 연예인이나 스포츠선수 이름, 국내외 유명인사 등의 이름으로 직감할 수 있으면 충분한 것으로 본다. '타인'이란 현존하는 자연인은 물론 법인이나 외국인도 포함된다.

대법원은 "상표법 제34조 제1항 제6호는 저명한 타인의 성명·명칭 또는 상호·초상·서명·인장·아호·예명·필명 또는 이들의 약칭을 포함하는 상표는 등록을 받을 수 없다고 규정하고 있다. 여기서 타인의 명칭 등이 저명한지는 그 사용기간, 방법, 태양, 사용량 및 거래의 범위와 상품거래의 실정 등을 고려하여 사회통념상 또는 지정상품과 관련한 거래사회에서 타인의 명칭 등이 널리 인식될 수 있는 정도에 이르렀는지 여부에 따라 판단해야 한다"고 판시하였다.[22]

상표심사기준에 의하면 저명한 연예인 이름, 연예인그룹 명칭, 스포츠선수 이름, 기타 국내외 유명 인사 등의 이름이나 이들의 약칭을 포함하는 상표는 본호에 해당하는 것으로 본다.[23] 저명한 타인의 명칭에 해당한다고 판시한 사례는 황영조 면옥, 거산(김영삼 대통령의 아호), 경희스포츠아카데미, Sharp(샤프) 등이 이에 해당한다. 대법원은 TIFFANY 대 FIFFANY & CO 사건에서 'TIFFANY'가 객관적으로 국내의 수요자들에게 현저하게 인식되었다고 볼 수 없어서 저명한 타인의 명칭에 해당하지 않는다"고 판시하였다.[24]

3. 저명한 표장

저명한 표장이란 국내 사회통념상 또는 거래사회에서 일반적으로 널리 인지되고 있는 표장을 말한다. 본 호에 해당하는지 여부는 상표등록 여부 결정시를 기준으로 판단한다.

'약칭'은 그 타인 스스로 약칭을 정하지 않았다고 하더라도 국내 일반 수요자 또는 관련 거래업계에서 그 타인으로 약칭되고 있으면 족하다고 본다. 예를 들면, 국립과학수사연구원은 '국과수', 한국은행은 '한은' 등이다.

---

22) 대법원 2013. 10. 31. 선고 2012후1033 판결.

23) 상표심사기준, 206면.

24) 대법원 2000. 6. 9. 선고 98후1198 판결.

판 례 **2NE1 사건(대법원 2013. 10. 31. 선고 2012후1033 판결)**

상표법 제34조 제1항 제6호는 저명한 타인의 성명·명칭 또는 상호·초상·서명·인장·아호·예명·필명 또는 이들의 약칭을 포함하는 상표는 등록을 받을 수 없다고 규정하고 있다. 여기서 타인의 명칭 등이 저명한지는 그 사용기간, 방법, 태양, 사용량 및 거래의 범위와 상품거래의 실정 등을 고려하여 사회통념상 또는 지정상품과 관련한 거래사회에서 타인의 명칭 등이 널리 인식될 수 있는 정도에 이르렀는지 여부에 따라 판단하여야 한다.

원심은 판시와 같은 사실들을 인정한 다음, (1) 이 사건 출원상표인 '2NE1'은 음반업계에서 유명한 연예기획사인 피고 보조참가인 소속 여성 아이돌 그룹 가수(이하 '이 사건 여성 그룹 가수'라 한다)의 명칭으로, 그와 동일한 표장을 갖는 이 사건 출원상표의 등록을 허용할 경우에는 지정상품과 관련하여 그 수요자나 거래자들이 이 사건 여성 그룹 가수와 관련 있는 것으로 오인·혼동할 우려가 상당하여 타인의 인격권을 침해할 염려가 있는 점 등의 판시 사정을 종합하여 보면, 이 사건 출원상표는 그 출원일 무렵에 저명한 타인의 명칭에 해당한다고 판단하고, (2) 또한 오늘날 생활수준의 향상과 함께 음악이나 영상물 등 문화예술 분야에 대한 일반인의 관심이 높아지고 있고 음악은 단순히 듣고 감상하는 것뿐만 아니라 휴대전화의 벨 소리로 사용되는 등 일상생활에서 그 활용도가 다양해지고 있으며, 특히 인터넷의 광범위한 보급과 함께 음악 및 동영상의 재생기능을 갖춘 전자기기의 급격한 보급 등으로 인해 선명한 화질과 음향을 재생할 수 있고 손쉽고 빠르게 음원에 접근할 수 있어 대중음악에 대한 수요가 빠르게 확대되는 추세에 있을 뿐 아니라, 이 사건 출원상표의 출원일 무렵 유명한 남성 및 여성 아이돌 그룹이 음악계의 주류를 이루고 있었다. 'K-POP'의 확산과 '한류 열풍'으로 그 수요자층도 나이에 제한없이 기호에 따라 다양하게 형성되고 있었던 사정 등에 비추어 보면, 비록 이 사건 여성 그룹 가수가 대중매체에 모습을 드러낸 때부터 이 사건 출원상표의 출원일까지 약 2개월여에 불과하다고 하더라도 이 사건 여성 그룹 가수는 국내의 유명한 여성 4인조 아이돌 그룹으로서 이 사건 출원상표의 출원일 무렵 국내의 수요자 사이에 널리 알려져 있어 저명성을 획득하였다고 판단하여, 그 저명성을 다투는 원고의 주장을 받아들이지 아니하였다. 앞서 본 법리와 적법하게 채택된 증거들에 비추어 살펴보면, 원심의 위와 같은 판단에 상고이유 주장과 같이 상표법 제34조 제1항 제6호의 '저명성'에 관한 법리를 오해하는 등의 사유로 판결에 영향을 미친 위법이 없다.

Ⅶ 타인의 선등록상표와 동일·유사한 상표

1. 서 설

선출원(先出願)에 의한 타인의 등록상표(등록된 지리적 표시 단체표장은 제외한다)와 동일·유사한 상표로서 그 지정상품과 동일·유사한 상품에 사용하는 상표는 상표등록을 받을 수 없다(제34조 제1항 제7호). 본 호에서 규정하는 타인이란 법률상 다른 주체를 의미하므로 동일한 기업그룹 내에 속한다 할지라도 권리주체가 다른 계열회사는 타인에 해당된다. 인용표장의 권리자가 2인 이상일 경우에는 그 구성원의 전부가 일치하지 아니하는 한 타인에 해당하는 것으로 본다.

상표의 동일이란 구성요소가 문자 그대로 동일한 경우를 말하는 물리적 동일뿐만 아니라 거래사회 통념상 동일한 상표라고 인식할 수 있는 실질적 동일까지 포함하는 개념으로 본다. 동일성이 인정되는 경우는 상표의 부기적인 부분을 제외한 요부가 동일한 상표, 문자 등의 크기나 색채를 달리하는 상표 등을 들 수 있다.

상표의 유사란 2개의 상표가 완전히 동일하지도 않고 거래사회 통념상 동일한 것으로 인식되지도 않으나 양 상표가 외관, 칭호, 관념 중 어느 한 가지 이상의 점에서 유사하여 그들 상표가 동일 또는 유사한 상품에 사용될 경우 거래자나 일반수요자들이 그 상품의 출처에 오인·혼동을 일으킬 우려가 있는 경우를 말한다.[25)]

타인의 등록상표란 타인의 선출원에 의한 선등록상표를 말하며, 후출원에 의한 선등록상표는 이에 포함되지 아니한다. 등록상표와 동일한 상표란 등록상표를 확대 또는 축소한 상표는 물론 사회통념상 거래사회에서 일치하는 것으로 인식되는 정도의 상표를 포함한다.

또한 '지정상품과 동일 또는 유사'할 것이란 지정상품이 동일 또는 유사한 경우를 말한다. 심사에서 상품의 동일·유사 여부는 일반적으로 유사군코드를

25) 상표심사기준, 216면.

통해 판단하나, 같은 유사군코드 내의 상품이라 하더라도 개별·구체적으로 심사하면 다르게 판단할 수 있다.

2. 유사판단의 원칙

출원상표의 등록 여부를 판단하는 과정에서 동일 또는 유사한 타인의 선등록상표가 존재할 경우에 현실적으로 등록결정을 할 것인지 거절결정을 할 것인지 여부를 판단하는 문제이므로, 상표의 유사판단이 선행되어야 한다. 상표의 유사판단은 원칙으로 상표의 칭호, 외관 또는 관념 어느 하나가 유사하여 거래상 상품출처의 오인, 혼동의 우려가 있는 상표는 유사한 것으로 본다. 다만, 칭호, 외관 또는 관념 어느 하나가 유사하더라도 전체적으로 현격한 차이가 있어 거래상 상품출처의 오인·혼동을 일으킬 염려가 없는 때에는 그러하지 아니하다.

(1) 칭호가 유사한 표장의 예

마르샤 대 마르셀, Leeman 대 Riman, 千年 대 天然, REVILON 대 REVLON, TVC 대 TBC 등이다. 그러나 칭호가 유사하지 아니한 표장의 예로는 Solar 대 Polar, TBC 대 CBC, 삼정 대 미쯔이·MITSUI.

(2) 외관이 유사한 표장의 예

HOP 대 HCP, 다이소 대 다사소 등이 있다.

(3) 관념이 유사한 표장의 예

임금 대 王 대 KING, 平和 대 PEACE 등이 있고, 화니핀 장미 대 화이트 로즈, SUNSHINE 대 일광, Golden Spike 대 Golden Spur(지정상품: 골프화)는 관념이 유사하지 아니한 표장이다.

상표의 유사판단은 그 상표가 사용될 상품의 주된 수요계층과 기타 상품의 거래실정을 고려하여 평균수요자의 주의력을 기준으로 판단하여야 한다. 상표의 유사판단은 상표출원, 심사, 심판 및 소송에서 매우 중요한 실체적 판단사항이기 때문에 구체적인 것은 제8장에서 상세히 후술한다.

판례 1 마인엠옴므 사건(대법원 2012. 7. 26. 선고 2012후702 판결)

법리와 기록에 비추어 신사복, 남성정장, 코트, 재킷, 잠바 등 36종의 상품을 지정상품으로 하고 "MINE HOMME 마인엠옴므"로 구성된 이 사건 등록상표(등록번호 제759464호)와 '잠바, 신사복, 양복바지, 오버코트, 재킷' 등을 지정상품으로 하고 "**M I N E**"으로 구성된 선등록상표(등록번호 제469917호)가 유사한지 살펴본다.

이 사건 등록상표는 상단에 영문자 'MINE'과 'HOMME'가 영문자 'M'을 도안화한 ''을 중심으로 좌우로 외관상 명확하게 구분하여 표기되어 있고 하단에 상단 영문자의 한글발음인 '마인엠옴므'가 표기된 형태로 구성되어 있다. 그런데 '나의 것'이라는 등의 뜻을 가진 영어 단어와 그 한글발음인 'MINE'과 '마인'이 이 사건 등록상표의 지정상품과 같은 의류 상품에 관하여 사용되는 경우 일반 수요자나 거래자들은 위 영어 단어의 뜻을 좇아 그 상품의 소유관계를 나타내는 것으로 인식하기보다는 소유관계를 포함한 상품에 관한 설명, 묘사나 그 품질·효능·용도 등의 성질에 대한 표시와는 아무런 관련이 없는 임의적인 것으로 인식한다고 봄이 거래사회의 실정 등에 비추어 타당하므로, 'MINE'이나 '마인'은 이 사건 등록상표의 지정상품과의 관계에서 충분한 식별력을 가진다. 반면 'HOMME'와 '옴므'는 '남성'이라는 등의 뜻을 가진 프랑스어 단어 및 그 한글발음으로서 의류 상품과 관련하여 '남성용'을 의미하는 용어로 일반적으로 사용되는 단어이고, ''이나 '엠'은 간단하고 흔한 영문 알파벳 한 글자 또는 그 한글발음으로서 새로운 관념이나 식별력을 가질 정도로 특별하게 구성되어 있지 아니하므로, 이 사건 등록상표의 지정상품과 관련하여 각기 식별력이 없거나 미약한 부분에 해당한다.

따라서 이 사건 등록상표에서 '독립하여 자타 상품을 식별할 수 있는 구성 부분', 즉 요부는 'MINE' 및 '마인' 부분이므로, 이 사건 등록상표는 'MINE' 또는 '마인'만으로 간략하게 호칭·관념될 수 있다. 이 경우 선등록상표 "**M I N E**"과 호칭·관념이 동일하여, 이 사건 등록상표와 선등록상표를 동일 또는 유사한 상품에 사용하는 경우 일반 수요자나 거래자로 하여금 상품출처에 관하여 오인·혼동을 일으키게 할 염려가 있다. 결국 이들 상표는 서로 유사하다고 할 것이다.

판례 2 나비따 사건(대법원 2013. 9. 12. 선고 2013후808 판결)

원심은 이 사건 등록상표(등록번호 생략) '**나비따**'가 원심 판시 선등록상표 '**LAVITA**'와 외관이 다르고 관념도 대비할 수 없으나 호칭이 유사하여 두 상표가 동일 또는 유사한 상품에 함께 사용될 경우 일반 수요자나 거래자가 상품 출처를 오인·

혼동할 우려가 있으므로 두 상표는 서로 유사하다고 판단하였다. 원심의 판단은 정당하고, 거기에 상고이유의 주장과 같이 상표의 유사 여부에 관한 법리를 오해하는 등의 위법은 없다.

판례 3 한설화 사건(대법원 2013. 1. 16. 선고 2011후3322 판결)

선등록상표 "**雪花**"의 등록권리자 갑 주식회사가 등록상표 "**韓雪花**"의 등록권리자 을 주식회사를 상대로 등록상표가 상표법 제34조 제1항 제7호에 해당한다는 이유로 등록무효심판을 청구한 사안에서, 양 상표는 외관 및 호칭에 차이가 있기는 하지만 관념의 유사를 압도할 정도에까지 이르렀다고 할 수 없으므로, 관념이 유사한 양 상표를 동일·유사한 지정상품에 함께 사용할 경우 일반 수요자나 거래자로 하여금 상품의 출처에 관하여 오인·혼동을 일으키게 할 염려가 있어 양 상표는 서로 유사하다.

판례 4 교육지도업 로고 사건(대법원 2014. 1. 23. 선고 2013후1900 판결)

갑이 출원서비스표 " "를 출원하자 특허심판원이 출원서비스표가 선등록서비스표 " "와의 관계에서 상표법 제34조 제1항 제7호에 해당한다는 이유로 상표등록을 받을 수 없다는 심결을 한 사안에서, 두 표장은 외관이 주는 지배적인 인상이 유사하여 동일·유사한 서비스업에 다 같이 사용하는 경우 일반 수요자나 거래자로 하여금 출처에 관하여 오인·혼동을 일으킬 염려가 있으므로, 서로 유사하다.

판례 5 Cherry Spoon 사건(대법원 2014. 12. 11. 선고 2014후1587 판결)

속옷·스웨터·셔츠 도매업, 속옷·스웨터·셔츠 소매업, 속옷·스웨터·셔츠 판매대행업 등을 지정서비스업으로 하고 '**Cherry Spoon**'으로 구성된 이 사건 등록서비스표가 '의류판매알선업, 의류판매대행업' 등을 지정서비스업으로 하고 '**SPOON**'으로 구성된 원심 판시 선등록서비스표나 그 밖의 원심 판시 선등록상표들과 유사하지 않다.

Ⅷ 주지상표와 동일·유사한 상표

1. 서 설

타인의 상품을 표시하는 것이라고 수요자들에게 널리 인식되어 있는 상표(지리적 표시를 제외한다)와 동일 또는 유사한 상표로서 그 타인의 상품과 동일 또는 유사한 상품에 사용하는 상표는 등록을 받을 수 없다(제34조 제1항 제9호). 본 호는 선출원주의의 예외이자 사용주의적인 성격을 가진 규정이라 할 수 있고, 그 취지는 주지상표에 축적된 사실상의 법적 이익을 보호하는 데에 있다.

해당 상품의 거래자 및 수요자의 인식의 정도를 기준으로 주지성을 판단한다. 여기서 수요자란 최종소비자는 물론 중간 수요자, 즉 제품의 생산을 위한 원료 또는 기계, 부품 등 중간재의 소비자 또는 그 상품의 판매를 위한 도매상 또는 소매상을 포함한다. 수요자들에게 널리 인식되어 있는 상표란 수요자들에게 누구의 상품을 표시하는 상표라고 널리 인식되고 있는 상표를 말한다.

2. 판 단

심사실무상 주지상표인지 여부 판단은 그 상표의 사용기간, 사용방법 또는 형태, 사용량, 거래범위 등 제반 사정을 고려하여 수요자에게 일반적으로 인식되고 있다고 객관적으로 인정되는지의 여부를 기준으로 한다.

심사관은 정보제공절차에 따라 제출된 정보 및 증거뿐만 아니라 직권으로 인터넷 검색 등을 통해 출원상표가 본호에 해당하는지 여부를 조사하여 그 결과를 근거로 의견제출통지를 할 수 있다. 이 경우 통지에서 주지상표인지 여부를 판단하는 데 활용할 근거자료 및 출처를 기재하여 통지하여야 한다.

본 호의 적용요건은 첫째, 타인의 상품을 표시하는 것이라고 수요자 간에 현저하게 인식되어 있는 상표(주지상표)가 존재하여야 한다. 널리 인식되어 있는 상표는 수요자 간에 누구의 상품을 표시하는 상표라고 널리 인식되어 있는 상표를 말한다. 수요자란 소비자나 거래자 등 거래관계자를 의미한다. 둘째, 상표 및 상품이 동일·유사하여야 한다.

3. 주지상표와 저명상표의 차이점

(1) 주지상표

상표법 제34조 제1항 제9호에서 '현저하게 인식되어 있는 상표'란 수요자들에게 누구의 상품을 표시하는 상표라고 널리 인식되어 있는 상표를 말한다. 본호의 규정을 적용하기 위해서는 인용된 상표가 상표등록출원시에 수요자들에게 널리 인식되어 있어야 한다. 주지상표로 되기 위해서는 해당 상품에 관하여 수요자의 대다수가 해당 상표를 특정 출처의 상품표지로 인식하고 있어야 한다.

저명하고, 현저하게 알려진 주지상표(상호)인지 여부는 그 사용의 기간, 방법, 태양, 사용량, 거래범위 등과 상품거래의 실정 및 사회통념상 객관적으로 널리 알려졌느냐의 여부가 일응의 기준이 된다. 주지·저명한 외국상표라도 국내에서 주지성을 획득하지 아니하면 주지상표라 할 수 없다.

(2) 저명상표

저명상표가 붙어 있는 상품이나 신용 있고 명성이 높은 저명회사의 제품은 일반소비자 대중에게 절대적 신뢰와 양질의 이미지를 획득하고 있다. 저명상표는 거래관계자들뿐만 아니라 일반의 소비자 대중에게 널리 알려지고 또한 양질감으로 인한 유일한 지위(Alleinstellung)를 가지는 점에서 단순히 거래관계자들 사이에 널리 알려진 주지상표와 질적으로 다르다고 할 수 있다.[26)]

상표법 제34조 제1항 제11호는 저명상표 영업주를 보호함과 동시에 저명한 상품 또는 영업과 오인·혼동으로 인한 부정경쟁의 방지도 목적으로 한다. 저명한 상품 또는 영업의 주체인 타인의 범위는 상표 또는 서비스표의 주체는 물론 업무표장의 주체도 포함한다. 저명상표의 출처혼동을 일으키는 지역적 범위는 전국적이든 일정한 지역이든 불문한다.

---

26) 송영식 외 4인, 157면.

Ⅸ 저명상품이나 영업과 혼동을 일으키는 상표

1. 서 설

수요자들에게 현저하게 인식되어 있는 타인의 상품이나 영업과 혼동을 일으키게 하거나 그 식별력 또는 명성을 손상시킬 염려가 있는 상표는 상표등록을 받을 수 없다(제34조 제1항 제11호). 저명상표란 상표가 해당 상품에 관한 수요자 및 거래자 등 거래관계자 중의 압도적 다수 부분에 해당 상표의 존재가 인식되었을 뿐만 아니라 해당 상품의 품질이나 서비스의 우수성이 인정되어 일반 공중에게 널리 알려진 상표를 말한다.

본 호에 해당하는 상표는 저명상표와 동일 또는 유사 여부를 불문하며 저명상표가 상표의 일부로서 부기적으로 포함되어 있는 경우에도 출처의 오인 또는 혼동을 유발하는 때에는 본 호를 적용한다. 대법원 판례에서 저명상표로 인정받은 상표는 CHANEL, POLO, NIKE, MICKEY MOUSE, Canon, Hennessy, OLYMPUS, 아가방, 백설표, 맥도날드, TOM & JERRY 등이다.

2. 타인의 상품이나 영업과 혼동을 일으키게 할 염려가 있는 상표

타인의 상품이나 영업과 혼동을 일으키게 할 염려가 있는 상표란 수요자들에게 상품의 출처나 영업(서비스업을 포함한다)의 혼동을 가져올 염려가 있는 경우를 말하며 이 경우 혼동의 범위는 동일 또는 유사한 상품뿐만 아니라 상표의 저명도로 인하여 다른 계통의 상품 또는 영업과 관련성이 있는 것으로 오해를 유발할 우려가 있는 경우를 포함한다. 특히 타인 표장의 주지도(광고 선전의 정도 또는 보급도, 연도별 매출액 또는 시장점유율), 표장의 창조성, 상호표장인지 여부, 기업의 업종범위 등을 종합적으로 고려하여야 한다.

본 호에 해당한다고 판단한 사례는 **KT 건설주식회사**(등록표장) 대 **KT**(인용표장: 2008후4264), **월마트안경**(안경수선업: 등록표장) 대 **Wal-Mart**(대형할인점업: 인용표장: 2004후1151)가 있다. 상품 자체는 유사하지 않으나 혼동을 일으키게 할 염려가 있다고 판단한 사례로는 Mickey & Minnie(아동복, 유아복: 등록표장)

대 Mikey Mouse, Minimouse(완구, 서적 등: 인용표장: 95후576) 등이 있다.[27]

판례 1 토플러스 사건(대법원 2010. 5. 27. 선고 2008후2510 판결)

등록상표 "**토플러스**"는 'TOEFL'에 '~하는 사람'을 의미하는 영어 접미사 'er'과 소유격 또는 복수형 어미 "s'나 's'를 부가한 'TOEFLer's' 또는 'TOEFLers'의 한글발음이거나 영어단어 'plus(+)'를 결합한 'TOEFLplus(+)'의 한글발음에서 겹치는 '플' 발음을 생략한 것 등으로 일반 수요자들이 쉽게 인식할 수 있을 것으로 보이고, 그 호칭도 선사용상표의 한글발음인 '토플'의 뒤에 상대적으로 약한 발음인 '러스'를 부가한 정도라는 점에서, 선사용상표와 유사한 면이 있고 위 등록상표의 지정상품들은 선사용상표의 상품인 '영어시험 문제지'와 마찬가지로 출판물의 일종으로서 서로 유사할 뿐만 아니라 선사용상표의 영업과도 밀접한 경제적 견련성이 있어 위 등록상표와 선사용상표의 수요자들도 영어시험을 준비하거나 영어를 공부하는 사람들로 상당 부분 중복된다는 점에서, 등록상표는 그 수요자들이 선사용상표인 'TOEFL'이나 그 영업 또는 상품 등을 쉽게 연상하여 출처에 혼동을 일으키게 할 염려가 있으므로, 상표법 제34조 제1항 제11호에 해당하여 등록을 무효로 한다.

판례 2 샤넬 성형외과 사건(대법원 2007. 12. 27. 선고 2006후664 판결)

지정서비스업을 성형외과업, 미용성형외과업, 피부과업, 의료업으로 하고, "Channel 샤넬 성형외과"로 구성된 원고의 이 사건 출원서비스표(출원번호: 제2002-12852호)는 그 중심적 식별력을 가지는 '샤넬, Channel' 부분의 호칭이 화장품 등에 사용되는 원심 판시의 저명상표 'CHANEL'과 동일하여 전체적으로 위 저명상표와 유사할 뿐만 아니라, 위 저명상표는 화장품류와 관련하여 널리 알려진 상표인 점, 그 저명상표권자는 화장품류 외 여성의류, 잡화 등 관련 사업을 점차 확장해 온 세계적인 기업인 점, 이 사건 출원서비스표의 지정서비스업은 미용에 관심이 많은 여성이 주된 수요자 층으로서 위 저명상표의 사용상품의 수요자 층과 상당부분 중복되는 점, 이 사건 출원서비스표의 출원 당시에는 미용 목적의 진료가 주로 행해지는 일부 피부과 의원 등에서 그 진료에 부수하여 치료용 화장품의 제조·판매업을 겸하기도 하였던 점 등에 비추어 보면, 이 사건 출원서비스표는 그 지정서비스업의 수요자로 하여금 위 저명상표를 쉽게 연상하게 하여 타인의 영업과 혼동을 불러일으킨 경우에 해당한다고 할 것이므로, 상표법 제34조 제1항 제11호의 부등록사유가 존재한다고 할 것이다.

---

27) 상표심사기준, 236~237면.

3. 식별력 또는 명성을 손상시킬 염려가 있는 상표

영업상 신용이 화체되어 저명해진 상표를 상표권자 이외의 자가 다른 상품에 사용함으로써 상표의 명성이 손상되거나 식별력이 약화되는 것은 상표권자의 재산적 이익의 손실뿐만 아니라, 수요자도 출처의 혼동으로 인한 손해를 입을 수 있으므로 이에 대한 상표법적 보호가 필요하였다. 2014년 개정법에서 수요자들에게 현저하게 인식되어 있는 상표의 희석화를 방지하기 위하여 수요자들에게 현저하게 인식되어 있는 타인의 상품이나 영업과 혼동을 일으키게 할 염려가 있는 상표에 "식별력이나 명성을 손상시킬 염려가 있는 상표"를 추가해서 근거 규정을 마련하였다. 상표법에서는 혼동가능성(Likelihood of confusion) 있는 상표등록을 금지하고, 상표의 식별력이나 명성의 보호는 부정경쟁방지법에서 담당하고 있다.

식별력을 손상시키는 경우 예로는 지정상품을 '피아노'로 하여 'KODAK'이라는 표장을 출원한 경우, 지정상품을 '증권업'으로 하여 'POSCO'라는 표장을 출원하는 경우다.

명성을 손상시키는 경우 예로는 지정상품을 '포르노 필름'으로 하여 'CHANEL'이라는 표장을 출원하는 경우, 지정상품을 '마사지업'으로 하여 'PRADA'라는 표장을 출원하는 경우다.

4. 부정경쟁방지법의 식별력 손상행위 관련 규정

부정경쟁방지법[28] 제2조 제1호 (다)목은 "(가)목 또는 (나)목의 규정에 의한 혼동을 하게 하는 행위 외에 비상업적 사용 등 대통령령이 정하는 정당한 사유 없이 국내에 널리 인식된 타인의 성명·상호·상표·상품의 용기·포장 그 밖에 타인의 상품 또는 영업임을 표시한 표지와 동일하거나 이와 유사한 것을 사용하거나 이러한 것을 사용한 상품을 판매·반포 또는 수입·수출하여 타인의 표지의 식별력이나 명성을 손상하게 하는 행위"를 부정경쟁행위로 규정하고 있다. 위 규정의 입법 취지와 그 입법 과정에 비추어 볼 때, 위 규정에서 사용하고 있는 '국내에 널리 인식된'이라는 용어는 '주지의 정도를 넘어 저명 정도에 이른 것'을, '식별력의 손상'은 '특정한 표지가 상품표지나 영업표지로서의 출처표시 기능이

28) 부정경쟁방지법(2016. 9. 1. 시행, 법률 제14033호).

손상되는 것'을 의미하는 것으로 해석함이 상당하며, 이러한 식별력의 손상은 저명한 상품표지가 다른 사람에 의하여 영업표지로 사용되는 경우에도 생긴다.

그러나 부정경쟁방지법은 상표의 사용행위에 대해서만 제재할 수 있기 때문에 상표법에 의한 등록 후 부정경쟁방지법에 의한 제재라는 모순이 발생할 수 있으므로, '식별력이나 명성을 손상시킬 염려가 있는 상표'에 대하여는 그 등록을 방지할 수 있도록 상표법과 부정경쟁방지법의 희석화 방지의 역할분담이 필요하다. 이번 법개정으로 저명상표의 소유자가 희석화 방지를 위해 사용하지 않을 상표까지 방어적으로 출원·등록하는 행위를 감소시킬 수 있고, 타인의 신용을 무단으로 이용하는 행위를 근절하여 거래계에서 공정한 상표사용질서를 확립할 수 있는 근거규정이 마련되었다고 할 수 있다.

판 례 비아그라 사건(대법원 2004. 5. 14. 선고 2002다13782 판결)

발기기능장애 치료제에 사용되는 'Viagra'는 전 세계적으로 유명한 원고의 상표인데, 피고는 원고의 상표와 유사한 'www.vigara.co.kr'이라는 도메인 이름을 사용한 웹사이트에서 생칡즙, 재첩국, 건강보조식품 등을 인터넷으로 판매하여 왔다. 이에, 원고는 원고의 저명상표와 유사한 도메인 이름의 사용은, 부정경쟁방지법 제2조 제1호 (가)목의 부정경쟁행위(상품주체혼동행위) 및 같은 호 (다)목의 부정경쟁행위(식별력 손상행위)에 해당한다는 이유로, 피고에 대하여 상표권등 침해금지청구의 소를 제기하였다.

대법원은 "피고들이 이 사건 도메인 이름으로 개설한 웹사이트에서 판매하고 있는 제품에는 별도의 상품표지가 부착되어 있고, 그 제품을 판매하는 웹페이지의 내용에서는 이 사건 도메인 이름이 별도의 상품표지로서 사용되고 있지 않으며, 달리 이 사건 도메인 이름이 피고들이 판매하는 상품의 출처표시로 인식된다고 볼 만한 사정도 없으므로, 이 사건 도메인 이름이 피고들이 취급하는 상품의 출처표시로서 기능한다고 할 수도 없다. 그럼에도 불구하고, 피고들이 이 사건 등록상표들을 자신들이 판매하는 상품의 출처표시로서 사용하였다는 이유로 피고들의 행위가 위 법률 제2조 제1호 (가)목의 부정경쟁행위에 해당한다고 판단한 원심에는 위 법조항에 관한 법리를 오해한 위법이 있다. 원심이 피고들이 이 사건 상표들을 자신들의 상품표지로 사용함으로써 이 사건 상표들의 식별력을 손상하였다고 판단한 것은 잘못이나, 기록에 의하면, 피고들이 이 사건 도메인 이름으로 개설한 웹사이트에서 생칡즙, 재첩국, 건강보조식품 등을 인터넷상으로 판매하는 행위를 한 것은, 원고들의 저명상표와 유사한 표지를 영업표지로 사용한 것에 해당하고, 이처럼 피고들이 위 상표들을 영업표지로 사용함에 의하여 위 상표들의 상품표지로서의 출처표시기능을 손상하였다고 할 것이며, 원심 또한 피고들이 이 사건 도메인 이름을 사용하여 생칡즙 판매 등의 영업을 한 것을 식별력 손상행위 중의 하나로 들고 있으므로, 피고들의 행위가 위 법률 제2조 제1호 (다)목의 부정경쟁행위에 해당한다고 본 원심은 그 결론에 있어서 정당하다.

본 판결은 수요자에게 널리 알려진 저명상표와 유사한 도메인 이름을 사용하여 제품을 판매한 행위가, 부정경쟁방지법상의 상품주체 혼동행위 내지 식별력 손상행위에 해당하는지의 여부에 관한 것으로 저명상표와 유사한 도메인 이름의 사용이 부정경쟁방지법 제2조 제1호 (가)목의 부정경쟁행위(상품주체 혼동행위)에는 해당하지 아니하나, 같은 호 (다)목의 부정경쟁행위(식별력 손상행위)에는 해당한다는 판결이다.

본 판결은 희석화 규정의 "식별력의 손상은 특정한 표지가 상품표지나 영업표지로서의 출처표시 기능이 손상되는 것을 의미한다"고 판시하였다. 이는 희석화 행위에 관한 최초의 대법원 판결로서, 비록 직접적으로 '약화'라는 용어를 사용하지는 않았지만, 판단대상이 된 행위 태양이 상표약화에 해당하는 유형인 점에 비추어 볼 때, 강학상의 상표약화도 부정경쟁방지법이 규정한 희석화 행위에 포함된다고 판단한 것으로 보인다는 점에서 그 의의를 찾을 수 있다.

5. 희석화 이론

(1) 서 설

상표권의 침해의 한 유형인 희석(dilution)은 타인이 동일·유사하지 않는 상품에 상표권자의 허락 없이 해당 상표를 사용함으로써 저명상표의 상표권자와 다른 당사자들 간의 경쟁관계가 약화되거나 혼동, 실수, 기망의 우려가 존재하는지 여부에 관계없이 상품이나 서비스를 구분할 수 있는 저명상표의 식별력을 손상시키는 것을 말하며, 이러한 이론을 희석화 이론(dilution theory)이라고 부른다. 상표의 희석화는 상표 자체에 대한 직접적인 공격이 아니므로 전통적인 상표침해이론, 즉 혼동이론에 의하여 구제받을 수 없는 영역에 속한다. 따라서 각국에서는 상표의 희석화를 방지하는 노력을 기울이고 있다.

1894년 영국서 카메라에 대한 저명상표인 Kodak을 자전거에 사용하는 것을 타인의 영업상의 신용을 부적법하게 이용하는 것이므로 passing off[29]라 하

---

29) passing off(사칭통용 행위)란 일반적인 출처의 오인·혼동을 말한다. 수요자를 오인·혼동하게 하는 수요자 기만 상표에 대하여 규제하기 위해서 상표법 제34조 제1항 제11호에 규정이 마련되어 있다.

여 사용금지를 명하였다. 프랑스에서도 Omega(시계의 저명상표), Waterman(만년필의 저명상표)을 면도날에 사용하는 것을 부정경쟁방지의 입장에서 사용금지를 명하였다.[30]

(2) 미국의 희석화 이론

미국에서 적용되는 희석화 이론(Dilution Theory)은 상표보호를 확대하고자 하는 이론이다. 희석화 이론은 상표는 상품에 대한 평가를 통하여 소비자에게 발생한 상품의 출처에 대한 신용(roodwill), 품질(quality) 또는 상표가 전달하는 정보의 가치를 보호하는 것이므로 상표의 목적은 이러한 신용에 대한 소비자의 평가를 떨어뜨리는 희석화 행위(dilution)로부터 상표사용자를 보호하여야 한다는 것이다. 상표소유자의 권리는 소비자의 상품의 출처(source) 또는 보증(sponsorship: 후원관계)에 대한 혼동을 가져오는 행위를 금지할 수 있는 정도까지 인정되어야 한다고 한다. 희석화 이론은 상표의 확장에 따라서 상표권을 확장하는 이론으로 전통적인 혼동이론을 수정·변경하는 이론이다.

따라서 초기 희석화 이론에 대한 반대에도 불구하고 법원에서는 희석화 이론을 받아들이기 시작하였다. 법원의 판단이 누적되면서 희석화(dilution)의 정의가 형성되었다. 희석화 이론에 의하여 보호되는 상표는 유명상표(famous mark)로 한정되었다. 그리고 유명상표에 대한 희석화는 상표의 식별력에 편승하는 행위(blurring)와 상표소유자의 적극적인 이미지를 손상시키는 행위(tamishing)에 의하여 발생할 수 있다.

미국의 경우 유명상표와 혼동가능성이 있는 상표의 등록을 배제함으로써 유명상표를 상표법상 보호하고 있다. 1995년에 제정된 「The Federal Trademark Dilution Act of 1995: 연방상표희석화방지법」에 의하여 비록 경업관계나 혼동가능성이 없다고 하더라도 유명상표의 식별력이나 명성을 손상 또는 약화시키는 상표의 무단사용을 방지할 수 있는 금지권을 부여하는 규정을 마련하였다. 따라서 유명한 상표가 갖는 사회적 신용이나 명성을 불법적으로 이용하는 행위는 이 법의 규제를 받게 되었다. 이에 따라 2006년 미국의회는 연방상표법을 개정[31]하면서 희석화 행위를 편승하는 행위(blurring)와 상표의 이미지를 손상

30) 송영식 외 4인, 288면.
31) 2006년 상표희석화 개정법(the Trademark Dilution Revision Act of 2006).

시키는 행위(tarnishment)[32]로 구별하여 입법화하였다.

판 례 Victoria's Secret 사건(미국 연방대법원 537 U.S. 418 판결(2003))

원고들 V Secret Catalogue사 등(이하 'V Secret사')은 'Victoria's Secret'이라는 상표에 대한 상표권자이며 란제리를 판매하는 제휴회사들로서, 750여 개의 매장을 운영하고 있고, 연매출 15억 달러에 달하는 성공적 기업이며, 브랜드 홍보 등을 위하여 한 해 5,500만 달러(1998년 기준) 정도의 많은 비용을 지불하고 있고, 매해 4억 부에 달하는 상품 카탈로그를 배포하고 있다. 피고 Victor Moseley와 피고 Cathy Moseley(이하 'Moseley')는 'Victor's Little Secret'라는 이름의 성인용품 판매점을 운영하고 있다.

1998년 2월 원고들 V Secret사는 피고들 Moseley의 광고물을 통하여 당시 'Victor's Secret'이라는 상호명을 사용하여 란제리 등 성인용품 판매업을 하고 있던 피고들의 존재를 알게 되었고, 피고들 측에 표장의 사용을 중지할 것을 요구하였다. 그러나 피고들은 상호명을 'Victor's Little Secret'으로 변경하는 데 그쳤다. 원고들 V Secret사는 피고들 Moseley의 해당 표장의 사용은 혼동 가능성을 야기하므로 상표침해에 해당하고 허위표시로서 부정경쟁행위에 해당하며, 연방 상표희석화법 상의 저명상표에 대한 희석화에 해당하고 켄터키 주 법상의 상표침해 및 부정경쟁행위에 해당한다고 주장하며 소를 제기하였다.

지방법원에서는 원고들의 이러한 주장 중 상표침해 및 부정경쟁행위 주장에 대해서는 청구를 기각하였고, 상표 희석화에 대해서만 청구를 인용하였다. 피고들은 상표 희석화에 대한 판단에 대해서 항소하였고, 원고들은 항소하지 않았다. 연방항소법원에서 다시 상표 희석화에 대하여 원고 승소판결을 하자, 이에 피고들은 상고하였다.

연방항소법원은 "상표의 희석화에 해당하기 위해서는 대상 상표는 식별력이 있어야 하고 저명하여야 한다. 원고들의 상표 'Victoria's Secret'은 전체적으로 볼 때 창작상표(arbitrary and fanciful mark)로서 식별력이 강하다. 그리고 원고들의 상표가 주지, 저명상표라는 사실에는 다툼이 없다. 실제 손해의 입증이 없어도 희석화 가능성이 입증되면 상표의 '희석화'는 성립한다. 원고들의 'Victoria's Secret'

---

32) 상표의 손상(tarnishment)에 의한 희석화: 상표의 약화에 의한 희석화가 그 상표가 가지는 독특함과 식별력을 보호하고자 하는 것이라면, 손상에 의한 희석화는 상표의 긍정적이거나 품질을 연상시키는 연관관계, 즉 이미지를 감소시키는 것을 방지하고자 하는 것이다. 상표의 손상에 의한 희석화는 저명상표가 저품질 또는 저속한 상품의 서비스를 연상시킬 때 발생한다. 상표를 하등품의 상품과 연관시키거나 상표를 건전하지 못하고 혐오감을 느끼게 하는 방법 등으로 묘사할 때 기존의 무형의 재산적 가치를 잃게 된다. 가령 유명 여성의류의 상표를 음란한 상품에 사용하거나, 고급식품에 사용되는 상표를 유독성 독극물이나 화학약품 등에 사용하는 것 등이 이에 해당한다.

과 피고들의 'Victor's Little Secret'은 희석화가 발생할 정도로 충분히 유사하고, 피고들이 'Victor's Little Secret' 상표를 란제리 등을 포함한 성인용품 판매업에 사용한 것은 원고들이 속옷, 의류에 사용하는 저명상표 'Victoria's Secret'에 손상을 가하여 이를 희석한 행위에 해당한다고 할 것이다. 따라서 피고들은 'Victor's Little Secret' 상표의 사용을 중단하여야 한다"고 판시하였다.

이에 대하여 대법원은 "연방 상표희석화법은 상표의 경제적 가치에 대한 실제 손해를 객관적으로 증명하여 희석화 가능성이 아닌 '실제 희석화'를 입증하여야 한다고 명백하게 규정하고 있다. 그런데, 이 사건 원고들은 그들의 카탈로그에 광고되었거나 그들의 상점에서 판매된 상품을 특정하고 표시하는 이 건 등록상표의 본질적 기능이 손상되었다는 점에 대한 증거를 제출하지 못했다. 즉 원고들의 저명상표가 희석되었다는 점을 입증하지 못하였다. 그러므로 피고들이 'Victor's Little Secret' 등을 사용한 행위가 원고들의 상표를 희석하였다고 판단한 연방항소법원의 판단은 부적법하다"고 판단하고, 이를 파기 환송하는 판결을 내렸다.

6. 상표관리의 중요성

상표의 유형은 식별력의 정도에 따라 일반명칭 표장, 기술적 표장, 암시적 표장, 임의선택 표장, 조어 표장으로 구분할 수 있다. 여기서 암시적 표장, 임의선택 표장, 조어 표장은 고유의 식별력에 의하여 상표등록을 받을 수 있으나, 일반명칭 표장과 기술적 표장은 고유의 식별력이 인정되지 않으므로 상표등록을 받을 수 없다. 다만, 기술적 표장의 경우 사용에 의한 식별력을 취득한 경우에는 예외적으로 상표등록을 받을 수 있다.

상표관리의 소홀로 인하여 상표가 보통명칭화되거나 관용표장화되면 상표법상 보호되지 못하고, 등록상표인 경우에도 무효심판청구의 대상이 된다. 따라서 적극적인 상표관리가 필요하다. 적극적인 상표관리를 위해서 공정한 이용을 위하여 비교를 하는 상업광고를 하거나 희석화 방지를 위하여 TV 등 매스 미디어를 통하여 지속적으로 상표를 광고할 필요가 있다. 초코파이 사건에서 대법원은 "인용상표권자가 상표관리를 소홀히 하여 일반수요자나 거래자 사이에서는 인용상표 '오리온 초코파이' 중 '초코파이' 부분이 상표로서 인식되기보다는 원형의 작은 빵 과자에 마시멜로를 넣고 초콜릿을 바른 과자류를 지칭하는 명칭으로 인식되고 있고, 그것이 인용상표권자가 창작한 조어임에 상관없이 희석화되어 해당 상품의 보통명칭 내지 관용표장이 되어 식별력을 상실하였다"고

판시하였다.[33]

판례 1 현대컴퓨터 사건(대법원 2015. 1. 29. 선고 2012후3657 판결)

원심 판시 선사용표장 '현대'는 1998년부터 2002년까지 대규모로 계열분리가 이루어지기 이전에는 국내의 대표적인 기업그룹이었던 구 현대그룹 및 그 계열사들이 상표 또는 서비스표 등으로 사용해 온 저명한 표장이었다. 그런데 구 현대그룹의 대규모 계열분리 이후 '컴퓨터주변기기, 워드프로세서, 전자계산기' 등을 지정상품으로 하고 '현 대'와 같이 구성된 이 사건 등록상표(등록번호 생략)의 권리자인 피고가 위 등록상표에 대하여 원심 판시 제1차 지정상품 추가등록을 출원한 2003. 10. 14.(추가 지정상품: 가이거계산기, 광디스크, 광학식 문자판독장치 등) 및 제2차 지정상품 추가등록을 출원한 2008. 9. 5.(추가 지정상품: 감열식 프린터, 개인용 컴퓨터, 광스캐너 등) 당시에는 이미 구 현대그룹의 주요 계열사이던 원고 현대중공업 주식회사, 현대자동차 주식회사, 주식회사 현대백화점, 현대산업개발 주식회사 등이 자신들의 계열사와 함께 현대중공업그룹, 현대자동차그룹, 현대백화점그룹, 현대산업개발그룹 등의 개별그룹들을 형성하고 있었고, 그 이후 이들 개별그룹들은 이른바 '범 현대그룹'을 이루고 있다. 이들 개별그룹들은 그 자산규모가 상당한 정도에 이르러 국내 기업순위에서 상당히 상위권에 들고, 해당 각 사업분야를 장기간 선도해 온 대기업들을 중심으로 다수의 계열사를 보유하면서 각자의 상표 및 서비스표 등으로 선사용표장을 계속 사용해 오고 있다.

반면, 피고는 2000. 5.경 상호를 '현대이미지퀘스트 주식회사'로 하여 구 현대그룹의 계열사이던 현대전자산업 주식회사의 자회사로 설립되었다. 2001. 3.경 '이미지퀘스트 주식회사'로 상호를 변경하였고, 상호를 '주식회사 하이닉스 반도체'로 변경한 현대전자산업 주식회사와 함께 2001. 7.경 구 현대그룹으로부터 계열분리되었다. 피고는 이 사건 제1, 2차 지정상품 추가등록결정일 당시 범 현대그룹을 이루는 개별그룹들과는 경제적·조직적으로 아무런 관계도 맺고 있지 않다.

위와 같은 사정들에 비추어 보면, 범 현대그룹을 이루는 개별그룹들은 구 현대그룹의 주요 계열사들을 중심으로 형성된 기업그룹으로서 선사용표장의 채택과 등록 및 사용의 중심적인 역할을 담당함으로써 일반 수요자들 사이에 그 선사용표장에 화체된 신용의 주체로 인식됨과 아울러 그 선사용표장을 승계하였다고 인정되므로, 이들 개별그룹들은 선사용표장의 권리자라고 할 것이다. 반면, 이 사건 제1, 2차 지정상품 추가등록결정일 당시 구 현대그룹은 계열분리되어 사회적 실체가 없게 되었고, 구 현대그룹의 계열사이던 피고는 선사용표장의 채택과 등록 및 사용에 중심적인 역할을 담당하지 못하였을 뿐만 아니라 '현대'라는 명칭

---

33) 대법원 2001. 6. 2. 선고 99후2310·2317 판결.

이 포함되지 않은 상호로 변경한 적도 있는 점을 고려할 때, 일반 수요자들 사이에 피고가 그 선사용표장에 화체된 신용의 주체로 인식된다거나 그 선사용표장을 승계하였다고 인정된다고 볼 수 없으므로, 피고는 이 사건 선사용표장의 권리자가 될 수 없다.

나아가, 선사용표장은 이 사건 제1, 2차 지정상품 추가등록출원일 당시 우리나라의 대표적인 기업그룹들을 나타내는 저명한 상표 또는 서비스표로서 이 사건 등록상표 '현 대'와 그 외관, 호칭, 관념이 동일하거나 유사하고, 범 현대그룹을 이루는 개별그룹들은 수많은 계열사를 거느리고 그 사업영역이 자동차, 건설, 조선, 백화점 등 다양한 분야에 걸쳐 다각화되어 있다. 실제로 일부 계열사가 이 사건 제1, 2차 추가등록 지정상품들과 밀접한 경제적 견련성을 가지고 있는 IT 관련 사업을 운영하고 있는 점 등에 비추어 보면, 이 사건 제1, 2차 지정상품 추가등록은 일반 수요자로 하여금 그 추가 지정상품이 범 현대그룹을 이루는 개별그룹들이나 그와 특수한 관계에 있는 자에 의하여 생산 또는 판매되는 것으로 그 출처에 혼동을 일으키게 할 염려가 있다.

판례 2 함박웃음 사건(대법원 2014. 2. 13. 선고 2013후2675 판결)

주식회사가 을을 상대로 등록상표 "함박웃음"이 상표법 제34조 제1항 제11호 등에 해당한다는 이유로 상표등록 무효심판을 청구한 사안에서, 선사용상표들인 "함박웃음", "함박웃음"이 지정상품을 '김치'로 하는 등록상표의 등록결정일 무렵 국내의 일반 수요자나 거래자에게 적어도 특정인의 상표로 인식될 수 있을 정도로는 알려져 있었다.

원심판결 이유와 원심이 적법하게 채택한 증거들에 의하여 알 수 있는 원심 판시 선사용상표 1, 2의 사용 기간과 대상 상품, 원고의 점포수, 선사용상표들에 대한 언론 보도 내역과 전단지를 통한 홍보 정도, 2007년 한해 동안 선사용상표들이 부착되어 판매된 제품의 매출액이 전체 상품으로 보면 1,012억 원, 식품류로 한정하여 보더라도 868억 원을 초과하고, 그 판매수량은 전체 상품으로 보면 3,550만 개, 식품류로 한정하여 보더라도 2,662만 개가 넘는 사정 등을 앞서 본 법리에 비추어 살펴보면, 선사용상표들은 지정상품을 '김치'로 하는 이 사건 등록상표 '함박웃음'의 등록결정일인 2008. 1. 2. 무렵 국내의 일반 수요자나 거래자에게 적어도 특정인의 상표로 인식될 수 있을 정도로는 알려져 있었다고 봄이 상당하다. 그런데도 원심은 선사용상표들의 표장에 원고 또는 원고가 속한 대기업집단인 GS그룹과의 관련성을 인정할 만한 표시 등이 없어 일반 수요자나 거래자가 선사용상표들을 원고 또는 GS그룹과 관련시켜 떠올린다고 보기는 어려운 점 등을 근거로, 선사용상표들이 이 사건 등록상표의 등록결정일 무렵 일반 수요자나 거래자에게 원고의 상표나 상품을 표시하는 것으로 인식될 정도로 알려졌다고 보기는 어렵다는 전제 아래, 이 사건 등록상표는 선사용상표들과의 관계에서 상표법 제34조 제1항 제11호에 해당하지 아니한다고 판단하였으니, 이러한 원심의 판단에는 상표법 제34조 제1항 제11호에 규정된 '수요자를 기만할 염려가 있는 상표'에 관한 법리를 오해하여 필요한 심리를 다하지 아니함으로써 판결에 영향을 미친 위법이 있다. 이 점을 지적하는 상고이유의 주장은 이유 있다.

X 상품의 품질오인 또는 수요자 기만 상표

1. 서 설

상품의 품질을 오인하게 하거나 수요자를 기만할 염려가 있는 상표는 상표등록을 받을 수 없다(제34조 제1항 제12호). 상품의 품질이란 어떤 물품이 본래적으로 갖추고 있는 성질을 뜻한다. 구체적인 사례로 국가명이나 지명 등이 포함된 상표의 경우 그 상표가 해당 국가 또는 산지 이외에서 생산·판매되는 상품에 사용될 경우에는 본 호를 적용한다. 상표가 '상품의 품질을 오인하게 하는' 것은 상품의 품질 자체의 오인은 물론 상품 자체를 오인케 하는 경우를 포함한다. 상표가 '수요자를 기만하는' 것은 그 상품 또는 상표가 수요자로 하여금 외국 또는 다른 기업의 상품 또는 상표로 오인을 유발할 우려가 있는 경우를 말하며 출원인의 기만의 의사 유무를 불문한다.

2. 상표법 제34조 제1항 제11호와의 관계

상표법 제34조 제1항 제11호는 주로 저명상품, 영업과의 출처에 관한 오인·혼동행위를 방지하기 위하여 부등록사유로 규정한 것이다. 반면에 동법 제12호는 상품성질(품질)의 오인·기만 표시로서 식별력의 훼손을 방지하는 규정이 아니다. 그러나 출원상표가 제34조 제1항 제11호의 저명상표와 상품의 출처 또는 영업의 혼동을 일으키고, 그 결과 상품의 품질의 오인 또는 수요자의 기만을 유발하는 경우에는 동법 제11호의 규정의 적용과 아울러 동법 제12호의 규정을 적용한다.

선사용상표가 사용상품에 대한 관계거래자 이외에 일반공중의 대부분에까지 널리 알려지게 됨으로써 저명성을 획득하게 되면, 그 상표를 주지시킨 상품 또는 그와 유사한 상품뿐만 아니라 이와 다른 종류의 상품이라고 할지라도 상품의 용도 및 판매거래의 상황 등에 따라 저명상표권자나 그와 특수한 관계에 있는 자에 의하여 생산 또는 판매되는 것으로 인식될 수 있고 그 경우에는 어떤 상표가 선사용상표의 사용상품과 다른 상품에 사용되더라도 수요자로 하여금 상품의 출처를 오인·혼동하게 하여 수요자를 기만할 염려가 있다. 여기서 선사용상표가 저명상표인가는 상표의 사용, 공급, 영업활동의 기간·방법·태양 및 거래범위 등을 고려하여 거래실정 또는 사회통념상 객관적으로 널리 알려졌느냐를 기준으로 판단하여야 한다. 이러한 법리는 서비스표에 대하여도 마찬가지로 적용된다.

판 례 소녀시대 사건(대법원 2015. 10. 15. 선고 2013후1207 판결)

선사용상표 '**소녀시대**'와 선사용서비스표 '**소녀시대**'를 사용한 갑 주식회사가 등록상표서비스표의 등록권리자 을을 상대로 등록상표서비스표가 상표법 제34조 제1항 제11호에 해당한다는 이유로 등록무효심판을 청구하였는데 특허심판원이 인용하는 심결을 한 사안에서, 갑 회사 소속 9인조 여성그룹 가수의 명칭 '소녀시대'와 같은 구성의 선사용상표 및 선사용서비스표는 갑 회사의 '음반, 음원' 등의 사용상품 및 '가수공연업, 음악공연업, 방송출연업, 광고모델업' 등의 사용서비스업에 대하여 관계거래자 이외에 일반공중의 대부분에까지 널리 알려지게 됨으로써 저명성을 획득하였으므로, 그와 유사한 등록상표서비스표가 위 사용상품·서비스업과 다른 '면제 코트' 등의 지정상품이나 '화장서비스업' 등의 지정서비스업에 사용되더라도 그러한 상품이나 서비스업이 갑 회사나 그와 특수한 관계에 있는 자에 의하여 생산·판매되거나 제공되는 것으로 인식됨으로써 상품·서비스업의 출처를 오인·혼동하게 하여 수요자를 기만할 염려가 있는데도 등록상표서비스표가 수요자를 기만할 염려가 있는 상품·서비스표에 해당하지 않는다고 한 원심판결에 법리오해의 잘못이 있다.

3. 상품의 품질을 오인하게 할 염려가 있는 상표

품질의 오인을 일으키는지 여부는 상표 자체의 구성에 의하여 판단하되 상표를 전체적으로 관찰하여 결정하여야 한다. 다만, 품질의 오인을 유발하는 부분이 해당 상표의 요부이든 아니든 여부를 불문한다. 상품의 명칭과 지정상품의 내용이 수요자로 하여금 상품에 대한 품질의 오인·혼동을 가져올 우려가 있을 때 또는 상품의 품질보증표시와 결합한 상표는 본 호를 적용한다.

국내 일반 수요자나 거래자에게 특정 연예인이나 연예인그룹 명칭 또는 특정 방송프로그램, 영화, 노래 등의 제명으로 인식되어 있는 명칭과 동일 또는 유사한 상표를 정당한 권원을 가진 자가 아닌 타인이 출원한 경우 상품출처의 혼동이나 품질의 오인을 일으킬 염려가 있는 것으로 보고 본 호를 적용한다. 상품의 품질을 오인하게 하는 경우 예시로는 지정상품을 '청주'로 하여 '맑은 유자향'이라는 표장으로 출원한 경우, 지정상품을 '태양전지'로 하여 'Nano OLED'라는 표장으로 출원하는 경우다. 상품 자체를 오인하게 하는 경우 예로는 지정상품을 '소주'로 하여 '보드카'라는 표장으로 출원하는 경우, 지정상품을 '목도리'로 하여 'GLOVE'라는 표장으로 출원하는 경우다.

4. 수요자를 기만할 염려가 있는 상표

"수요자를 기만한다"라 함은 자연인이 공법상 특수법인의 명칭을 출원하거나 상품의 지리적 출처를 오인하게 하는 경우와 같이, 상표의 구성이나 지정상품과의 관계에서 일반수요자에게 착오를 일으키게 하는 경우(순수한 수요자 기만) 또는, 국내 수요자에게 특정인의 상품표지로 인식되어 있는 상표와 상품출처의 오인·혼동을 일으키게 하는 경우(출처의 오인·혼동으로 인한 수요자 기만)를 말한다.

특정상표가 수요자를 기만할 염려가 있다고 하기 위해서는 인용상표와 그 지정상품이 반드시 주지·저명하여야 하는 것은 아니지만, 적어도 국내의 일반거래에 있어서 수요자나 거래자에게 그 상품이나 상표라 하면 특정인의 것이라고 알려져 있어야 하고, 상표에 대해서 수요자가 인식하는 상품과 현실적으로 그 상표가 사용되는 상품과의 사이에 양자가 동일한 계통에 속하는 상품이라든가 재료, 용도, 외관, 제조방법, 판매계통이 공동으로 되어 있다든가 혹은 그 상품의 특성이 거래상 오인을 일으키는 것이 일반적으로 인정되는 관계가 있어야 한다.34)

순수한 수요자 기만의 예로 지정상품을 '넥타이'로 하여 'MADE IN ITALY'라는 표장으로 출원하는 경우, 자연인이 '한국전자통신연구원'이라는 명칭으로 출원하는 경우이다.

출처의 오인·혼동으로 인한 수요자 기만의 예로는 '핸드백'에 있어서 당해 상품의 거래자나 수요자에게 특정인의 상표로 인식될 수 있을 정도로 알려져 있는 'PRADA' 상표와 유사한 상표를 타인이 핸드백에 출원한 경우이다.

판 례 ASK 사건(대법원 2010. 1. 28. 선고 2009후3268 판결)

원심이 채택한 증거들 및 기록에 의하면, "A | S | K", "ask"로 이루어진 선사용상표들은 2002년경 상표등록출원된 이래 2003년 가을경부터 원고 회사가 제조·판매하는 재킷과 청바지, 티셔츠 등의 캐주얼 의류에 부착되어 사용되어 왔고, "ASK JEANS"로 이루어진 선사용상표는 2004. 10. 7. 추가로 상표등록출원되어 "A | S | K", "ask"로 이루어진 위 선사용상표들과 함께 원고 회사의 의류 제품에 사용되어 온 사실, 선사용상표들을 부착한 제품은 2004년 상반기에 전년 대비 25% 증가한 약 237억 원의 매출을 올리는 등 전국 주요상권에 위치한 83개 매장에서의 2004년 연간 매출액이 약 700억 원으로 추산되고, 그 매출액 및 매장 수는 지속적인 신장세를 보이면서 2005년 1월 기준으로 백화점 45곳을 비롯하여 전국적으로 분포된 98개 매장에서 월 매출액만 약 85억 원에 이르렀으며 그중 백화점 32곳에서는 캐주얼 의류 부문 매출실적 1위를 차지한 사실, 원고 회사는 2004. 5. 30.경 유명한 축구 국가대표 선수와 3개월간 5,000만 원의 광고모델 계약을 체결하는 등 선사용상표들에 관한 광고선전 활동을 계속하였고, "A S K"로 이루어진 피고의 이 사건 등록상표(등록번호 제614152호)의 등록결정일인 2005. 4. 6. 이전에 국제섬유신문, 한국섬유경제, TIN 뉴스, 텍스헤럴드, 패션인사이트, 패션비즈 등의 섬유 및 패션 관련 신문·잡지에 원고 회사의 캐주얼 의류 시장에서의 매출액 신장세 및 인지도에 관한 기사가 여러 차례에 걸쳐 게재되었으며, 원고 회사의 선사용상표들은 어패럴뉴스사가 선정하는 '2005년 올해의 브랜드상'을 수상한 사실 등을 알 수 있다.

34) 상표심사기준, 242~243면.

위와 같은 선사용상표들이 부착된 상품을 판매하는 매장의 개수와 분포, 매출액의 크기와 증가 추이, 광고선전 활동의 내용, 선사용상표나 그 상품의 주된 수요자는 상품의 종류와 특성에 비추어 상표 정보에 대한 인식력과 전파력이 높은 젊은 여성 및 청소년층으로 보이는 점 등의 여러 사정을 종합하여 보면, 원고 회사의 선사용상표들은 이 사건 등록상표의 등록결정일 무렵 국내의 수요자나 거래자에게 최소한 특정인의 상표로 인식될 수 있을 정도로 알려져 있었다고 봄이 상당하다.

또한 이 사건 등록상표와 선사용상표들의 표장은 그 외관·호칭 및 관념이 동일 또는 유사하여 전체적으로 유사한 상표라고 할 것인데, 이 사건 등록상표의 지정상품인 '방진안경, 보안용 챙, 보통안경, 선글라스, 손잡이안경, 수중안경, 스포츠용 고글, 안경알, 안경줄, 안경집, 안경테, 코안경, 코안경줄, 코안경테, 콘택트렌즈, 콘택트렌즈 세척기' 가운데 '선글라스, 스포츠용 고글'은 선사용상표들의 사용상품인 의류와 상품류 구분이 다르기는 하나 그 수요자가 공통될 뿐만 아니라, 이 사건 등록상표의 등록결정일 당시 이미 거래사회에서는 어떤 기업이 특정 브랜드를 전문화시키고 이 브랜드를 적극 사용하여 의류, 선글라스, 스포츠용 고글, 기타 잡화류 등을 생산하거나 이들 제품을 한 점포에서 함께 진열, 판매하는 이른바 토털패션의 경향이 일반화되어 있어, 이 사건 등록상표가 '선글라스, 스포츠용 고글' 상품에 사용된다면 의류와 유사한 상품에 사용된 경우에 못지않을 정도로 그것이 선사용상표권자에 의하여 사용되는 것이라고 오인될 소지가 있으므로, 이 사건 등록상표는 선사용상표들과 출처의 오인·혼동을 불러일으켜 수요자를 기만할 염려가 있다고 보아야 할 것이다. 그럼에도 선사용상표들이 특정인의 상표로 알려져 있지 아니하고 양 상품 간의 경제적 견련성이 없다는 이유로 이 사건 등록상표는 수요자를 기만할 염려가 있는 상표에 해당되지 않는다고 판단한 원심판결에는 상표법 제34조 제1항 제11호 후단의 규정에 관한 법리를 오해하여 판결 결과에 영향을 미친 위법이 있다.

XI 부정한 목적으로 사용하는 상표

1. 서 설

국내 또는 외국의 수요자들에게 특정인의 상품을 표시하는 것이라고 인식되어 있는 상표(지리적 표시는 제외한다)와 동일·유사한 상표로서 부당한 이익을 얻으려 하거나 그 특정인에게 손해를 입히려고 하는 등 부정한 목적으로 사용하는 상표는 상표등록을 받을 수 없다(제34조 제1항 제13호). 상표가 '국내 또는 외국의 수요자들에게 특정인의 상품을 표시하는 것이라고 인식되어 있는 상표'란 인용상표가 반드시 주지·저명하여야 하는 것은 아니지만, 적어도 국내외의 일반거래에 있어서 수요자나 거래자에게 그 상표라 하면 특정인의 것이라고 알려져 있는 정도를 말한다.

본 호의 취지는 정당한 상표권자가 아닌 제3자가 부정한 방법으로 상표등록을 받아 정당한 상표권자의 상표사용을 배척하거나 부당하게 고액의 상표권 이전료를 요구할 뿐만 아니라 모방상표의 사용으로 일반소비자들로 하여금 상품출처를 오인·혼동하게 할 우려가 발생하는 등 폐해가 속출하고 있어서 이를 방지하기 위하여 상표심사기준을 개정하여 1996년 3월 1일부터 적용하여 오던 것을 1997년 개정법에 명시적으로 반영한 것이다.

2. 부정한 목적을 가지고 사용하는 상표

본 호에서 규정하는 '부당한 이익을 얻으려 하거나 그 특정인에게 손해를 입히려고 하는 등 부정한 목적을 가지고 사용하는 상표'란 다음에 해당하는 경우를 말하며, 해당 출원뿐만 아니라 출원인의 과거나 현재의 상표출원·등록 이력과 상표사용실태 등을 참고하여 이를 추정할 수 있다. (ⅰ) 외국의 정당한 상표권자가 국내시장에 진입하는 것을 저지하거나 또는 대리점 계약체결을 강제할 목적으로 상표권자가 미처 등록하지 않은 상표와 동일 또는 유사한 상표를 출원한 경우, (ⅱ) 저명상표와 동일 또는 유사한 상표로서 타인의 상품이나 영업과 혼동을 일으킬 염려는 없다 하더라도 저명상표의 출처표시기능을 희석화시키기 위한 목적으로 출원한 경우, (ⅲ) 창작성이 인정되는 타인의 상표를 동일 또는 극히 유사하게 모방하여 출원한 경우, (ⅳ) 그 밖에 타인의 선사용상표의 영업상의 신용이나 고객흡인력에 편승하여 부당한 이득을 얻을 목적으로 출원한 경우 중 어느 하나를 말한다.

저명상표로 인식된 선사용상표를 모방한 사례로 **오리온 스타크래프트/ORION STARCRAFT**(건과자, 캔디 등) 대 **STARCRAFT**(컴퓨터게임 소프트웨어: 2003호649) 이다.[35)]

---

35) 상표심사기준, 251면.

3. 판 단

등록상표가 상표법 제34조 제1항 제13호에 해당하려면 그 출원 당시에 등록상표와 대비되는 선사용상표가 국내 또는 외국의 수요자들에게 특정인의 상표로 인식되어 있어야 하고, 등록상표의 출원인이 선사용상표와 동일 또는 유사한 상표를 부정한 목적을 가지고 사용하여야 한다. 여기서 선사용상표가 국내 또는 외국의 수요자들에게 특정인의 상표로 인식되어 있는지는 그 상표의 사용기간, 방법, 태양 및 이용범위 등과 거래실정 또는 사회통념상 객관적으로 상당한 정도로 알려졌는지 등을 기준으로 판단하여야 한다. 부정한 목적이 있는지 여부는 특정인의 상표의 주지·저명 또는 창작성의 정도, 특정인의 상표와 출원인의 상표의 동일·유사성의 정도, 출원인과 특정인 사이의 상표를 둘러싼 교섭의 유무와 그 내용, 기타 양 당사자의 관계, 출원인이 등록상표를 이용한 사업을 구체적으로 준비하였는지의 여부, 상품의 동일·유사성 내지는 경제적 견련관계, 거래 실정 등을 종합적으로 고려하여야 한다.

상표 중 『특허』, 『실용신안』, 『디자인』, 『KS』, 『○○박람회 ○○상 수상』, 『○○장관상』 등 상품의 품질을 보증하는 것으로 인식되는 문자, 기호, 도형이 결합되었을 때에는 원칙적으로 본 호에 해당하는 것으로 본다. 다만, 그 상패·상장 또는 포장을 받은 자가 당해 박람회에서 수상한 상품에 관하여 상표의 일부로서 그 표장을 사용하는 때에는 그러하지 아니하다.

판례 1 LOUIS CASTEL 사건(대법원 2014. 3. 13. 선고 2013후2859 판결)

국내 또는 외국의 수요자들에게 특정인의 상표로 인식된 상표에 해당하는지 여부의 판단기준에 대하여 대법원은 영문자 ‘LOUIS CASTEL’이나 도형 ‘’로 이루어진 원심판시 선사용상표들이 사용된 ‘골프의류, 가방 및 액세서리’ 등 제품(이하 ‘선사용상표 제품’이라고 한다)은 2007. 9. 시장에 출시되었다. 그 이전부터 선사용상표들을 선전·광고하는 기사가 국내 패션잡지 또는 온라인 패션정보지인 ‘패션채널’, ‘패션비즈’, ‘어패럴뉴스’ 등에 실리고, 그 출시 후에도 선전·광고 기사가 계속된 점, 선사용상표 제품은 명품 이미지와 합리적인 가격대를 지향하는 제품으로서 2007. 9.부터 2008. 1.까지 KBS, MBC, SBS 등 방송 3사가 아침, 저녁의 황금시간대에 방영한 드라마나 시사교양프로 등에 소품으로 협찬된 점, 선사용상표 제품의 2007. 9.부터 2007. 12.까지의 매출액은 약 63억 원으로서 우리나라 골프의류 시장의 규모나 다른 골프의류 업체의 매출액을 고려하여 볼 때 상당한 정도에 이르는 금액인 점, 2007년 말을 기준으로 선사용상표 제품의 대리점 수가 20여 개에 이르고 전국의 주요 상권에 개설된 점 등을 알 수 있다. 이러한 점들을 앞서 본 법리에 비추어 살펴보면, 선사용상표들은 그 지정상품을 '안경, 안경알, 콘택트렌즈' 등으로 하는 이 사건 등록상표 "LOUIS CASTEL"의 출원일인 2008.1.22. 무렵에는 골프의류 등과 관련하여 국내의 수요자들에게 특정인의 상표로 인식되었다. 대법원은 다음 그림과 같은 "LOUIS CASTEL"은 국내 수요자들에게 특정인의 상표로 인식된 저명한 상표라고 판단하였다.

LOUIS CASTEL 상표와 상표 사용 예(출처: Google 이미지)

판례 2 초콜릿 박물관 사건(대법원 2014. 9. 4. 선고 2014후1051 판결)

갑이 등록서비스표 "Chocolate Museum 초콜릿 박물관"의 서비스표권자 을 주식회사를 상대로 등록서비스표가 선사용상표·서비스표 "초콜릿박물관", "CHOCOLATE MUSEUM", "CHOCOLATE MUSEUM"와 관련하여 상표법 제34조 제1항 제13호 등에 해당한다는 이유로 등록무효심판을 청구한 사안에서, 을 회사가 선사용상표·서비스표를 모방하여 부정한 목적으로 등록서비스표를 출원·등록하여 사용하는 것이라고 보아야 할 것이어서, 등록서비스표에 등록무효사유가 있다고 본 원심판단이 정당하다.

XII 상품의 기능을 확보하는 데 불가결한 입체적 상표

1. 서 설

상표등록을 받으려는 상품 또는 그 상품의 포장의 기능을 확보하는 데 꼭 필요한(서비스의 경우에는 그 이용과 목적에 꼭 필요한 경우를 말한다) 입체적 형상, 색채, 색채의 조합, 소리 또는 냄새만으로 된 상표는 상표등록을 받을 수 없다(제34조 제1항 제15호). 일반적으로 상품이나 포장의 형상, 특정 색채나 소리, 냄새 등은 어떤 실용적인 목적을 갖고 그 형상 등이 만들어졌으며, 그 목적을 달성하기 위한 기능을 가지고 있는 경우가 많다. 이러한 형상 등이 다른 경쟁업자들도 그 업계에서 생존하기 위하여 꼭 필요한 것이라면 그러한 형상 등을 독점적 권리를 인정해 주는 것은 산업발전을 저해하고 자유로운 경쟁을 제한하는 결과가 된다. 즉 '기능성'이란 상품 또는 포장의 형상 등이 그 기능을 구현하는 데 필수적이고 긴요한 것이어서 특정인에게 독점적 권리를 주면 정상적인 경쟁원리가 저해되는 그러한 기능을 말한다.

2. 기능성이 있는지 여부 판단

기능성이 있는지는 다음 사항을 고려하여 판단한다. 즉 (ⅰ) 대체성: 다른 대체할 수 있는 형상 등이 존재하지 않는다면 그 형상 등은 기능성이 있는 것으로 본다. (ⅱ) 제조비용의 저렴성: 출원상표의 형상 등의 제조비용이 다른 것에 비해 상당히 낮거나 제조공정이 단순하면 그 입체적 형상 등은 가능성이 있는 것으로 본다. (ⅲ) 유통과정의 편의성 및 사용의 효율성에 관한 광고 선전: 상품의 유통에 있어 보관, 운송 및 취급상 상당한 편이성이 그 상품 또는 포장의 형상 등에서 기인하는 경우 기능성이 있는 것으로 본다. (ⅳ) 특허권이나 디자인권의 존재 여부: 실용적인 형상 등은 특허로 보호될 수 있다는 점에서 입체적 형상 등에 특허가 존재할 경우 그 형상 등은 기능성이 있는 것으로 판단할 수 있다. 다만, 디자인권에 있어서 그 디자인권이 장식적·비기능적 형상 등을 보호대상으로 하는 경우 가능성이 없는 것으로 볼 수 있다.[36]

3. 판 단

본 호는 상품 또는 그 상품의 포장의 기능을 확보하는 데 불가결한 입체적 형상 등에 적용되므로, 기능성을 판단함에 있어서는 상품 자체가 기능적인지 여부가 아니라, 상품 또는 그 포장의 입체적 형상 등이 기능적인지 여부를 기준

36) 상표심사기준, 260~261면.

으로 판단한다. 또한 상품 또는 그 상품의 기능을 확보하는 데 불가결한 입체적 형상이나 색채, 색채의 조합, 소리, 냄새만으로 된 상표는 비록 식별력이 인정(사용에 의한 식별력이 인정되는 경우에도 또한 같다)되더라도 본 호에 해당하여 등록을 받을 수 없는 것으로 본다.[37] 입체적 형상이 기능적인 경우의 예로는 액체가 새는 것을 방지하기 위하여 용기의 마개 부분을 나선형으로 만든 경우이다.

색채 또는 색채의 조합이 기능적인 경우의 예로는 안전표시판에 쓰이는 노랑색, 소화기에 쓰이는 빨강색, 빙과류에 쓰이는 파랑색이다. 소리가 기능적인 경우의 예로는 자동차 수리업에 사용하는 자동차 엔진소리, 맥주병에 사용하는 맥주병의 병뚜껑 따는 소리이다. 냄새가 기능적인 경우의 예로는 타이어에 사용하는 타이어의 고무향, 조경업에 사용하는 아카시아향이다. 소리 또는 냄새가 사용에 의한 식별력을 획득한 경우에도 해당 상품의 기능 확보에 불가결한 소리 또는 냄새는 본 호가 적용된다. 그 예로서는 맥주병의 병뚜껑을 따는 소리, 오토바이 엔진소리, 타이어 고무향을 들 수 있다.

미국 법원의 판례에서 기능적이라고 판단한 사례는 소금 및 후추용 소포포장, 전화번호 색인 파일카드, 프렌치프라이 감자의 나선모양, 유아용 수유병 등이 있다.

XIII 포도주 등의 산지에 관한 지리적 표시

1. 서 설

세계무역기구(WTO) 회원국 내의 포도주 또는 증류주의 산지에 관한 지리적 표시로서 구성되거나 그 지리적 표시를 포함하는 상표로서 포도주 또는 증류주에 사용하려는 상표에 해당하는 경우에는 상표등록을 받을 수 없다. 다만, 지리적 표시의 정당한 사용자가 해당 상품을 지정상품으로 하여 지리적 표시 단체표장등록출원을 한 경우에는 상표등록을 받을 수 있다(제34조 제1항 제16호). 본 호는 특정 장소에서 생산되지 않은 포도주나 증류주가 해당 장소에서

37) 상표심사기준, 261면.

생산된 것으로 인식될 수 있는 지리적 표시에 사용되고, 특정장소에서 생산된 포도주나 증류주로 인식될지라도 정당한 사용자가 출원하지 않은 지리적 표시인 경우에는 소비자의 혼동은 요건으로 하지 않는다.

2. 판 단

본 호는 포도주·증류주 또는 이와 유사한 상품에 사용하려는 경우에 한하여 적용한다. 포도주 및 증류주의 산지에 관한 지리적 표시가 상표의 부기적인 부분으로 포함되어 있는 경우에도 본 호를 적용한다. 문자상으로는 진정한 원산지 표시가 되어 있다 하더라도 수요자가 다른 영토나 지역에서 생산된 것으로 오인·혼동하게 할 경우, 예를 들면, 캘리포니아 주에서 생산하는 보르도 포도주에 미국산이라고 표기하는 경우에 상표법 제34조 제1항 제12호와 별도로 본 호를 적용하는 것으로 한다.[38] 한편, TRIPs 제22조 제3항에 따라 포도주와 증류주의 지리적 표시를 구성요소로 하는 상표는 일반 공중의 혼동이 없는 경우에도 직권으로 또는 이해관계인의 청구에 의하여 거절 또는 무효화한다고 규정하고 있다.

'포도주 또는 증류주의 산지에 관한 지리적 표시로서 구성되거나 동 표시를 포함하는 상표'란 당해 산지를 그 지역의 문자로 표시한 것뿐만 아니라 그에 대한 번역 및 음역을 모두 포함하는 것으로 본다. 이 경우 출처의 오인·혼동 가능성이 없다고 하더라도 해당 지리적 표시가 표시되어 있다면 본 호를 적용한다.

포도주 및 증류주의 산지에 관한 지리적 표시가 표시되어 있는 경우, 예를 들면 BORDEAUX L'ECOLE DU VIN 의 경우 BORDEAX 표시가 있으므로 본 호를 적용한다.

본 호는 그 상표의 구성에 당해 지리적 표시가 ~종류, ~유형, ~양식, ~풍 등과 같은 표현으로 수반된 경우에도 적용한다. 다음 표장들에는 '~ STYLE'이 표시되어 있다.

MAJUANG
MOSELLE STYLE

MACALLAN
Blended SCOTCH WHISKY

---

38) 상표심사기준, 267면.

XIV 동업·고용 등 계약관계의 상표

동업·고용 등 계약관계나 업무상 거래관계 또는 그 밖의 관계를 통하여 타인이 사용하거나 사용을 준비 중인 상표임을 알면서 그 상표와 동일·유사한 상표를 동일·유사한 상품에 등록출원한 상표는 등록을 받을 수 없다(제34조 제1항 제20호). 2014년 개정법에서 계약 및 업무상 관계 등으로 타인이 상표를 사용하거나 상표사용을 준비 중임을 알고 있는 자가 정당한 권원없이 같은 상표를 먼저 출원한 경우는 상표등록을 받을 수 없도록 부등록사유에 포함시켰다.

따라서 이러한 상표권의 사용이 부정경쟁방지법 제2조 제1호 차목에 따른 부정경쟁행위에 해당하게 될 경우 사용권을 제한하는 규정이 신설되었다(제92조 제2항).[39)]

XV 조약국 상표권자의 동의 없는 상표출원 등록 금지

조약당사국에 등록된 상표와 동일·유사한 상표로서 그 등록된 상표에 관한 권리를 가진 자와의 동업·고용 등 계약관계 또는 대리·대표 등 업무상 거래관계가 있거나 있었던 자가 그 상표에 관한 권리를 가진 자의 동의를 받지 아니하고 그 상표의 지정상품과 동일·유사한 상품을 지정상품으로 하여 등록출원한 상표는 등록을 받을 수 없다(제34조 제1항 제21호). 본 호는 종전의 상표법에서 거절이유(구 상표법 제23조 제1항 제3호 본문)이고, 등록상표의 취소심판에서 취소사유(구 상표법 제73조 제1항 제7호)로 규정되었다.[40)] 2016년 개정법에서 본 호는 거절이유와 취소사유에서 삭제되었고, 그 대신 상표법 제34조 제1항의 부등록사유에 이동되었다.

---

39) 상표법 제92조 제2항: 상표권자·전용사용권자 또는 통상사용권자는 그 등록상표의 사용이 부정경쟁방지법 제2조 제1호 차목에 따른 부정경쟁행위에 해당할 경우에는 같은 목에 따른 타인의 동의를 받지 아니하고는 그 등록상표를 사용할 수 없다.

40) 조약당사국에 등록된 상표에 관한 권리를 가진 자의 대리인 또는 대표자였던 자의 국내 출원시 이의신청 및 정보제공에 의해 거절(5년 이내 취소심판 제척기간).

즉, 신의성실의 원칙을 위반하는 경우에 그 상표의 등록을 배제하도록 부등록사유로 이동하고, 오류로 등록된 경우 상표등록취소사유에서 무효사유로 변경하였다. 대리인이나 대표자란 대리점, 특약점, 위탁판매업자, 총 대리점 등 널리 해외에 있는 수입선인 상표소유권자의 상품을 수입하여 판매, 광고하는 자를 가리킨다.

판 례 **abbi** 사건(대법원 2013. 2. 28. 선고 2011후1289 판결)

대리인이나 대표자란 대리점, 특약점, 위탁판매업자, 총 대리점 등 널리 해외에 있는 수입선인 상표소유권자의 상품을 수입하여 판매, 광고하는 자를 가리킨다고 보아야 할 것이다(대법원 1996. 2. 13. 선고 95후1241 판결 참조). 그리고 계약에 의하여 대리점 등으로 된 자와 상표등록을 한 자가 서로 다른 경우에도 양자의 관계 및 영업형태, 대리점 등 계약의 체결 경위 및 이후의 경과, 등록상표의 등록경위 등 제반 사정에 비추어 상표등록 명의자를 대리점 등 계약의 명의자와 달리한 것이 위 상표법 규정의 적용을 회피하기 위한 편의적, 형식적인 것에 불과하다고 인정되는 때에는 위 규정을 적용함에 있어 양자는 실질적으로 동일인으로 보아야 하므로, 그 상표등록 명의자 역시 위 규정에서 말하는 '대리인이나 대표자'에 해당한다고 할 것이다.

기록과 원심판결 이유에 의하면, 원고가 그 주식의 37%가량을 소유하며 대표이사로서 운영하고 있는 주식회사 컴앤아이(이하 '컴앤아이'라고 한다)는 2006. 4. 30. 당시 피고 1이 부대표로 있던 피고 제이에스제이와 사이에 피고 제이에스제이가 생산한 비교대상상표 "abbi"가 부착된 가방 등에 관하여 24개월간 한국 및 일본에서의 독점판매계약을 체결한 사실, 컴앤아이는 위 계약에 따라 2007. 6. 27. 무렵부터 2008. 4. 30.경 계약이 해지될 때까지 비교대상상표가 부착된 가방 등을 수입하여 국내에서 판매 및 광고한 사실, 위 계약상 원고와 피고 1이 모든 통지, 요청, 동의, 기타 연락의 실질적 수신인(Attention)으로 지정된 사실, 위 계약은 원고와 피고 1의 주도로 체결되었다. 계약서에도 원고와 피고 1이 직접 서명하였으며, 특히 피고 1은 위 계약 당시 피고 제이에스제이의 부대표였으면서도 피고 제이에스제이를 대표하여 서명한 사실, 위 계약 당시부터 현재까지 컴앤아이의 이사로는 원고 외에는 원고의 아내인 소외인뿐인 사실, 비교대상상표가 부착된 가방과 관련된 거래계약서 일부의 거래당사자 표시가 컴앤아이 외에도 원고가 감사로 있는 주식회사 지에스디인터네셔널(이하 '지에스디'라고 한다)로도 되어 있는데, 지에스디가 거래당사자로 되어 있는 거래계약서 중 일부는 지에스디가 정식으로 설립되기 전에 작성된 사실, 피고 1은 위 계약 체결 후 미국에서

비교대상상표의 권리자로 등록되었고 현재 피고 제이에스제이의 대표인 사실, 원고가 2006. 7. 4. 이 사건 등록상표(상표등록번호 제712912호) "**abbi**"를 출원하여 등록되었으나 원고는 이 사건 등록상표를 컴앤아이의 영업이 아닌 독자적 용도로 사용하지는 아니한 사실 등을 알 수 있다.

앞서 본 법리에 비추어 위와 같은 사실 등에 나타나는 원고와 컴앤아이, 지에스디의 관계 및 영업형태, 피고 1과 피고 제이에스제이의 관계, 위 독점판매계약의 체결 경위 및 그 뒤의 경과, 이 사건 등록상표의 등록경위 등 위 독점판매계약과 관련된 모든 사정을 종합하여 보면, 컴앤아이의 대표이사인 원고가 개인 명의로 이 사건 등록상표를 출원하여 등록받은 것은 위 상표법 규정의 적용을 회피하기 위한 편의적, 형식적인 것에 불과하다고 인정되므로, 위 규정을 적용함에 있어 양자는 실질적으로 동일인으로 보아야 한다. 따라서 원고 역시 이 사건 등록상표의 출원 당시 비교대상상표의 권리를 가진 피고 1에 대한 관계에서는 컴앤아이와 마찬가지로 위 규정에서 말하는 대리인에 해당한다고 할 것이다.

같은 취지의 원심판단은 정당하고, 거기에 상고이유의 주장과 같은 구 상표법 제23조 제1항 제3호 본문의 '대리인 또는 대표자'의 해석적용에 관한 법리오해 등의 위법이 없다.

제 3 절 부등록사유 판단시점 등

I 상표등록을 받을 수 없는 상표의 판단시점

1. 상표등록여부 결정시를 기준한 경우

상표등록출원이 상표부등록사유에 해당하는지 여부의 판단시점은 상표등록거절결정 또는 상표등록결정의 어느 하나에 해당하는 결정(이하 '상표등록여부 결정'이라 한다)을 할 때를 기준으로 하여 결정한다(제34조 제2항). 상표등록을 받을 수 없는 상표인지 여부에 대한 판단시점을 공익·사익의 구별없이 등록여부 결정시로 한다.

이는 미국·EU·일본 등도 상표부등록사유의 존재에 관하여 등록여부결정시에 판단하고 있으므로 국제적 조화를 할 수 있고, 상표등록출원의 불합리 제거 및 출원인의 편의도 제고할 수 있는 장점이 있다.

2. 상표등록출원시를 기준한 경우

부등록사유의 판단시점에 있어서, 예외적으로 상표법 제34조 제1항 제11호·제13호·제14호·제20호 및 제21호의 경우는 상표등록출원을 한 때를 기준으로 하여 결정한다(제34조 제2항 단서). 상표법 제34조 제2항 단서에서 특정인에게 손해를 입히려고 하는 등 부정한 목적으로 출원하거나, 동업·고용 등 계약관계나 업무상 거래관계 또는 그 밖의 관계를 통하여 타인이 사용하거나 사용을 준비 중인 상표임을 알면서 그 상표와 동일·유사한 상표를 동일·유사한 상품에 등록출원하는 경우 등 상표등록출원이 공정한 상표질서유지를 위반하는지 여부의 판단은 출원시에 판단하는 것으로 명확히 규정하고 있다.

판례는 등록상표가 상표법 제34조 제1항 제13호에 해당하기 위해서는 그 비교대상이 되는 선사용상표가 국내 또는 외국의 수요자들에게 특정인의 상표라고 현저하게 인식되어 있는 주지상표여야 하고, 선사용상표가 주지상표인가의 여부는 그 등록상표의 출원 당시를 기준으로 판단하여야 한다고 한다.[41]

Ⅱ 상표권이 소멸된 경우 권리자의 상표등록출원

1. 서 설

상표권자 또는 그 상표권자의 상표를 사용하는 자는 상표등록의 취소심판이 청구되고 그 청구일 이후에 (ⅰ) 존속기간만료로 상표권이 소멸한 경우, (ⅱ) 상표권자가 상표권 또는 지정상품의 일부를 포기한 경우, (ⅲ) 상표등록의 취소심결이 확정된 경우 중 어느 하나에 해당하게 된 경우 그 상표와 동일·유사한 상표를 그 지정상품과 동일 또는 유사한 상품에 대하여 그 해당하게 된 날부터 3년이 지난 후에 출원해야만 상표등록을 받을 수 있다(제34조 제3항). 상표등록을 취소한다는 심결이 확정되었을 경우에는 그 상표권은 그때부터 소멸한다.

41) 대법원 2007. 3. 16. 선고 2006후268 판결.

다만, 불사용취소심판에 해당하는 것을 사유로 취소한다는 심결이 확정된 경우에는 그 심판청구일에 소멸하는 것으로 본다(제119조 제6항).

2. 취 지

상표권의 부정사용, 등록상표의 취소심판청구일 전 3년 이상 불사용 등을 이유로 이해관계인 또는 제3자가 상표등록의 취소심판을 청구함으로써 취소심판에서 취소될 가능성이 있는 경우 상표권자가 곧바로 동일 또는 유사한 상표를 출원하여 등록을 받는다면 취소심결 확정된다고 하더라도 취소심판제도에 의하여 이미 확정된 취소심결이 유명무실해질 우려가 있다. 따라서 본 조는 이러한 탈법적인 상표등록출원을 방지하여 취소심판제도의 실효성을 확보하는 데에 그 취지가 있다.

3. 적용범위

(1) 취소심판청구 후 상표권자 또는 상표사용자에 의한 재출원

본 호의 규정은 취소심판청구 후 그 취소심결이 확정되고 난 후에 새로이 출원한 경우에만 적용된다. 상표등록취소심결이 확정된 경우에는 취소심결의 확정 이전에 상표권자에 의하여 등록출원된 상표라고 하더라도 그 출원이 심판청구일 이후에 이루어졌을 때에는 그 상표의 등록을 허용하지 않음으로써 등록취소심판제도의 실효성을 확보하고자 하는 규정이므로, 등록취소심판청구일 이전에 상표권자가 등록출원한 상표에 대하여는 원칙적으로 위 규정이 적용되지 아니한다.[42)]

(2) 취소심판청구에 있어서의 소송요건의 적법성 여부

상표등록의 취소심판에 있어 그 청구일 이후에 상표권자가 상표권을 포기한 경우에는 상표권자는 포기한 날부터 3년이 경과한 후가 아니면 소멸된 등록상표와 동일 또는 유사한 상표를 그 지정상품과 동일 또는 유사한 상품에 대하여 상표등록을 받을 수 없도록 되어 있다.

이 규정의 취지는 불사용을 이유로 하는 상표등록의 취소심판이 청구된 후

---

42) 대법원 2002. 10. 22. 선고 2000후3647 판결; 특허법원 2004. 5. 21. 선고 2003허5484 판결.

상표권자가 그 상표를 자진 포기하고 신규로 출원하여 등록을 받음으로써 취소심판제도가 실효를 거두지 못하게 되는 폐단을 방지하기 위한 것이다. 이러한 규정의 취지에 비추어 보면, 이 규정에서 말하는 취소심판의 청구란 반드시 모든 소송요건을 갖춘 적법한 청구일 것을 요하는 것은 아니고 상표권 포기 당시 취소심판청구가 계류중이면 족하며 그 이후 그 취소심판청구의 처리결과에 영향을 받는 것은 아니라고 본다.[43)]

43) 대법원 1998. 9. 25. 선고 97후2279 판결.

CHAPTER

4

상표등록출원

제 4 장

상표등록출원

제 1 절 상표출원절차

I 상표등록출원

1. 출원인

상표를 출원할 수 있는 권리를 가진 출원인은 민법상 권리능력과 상표법상 권리적격을 갖춘 사람으로 국내에서 상표를 사용하는 자 또는 사용하고자 하는 자가 상표등록을 받을 수 있다. 상표법상 출원인은 자연인 또는 법인이다. 권리능력과 권리적격 등과 관련하여 법인이 아닌 사단 또는 재단, 외국인 및 상표사용의사의 유무 등이 문제가 될 수 있다.

2. 출원서류

상표등록출원에는 서면주의와 국어주의가 채택되고 있기 때문에 상표등록을 받고자 하는 자는 소정의 출원서에 상표견본을 첨부하여 특허청장에게 제출하여야 한다. 종래에는 종이에 의해서 출원되었지만, 현재 대부분 출원이 온라인에 의한 전자출원을 하고 있다. 상표등록을 받고자 하는 자는 다음 사항을 기재한 상표등록출원서를 특허청장에게 제출하여야 한다(제36조 제1항). (ⅰ) 출원인의 성명 및 주소(법인인 경우에는 그 명칭 및 영업소의 소재지), (ⅱ) 출원인의 대리인이 있는 경우에는 그 대리인의 성명 및 주소나 영업소의 소재지(대리인이 특허법인·특허법인(유한)인 경우에는 그 명칭, 사무소의 소재지 및 지정된 변리사의 성명), (ⅲ) 상표, (ⅳ) 지정상품 및 상품류, (ⅴ) 우선권주장을 하는 경우 그 취지, 최초로 출원한 국명 및 출원의 연월일, (ⅵ) 기타 상표법 시행규칙 제28조에서 정하는 사항을 적어야 한다. 특허청장은 상표등록출원서를 수리한 경우에는 그 상표등록출원번호 및 상표등록출원일자를 적은 상표등록출원번호통지서를 출원인에게 송부하여야 한다(시행규칙 제30조).

3. 첨부서류

상표등록출원을 하려는 자는 별지 제3호 서식의 상표등록출원서에 다음 사항의 서류, 파일 또는 견본 등을 첨부하여 특허청장에게 제출하여야 한다(시행규칙 제28조 제2항). 즉 (ⅰ) 상표견본(소리상표, 냄새상표, 그 밖에 시각적으로 인식할 수 없는 상표의 경우는 제외한다), (ⅱ) 상표에 대한 설명서, (ⅲ) 단체표장 또는 증명표장의 경우 정관 또는 규약의 요약서, (ⅳ) 단체표장 또는 증명표장의 사용에 관한 사항을 적은 그 정관 또는 규약의 요약서, (ⅴ) 소리 표장의 경우 시각적 표현에 합치하는 소리파일, (ⅵ) 냄새상표의 경우 시각적 표현에 합치하는 냄새견본으로 냄새를 담은 밀폐용기 3통 또는 냄새가 첨가된 패치 30장, (ⅶ) 동작의 특징을 나타내는 영상을 수록한 전자적 기록매체, (ⅷ) 대리인이 절차를 밟는 경우에는 그 대리권을 증명하는 서류를 첨부해야 한다. 출원인은 상기 서류 외에 다음 사항의 서류 또는 물건을 특허청장에게 제출할 수 있다(시행규칙 제28조 제5항). 즉 (ⅰ) 시행규칙 제28조 제2항 제2호 외의 상표에 대한 설명서, (ⅱ) 지정상품에 대한 설명서, (ⅲ) 등록하려는 상표를 한글로 번역하거나 발음을 한글로 표기한 설명서, (ⅳ) 견본의 특징을 나타내는 영상을 수록한 전자적 기록매체, (ⅴ) 소리상표의 악보 등이다.

4. 수정정관 등의 제출

단체표장등록을 받으려는 자는 단체표장의 사용에 관한 사항을 정한 정관을 첨부한 단체표장등록출원서를 제출하여야 한다(제36조 제3항). 증명표장등록을 받으려는 자는 증명표장의 사용에 관한 사항을 정한 서류(정관 또는 규약)를 첨부한 증명등록출원서를 제출하여야 한다(제36조 제4항). 단체표장등록출원인은 정관을 수정한 경우에는 출원공고결정 전의 보정기간까지 또는 출원공고결정 후의 보정기간 이내에 특허청장에게 수정정관을 제출하여야 한다(제43조 제1항). 증명표장등록출원인은 정관 또는 규약을 수정한 경우에는 출원공고결정 전의 보정기간까지 또는 출원공고결정 후의 보정기간 이내에 특허청장에게 수정정관 또는 수정규약을 제출하여야 한다(제43조 제2항).

Ⅱ 1상표 1출원주의

1. 서 설

상표등록출원을 하려는 자는 상품류의 구분에 따라 1류 이상의 상품을 지정하여 1상표마다 1출원을 하여야 한다(제38조 제1항). 상표등록출원은 상품류의 구분에 따라 상표를 사용할 하나 이상의 상품을 지정하여 상표마다 출원하여야 한다. 이를 '1상표 1출원의 원칙'이라고 한다.

이는 하나의 출원으로 둘 이상의 상표를 출원하는 것이 허용되지 않는다는 원칙이다. 상품류의 구분은 상품의 유사범위를 정하는 것은 아니다(제38조 제3항). 상품류에 속하는 구체적인 상품은 특허청장이 정하여 고시한다(제38조 제2항).

2. 취 지

1상표 1출원의 원칙은 신규 상표등록출원, 지정상품의 추가등록출원, 상표권의 존속기간갱신등록신청에도 적용되는 기본 원칙이다. 이 제도의 취지는 상표심사, 상표등록절차상의 업무의 편의 및 선행상표의 검색을 쉽게 하고, 상표권이 설정된 이후 상표분쟁의 해결과 상표권의 사용을 용이하게 할 수 있도록 하는 데에 있다. 출원서에 첨부된 상표가 둘 이상의 요부로 구성되어 있다고 하더라도 일반수요자가 하나의 상표로 인식할 수 있다면 1상표로 본다. 1상표 1출원에 대한 요건의 판단은 상표등록여부 결정시를 기준으로 판단한다.

Ⅲ 상품의 지정

1. 서 설

상표는 자타상품의 식별표지로서 기능을 갖고 있기 때문에 출원인은 반드시 상표등록출원서에 해당 상표가 사용될 상품을 지정하여야 한다. 상표법 제36조 제1항 제4호에 '산업통상자원부령으로 정하는 상품류'란 별표 1에 따른 상품류를 말한다(시행규칙 제28조 제1항). 니스분류는 제1류부터 제34류까지의 상품류와 제35류부터 제45류까지 서비스업류로 구성되어 있다. 이는 1상표 1출원의 원칙에 따라 하나의 상표에 하나의 상품을 지정하여야 한다는 의미는 아니므로 상품에 복수의 상품류, 또는 상품류 구분상의 상품과 서비스업류 구분상의 서비스업을 동시에 지정할 수도 있다. 하나의 출원서에 상품과 서비스업을 동시에 지정하려는 자는 상표등록출원서에 해당 상품과 서비스업을 모두 적어 특허청장에게 제출하여야 한다.

2. 니스분류

니스협정(Nice Agreement)[1)]은 상표나 서비스표의 등록을 위한 상품 및 서비스업을 국제적으로 통일된 기준에 의해 분류하기 위한 조약이다. 각 회원국은 상표공보 및 등록원부 등의 공식문서 및 발행문서에 해당 지정상품이 속하는 상품분류의 번호(니스협정에서 정하고 있는 분류번호)를 기재하여야 한다.

니스협정의 회원국인 우리나라는 표장의 등록을 위한 상품 및 서비스업에 관한 국제분류인 니스협정에 의한 국제상품분류를 채택하여 사용하고 있다. 니스분류는 모든 회원국으로 구성된 전문가위원회에서 5년마다 개정되고 있다. 제10판이 2012년 1월부터 사용되었고, 2015년 1월부터는 2015년판이 사용되고 있다.

1) The Nice Classification(NCL), established by the Nice Agreement(1957), is an international classification of goods and services applied for the registration of marks. The 2015 version of the tenth edition of the NCL came into force on January 1, 2015.

Ⅳ 상표등록출원일의 인정

1. 서 설

상표등록출원일은 상표등록출원에 관한 출원서가 특허청장에게 도달한 날로 한다. 다만, 상표등록출원이 다음 어느 하나에 해당하는 경우에는 예외로 한다(제37조 제1항). 여기서 예외에 해당하는 경우는 (ⅰ) 상표등록을 받으려는 취지가 명확하게 표시되지 아니한 경우, (ⅱ) 출원인의 성명이나 명칭이 적혀 있지 아니하거나 명확하게 적혀 있지 아니하여 출원인을 특정할 수 없는 경우, (ⅲ) 상표등록출원서에 상표등록을 받으려는 상표가 적혀 있지 아니하거나 적힌 사항이 선명하지 아니하여 상표로 인식할 수 없는 경우, (ⅳ) 지정상품이 적혀 있지 아니한 경우, (ⅴ) 한글로 적혀 있지 아니한 경우이다. 상표법은 특허청장 또는 특허심판원장에게 서류를 제출하는 경우 그 효력발생시기를 특허청장 또는 특허심판원장에게 도달한 날부터로 인정하는 도달주의를 원칙으로 하고 있다(제28조 제1항).

2. 보완명령

특허청장은 상표등록출원이 상표법 제37조 제1항의 예외 중 어느 하나에 해당되는 경우에는 상표등록을 받으려는 자에게 적절한 기간을 정하여 보완할 것을 명하여야 한다(제37조 제2항). 보완제도란 상표등록출원에 있어서 출원일의 인정과 관련하여 중대한 흠이 있는 경우 특허청장이 해당 출원을 반려하지 않고 보완명령을 통지하여 출원인으로 하여금 흠이 있는 서류만을 보완하도록 하는 제도를 말한다.

3. 절차보완서

보완명령을 받은 자가 상표등록출원을 보완하는 경우에는 절차보완에 관한 서면(이하 '절차보완서'라 한다)을 제출하여야 한다. 특허청장은 보완명령을 받은 자가 지정된 기간 내에 상표등록출원을 보완한 경우에는 그 절차보완서가 특허청에 도달한 날을 상표등록출원일로 본다(제37조 제4항). 특허청장은 보완명령을 받은 자가 지정된 기간 내에 보완을 하지 아니한 경우에는 그 상표등록출원을 부적합한 출원으로 보아 반려할 수 있다(제37조 제5항).

V 지정상품 추가등록출원

1. 서 설

상표권자 또는 출원인은 등록상표 또는 상표등록출원의 지정상품을 추가하여 지정상품의 추가등록을 받을 수 있다. 이 경우 추가등록된 지정상품에 대한 상표권의 존속기간 만료일은 그 등록상표권의 존속기간 만료일로 한다(제86조 제1항). 출원인은 상표등록출원시에 하나 이상의 상품을 일시에 지정할 수 있으나, 상표등록출원 후 또는 상표등록 후에 지정상품을 추가할 필요가 있을 경우 지정할 상품과 그 상품류를 적어서 별도로 지정상품의 추가등록출원서를 특허청에 제출하여야 한다.

2. 지정상품의 추가등록거절결정

심사관은 지정상품의 추가등록출원이 다음 어느 하나에 해당하는 경우에는 그 지정상품의 추가등록출원에 대하여 지정상품의 추가등록거절결정을 하여야 한다(제87조 제1항). (i) 상표등록거절이유(제54조 각 호의 어느 하나)에 해당할 경우, (ii) 지정상품의 추가등록출원인이 해당 상표권자 또는 출원인이 아닌 경우, (iii) 등록상표의 상표권이 소멸하거나 상표등록출원이 포기, 취하 또는 무효되거나 상표등록출원에 대한 상표등록거절결정이 확정된 경우에는 등록거절결정을 하여야 한다. 심사관은 지정상품의 추가등록거절결정을 하려는 경우에는 출원인에게 거절이유를 통지하여야 한다. 이 경우 출원인은 지정기간(2개월) 이내에 거절이유에 대한 의견서를 제출할 수 있다.

3. 지정상품의 추가등록의 요건

지정상품의 추가등록의 요건은 (i) 원상표권 또는 원상표등록출원이 존재하여야 하고, (ii) 추가등록출원의 출원인은 등록상표의 상표권자 또는 상표등록출원의 출원인과 동일인이어야 하며, (iii) 지정상품의 추가등록의 상표는 해당 등록상표 또는 상표등록출원의 상표와 동일하여야 하고, (iv) 통상의 상표등록출원에 관한 거절이유에 해당하지 않아야 한다.

4. 법적 효과

지정상품의 추가등록이 있으면 그 추가등록된 지정상품은 원상표권에 합체되어 일체를 이루므로, 상표권의 존속기간이 함께 진행되고 원상표권이 소멸되면 추가등록도 함께 소멸된다. 그러나 무효사유의 존재 여부나 상표권 침해 여부의 판단에 있어서는 당초에 등록된 것과 독립적으로 판단한다.

Ⅵ 출원의 승계 및 분할이전

1. 출원의 승계

상표등록출원의 승계는 상속이나 그 밖의 일반승계의 경우를 제외하고는 출원인 변경신고를 하지 아니하면 그 효력이 발생하지 아니한다(제48조 제1항). 상표등록출원의 상속이나 그 밖의 일반승계가 있는 경우에는 승계인은 지체 없이 그 취지를 특허청장에게 신고하여야 한다(제48조 제3항).

2. 분할이전

상표등록출원은 그 지정상품마다 분할하여 이전할 수 있다. 이 경우 유사한 지정상품은 함께 이전하여야 한다(제48조 제2항). 상표등록출원이 공유인 경우에는 각 공유자는 다른 공유자 전원의 동의를 얻지 아니하면 그 지분을 양도할 수 없다(제48조 제4항). 분할하여 이전된 상표등록출원은 최초의 상표등록출원을 한 때에 출원한 것으로 본다(제48조 제5항). 다만, 우선권 주장(제46조 제1항)이 있거나 출원시의 특례(제47조 제1항)를 적용하는 경우에는 출원일 소급효를 인정하지 않는다.

3. 양도할 수 없는 등록출원

등록출원이 국내에서 영리를 목적으로 하지 않는 업무표장등록출원을 하거나(제3조 제6항), 국가 등이 자기의 표장을 상표등록출원한 경우(제34조 제1항 제1호 다목 단서) 중 어느 하나에 해당하는 등록출원은 양도할 수 없다. 다만, 업무와 함께 양도하는 경우에는 양도할 수 있다(제48조 제6항).

4. 이전할 수 없는 등록출원

단체표장등록출원은 이전할 수 없다. 다만, 법인이 합병하는 경우에는 특허청장의 허가를 받아 이전할 수 있다(제48조 제7항). 증명표장등록출원은 이전할 수 없다. 해당 증명표장에 대하여 증명표장의 등록을 받을 수 있는 자에게 그 업무와 함께 이전하는 경우에는 특허청장의 허가를 받아 이전할 수 있다(제48조 제8항).

Ⅶ 존속기간갱신등록신청

1. 신청서의 제출

상표권의 존속기간은 존속기간갱신등록신청에 의하여 10년씩 갱신할 수 있다(제83조 제2항). 존속기간갱신등록을 받으려는 자는 등록상표의 등록번호 등을 적은 존속기간갱신등록신청서를 특허청장에게 제출하여야 한다(제84조 제1항).

존속기간갱신등록신청서는 상표권의 존속기간 만료 전 1년 이내에 제출하여야 한다. 다만, 이 기간에 존속기간갱신등록신청을 하지 아니한 자는 상표권의 존속기간이 끝난 후 6개월 이내에 할 수 있다(제84조 제2항). 상표권이 공유인 경우에는 공유자 모두가 공동으로 존속기간갱신등록신청을 하여야 한다(제84조 제3항).

2. 법적 효력

법정기간에 존속기간갱신등록신청을 하면 상표권의 존속기간이 갱신된 것으로 본다. 존속기간갱신등록은 원등록(原登錄)의 효력이 끝나는 날의 다음 날부터 효력이 발생한다. 따라서 존속기간갱신등록된 상표권의 효력은 중단되지 아니하고 연장된다.[2)]

상표권의 존속기간갱신등록을 무효로 한다는 심결이 확정된 경우에는 상표권의 존속기간갱신등록은 처음부터 없었던 것으로 본다. 상표법은 상표권의 존속기간을 10년으로 하고, 10년마다 갱신할 수 있도록 하여 상표권을 반영구적인 재산권으로 향유할 수 있도록 하고 있다.

제 2 절 주요제도

I 보정제도

1. 출원보정

상표등록출원의 보정이란 출원의 절차상 또는 내용상의 흠결을 특허청장 또는 특허심판원장의 명령에 의하여 보정하거나, 출원인이 자진하여 보정할 수 있는 제도를 말한다.

우리나라는 상표등록출원시 선출원주의를 택하고 있으므로, 선출원일을 인정받기 위하여 출원인이 출원을 급하게 서두르다 보면 절차나 내용에 있어서 일부 흠이 있는 경우가 종종 발생하게 된다. 출원보정은 그 대상을 기준으로 절차보정과 실체보정으로 구분할 수 있으며, 형식을 기준으로 보정명령에 의한 보정과 출원인이 자진해서 하는 자진보정으로 구분할 수 있다. 출원인은 최초 상표등록출원의 요지를 변경하지 아니하는 범위 안에서 상표등록여부 결정통지서가 송달되기 전에 출원상표 및 그 지정상품을 보정할 수 있다.

---

2) 예를 들면, A사의 '갤럭시'(지정상품: 신사복)라는 상표를 2010년 6월 15일 등록을 받았다고 하면, 이 경우 상표권의 존속기간은 2020년 6월 15일까지이다. 만약 A사가 2020년 3월 15일 존속기간갱신등록신청을 하여 2020년 3월 30일에 갱신등록을 하였다면, 갱신된 상표권의 존속기간은 2030년 6월 15일까지이다.

2. 절차보정

절차보정이란 상표등록출원의 절차적 사항에 관한 형식적 요건에 흠이 있는 경우 이를 보충하거나 정정하는 것을 말한다. 이러한 절차보정은 특허청장 또는 특허심판원장의 보정명령에 의한 보정과 출원인의 자진보정이 있다.

특허청장 또는 특허심판원장은 상표에 관한 절차가 (i) 미성년자 등의 행위능력 또는 대리권의 범위가 위반된 경우, (ii) 이 법 또는 이 법에 의한 명령이 정하는 방식에 위반된 경우, (iii) 납부하여야 할 수수료를 납부하지 아니한 경우 중 어느 하나에 해당하는 경우에는 기간을 정하여 상표에 관한 절차를 밟는 자에게 보정을 명하여야 한다(제39조). 절차보정에 있어서, 출원인이 그 보정을 하지 아니하면 특허청장 또는 특허심판원장이 상표에 관한 절차를 무효로 할 수 있다(제18조 제1항).

출원인은 특허청장 또는 특허심판원장의 보정명령 이전이라도 해당 절차에 흠이 있는 경우에는 자진해서 보정할 수 있다.

3. 실체보정

실체보정이란 상표등록출원의 보호대상[3]인 상표와 지정상품을 보정하는 것을 말한다. 실체보정은 특허청장 또는 특허심판원장의 보정명령의 대상이 아니다. 실체보정이 적법한 보정으로 인정되면 최초에 출원한 것과 동일하게 출원일의 소급효가 인정된다. 그러나 실체보정으로서 보정서가 보정기간을 경과하여 제출된 경우에는 해당 보정서는 부적합한 보정으로 보아 출원인에게 반려하고(시행규칙 제25조 제1항 제6호), 원출원일을 기준으로 심사한다.

(1) 출원공고결정 전의 보정

출원인은 다음 각 호의 구분에 따른 때까지는 최초의 상표등록출원의 요지를 변경하지 아니하는 범위에서 상표등록출원서의 기재사항, 상표등록출원에 관한 지정상품 및 상표를 보정할 수 있다(제40조 제1항). 여기서 '다음 각 호의 구분에 따른 때까지'란 (i) 출원공고의 결정이 있는 경우에는 출원공고의 때까

3) 상표법 제91조(등록상표 등의 보호범위) ① 등록상표의 보호범위는 상표등록출원서에 적은 상표 및 기재사항에 따라 정해진다. ② 지정상품의 보호범위는 상표등록출원서 또는 상품분류전환등록신청서에 기재된 상품에 따라 정해진다.

지, (ii) 출원공고의 결정이 없는 경우에 상표등록거절결정의 때까지, (iii) 거절결정에 대한 심판을 청구하는 경우에는 그 청구일부터 30일 이내, (iv) 거절결정에 대한 심판에서 심사규정이 준용되는 경우 의견서 제출기간 중 어느 하나를 말한다. 여기서 요지가 변경되지 않는 범위에서 보정이란 지정상품의 범위의 감축, 오기의 정정, 불명료한 기재를 명확하게 하는 것, 상표의 부기적인 부분의 삭제, 그 밖에 표장에 관한 설명 등이다(제40조 제2항).

(2) 출원공고결정 후의 보정

출원인은 출원공고결정의 등본의 송달 후에 다음 어느 하나에 해당하면 해당 호에서 정하는 기간 이내에 최초의 상표등록출원의 요지를 변경하지 아니하는 범위에서 지정상품 및 상표를 보정할 수 있다(제41조 제1항). 상기 '해당 호에서 정하는 기간'이란 (i) 상표등록거절결정 또는 지정상품의 추가등록거절결정의 거절이유에 나타난 사항에 대하여 거절결정에 대한 심판을 청구한 경우 심판청구일부터 30일 이내, (ii) 거절이유의 통지를 받고 그 거절이유에 나타난 사항에 대하여 보정하려는 경우에 해당 거절이유에 대한 의견서 제출기간, (iii) 이의신청이 있는 경우에 그 이의신청의 이유에 나타난 사항에 대하여 보정하려는 경우에 답변서 제출기간을 의미한다.

4. 출원의 요지변경

(1) 출원의 요지

출원의 요지란 출원서에 적은 상표와 지정상품을 의미한다. 따라서 출원의 요지변경이란 출원의 보정이 지정상품의 범위를 확대하거나 변경한 경우, 상표를 변경하여 최초의 상표등록출원에 의하여 발생된 권리를 실질적으로 확장하거나 변경하는 것을 말한다.

(2) 요지변경이 되지 아니한 경우

상표법 제40조 제1항에 따른 보정이 (i) 지정상품의 범위의 감축, (ii) 오기의 정정, (iii) 불명료한 기재의 석명, (iv) 상표의 부기적인 부분의 삭제, (v) 그 밖에 표장에 관한 설명 중 어느 하나에 해당하는 경우에는 상표등록출원의 요지를 변경하지 아니하는 것으로 본다(제40조 제2항).

5. 법적 효력

(1) 출원공고결정등본 송달 전의 보정

상표권의 설정등록이 있은 후에 출원공고결정등본 송달 전에 한 상표등록출원에 관한 보정이 요지변경으로 인정되지 아니한 때에는 그 상표등록출원은 그 보정서를 제출한 때에 상표등록출원한 것으로 본다(제40조 제3항).

(2) 출원공고결정등본 송달 후의 보정

상표권의 설정등록이 있은 후에 출원공고결정등본 송달 후에 한 상표등록출원에 관한 보정이 요지변경에 해당하지 아니하는 것으로 인정된 경우에는 그 상표등록출원은 그 보정을 하지 아니하였던 상표등록출원에 관하여 상표권이 설정등록된 것으로 본다(제41조 제3항).

6. 보정각하

(1) 각하결정

심사관은 상표등록출원에 관하여 출원공고결정 전 또는 출원공고결정 후의 보정이 출원의 요지를 변경하는 것인 때에는 결정으로 그 보정을 각하하여야 한다(제42조 제1항). 각하결정은 서면으로 하여야 하며 그 이유를 붙여야 한다(제42조 제4항).

(2) 법적 효과

심사관은 각하결정을 한 경우에는 그 결정 등본을 출원인에게 송달한 날부터 30일이 지나기 전까지는 그 상표등록출원에 대한 상표등록여부결정을 해서는 아니 되며, 출원공고할 것을 결정하기 전에 각하결정을 한 경우에는 출원공고결정도 해서는 아니 된다(제42조 제2항). 심사관은 출원인이 각하결정에 대하여 보정각하결정에 대한 심판을 청구한 경우에는 그 심판의 심결이 확정될 때까지 그 상표등록출원의 심사를 중지하여야 한다(제42조 제3항). 심사관의 각하결정에 대하여는 불복할 수 없다. 다만, 거절결정에 대한 심판을 청구하는 경우에는 그러하지 아니하다(제42조 제5항).

Ⅱ 출원의 분할

1. 서 설

출원인은 둘 이상의 상품을 지정상품으로 하여 상표등록출원을 한 경우에는 보정할 수 있는 기간(제40조 제1항 각 호 및 제41조 제1항 각 호에서 정한 기간) 내에 둘 이상의 상표등록출원으로 분할할 수 있다(제45조 제1항). 상표등록출원의 분할은 단순한 지정상품별 분할만을 의미하며, 상표를 분할하는 것은 아니다. 하나 이상의 상품류 구분 내의 상품을 지정상품으로 하여 상표출원한 경우에는 이를 상품마다 또는 상품류 구분별로 출원을 분할할 수 있다. 분할대상이 되는 것은 상표등록출원서에 기재된 지정상품의 범위 내로 한정된다.

2. 법적 효과

분할하는 상표등록출원(이하 '분할출원'이라 한다)이 있는 경우 그 분할출원은 최초에 상표등록출원을 한 때에 출원한 것으로 본다. 다만, 우선권주장이 있거나 출원 시의 특례를 적용하는 경우에는 원출원일로 소급효는 인정되지 않는다(제45조 제2항).

Ⅲ 출원의 변경

1. 서 설

상표등록출원, 단체표장등록출원(지리적 표시 단체표장등록출원은 제외한다), 증명표장등록출원(지리적 표시 증명표장등록출원은 제외한다)의 어느 하나에 해당하는 출원을 한 출원인은 그 출원을 상호 다른 출원으로 변경할 수 있다(제44조 제1항). 지정상품추가등록출원을 한 출원인은 상표등록출원으로 변경할 수 있다. 다만, 지정상품추가등록출원의 기초가 된 등록상표에 대하여 무효심판 또는 취소심판이 청구되거나 그 등록상표가 무효심판 또는 취소심판 등으로 소멸된 경우에는 그러하지 아니하다(제44조 제2항).

출원의 변경이란 출원의 주체나 내용의 동일성을 유지하면서 상표법 내에서 출원의 형식만을 변경하는 것을 의미한다. 출원인이 상표법에 대한 지식의 부족으로 상표의 종류를 잘못 기재한 경우 출원의 변경을 통하여 이를 바로잡게 함으로써 출원인이 선출원의 이익을 계속 향유할 수 있도록 한다. 또한 출원의 변경은 출원인의 재출원으로 인한 절차의 중복을 방지하는 한편 비용의 절감을 도모하기 위한 것이다.[4]

2. 법적 효과

변경된 출원(이하 '변경출원'이라 한다)은 최초의 출원을 한 때에 출원한 것으로 본다. 다만, 우선권주장을 하거나 출원시의 특례를 적용하는 경우에는 소급효를 인정하지 않는다. 출원의 변경은 최초의 출원에 대한 등록여부 결정 또는 심결이 확정된 후에는 할 수 없다(제44조 제4항). 변경출원의 경우 최초의 출원은 취하된 것으로 본다(제44조 제5항).

Ⅳ 절차계속제도

거절이유통지서를 받은 출원인이 지정기간(2개월) 내에 의견서를 제출하지 못한 경우에는 그 기간의 만료일부터 2개월 내에 상표에 관한 절차를 계속 진행할 것을 신청하고, 거절이유에 대한 의견서를 제출할 수 있다(제55조 제3항).

상표등록거절결정에 대한 의견서 제출기간을 사소한 실수로 놓친 경우에 이를 구제하기 위한 수단을 마련하기 위해서 상표법 시행규칙 제31조(절차보완명령 등)를 신설하였다.

4) 문삼섭, 763면.

V 조약에 의한 우선권주장

1. 서 설

조약에 따라 대한민국 국민에게 상표등록출원에 대한 우선권을 인정하는 당사국의 국민이 그 당사국 또는 다른 당사국에 상표등록출원을 한 후 같은 상표를 대한민국에 상표등록출원하여 우선권을 주장하는 경우에는 상표법 제35조(선출원)를 적용할 때 그 당사국에 출원한 날을 대한민국에 상표등록출원한 날로 본다. 대한민국 국민이 조약에 따라 대한민국 국민에게 상표등록출원에 대한 우선권을 인정하는 당사국에 상표등록출원한 후 같은 상표를 대한민국에 상표등록출원한 경우에도 또한 같다(제46조 제1항).

조약에 의한 우선권주장은 상품과 무역의 국제 간 거래의 활성화로 인하여 상표를 여러 국가에 등록받고자 하는 경우 출원인이 제1국(한국)에 출원한 후 제2국(미국)에 상표를 출원할 경우 제2국의 심사관이 심사할 때 제1국의 출원일을 기준으로 선출원을 심사할 수 있도록 하는 데 그 취지가 있다.

조약에 의한 우선권주장은 파리협약에서 정한 3대 원칙의 하나인 우선권주장의 인정에 따라 국제적으로 통일된 절차이다. 이는 상표의 국제적 보호를 도모하기 위한 제도이다. 상표에 적용되는 파리협약(paris convention)의 기본원칙은 내국민대우의 원칙, 우선권주장의 인정 및 상표독립의 원칙이다.

2. 우선권주장 및 증명서류의 제출

우선권을 주장하려는 자는 우선권주장의 기초가 되는 최초의 출원일부터 6개월 이내에 출원하지 아니하면 우선권을 주장할 수 없다(제46조 제2항). 우선권을 주장하고자 하는 자는 상표등록출원시 상표등록출원서에 그 취지, 최초로 출원한 국가명 및 출원 연월일을 적어야 한다(제46조 제3항). 우선권을 주장한 자는 최초로 출원한 국가의 정부가 인정하는 상표등록출원의 연월일을 적은 서면, 상표 및 지정상품의 등본을 상표등록출원일부터 3개월 이내에 특허청장에게 제출하여야 한다(제46조 제4항).

3. 법적 효과

상표법 제35조(선출원)의 규정을 적용함에 있어 제1국 출원일을 우리나라에 출원한 것으로 간주한다(제46조 제1항). 그러나 출원일의 소급효는 인정하지 아니한다. 우선권을 주장한 자가 우선권주장 서류를 상표등록출원일부터 3개월 이내에 특허청장에게 제출하지 아니한 경우에는 그 우선권주장은 효력을 상실한다(제46조 제5항).

Ⅵ 출원시의 특례제도

1. 서 설

상표등록을 받을 수 있는 자가 다음 어느 하나에 해당하는 박람회에 출품한 상품에 사용한 상표를 그 출품일부터 6개월 이내에 그 상품을 지정상품으로 하여 상표등록출원을 한 경우에는 그 상표등록출원은 그 출품을 한 때에 출원한 것으로 본다(제47조 제1항). 어느 하나에 해당하는 박람회란 (ⅰ) 정부 또는 지방자치단체가 개최하는 박람회, (ⅱ) 정부 또는 지방자치단체의 승인을 받은 자가 개최하는 박람회, (ⅲ) 정부의 승인을 받아 국외에서 개최하는 박람회, (ⅳ) 조약 당사국의 영역(領域)에서 그 정부나 그 정부로부터 승인을 받은 자가 개최하는 국제박람회를 말한다. 정부의 승인은 박람회 개최 자체의 승인을 의미하며 국제공인기관의 공인을 받은 경우도 이에 포함된다.

출원시 특례가 인정되는 상표등록출원은 그 출품을 한 때에 출원한 것으로 소급효가 인정된다. 이 제도의 취지는 박람회에 출품한 상품에 사용한 상표에 대해서는 일정기간 동안 선출원주의 예외를 인정함으로써 박람회에 출품한 자를 보호하고, 박람회의 권위를 존중하여 수요자의 품질오인을 방지하는 데에 있고, 박람회에서 상을 받은 사람이 그 권위에 부응할 만한 이익을 향유할 수 있도록 하기 위해서이다.

2. 성립요건

(1) 주체적 요건

박람회에 상표를 사용한 상품을 출품한 자가 한 출원이어야 한다. 박람회 출품자로부터 해당 상표를 적법하게 양수받은 자의 출원도 해당된다.

(2) 객체적 요건

1) 박람회 개최 요건

출원시 특례가 인정되기 위해서는 (ⅰ) 정부 또는 지방자치단체가 개최하는 박람회, (ⅱ) 정부 또는 지방자치단체의 승인을 얻은 자가 개최하는 박람회, (ⅲ) 정부의 승인을 얻어 국외에서 개최하는 박람회, (ⅳ) 조약의 당사국 영역 안에서 그 정부나 그 정부로부터 승인을 얻은 자가 개최하는 국제박람회로 한정된다.

2) 상품 및 상표의 동일

박람회에 출품한 상품을 지정상품으로 하여야 하며, 박람회에 출품한 상품에 사용한 상표와 출원상표가 동일하여야 한다. 따라서 박람회에 출품한 상품에 사용한 상표와 유사한 상표를 출원한 경우 출원인의 소급효가 인정되지 않고, 실제의 출원일을 기준으로 선출원의 여부를 판단한다.

3. 출원시 특례의 주장 및 증명서의 제출

(1) 출원시 특례의 주장

출원시의 특례를 적용받으려는 자는 그 취지를 적은 상표등록출원서를 특허청장에게 제출하고, 이를 증명할 수 있는 서류를 상표등록출원일부터 30일 이내에 특허청장에게 제출하여야 한다(제47조 제2항). 출원시 특례는 박람회에 상품을 출품할 때 발생하지만, 특례의 혜택을 받기 위해서는 상표등록출원을 할 때 출원시 특례를 주장하여야 한다.

(2) 증명서류의 제출

상표등록출원시 특례를 주장한 자는 특례를 증명할 수 있는 서류를 상표등록출원일부터 30일 이내에 특허청장에게 제출하여야 한다. 특례를 증명할 수 있는 서류는 해당 상표가 표시된 박람회에 관한 카탈로그, 박람회 출품자 명단이 포함된 박람회 초정 공문서, 박람회 개최일, 개최장소, 주관기관 등이 기재된 서류, 기타 객관적으로 해당 상표가 박람회에 출품된 상품에 사용되었다는 것을 인정할 수 있는 서류를 포함한다.

CHAPTER

5

상표심사

제 5 장

상표심사

제 1 절 거절이유통지 등

Ⅰ 서 설

1. 심사관에 의한 심사

특허청장은 심사관으로 하여금 상표등록출원 및 이의신청을 심사하게 한다(제50조 제1항). 심사관은 (ⅰ) 고위공무원단에 속하는 일반직공무원, (ⅱ) 5급 이상의 일반직 국가공무원, (ⅲ) 6급 일반직 공무원 중 어느 하나에 해당하는 특허청 또는 그 소속기관의 공무원으로서 국제지식재산연수원에서 심사관 연수과정을 수료한 사람으로 한다(시행령 제9조).

2. 전문조사기관에 대한 상표검색 의뢰 등

특허청장은 상표등록출원의 심사에 있어서 필요하다고 인정하면 전문기관을 지정하여 상표검색, 상품분류, 그 밖의 상표의 사용실태 조사의 업무를 의뢰할 수 있다(제51조 제1항). 특허청장은 상표등록출원의 심사에 관하여 필요하다고 인정하는 경우에는 관계 행정기관이나 상표에 관한 지식과 경험이 풍부한 사람 또는 관계인에게 협조를 요청하거나 의견을 들을 수 있다(제51조 제2항).

특허청장은 「농수산물 품질관리법」에 의한 지리적 표시 등록 대상품목에 대하여 지리적 표시 단체표장이 출원된 경우에는 그 단체표장이 지리적 표시에 해당되는지에 관하여 농림축산식품부장관 또는 해양수산부장관의 의견을 들어야 한다(제51조 제3항).

3. 심사순위

상표등록출원에 대한 심사는 출원의 순위에 따른다(제53조 제1항). 그러나 모든 출원에 대해서 예외없이 이러한 원칙을 적용하다 보면 공익이나 출원인의 권리를 적절하게 보호할 수 없는 면이 있다. 따라서 상표법에서는 일정한 요건을 충족하는 출원에 대해서는 출원순서와 관계없이 다른 출원보다 먼저 심사할 수 있도록 한 우선심사제도를 마련하고 있다. 다음 [그림 5-1]은 상표등록출원, 심사 및 심판절차의 흐름을 나타낸다.

4. 우선심사제도

(1) 서 설

우선심사제도란 일정한 요건을 갖춘 상표등록출원에 대해 다른 출원보다 우선적으로 심사해주는 제도이다. 특허청장은 (i) 상표등록출원 후 출원인이 아닌 자가 상표등록출원된 상표와 동일·유사한 상표를 동일·유사한 지정상품에 정당한 사유없이 업으로서 사용하고 있다고 인정되는 경우, (ii) 출원인이 상표등록출원한 상표를 지정상품의 전부에 사용하고 있는 등 상표법 시행령 제12조에서 규정하는 상표등록출원으로서 긴급한 처리가 필요하다고 인정되는 경우 중 어느 하나에 해당하는 상표등록출원에 대해서는 심사관으로 하여금 다른 상표등록출원보다 우선하여 심사하게 할 수 있다(제53조 제2항).

(2) 우선심사의 신청대상

상표등록출원에 대한 우선심사의 신청대상은 (i) 출원인이 상표등록출원한 상표를 지정상품의 전부에 사용하고 있거나 사용할 준비를 하고 있음이 명백한 경우, (ii) 출원인이 다른 출원인으로부터 서면 경고를 받은 경우 또는 서면

그림 5-1 상표심사절차도

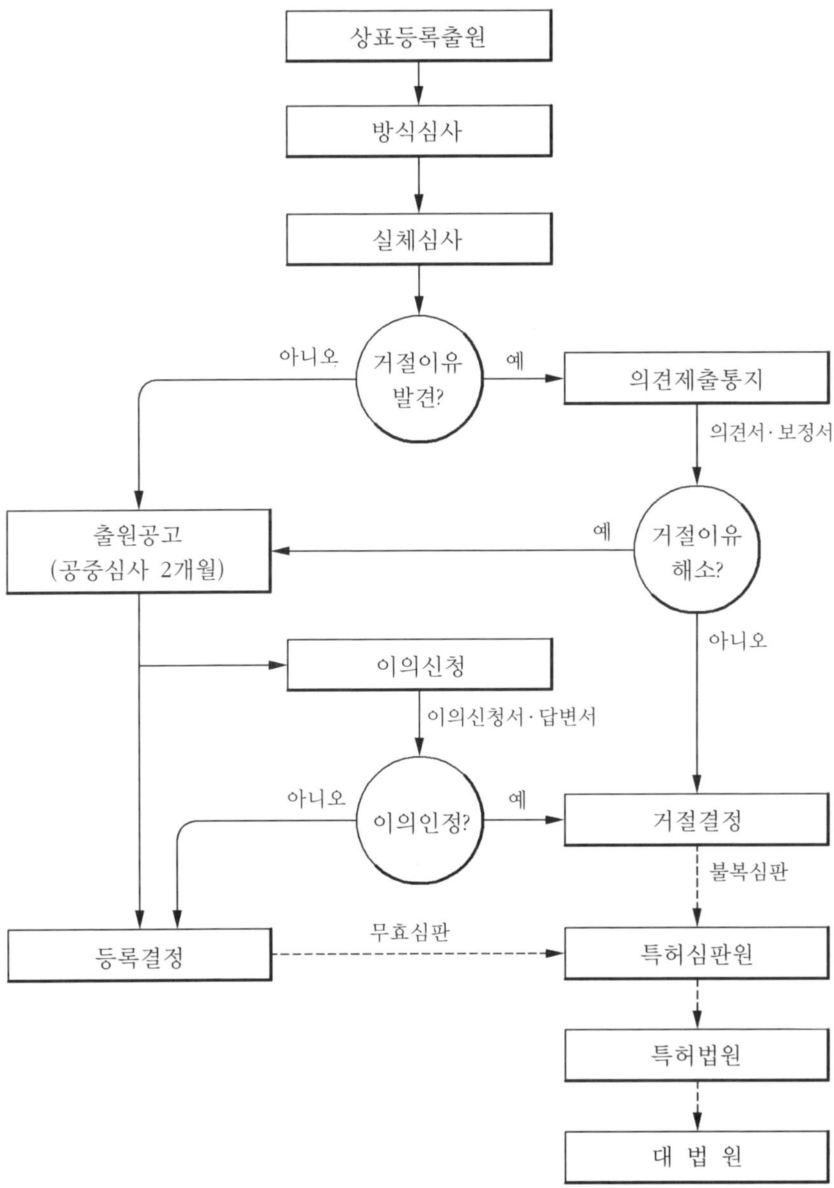

경고를 하는 경우, (iii) 5인 이상 중소기업자가 공동으로 설립한 법인이 낸 단체표장등록출원으로 인정되는 경우, (iv) 마드리드 의정서에 따른 국제출원의 기초가 되는 상표등록출원을 한 경우로서 국제등록일 또는 사후지정일이 국제등록부에 등록된 경우, (v) 조약에 따른 우선권 주장의 기초가 되는 상표등록출원을 한 경우로서 외국 특허기관에서 우선권 주장을 수반한 출원에 관한 절차가 진행 중인 경우, (vi) 존속기간 만료로 소멸한 등록상표의 상표권자가 상표등록출원을 한 경우로서 그 표장과 지정상품이 존속기간 만료로 소멸한 등록상표의 표장 및 지정상품과 전부 동일한 경우이다(시행령 제12조).

5. 정보제공

누구든지 상표등록출원된 상표가 상표법 제54조(상표등록거절결정) 각 호의 어느 하나에 해당되어 상표등록될 수 없다는 취지의 정보를 증거와 함께 특허청장 또는 특허심판원장에게 제공할 수 있다(제49조). 정보제공제도는 상표등록출원에 대하여 그 상표등록출원이 등록결정되어서는 안 된다고 주장하는 자가 그러한 취지의 정보를 증거와 함께 특허청에 제출할 경우에 심사관이 상표등록출원 심사시에 이를 참고하도록 함으로써 상표심사의 내실화를 도모하기 위한 제도이다.

6. 일괄심사제도

일괄심사제도란 스마트폰, 전기자동차 등 하나의 제품에 관련된 복수의 출원을 출원인이 원하는 시기에 일괄하여 심사하는 제도를 말한다. 일괄심사의 신청대상은 사업실시 또는 준비, 해외수출 관련 출원 또는 중소기업 등의 출원이다.

특허청은 2014년 4월 1일부터 일괄심사제도를 실시하였고, 2015년부터 확대하여 시행하고 있다. 예를 들면, 스마트폰 하나의 제품에 안테나 기술과 카메라 기술이 들어 있고, 로고마크와 브랜드명, 외관디자인과 웹디자인이 포함되어 있는 경우에 출원인은 다수의 특허출원, 상표출원 및 디자인출원을 할 수 있다.

출원인은 특허청 홈페이지에 일괄심사신청을 하고, 일괄심사설명회를 통해서 특허·상표·디자인 등 전체 출원 관련 기술을 일관하여 설명한다. 심사관은 기업(출원인)이 원하는 심사착수희망일과 심사종결희망일을 협의하여, 일괄심사 신청일부터 7일 내지 14일 이내에 심사를 착수한다. 일괄심사 대상출원이 접수되면, 특허청 여러 분야의 심사관들이 협력하여 같은 날에 심사착수를 하고 심사를 종결한다.

Ⅱ 상표등록거절결정

1. 거절이유

심사관은 상표등록출원이 거절이유의 어느 하나에 해당하는 경우에는 그 상표등록출원에 대하여 상표등록거절결정을 하여야 한다(제54조). 상표법 제54조에서 규정하고 있는 거절이유는 다음과 같다. (ⅰ) 상표, 단체표장, 지리적 표시, 지리적 표시 단체표장, 증명표장, 지리적 표시 증명표장 또는 업무표장의 정의(제2조 제1항)에 맞지 아니하는 경우, (ⅱ) 조약에 위반된 경우, (ⅲ) 상표등록을 받을 수 있는 자(제3조), 외국인의 권리능력(제27조), 상표등록의 요건(제33조), 상표등록을 받을 수 없는 상표(제34조), 선출원(제35조), 1상표 1출원(제38조 제1항), 유사한 지정상품 이전(제48조 제2항 후단), 출원의 지분 양도 등(제48조 제4항 또는 제6항부터 제8항)에 따라 상표등록을 할 수 없는 경우, (ⅳ) 단체표장, 증명표장 및 업무표장의 등록을 받을 수 있는 자에 해당하지 아니한 경우, (ⅴ) 지리적 표시 단체표장등록출원의 경우에 그 소속 단체원의 가입에 관하여 정관에 의하여 단체의 가입을 금지하거나 정관에 충족하기 어려운 가입조건을 규정하는 등 단체의 가입을 실질적으로 허용하지 아니한 경우, (ⅵ) 정관에 대통령령으로 정하는 단체표장의 사용에 관한 사항의 전부 또는 일부를 적지 아니하였거나(제36조 제3항), 정관 또는 규약에 대통령령으로 정하는 증명표장의 사용에 관한 사항의 전부 또는 일부를 적지 아니한 경우(제36조 제4항), (ⅶ) 증명표장등록출원의 경우에 그 증명표장을 사용할 수 있는 자에 대하여 정당한 사유없이 정관 또는 규약으로 사용을 허락하지 아니하거나 정관 또는 규약에 충족하기 어려운 사용조건을 규정하는 등 실질적으로 사용을 허락하지 아니한 경우이다.

2. 의견서 제출 기회 부여

심사관은 상표등록거절결정을 하려는 경우에는 출원인에게 의견제출통지서를 통하여 거절이유를 통지하여야 한다. 이 경우 출원인은 지정기간(2개월) 내에 거절이유에 대한 의견서를 제출할 수 있다(제55조 제1항). 심사관은 거절이유를 통지하는 경우에 둘 이상의 지정상품의 일부 또는 전부에 거절이유가 있을 때에는 해당 지정상품별로 거절이유와 근거를 구체적으로 밝혀야 한다. 지정기간 내에 의견서를 제출하지 아니한 출원인은 그 기간의 만료일부터 2개월 이내에 상표에 관한 절차를 계속 진행할 것을 신청하고, 그 기간 내에 거절이유에 대한 의견서를 제출할 수 있다(제55조 제3항).

Ⅲ 출원공고

1. 출원공고결정

심사관은 상표등록출원에 대하여 거절이유를 발견할 수 없는 경우에는 출원공고결정을 하여야 한다(제57조 제1항). 심사관의 출원공고란 심사관이 출원내용에 대하여 심사한 결과 거절할 만한 이유를 발견할 수 없거나, 의견서 또는 보정서 제출에 의하여 거절이유가 극복된 경우 그 출원내용을 공중에 공표하여 이의신청을 할 수 있도록 함으로써 심사의 협력을 구하도록 제도화한 것을 말한다. 출원공고제도는 심사를 공정하게 하기 위한 특허행정절차로 상표권을 설정등록하기 전에 이를 일반에게 공개하고 공중심사에 회부하여 이의신청할 수 있도록 하는 제도이다.

2. 열람제공

특허청장은 심사관의 출원공고결정이 있을 경우에는 그 결정의 등본을 출원인에게 송달하고 그 상표등록출원에 관하여 상표공보에 게재하여 출원공고를 하여야 한다(제57조 제2항). 특허청장은 출원공고를 한 날부터 2개월간 상표등록출원 서류 및 그 부속서류를 특허청에서 일반인이 열람할 수 있도록 하여야 한다(제57조 제3항).

출원공고제도는 심사관이 실체심사를 한 출원의 내용을 일반공중에게 공고하여 이의신청의 기회를 부여함으로써, 공중의 의견을 듣고 심사의 공정성과 정확성을 높임과 동시에 상표등록 후에 발생할 수 있는 상표분쟁을 예방하고 부실권리의 등록을 방지하는 데에 그 취지가 있다.

3. 출원공고의 효과

(1) 서면경고권

출원인은 출원공고 후 해당 상표등록출원에 관한 상표와 동일하거나 이와 유사한 상표를 사용하는 자에게 서면으로 경고할 수 있다. 출원인이 상표등록출원의 사본을 제시하고 경고하는 경우에는 출원공고 전이라도 서면으로 경고할 수 있다(제58조 제1항). 어느 경우에나 경고가 청구권 발생의 필수적인 요건이므로, 설령 상대방이 악의로 상표를 사용하고 있어도 경고를 하지 않으면 손실보상청구권이 발생하지 않는다.

(2) 손실보상청구권

경고를 한 출원인은 경고 후 상표권을 설정등록할 때까지의 기간에 발생하는 해당 상표의 사용에 관한 업무상의 손실에 상당하는 보상금의 지급을 청구할 수 있다(제58조 제2항).

손실보상청구권이란 출원상표와 유사한 상표의 제3자의 사용으로 인하여 상표등록 전에 발생한 출원인의 업무상 손실을 보전하기 위한 금전적 청구권으로, 출원인이 경고한 후 상표권을 설정등록할 때까지의 기간 동안에 발생한 업무상 손실에 상당하는 보상금의 지급을 청구할 수 있는 권리이다.

(3) 공보발행

특허청장은 상표공보를 발행하여야 한다(제221조 제1항). 상표공보는 전자적 매체로 발행할 수 있다. 특허청장은 전자적 매체로 상표공보를 발행하는 경우에는 정보통신망(특허정보검색사이트: www.kipris.or.kr)을 활용하여 상표공보의 발행 사실, 주요 목록 및 공시송달에 관한 사항을 알려야 한다(제221조 제3항). 상표등록출원의 공고일은 해당 상표등록출원이 공고된 취지를 게재한 상표공보가 발행된 날로 한다(시행규칙 제100조 제1항).

(4) 이의신청

특허청장은 출원공고를 한 날부터 2개월간 상표등록출원 서류 및 그 부속서류를 특허청에서 일반인이 열람할 수 있게 하여야 한다(제57조 제3항). 출원공고가 있는 경우에는 누구든지 출원공고일부터 2개월 내에 (i) 상표등록거절결정의 거절이유에 해당하거나, (ii) 추가등록거절결정의 거절이유(제87조 제1항)에 해당하는 경우 중 어느 하나에 해당한다는 것을 이유로 특허청장에게 이의신청을 할 수 있다(제60조 제1항).

Ⅳ 손실보상청구권

1. 서 설

경고를 한 출원인은 경고 후 상표권을 설정등록할 때까지의 기간에 발생한 해당 상표의 사용에 관한 업무상 손실에 상당하는 보상금의 지급을 청구할 수 있다(제58조 제2항). 출원인이 서면으로 경고를 한 경우 경고 후 상표권 설정등록을 할 때까지의 기간 동안 발생한 해당 상표의 사용에 관한 업무상 손실에 상당하는 보상금의 지급을 청구할 수 있는데, 이를 소위 '손실보상청구권'이라 한다.

2. 취 지

(1) 출원상표의 보호

출원인은 상표등록출원 후 설정등록을 받을 때까지 상표를 법적으로 보호를 받을 수 있는 권리는 없다. 상표공보가 발행된 후 상표등록출원이 공고된 이후에는 상표와 지정상품이 공개되기 때문에 이를 제3자가 무단으로 사용할 가능성이 있다. 제3자가 해당 상표를 지정상품에 대하여 무단으로 사용함으로서 발생하는 출원인의 업무상의 손실을 보전하기 위하여 해당 상표를 사용한 제3자에 대한 금전적인 지불청구권을 인정한 것이다.

(2) 해외출원과의 조화

마드리드 의정서 제4조(1)(a)항 제2단에 의하면, 지정국 관청이 국제사무국에 거절통지가 되지 않거나 거절통지가 사후에 철회된 경우에는 해당 국제등록에 관한 상표는 국제등록일(사후지정일)로부터 소급하여 그 상표가 해당 지정국 관청에 등록된 것과 동일한 보호를 받도록 규정되어 있다. 우리나라는 2003년 4월 마드리드 의정서에 가입하면서 국제규범과의 조화를 기하고 국제상표등록출원과 국내상표등록출원과의 형평성을 도모하는 차원에서 상표등록출원에 대해서 손실보상청구권을 도입하였다.

3. 손실보상청구권 효력

손실보상청구권은 상표권과 달리 출원상표를 무단으로 사용하는 경우 출원인의 업무상 이익이 상실되므로 그 이익을 보호하기 위한 채권적 권리이다. 해당 상표등록출원의 거절결정이 확정되거나 무효로 되는 경우에는 처음부터 소멸하는 '해제조건부 권리'라 할 수 있다.[1] 따라서 손실보상금청구권은 해당 상표등록출원에 대한 상표권의 설정등록 전까지는 행사할 수 없다(제58조 제3항). 이러한 청구권의 행사는 상표권의 행사에 영향을 미치지 아니한다. 상표권의 효력과 행사는 설정등록시부터 상표권의 존속기간만료일까지 계속되나, 손실보상청구권은 경고시부터 설정등록 전까지의 사용에 대해서만 그 효력이 인정된다.

손실보상액과 관련하여 상표법 제110조(손해액의 추정 등)는 적용되지 않으므로 출원인이 손해액을 적극적으로 입증하여야 한다.

4. 손실보상청구권이 발생하지 않는 경우

상표등록출원이 다음 어느 하나에 해당하는 때에는 손실보상청구권은 처음부터 발생하지 아니한 것으로 본다(제58조 제6항). (i) 상표등록출원이 포기·취하 또는 무효로 된 경우, (ii) 상표등록출원에 대한 상표등록거절결정이 확정된 경우, (iii) 상표등록의 무효심판에 의하여 상표등록을 무효로 한다는 심결이 확

1) 문삼섭, 862면.

정된 경우이다. 손실보상청구권은 상표권의 설정등록이 있어야 행사할 수 있는 해제조건부의 권리이므로 상기와 같은 사유에 해당하는 경우에는 청구권은 처음부터 발생하지 아니한 것으로 본다.

V 직권보정

1. 서 설

심사관은 상표법 제57조에 따른 출원공고결정을 할 경우에 상표등록출원서에 적힌 사항이 명백히 잘못된 경우에는 직권으로 보정(이하 이 조에서 '직권보정'이라 한다)을 할 수 있다(제59조 제1항). 심사관이 직권보정을 하려면 출원공고결정 등본의 송달과 함께 그 직권보정 사항을 출원인에게 알려야 한다(제59조 제2항). 출원인은 직권보정 사항의 전부 또는 일부를 받아들일 수 없는 경우에는 출원공고를 한 날부터 2개월 내에 그 직권보정 사항에 대한 의견서를 특허청장에게 제출하여야 한다(제59조 제3항).

2. 법적 효과

출원인이 의견서를 제출한 경우 해당 직권보정 사항의 전부 또는 일부는 처음부터 없었던 것으로 본다. 이 경우 그 출원공고결정도 함께 취소된 것으로 본다(제59조 제4항).

Ⅵ 상표등록결정

1. 서 설

심사관은 상표등록출원에 대하여 거절이유를 발견할 수 없는 경우에는 상표등록결정을 하여야 한다(제68조). 상표등록결정은 서면으로 하여야 하며, 그 이유를 붙여야 한다(제69조 제1항). 특허청장은 상표등록결정이 있는 경우에는 그 결정등본을 출원인에게 송달하여야 한다(제69조 제2항).

2. 불복의 제한

보정각하결정, 상표등록여부결정, 심결, 심판청구서나 재심청구서의 각하결정에 대하여는 다른 법률에 따른 불복을 할 수 없으며, 이 법에 따라 불복할 수 없도록 규정되어 있는 처분에 대하여는 다른 법률에 따른 불복을 할 수 없다(제226조 제1항).

Ⅶ 심사 또는 소송절차의 중지

상표등록출원의 심사에 있어서 필요한 경우 심결이 확정될 때까지 또는 소송절차가 완결될 때까지 그 상표등록출원의 심사절차를 중지할 수 있다(제70조 제1항). 법원은 소송에 있어서 필요한 경우에는 상표등록여부결정이 확정될 때까지 그 소송절차를 중지할 수 있다(제70조 제2항). 심사, 소송에 있어서 필요한 경우에는 관련 있는 다른 절차가 완결될 때까지 그 심사 또는 소송절차를 중지할 수 있다.

상표법 제70조의 규정은 심사관, 심판관 또는 판사가 재량에 의하여 직권으로 정할 수 있는 임의규정으로 해석한다는 것이 대법원의 일관된 입장이다.

제 2 절 이의신청제도

Ⅰ 이의신청 절차

1. 취 지

상표제도의 목적이 상표가 상품에 부착되어 유통되므로 부정경쟁을 방지하고 상표권자의 영업상의 신용과 수요자를 보호하려는 데에 있으므로 심사관은 상표등록결정을 신중하게 판단하여야 한다. 출원공고된 상표에 대하여 이의가 있을 경우에는 누구나 출원공고일로부터 2월 이내에 상표등록 이의신청을 할 수 있다(제60조 제1항). 이의신청제도는 심사관의 주관적 판단에 따른 부실권리의 발생을 방지하고 심사의 객관성 및 공정성을 제고하며 상표분쟁을 사전에 예방하는 데에 그 취지가 있다.

2. 이의신청서

이의신청제도는 출원공고제도와 병존하는 제도로서 공중이 심사관의 심사를 보조해 주는 일종의 공중심사이다. 상표등록의 이의신청인(이하 '이의신청인'이라 한다)은 이의신청서에 필요한 증거를 첨부하여 특허청장에게 제출하여야 한다(제60조 제2항). 이의신청인은 이의신청서에 (ⅰ) 신청인의 성명 및 주소(법인인 경우에는 그 명칭 및 영업소의 소재지), (ⅱ) 대리인이 있는 경우에는 그 대리인의 성명 및 주소나 영업소의 소재지, (ⅲ) 이의신청의 대상, (ⅳ) 이의신청사항, (ⅴ) 이의신청의 이유 및 필요한 증거의 표시를 적어야 한다.

3. 이의신청이유의 보정

이의신청인은 이의신청 기간이 지난 후 30일 이내에 그 이의신청서에 적은 이유 및 증거를 보정할 수 있다(제61조). 본 조의 취지는 이의신청의 이유 및 증거는 이의신청의 결정을 좌우하는 중요한 요소이므로 일정 기간 동안 증거자료를 조사하여 이를 보정할 수 있는 기회를 제공하는 데에 있다.

4. 이의신청 심사

심사관 합의체는 이의신청에 관한 심사를 할 경우에는 출원인이나 이의신청인이 주장하지 아니한 이유에 대해서도 심사할 수 있다. 이 경우 출원인이나 이의신청인에게 기간을 정하여 그 이유에 관하여 의견을 진술할 수 있는 기회를 주어야 한다(제63조).

심사관합의체는 둘 이상의 이의신청을 병합하거나 분리하여 심사·결정할 수 있다(제64조). 심사관합의체는 둘 이상의 이의신청이 있는 경우에 그중 어느 하나의 이의신청에 대하여 심사한 결과 그 이의신청이 이유가 있다고 인정할 때에는 다른 이의신청에 대해서는 결정을 하지 아니할 수 있다(제65조 제1항).

5. 이의신청에 대한 결정

심사관은 이의신청이 있는 경우에는 이의신청서 부본을 출원인에게 송달하고 기간을 정하여 답변서 제출의 기회를 주어야 한다(제66조 제1항). 심사관합의체는 이의신청기간이 지난 후에 이의신청에 대한 결정을 하여야 한다(제66조 제2항). 이의신청에 대한 결정은 서면으로 하여야 하며, 그 이유를 붙여야 한다.

이 경우 둘 이상의 지정상품에 대한 결정이유가 다른 경우에는 지정상품마다 그 이유를 붙여야 한다(제66조 제3항).

이의신청인이 그 이유나 증거를 제출하지 아니한 경우에는 이의신청 기간이 지난 후 30일이 지난 후 결정으로 이의신청을 각하할 수 있다, 이 경우 그 결정의 등본을 이의신청인에게 송달하어야 한다(제66조 제4항). 특허청장은 심사관합의체가 이의신청에 대한 결정을 하지 아니한 경우에는 해당 이의신청인에게도 상표등록거절결정 등본을 송달하여야 한다(제65조 제2항).

6. 이의신청에 관한 결정에 대한 불복

특허청장은 이의신청에 관한 결정이 있는 경우에는 그 결정의 등본을 출원인 및 이의신청인에게 송달하여야 한다(제66조 제5항). 출원인 및 이의신청인은 이의신청에 대한 결정과 이의신청에 대한 각하결정에 대하여 (ⅰ) 출원인은 거절결정에 대한 심판을 청구할 수 있고, (ⅱ) 이의신청인은 상표등록 무효심판을 청구할 수 있다(제66조 제6항). 즉 이의신청이 이유가 있다고 결정되면 거절결정 불복심판으로, 이의신청의 이유가 없다고 결정되면 상표등록 무효심판의 절차에서 이의신청결정에 따른 적법성 내지 유효성 여부를 다툴 수 있다. 그러나 심사절차의 신속을 기하기 위하여 이의신청결정 자체에 대하여는 독립된 불복은 금지하고 있다.

Ⅱ 직권에 의한 상표등록거절결정

심사관은 출원공고 후 거절이유를 발견한 경우에는 직권으로 상표등록거절결정을 할 수 있다(제67조 제1항). 상표등록거절결정을 할 경우에는 이의신청이 있더라도 그 이의신청에 대하여는 결정을 하지 아니한다(제67조 제2항).

본 조의 취지는 부실권리의 등록을 사전에 방지하기 위해서 심사관이 이의신청인이 신청한 이유에 구애받지 않고 이의신청인이 주장하지 않은 이유에 대해서도 직권으로 거절결정할 수 있도록 하려는 데에 있다. 특허청장은 심사관이 직권으로 상표등록거절결정을 한 경우에는 이의신청인에게 상표등록거절결정 등본을 송달하여야 한다(제67조 제3항).

CHAPTER

6

상표등록절차

제 6 장

상표등록절차

I 서 설

상표권 취득을 위한 절차를 상표등록절차라 한다. 등록이란 특허청장이 특허청에 비치한 등록원부에 상표권 및 그 밖의 상표에 관한 권리의 발생과 변동 등을 기재하는 일련의 행정행위를 말한다. 상표법상 등록의 효력은 상표권의 발생력, 효력발생요건으로서의 효력, 제3자에 대한 대항력, 등록의 추정력 및 형식적 확정력 등의 효력이 있다. 상표권은 설정등록에 의하여 발생한다(제82조 제1항).

상표권의 발생력은 상표권의 설정등록에 있다. 효력발생요건으로서의 효력에는 상표권의 이전, 전용사용권, 통상사용권 또는 질권의 설정 등이 있다. 상표권의 존부, 내용, 귀속 및 변동에 대하여 이것을 공시할 필요가 있기 때문에 우리나라는 이러한 공시의 원칙에 따라 공시의 방법으로 등록제도를 채택하고 있다.

Ⅱ 상표등록료

1. 상표등록료 납부대상자

상표권의 설정등록, 지정상품의 추가등록 또는 상표권의 존속기간갱신등록 중 어느 하나에 해당하는 상표권의 설정등록을 받으려는 자는 상표등록료를 내야 한다. 이 경우 상표권의 설정등록 또는 존속기간갱신등록에 해당할 때에는 상표등록료를 2회로 분할하여 낼 수 있다(제72조 제1항).[1] 이해관계인은 상표등록료를 내야 할 자의 의사와 관계없이 상표등록료를 낼 수 있다(제72조 제2항).

2. 납부방법 및 납부기간 연장

상표등록료, 그 납부방법, 납부기간 및 분할납부 등에 관하여 필요한 사항은 「특허료 등의 징수규칙」으로 정한다(제72조 제3항). 등록결정서 송부시 납입고지서 및 영수증을 함께 송부하도록 하여 금융기관에 바로 상표등록료를 납부할 수 있다. 청구에 의하여 특허청장은 상표등록료의 납부기간을 30일을 넘지 아니하는 범위에서 연장할 수 있다(제74조).

3. 상표등록료의 보전

특허청장은 상표권의 설정등록, 지정상품의 추가등록, 존속기간갱신등록을 받으려는 자 또는 상표권자가 납부기간에 상표등록료의 일부를 납부하지 아니한 경우에 상표등록료의 보전(補塡)을 명하여야 한다(제76조 제1항). 보전명령을 받은 자는 그 보전명령을 받은 날부터 1월 이내(이하 '보전기간'이라 한다)에 상표등록료를 보전할 수 있다(제76조 제2항). 납부기간을 경과하여 상표등록료를 보전하는 경우에 납부하지 아니한 금액의 2배의 범위에서 금액을 납부하여야 한다(제76조 제3항).

---

1) 상표등록료는 우선 5년 치의 1회차 설정등록료를 먼저 납부하고, 5년이 끝나기 전에 나머지 5년 치의 설정등록료를 추가적으로 분할납부할 수 있다.

4. 상표등록료의 미납으로 인한 포기

납부기간에 해당 상표등록료를 내지 아니한 경우, 납부기간이 만료되더라도 보전을 명한 경우로서 그 보전기간 이내에 보전하지 아니한 경우, 상표등록료 납부 또는 보전에 의한 상표등록출원의 회복에 해당하는 경우로서 그 해당 기간 내에 내지 아니한 경우 중 어느 하나에 해당하는 경우에는 상표등록출원, 지정상품추가등록출원 또는 존속기간갱신등록신청을 포기한 것으로 본다(제75조 제1항).

5. 상표등록료 납부 또는 보전에 의한 상표등록출원의 회복 등

상표등록출원의 출원인, 지정상품추가등록출원의 출원인, 존속기간갱신등록신청의 신청인 또는 상표권자가 책임질 수 없는 사유로 납부기간 내에 상표등록료를 내지 아니하였거나 보전기간 이내에 보전하지 아니한 경우에는 그 사유가 소멸한 날부터 2개월 이내에 그 상표등록료를 내거나 보전할 수 있다. 다만, 납부기간의 만료일 또는 보전기간의 만료일 중 늦은 날부터 1년이 지났을 경우에는 상표등록료를 내거나 보전할 수 없다(제77조 제1항).

상표등록료를 내거나 보전한 자(분할납부하는 경우에는 1회차 상표등록료를 납부하거나 보전한 자를 말한다)는 그 상표등록출원, 지정상품추가등록출원 또는 존속기간갱신등록신청을 포기하지 아니한 것으로 본다(제77조 제2항).

6. 상표등록료 등의 반환

납부된 상표등록료와 수수료가 다음 각 호의 어느 하나에 해당하는 경우에는 상표등록료와 수수료는 납부한 자의 청구에 의하여 반환한다(제79조 제1항). 반환하는 대상은 (ⅰ) 상표등록료와 수수료가 잘못 납부된 경우에는 그 잘못 납부된 상표등록료 및 수수료, (ⅱ) 상표등록출원 후 1개월 이내에 그 상표등록출원을 취하하거나 포기한 경우에 이미 낸 수수료 중 상표등록출원료 및 상표등록출원의 우선권 주장 신청료(다만, 분할출원, 변경출원, 분할출원 또는 변경출원의 기초가 된 상표등록출원, 우선심사의 신청이 있는 출원 및 상표등록출원으로 보는 국제상표등록출원은 제외한다), (ⅲ) 보정각하결정 또는 거절결정이 취소된 경우에 이미 낸 수수료 중 심판청구료, (ⅳ) 심판청구가 결정으로 각하되고 그 결정이 확정된 경우에 이미 낸 수수료 중 심판청구료의 2분의 1에 해당하는 금액, (ⅴ) 심리의 종결을 통지받기 전까지 참가신청을 취하한 경우에 이미 낸 수수료 중 참가신청료의 2분의 1에 해당하는 금액 등이다.

Ⅲ 수수료

상표에 관한 절차를 밟는 자는 수수료를 내야 한다. 다만, 심사관이 상표등록의 무효심판 또는 존속기간갱신등록의 무효심판을 청구하는 경우에는 수수료를 면제한다(제78조 제1항). 수수료, 그 납부방법, 납부기간 등에 관하여 필요한 사항은 「특허료 등의 징수규칙」으로 정한다(제78조 제2항). 수수료란 상표에 관한 출원·청구 기타 절차를 밟는 자로부터 징수하는 것으로 국가의 역무제공에 대한 반대급부 또는 보수를 말하며, 개개의 특정의 이용자로부터 징수하는 것이 일반 조세와 다른 점이다.

상표법상 수수료에는 출원료, 심판청구료, 이의신청료, 보정료 등이 있다. 심사관에 의해 청구되는 무효심판에 관한 심판청구료는 면제된다. 상표권의 존속기간만료 후 6월 이내에 상표권의 존속기간갱신등록신청을 하려는 자는 정상적인 수수료에 「특허료 등의 징수규칙」에서 정하는 금액을 더하여 납부하여야 한다(제78조 제3항).

Ⅳ 상표권의 설정등록

1. 서 설

상표권은 상표의 창작, 상표등록출원, 상표심사, 등록결정, 등록료의 납부, 설정등록 등의 절차를 거쳐서 발생된다. 상표등록출원에 대한 심사가 등록결정으로 종료되면 출원인은 소정의 등록료를 납부하고 특허청장이 특허청에 비치하는 상표등록원부에 소정사항을 기재하는 절차를 마침으로써 상표권을 취득한다.

2. 설정등록사항

상표권의 설정등록을 할 경우에는 상표등록번호, 상표등록출원번호 및 연월일, 출원공고의 번호 및 연월일, 등록결정 또는 심결의 연월일, 지정상품 및 상품류의 구분을 기재한 다음 상표권자의 주소, 성명 및 주민등록번호를 기재하여야 한다.

3. 상표원부

특허청장은 특허청에 상표원부를 비치하고 (i) 상표권의 설정·이전·변경·소멸·회복·존속기간의 갱신·상품분류전환·지정상품의 추가 또는 처분의 제한, (ii) 전용사용권 또는 통상사용권의 설정·보존·이전·변경·소멸 또는 처분의 제한, (iii) 상표권·전용사용권 또는 통상사용권을 목적으로 하는 질권의 설정·이전·변경·소멸 또는 처분의 제한의 사항을 등록한다(제80조 제1항).

원부란 산업재산권 또는 그에 관한 권리관계 등 법령에 정해진 소정의 등록사항을 기재하기 위해 특허청에 비치한 공적 장부인 공부(公簿)를 말한다. 상표원부란 상표에 관한 권리의 설정·변경·소멸 기타 상표권에 관련된 권리관계를 등재하는 공부로서 공시효과가 있다. 상표원부의 유형으로는 상표등록원부, 상표관계거절심결재심청구원부 및 상표신탁원부가 있다. 상표원부는 전부 또는 일부를 자기테이프 등으로 작성할 수 있다.

4. 법적 효과

상표권은 설정등록에 의하여 발생하므로 상표권의 설정등록은 권리의 발생, 존속요건임과 동시에 대항요건이다. 상표권의 존속기간은 상표권의 설정등록이 있는 날부터 10년으로 한다(제83조 제1항). 상표권의 설정등록일이 상표권의 존속기간의 기산점이 된다.

5. 상표등록증

특허청장은 상표권의 설정등록을 하였을 경우에는 상표권자에게 상표등록증을 발급하여야 한다(제81조 제1항). 특허청장은 상표등록증이 상표원부나 그 밖의 서류와 맞지 아니할 경우에는 신청에 의하여 또는 직권으로 상표등록증을 회수하여 정정발급하거나 새로운 상표등록증을 발급하여야 한다(제81조 제2항).

상표등록증은 그 자체가 권리증이라고는 할 수 없으므로, 상표등록권자가 설정등록을 하였다는 것을 인정하는 증표로서 특허청장이 발급하는 일종의 공적 증서라 할 수 있다.

CHAPTER

7

상표권

제 7 장

상표권

제1절 상표권의 특징

I 상표권의 고유한 특징

상표권은 특허권, 실용신안권, 디자인권과 마찬가지로 궁극적으로 국가발전을 목적으로 하는 산업재산권이라는 점에서 공통점을 갖고 있다. 상표는 상품을 식별하기 위하여 사용하는 표장이다. 상표권은 다른 산업재산권에서는 찾아볼 수 없는 몇 가지 고유한 특징을 가지고 있다.

1. 신규성이나 창작성을 요하지 않는 권리

상표란 창작보다는 표장의 선택이므로, 해당 상표가 대상물을 다른 상품으로부터 구별할 수 있는 식별력만 갖고 있다면 공익상 또는 사익상의 장애사유가 없는 한 그 자체로서는 창작성이나 신규성이 결여되더라도 권리로서 보호받을 수 있다.

2. 반영구적인 권리

발명, 고안, 저작물의 경우에는 일정한 존속기간을 제한하여 해당 기간이 종료하면 일반 공중이 자유로이 사용할 수 있게 하고 있다. 그러나 상표는 사용하면 할수록 식별력과 고객흡인력이 증가되므로 존속기간이 만료된 이후라도 존속기간갱신에 의하여 반영구적인 권리로서 향유할 수 있는 재산권이다.

3. 상품에 관한 권리

상표는 주로 상품에 부착하기 때문에 상품을 떠나서는 생각할 수 없다. 상표권은 기본적으로는 상표에 인식된 해당 상품에 관한 상표권자의 영업상의 신용이나 고객흡인력을 보호법익으로 하고 있다. 따라서 상표의 등록요건 및 상표권의 효력은 상품과 관련하여 결정되도록 규정하고 있다. 상표법상의 성명·상호·영업 등의 표지에 관한 권리는 저작권법상의 성명권, 상법상의 상호권과 성격이 다른 권리이다.

4. 공익적 권리

상표는 개성화된 상품의 동일성을 표시하며(상품식별기능), 다른 상품과의 출처의 혼동을 방지하기 위하여 사용되는(출처표시기능) 측면에서 상표권자의 이익을 보호하는 것을 목적으로 하는 권리이다. 그러나 상표는 수요자나 거래자를 위하여 상품의 품질을 보증하는 기능(품질보증기능)을 갖기 때문에 이를 보호하지 않을 경우 해당 상표를 신뢰한 일반 수요자의 이익이 침해를 받게 되고 상거래질서가 문란해지게 된다. 따라서 상표권자에게 해당 등록된 상표를 정당하게 사용하도록 의무화하는 한편, 일반수요자나 거래자의 보호를 위하여 상품의 품질을 오인시키는 상표는 공익에 위반되므로 그 등록을 배제하거나 그 등록을 취소하도록 규정하고 있다.

특허권이나 디자인권 등에 대한 침해는 원칙적으로 권리자의 이익만을 해치는 것이므로 권리자의 고소에 의해서만 논할 수 있다. 반면에 상표권의 침해는 상품출처의 오인·혼동을 초래함으로써 권리자는 물론 일반 수요자에게도 손해를 미치므로 상표권의 침해를 논함에 있어서는 권리자 개인의 재산권뿐만 아니라 공익으로서의 수요자의 이익도 포함된다.

5. 상품거래 수단으로서 상표를 보호하는 권리

상표권은 상품에 대한 상표권자의 시장에서의 지위와 신용을 유지시키고 영업활동을 원활하게 하여 상표권자를 보호하고 경업자 간의 불공정한 거래활동을 봉쇄함으로써 공정한 경업질서를 도모한다. 상표권은 상품의 거래자와 수요자가 기대하는 품질의 특징을 가진 상품을 상품출처의 오인 또는 품질의 혼동없이 쉽게 구분할 수 있도록 하여 소비자를 보호하는 경제적 효과의 측면에서 볼 때 상품거래의 수단으로서 상표를 보호하는 권리라 할 수 있다.

Ⅱ 상표권의 존속기간

상표권의 존속기간은 상표권의 설정등록이 있는 날부터 10년이다(제83조 제1항). 상표권의 존속기간은 상표권의 존속기간갱신등록신청으로 10년씩 갱신할 수 있다(제83조 제2항). 상표권의 존속기간갱신등록신청에 의하여 10년마다 존속기간을 갱신할 수 있으므로 계속 사용할 수 있는 반영구적인 효력을 갖는다. 상표권의 존속기간을 갱신하고자 할 경우에는 상표권의 존속기간갱신등록신청서를 상표권의 존속기간 만료 전 1년 이내에 제출하여야 한다(제84조 제2항 본문).

이 기간에 상표권의 존속기간갱신등록신청을 하지 아니한 자는 상표권의 존속기간이 끝난 후 6개월 이내에 상표권의 존속기간갱신등록신청을 할 수 있다(제84조 제2항 단서). 상표권이 공유인 경우에는 공유자 전원이 공동으로 상표권의 존속기간갱신등록신청을 하여야 한다(제84조 제3항).

제 2 절 상표권의 이전 등

I 상표권의 이전 제한

1. 지정상품마다 분할 이전

상표권은 그 지정상품마다 분할하여 이전할 수 있다. 이 경우 유사한 지정상품은 함께 이전하여야 한다(제93조 제1항). 상표권의 이전이란 상표권의 내용의 동일성을 유지하면서 등록권자만을 교체하는 것이다. 상표권도 무체재산권의 일종으로 일반재산권과 마찬가지로 자유로운 이전이 허용되는 것이지만, 상표법의 목적에 비추어 수요자 이익 보호 등을 위해 필요한 경우에 일정한 제한이 가해지고 있다.

일반적으로 상표권은 그 자체만을 특정하여 영업과 함께하지 아니하고도 매매·증여 등에 의하여 자유롭게 양도될 수 있다. 상표권의 이전이 상표법 제93조(상표권 등의 이전 및 공유)를 위반하여 이전된 경우에는 상표등록의 취소심판의 대상이 된다(제119조 제1항 제5호).[1)]

2. 유사한 지정상품의 이전

상표권은 자유로운 처분이 가능하지만 공익적인 측면에서 일정한 제한이 가해진다. 유사한 지정상품의 경우 함께 이전하도록 한 것은(제93조 제1항 후단) 유사한 지정상품에 대한 상표권이 각기 다른 주체에게 이전되어 상품출처의 혼동이 발생하지 않도록 하기 위해서 유사한 지정상품은 함께 이전하도록 규정하고 있다.

---

1) 상표법 제119조 제1항 제5호: 상표권의 이전으로 유사한 등록상표가 각각 다른 상표권자에게 속하게 되고 그중 1인이 자기의 등록상표의 지정상품과 동일·유사한 상품에 부정경쟁을 목적으로 자기의 등록상표를 사용함으로써 수요자에게 상품의 품질을 오인하게 하거나 타인의 업무와 관련된 상품과 혼동을 불러일으키게 한 경우에는 그 상표등록의 취소심판을 청구할 수 있다.

3. 단체표장권 등 이전 제한

단체표장권은 이전할 수 없다. 다만, 법인의 합병의 경우에는 특허청장의 허가를 받아 이전할 수 있다(제93조 제6항). 증명표장권은 이전할 수 없다. 다만, 해당 증명표장에 대하여 등록받을 수 있는 자에게 그 업무와 함께 이전할 경우에는 특허청장의 허가를 받아 이전할 수 있다(제93조 제7항). 업무표장권은 양도할 수 없다. 다만, 그 업무와 함께 양도하는 경우에는 그러하지 아니하다(제93조 제4항).

Ⅱ 공유상표권의 제한

1. 지분 양도 또는 질권 설정 제한

상표권이 공유인 경우에는 각 공유자는 다른 공유자 전원의 동의를 받지 아니하면 그 지분을 양도하거나 그 지분을 목적으로 하는 질권을 설정할 수 없다(제93조 제2항). 상표권의 공유관계는 민법 제273조에 규정된 합유에 준하는 성질을 갖는 것이고, 상표법이 공유지분의 자유로운 양도 등을 금지하는 것은 다른 공유자의 이익을 보호하려는 데에 그 목적이 있다.[2)]

2. 사용권 설정 제한

상표권이 공유인 경우에는 각 공유자는 다른 공유자 모두의 동의를 받지 아니하면 그 상표권에 대하여 전용사용권이나 통상사용권을 설정할 수 없다(제93조 제3항). 전용실시권자 또는 통상실시권자의 자본 및 기술력 여하에 따라 다른 공유자의 권리가 유명무실하게 될 수 있으므로, 상표법 제93조 제3항은 동법 제2항의 경우와 같이 다른 공유자의 동의를 얻도록 한 것이다. 이는 공유자 간의 신뢰관계, 자본능력 또는 경영능력 등이 다른 공유자의 상표권 실시에 영향을 미치기 때문이다.

---

2) 대법원 1999. 3. 26. 선고 97다41295 판결; 대법원 2012. 4. 16.자 2011마2412 결정.

Ⅲ 사용권

1. 전용사용권

(1) 서 설

상표권자는 그 상표권에 관하여 타인에게 전용사용권을 설정할 수 있다(제95조 제1항). 전용사용권의 설정을 받은 전용사용권자는 그 설정행위로 정한 범위 내에서 지정상품에 관한 등록상표를 사용할 권리를 독점한다(제95조 제3항). 상표의 전용사용권은 물권적 효력[3]이 있다. 따라서 전용사용권자는 상표권자와 마찬가지로 타인이 등록상표와 동일하거나 이와 유사한 상표를 그 지정상품과 동일하거나 이와 유사한 상품에 사용하는 등의 권리침해에 대하여 금지 또는 예방을 청구할 수 있다(제107조).

(2) 법적 효력

전용사용권자는 상속이나 그 밖의 일반승계의 경우를 제외하고는 상표권자의 동의를 받지 아니하면 그 전용사용권을 이전할 수 없다(제95조 제5항). 전용사용권자는 상표권자의 동의를 받지 아니하면 그 전용사용권을 목적으로 하는 질권을 설정하거나 통상사용권을 설정할 수 없다(제95조 제6항). 전용사용권의 설정에 관한 효력발생요건은 제3자에 대한 대항요건이다. (ⅰ) 전용사용권의 설정·이전(상속이나 그 밖의 일반승계에 의한 경우는 제외한다)·변경·포기에 의한 소멸 또는 처분의 제한, (ⅱ) 전용사용권을 목적으로 하는 질권의 설정·이전(상속이나 그 밖의 일반승계에 의한 경우는 제외한다)·변경·포기에 의한 소멸 또는 처분의 제한을 등록하지 아니하면 제3자에게 대항할 수 없다(제100조 제1항). 전용사용권을 등록한 경우에는 그 등록 후에 상표권 또는 전용사용권을 취득한 자에 대하여도 그 효력이 발생한다(제100조 제2항).

---

3) 물권적 효력이란 일정한 법률요건이나 법률사실에서 발생하는 권리의 발생·변경·소멸의 효력이 누구에 대해서든지(즉 對世的으로) 주장할 수 있는 것을 말한다.

2. 통상사용권

(1) 서 설

상표권자 또는 전용사용권자는 그 상표권에 관하여 타인에게 통상사용권을 설정할 수 있다(제97조 제1항). 통상사용권자는 설정행위로 정한 범위 내에서 지정상품에 관하여 등록상표를 사용할 권리를 가진다. 통상사용권은 채권적 효력[4]이 있다.

상표의 통상사용권은 전용사용권과 달리 단순히 상표권자와 사용권자 사이의 합의만에 의하여 발생하고, 통상사용권의 설정등록은 제3자에 대한 대항요건일 뿐이므로, 통상사용권자는 반드시 등록된 통상사용권자일 필요는 없다.

(2) 법적 효력

통상사용권은 상속이나 그 밖의 일반승계의 경우를 제외하고는 상표권자(전용사용권에 관한 통상사용권의 경우에는 상표권자 및 전용사용권자를 말한다)의 동의를 받지 아니하면 이전할 수 없다(제97조 제3항). 통상사용권은 상표권자의 동의를 받지 아니하면 그 통상사용권을 목적으로 하는 질권을 설정할 수 없다(제97조 제4항).

통상사용권의 설정에 관한 효력발생요건은 제3자에 대한 대항요건이다. (i) 통상사용권의 설정·이전(상속이나 그 밖의 일반승계에 의한 경우는 제외한다)·변경·포기에 의한 소멸 또는 처분의 제한, (ii) 통상사용권을 목적으로 하는 질권의 설정·이전(상속이나 그 밖의 일반승계에 의한 경우는 제외한다)·변경·포기에 의한 소멸 또는 처분의 제한을 등록하지 아니하면 제3자에게 대항할 수 없다(제100조 제1항). 통상사용권을 등록한 경우에는 그 등록 후에 상표권 또는 전용사용권을 취득한 자에 대하여도 그 효력이 발생한다(제100조 제2항).

4) 채권적 효력이란 당사자 사이에서만(즉 對人的으로) 주장할 수 있는 것을 말한다.

제3절 상표권의 효력

I 등록상표의 보호범위

1. 서 설

상표권의 보호범위는 상표분쟁 시 해결기준이 되므로 등록상표의 보호범위는 상표등록출원서의 기재사항과 동일한 범위로서 독점적 사용권이다. 따라서 등록상표의 보호범위는 상표심사, 상표심판, 심결취소소송 및 상표권침해금지소송에서 계쟁물(객체)과 대비하는 기준이 된다. 상표권의 권리범위를 넘어 유사한 범위에 해당하면 침해로 보는 행위는 상표법 제108조(침해로 보는 행위)에서 규정한다.

2. 등록상표의 보호범위

등록상표란 상표등록을 받은 상표를 말한다(제2조 제1항 제10호). 등록상표의 보호범위는 상표등록출원서에 적은 상표 및 기재사항에 따라 정해진다(제91조 제1항). 지정상품의 보호범위는 상표등록출원서 또는 상품분류전환등록신청서에 기재된 상품에 따라 정해진다(제91조 제2항). 등록상표의 보호범위는 상표등록출원서에 기재되어 상표등록을 받은 상표를 말하며, 상표등록출원서의 보정이 있는 경우에는 보정된 출원서에 기재된 상표를 말한다. 여기서 지정상품이란, 지정상품구분 내의 상품세목 중 자기가 등록받고자 하는 상표를 사용할 상품으로 지정한 상품을 말한다. 따라서 등록상표의 보호범위는 상표등록출원서에 적은 상표, 기재사항 및 지정상품에 의해 결정된다.

II 상표권의 효력

상표를 등록할 경우 상표권자는 적극적으로 지정상품에 관하여 그 등록상표를 사용할 권리를 독점하는 독점권과 타인이 등록상표와 동일 또는 유사한 상표를 사용하는 경우 그 사용을 금지할 수 있는 금지권을 행사할 수 있다. 타인이 자기의 등록상표 또는 등록상표와 유사한 상표를 사용하는 등 상표권을 침해하는 경우 상표권자는 그 타인을 상대로 민사적 조치로 상표권 침해의 금지 또는 손해배상을 청구할 수 있다. 또한 형사적 조치로서 침해죄로 고소할 수 있다.

1. 독점적 효력

상표권자는 지정상품에 관하여 그 등록상표를 사용할 권리를 독점한다(제89조). 사용 중이거나 사용하고자 하는 상표를 특허청에 등록하여 발생하는 상표권은 등록받은 상표를 독점으로 사용할 수 있는 상표법상의 권리이다.

따라서 상표권자는 자신이 지정상품에 대하여 등록상표를 직접 사용할 수 있는 독점적 효력(적극적 효력)을 가지며, 동시에 상표권자는 상표권을 자유롭게 사용·수익·처분할 수 있는 권리를 갖는다.

2. 금지적 효력

정당한 권원이 없는 자가 등록상표와 동일·유사한 상표를 그 지정상품과 동일·유사한 상품에 사용하면 상표권의 침해가 된다. 상표권자 또는 전용사용권자는 자기의 권리를 침해한 자 또는 침해할 우려가 있는 자에 대하여 그 침해의 금지 또는 예방을 청구할 수 있는 금지적 효력(소극적 효력)을 갖는다(제107조 제1항).

Ⅲ 진정상품 병행수입

1. 서 설

상표권은 파리협약의 상표독립의 원칙(속지주의 원칙)에 따라 우리나라의 영토에서만 그 효력이 미치고, 외국에는 그 효력이 미치지 아니한다. 진정상품의 병행수입(parallel importation)이란 독점수입권자에 의해 해당 외국상품이 수입되는 경우 제3자가 다른 유통경로를 통하여 진정상품을 국내 독점수입권자의 허락없이 수입하는 것을 말한다. 진정상품의 병행수입에 의하여 상표권의 권리자의 국가 이외의 국가에서 적법하게 제조되거나 복제된 특허제품 또는 정당한 상표를 부착한 제품이 상표권자의 의사에 반하여 수입된 경우, 상표권자는 자신의 상표권에 기하여 그 수입을 저지할 수 있는지가 문제된다. 이에 대해 우리나라, 미국, 일본은 상표권에 관한 속지주의의 예외를 인정하여 일정한 조건하에서 진정상품의 병행수입을 제한적으로 허용하고 있다.

2. 병행수입의 금지론과 허용론

(1) 권리의 소진

TRIPs 제6조에서는 "이 협정의 어떠한 규정도 지식재산권의 소진문제를 다루기 위하여 사용되지 아니한다"고 규정함으로써 특허권의 소진(exhaustion of patent rights)[5] 문제를 각국이 자유롭게 결정할 수 있도록 위임하고 있다. 국내에서 정당한 권리자에 의하여 제조되고 판매된 상품에 관련된 특허권이나 상표권이 소진되기 때문에 그 상품의 구입자가 정당하게 사용할 경우 권리침해 문제가 발생하지 않는다는 것이 일반적 해석이다. 그러나 국내에서는 전혀 제조가 하지 않고 수입만 있다거나, 국내에서 적법한 권리자가 생산하고 이와 병행하여 제3자에 의한 수입이 있을 경우에는 이론적, 법적인 검토뿐만 아니라 산업발전에 대한 고려도 필요하기 때문에 논란이 있다.

(2) 병행수입의 금지론

병행수입의 금지론은 파리협약에 의하여 일국에서 정당하게 등록된 상표는 다른 국가에서 등록된 상표와 독립적인 것으로 간주되므로, 수입국의 독점적 상표사용권자의 허락없이 동일한 상표가 부착된 상품을 수입하는 것은 상표권의 침해라고 본다. 또한 병행수입자는 상표사용권자의 광고, 투자 및 서비스 체제에 편승함으로써 부당한 이득을 취할 수 있게 되므로, 상표사용권제도가

---

5) 소진론(exhaustion doctrine)은 특허권자 또는 실시권자에 의해 특정 제품이 합법적으로 최초 판매되면, 그 제품에 대한 독점적 특허권이 소진되므로 특허권자는 그 제품에 대해서는 더 이상의 권리행사를 할 수 없다는 원칙이다. 권리가 소진되면, 이후에 그 물건을 사고파는 것은 특허침해행위를 구성하지 않는다.

무의미해진다고 주장한다.

(3) 병행수입의 허용론

병행수입의 허용론은 권리소진의 범위를 국제적으로 확대하여 일단 적법하게 유통된 상품은 국내외를 막론하고 상표권이 소진되었다고 보며, 상표의 출처표시기능을 해치지 않고 공중에게 오인·혼동을 생기게 할 위험성이 없어 이를 금지시킬 이유가 없다고 본다. 또한 외국기업의 독점이윤 창출을 위한 시장통제에 대항하여 가격경쟁을 유발할 수 있고, 소비자 선택의 폭을 넓혀 소비자의 이익을 증대시킬 수 있다고 주장한다. 우리나라 상표법 등 산업재산권법에는 진정상품의 병행수입에 관한 규정은 두지 않고 「관세법 및 통관규칙」과 공정거래위원회의 「병행수입에 있어서의 불공정거래행위의 유형고시」에서 병행수입 허용요건 등을 규제하고 있다.

3. 관세청과 공정거래위원회의 고시

관세청의 「지식재산권 보호를 위한 수출입통관사무처리에 관한 고시」(2010. 4. 1. 관세청고시 제2010-33호)에 따르면, 국내외 상표권자가 동일인이거나 계열회사 관련 주식을 30% 이상 소유하면서 최다 출자자인 경우, 수입대리점 관계 등 동일인으로 볼 수 있는 관계가 있는 경우와 외국의 상표권자와 동일한 관계에 있는 국내 상표권자로부터 전용사용권을 설정받은 경우에는 제3자에 의한 진정상품의 병행수입은 상표권을 침해하지 않는 것으로 본다. 다만, 후자의 경우에 국내 전용사용권자가 해당 상표가 부착된 지정상품을 제조·판매만 하는 경우에는 국내전용 사용권자가 외국의 상표권자와 동일한 관계에 있는 경우에 한한다. 공정거래위원회의 「병행수입에 있어서의 불공정거래행위의 유형고시」(2012. 8. 20. 제2012-17호)에서는 진정상품의 구입방해, 병형수입품의 취급 제한 등 불공정거래의 유형을 규정하고 있다.

4. 대법원 판례

(1) BURBERRYS 사건

대법원은 “병행수입 그 자체는 위법성이 없는 정당한 행위로서 상표권 침해 등을 구성하지 아니하므로 병행수입업자가 상표권자의 상표가 부착된 상태에서 상품을 판매하는 행위는 당연히 허용될 것이다. 상표제도는 상표를 보호함으로써 상표 사용자의 업무상의 신용유지를 도모하여 산업발전에 이바지함과 아울러 수요자의 이익을 보호함을 목적으로 한다. 상표는 기본적으로 해당 상표가 부착된 상품의 출처가 특정한 영업주체임을 나타내는 상품출처표시기능과 이에 수반되는 품질보증기능이 주된 기능이라는 점 등에 비추어 볼 때, 병행수입업자가 위와 같이 소극적으로 상표를 사용하는 것에 그치지 아니하고 나아가 적극적으로 상표권자의 상표를 사용하여 광고·선전행위를 하더라도 그로 인하여 위와 같은 상표의 기능을 훼손할 우려가 없고 국내 일반 수요자들에게 상품의 출처나 품질에 관하여 오인·혼동을 불러일으킬 가능성도 없다면, 이러한 행위는 실질적으로 상표권 침해의 위법성이 있다고 볼 수 없을 것이므로, 상표권자는 상표권에 기하여 그 침해의 금지나 침해행위를 조성한 물건의 폐기 등을 청구할 수 없다고 봄이 상당하다.

또한 병행수입업자가 적극적으로 상표권자의 상표를 사용하여 광고·선전행위를 한 것이 실질적으로 상표권 침해의 위법성이 있다고 볼 수 없어 상표권 침해가 성립하지 아니한다고 하더라도, 그 사용태양 등에 비추어 영업표지로서의 기능을 갖는 경우에는 일반 수요자들로 하여금 병행수입업자가 외국 본사의 국내 공인 대리점 등으로 오인하게 할 우려가 있으므로, 이러한 사용행위는 부정경쟁방지법 제2조 제1호 (나)목 소정의 영업주체혼동행위에 해당되어 허용될 수 없다"고 판시하였다.[6)]

(2) K·SWISS 사건

K·SWISS가 표시된 슬리퍼를 수입하여 상표법 위반으로 기소된 사건에서, 대법원은 "국내에 등록된 상표와 동일·유사한 상표가 부착된 그 지정상품과 동일·유사한 상품을 수입하는 행위가 그 등록상표권의 침해 등을 구성하지 않는다고 하기 위해서는 외국의 상표권자 내지 정당한 사용권자가 그 수입된 상품에 상표를 부착하였어야 한다. 그 외국 상표권자와 우리나라의 등록상표권자가 법적 또는 경제적으로 밀접한 관계에 있거나 그 밖의 사정에 의하여 위와 같은

6) 대법원 2002. 9. 24. 선고 99다42322 판결.

수입상품에 부착된 상표가 우리나라의 등록상표와 동일한 출처를 표시하는 것으로 볼 수 있는 경우이어야 하며, 아울러 그 수입된 상품과 우리나라의 상표권자가 등록상표를 부착한 상품 사이에 품질에 있어 실질적인 차이가 없어야 할 것이다. 국내에 등록된 상표의 상표권자인 외국 회사와 국내 전용사용권자가 어떠한 법적·경제적인 관계가 있다거나 그 밖의 다른 사정에 의하여 위 수입상품의 출처가 실질적으로 동일하다고 볼 수 없어, 이는 국내 전용사용권자의 전용사용권을 침해하는 행위이다"고 판시하였다.[7]

제 4 절 상표권 효력의 제한

I 상표권의 효력이 미치지 않는 범위

1. 취 지

상표권도 재산권의 일종이므로 다른 권리와 마찬가지로 여러 가지 이유에서 제한을 받는다. 자기의 성명·명칭 또는 상호 등과 이들의 저명한 약칭을 상거래 관행에 따라 사용하는 상표에 대해서는 상표권의 효력이 미치지 않는다.

상표권은 상표권자가 상표의 사용에 있어서 독점권을 갖는 것이 원칙이지만, 상표출원 전부터 이미 사용되고 있는 상호, 품질이나 효능을 보통으로 사용하는 방법으로 표시하는 상표 등 일정한 경우에는 등록상표권의 금지적 효력을 제한하여 그 자유로운 사용을 보장할 필요가 있다.

특히 상표권에 대하여 전용사용권이 설정되어 있는 경우, 저촉관계에 있는 타인의 선출원 특허권, 디자인권 등이 있는 경우 상표권의 효력이 제한된다. 상표권의 효력이 미치지 아니하는 범위에 속하는 경우, 상표권의 행사가 권리남용 또는 부정경쟁에 해당하는 경우, 진정상품을 병행수입하는 경우에도 상표권이 소극적으로 제한된다.

---

7) 대법원 2010. 5. 27. 선고 2010도790 판결.

2. 상표권 효력이 미치지 아니하는 경우

상표권의 효력이 미치지 아니하는 범위에 대해서 상표법 제90조 제1항에서 열거하고 있다. 본 조는 상표 보호의 목적 및 공익적인 견지에 비추어 특정인에게 독점적 사용을 허용하기에 적합하지 아니한 상표에 대하여 상표권의 금지적 효력을 제한하기 위한 것이다.

상표권의 효력이 미치지 않는 범위를 규정하는 상표법 제90조 제1항 각 호는 자타상품의 식별력이 없는 상표를 규정하고 있는 동법 제33조 제1호 내지 제4호, 제34조 제1항 제6호·제15호와 직접 관련되어 있다.

이들 상표는 생산자, 판매자는 물론 널리 일반인의 자유로운 사용이 보장되어야 할 상표이므로 부등록사유로 삼는 것이나 잘못하여 상표등록이 허용되었다 하더라도 이러한 표지를 사용하는 자는 해당 등록상표에 대한 무효심판을 청구할 것도 없이 그 금지권을 배제할 수 있는 점에 실익이 있다. 상표권의 효력이 미치지 아니하는 범위에 해당하는 상표는 다음과 같은 경우이다.

(1) 자기의 성명 등을 상거래 관행에 따라 사용하는 상표

자기의 성명·명칭 또는 상호·초상·서명·인장 또는 저명한 아호·예명·필명과 이들의 저명한 약을 상거래 관행에 따라 사용하는 상표에는 상표권의 효력이 미치지 아니한다(제90조 제1항 제1호). 2016년 개정법은 자기의 성명·상호 등을 타인이 상표로 등록한 경우 본인이 타인의 상표권을 침해하지 않고 자기의 성명 등을 상표로 사용할 수 있는 범위를 '보통으로 사용하는 방법으로 표시하는 상표'에서 '상거래 관행에 따라 사용하는 상표'로 변경하였다.

상거래 관행에 따라 사용하는 상표의 경우에도 상표권에 대한 침해가 아니라고 규정하려는 것으로, 그 내용은 역시 판례를 통하여 구체화될 수밖에 없으나 상거래 관행과 그 변화에 따라 폭이 확대될 가능성이 매우 높다고 할 수 있다. 이와 같은 취지는 자기의 성명·상호 등 인격의 동일성을 표시하는 경우 상표권 침해 여부를 더욱 신중하게 판단할 필요가 있다는 점에서 타당성이 인정될 수 있다. 보통으로 사용하는 방법으로 표시하는 상표와 상거래 관행에 따라 사용하는 상표는 모두 불확실한 개념으로 구체적인 내용은 결국 법원의 판례를 통하여 확실한 개념이 정립될 것으로 보인다.

판례 1 하나로통신 사건(대법원 2001. 3. 23. 선고 2000후3708 판결)

확인대상표장 '하나로통신'은 법인인 회사의 상호인 '하나로통신 주식회사' 중 회사의 형태(종류) 표시인 '주식회사' 부분을 생략한 것으로서 '상호의 약칭'일 뿐 상호 그 자체를 표시하는 상표에 해당한다고 볼 수 없다. 또한 상호가 약칭으로 사용될 경우에는 그 상호의 저명성이 인정되지 않는 한 상표(서비스표)의 사용실태를 고려할 필요 없이 상표법 제90조 제1항 제1호 소정의 '상거래 관행에 따라 사용하는 상표'에 해당되지는 않는다는 이유로, 확인대상표장이 위 회사 자신의 상호 그 자체를 사용한 것으로 판단하여 상호 '하나로통신 주식회사'가 저명한 것인지 여부에 대하여 살펴보지 않은 채 확인대상표장이 상표법 제90조 제1항 제1호 소정의 상호를 상거래 관행에 따라 사용하는 표장에 해당한다고 판단한 원심은 위법하다.

판례 2 노블레스가구 사건(대법원 2011. 1. 27. 선고 2010도7352 판결)

피고인이 피해자가 상표등록한 '노블레스가구, NOBLESSE' 상표와 유사한 'NOblesse'라고 기재된 가격표를 판매용 가구에 부착하여 상표권을 침해하였다는 내용으로 기소된 사안에서, 피해자의 등록상표 " "와 피고인의 사용표장 " "는 일반 수요자들이 위 등록상표를 '노블레스' 부분만으로, 피고인의 사용표장을 'NOblesse' 부분만으로 호칭·관념할 수 있으므로, 두 표장이 동일·유사한 상품에 함께 사용되는 경우 출처에 관하여 오인·혼동을 일으킬 염려가 있어 서로 유사하다.

피고인의 사용표장에는 피고인의 상호인 '노블레스'가 한글이 아닌 영문자의 평이하지 않은 서체로 표기되어 있고, 그 왼쪽 옆에는 신전 기둥 모양의 도형이 그려져 있어 일반인의 주의를 끌기에 충분하도록 표시되어 있는 점, 위 영문자 끝부분에는 등록상표임을 표시하는 '®'을 함께 병기하고 있는 점, 그 밖에 피고인의 사용표장의 위치와 크기 등을 고려할 때, 일반 수요자가 피고인의 사용표장을 상호로 인식하지는 않을 것으로 보이고, 따라서 피고인의 사용표장이 거래통념상 자기의 상호를 보통으로 사용하는 방법으로 표시한 상표에 해당한다고 할 수 없다.

판례 3 현풍할매곰탕집 사건(대법원 1999. 12. 7. 선고 99도3997 판결)

피고인이 1996. 3. 13.경부터 1998. 6.경까지 구미시 송정동에서, 피해자 차준용이 1988. 7. 28. 상표등록한 '원 현풍할매곰탕집', 1996. 6. 1. 서비스표등록한 '원조

현풍박소선할매집곰탕'과 유사한, '합자회사 현풍할매집'이라는 상호(1996. 3. 13.부터 1997. 4. 3.까지) 또는 '주식회사 현풍할매집곰탕'이라는 상호(1997. 4. 4.부터 1998. 6.경까지)로 '현풍할매집곰탕'과 '현풍할매집꼬리곰탕'으로 표기한 간판과 상호 표시물 등을 설치하여 곰탕 등을 제조, 판매하고, 1997. 9.경부터 1998. 2. 중순경까지 매일신문과 영남일보에 '(주)현풍할매집곰탕, (주)현풍박소선할매집곰탕'이라는 상호를 사용하여 체인점을 모집한다는 내용의 광고를 게재함으로써, 피해자 차준용의 위 상표권 및 서비스표권을 침해하였다고 판단하였다. 이와 같은 원심의 사실인정과 판단은 앞서 본 법리에 따른 것으로서 정당하고, 거기에 논지가 지적하는 바와 같은 채증법칙 위배로 인한 사실오인 또는 상표법 제90조 제1항 제1호에 관한 법리오해의 위법 등이 있다고 할 수 없다.

(2) 식별력을 인정할 수 없는 성질표시 상표

등록상표의 지정상품과 동일·유사한 상품의 보통명칭·산지·품질·원재료·효능·용도·수량·형상·가격 또는 생산방법·가공방법·사용방법 및 시기를 보통으로 사용하는 방법으로 표시하는 상표에는 상표권의 효력이 미치지 아니한다(제90조 제1항 제2호).

보통명칭은 특정종류의 상품의 명칭으로서 일반적으로 사용되는 것이므로 본질적으로 자타 상품의 식별력이 없어 특정인에게 이를 독점하게 하는 것은 부적당하고, 상품의 품질 또는 산지 등의 표시와 같은 성질표시 상표는 식별력이 없어서 누구라도 자유롭게 사용할 수 있으므로 상표권의 효력이 미치지 않도록 한 것이다.

예를 들면, '국어사전'이라는 표장은 서적의 내용이 국어사전이라는 의미가 직감되어 이른바 상품의 성질을 직접적으로 나타내는 성질표시에 해당하므로 등록상표와의 유사 여부를 떠나 상표법 제90조 제1항 제2호에 따라 자유롭게 사용할 수 있는 표장에 해당한다. 이러한 경우에는 상표권의 침해가 성립되지 않는다.

판례 1 참 맑은 사건(대법원 2011. 5. 26. 선고 2009후3572 판결)

확인대상표장 ""은 오돌토돌한 형태의 네모난 테두리 안에, '참'이라는 문자를 큰 글씨체로 하여 왼쪽에, '맑은'이라는 문자를 작은 글씨체로 하여 오른쪽

에 세로로 각 배치하고, 이들 도형 및 문자를 모두 붉은 색으로 하여 구성한 표장이다. 그런데 우리나라의 국어교육 수준을 참작할 때 '춤'은 '참'의 고어로 일반인들에게 어렵지 않게 인식될 것으로 보이고, 전체적으로 볼 때 위와 같은 도안화의 정도만으로는 일반인의 특별한 주의를 끌어 문자의 기술적 또는 설명적인 의미를 직감할 수 없는 등 새로운 식별력을 가질 정도에 이르렀다고 할 수는 없으므로, 확인대상표장은 일반 수요자나 거래자들에게 '참 맑은'이라는 문자로서 인식된다고 할 것이고, 확인대상표장의 실제 사용태양을 고려하더라도 이와 달리 볼 수 없다. 그리고 '참 맑은'은 확인대상표장의 사용상품인 "녹차(캔음료), 우롱차(캔음료), 둥글레차(캔음료), 홍차(캔음료), 옥수수수염차(캔음료), 배 및 복숭아 과실음료(캔음료), 식혜(캔음료)" 등에 사용될 경우에 일반 수요자나 거래자들에게 '매우 깨끗한, 잡스럽거나 더러운 것이 전혀 섞이지 않은'과 같이 사용상품의 품질 등을 나타내는 의미로 직감될 것으로 보인다. 따라서 확인대상표장은 사용상품의 품질 등을 보통으로 사용하는 방법으로 표시하는 상표법 제90조 제1항 제2호 소정의 상표에 해당하므로, 지정상품을 '과일주스, 비알코올성 음료, 유장(유장)음료' 등으로 하는 이 사건 등록상표 " "(등록번호 제734729호)와의 동일·유사 여부를 대비할 필요도 없이 그 권리범위에 속하지 아니한다.

같은 취지의 원심 판단은 정당한 것으로 수긍이 가고, 거기에 상고이유로 주장하는 바와 같은 상표법 제90조 제1항 제2호에 관한 법리오해 등의 위법이 없다.

판례 2 기독교대학 하나님의성회 총회신문 사건(대법원 2010. 9. 9. 선고 2010후1466 판결)

원고가 이 사건 등록상표 "기독교대학하나님의성회 총회신문"(등록번호 제742067호)의 권리범위에 속하지 않는다는 확인을 구하는 표장인 "기독교대학 하나님의성회 총회신문"(이하 '확인대상표장'이라고 한다)이 상표로서 사용되었다고 하는 원심의 판단은 정당한 것으로 수긍할 수 있고, 확인대상표장은 자기의 성명 또는 상호를 보통으로 사용하는 방법으로 표시하는 상표라고 할 수 없고, 사용상품의 보통명칭 또는 품질·효능·용도 등을 나타내는 기술적 표장이라고 할 수 없어서 상표법 제90조 제1항 제1호, 제2호에 해당되지 않는다고 판단한 것은 정당하고, 거기에 상고이유로 주장하는 바와 같은 심리미진 등의 위법이 없다.

(3) 입체적 형상으로 된 등록상표

입체적 형상으로 된 등록상표의 경우에는 그 입체적 형상이 누구의 업무에 관련된 상품을 표시하는 것인지 식별할 수 없는 경우에 등록상표의 지정상품과 동일·유사한 상품에 사용하는 등록상표의 입체적 형상과 동일·유사한 형상으로 된 상표에는 상표권의 효력이 미치지 아니한다(제90조 제1항 제3호).

본 호는 상품의 기술적·기능적 특징을 포함하는 입체적 상표가 다른 문자·도형 등과 결합하여 식별력이 인정되었거나 또는 사용에 의한 식별력의 취득으로 등록이 되었다고 하더라도 그 상표권의 보호는 입체적 형상의 비기술적·비기능적 특징에 한정된다. 따라서 입체적 형상 자체만으로는 식별력이 없는 등록상표인 경우에는 상표권의 효력이 미치지 않도록 한 것이다.

(4) 관용하는 상표, 현저한 지리적 명칭으로 된 상표

등록상표의 지정상품과 동일·유사한 상품에 대하여 관용하는 상표와 현저한 지리적 명칭 및 그 약어 또는 지도로 된 상표에는 상표권의 효력이 미치지 아니한다(제90조 제1항 제4호). 관용표장 또는 현저한 지리적 명칭은 식별력이 인정되지 아니하는 표장이다.

지리적 명칭이나 관용표장 또는 그 결합표장에 흡수되어 불가분의 일체를 구성하고 있다면, 상품에 대한 관용상표 또는 현저한 지리적 명칭으로 된 상표는 공익적 차원에서 그 등록 여부를 떠나 누구나 자유롭게 사용할 필요가 있기 때문에 상표권의 효력이 미치지 않는다.

판 례 「석촌서울가든」 사건(대법원 1994. 9. 27. 선고 94다2213 판결)

도형과 문자가 결합된 이 사건 등록서비스표의 문자 부분인 '서울가든' 중 '서울'은 대한민국 수도의 명칭으로서 현저한 지리적 명칭이고 '가든'은 현재 일반적, 관용적으로 음식점 특히 갈비집, 불고기집 등에 사용되고 있는 표장이므로 이는 상표법 제90조 제1항 제3호의 규정에 의하여 피고가 사용하는 '석촌서울가든'이라는 문자로 된 서비스표에 대하여는 그 효력이 미치지 아니한다고 판단한 것은 위 법리에 따른 것으로서 정당하다.

(5) 형상, 색채 또는 색채의 조합, 소리 또는 냄새로 된 상표

등록상표의 지정상품 또는 그 지정상품 포장의 기능을 확보하는 데 불가결한 형상, 색채, 색채의 조합, 소리 또는 냄새로 된 상표에는 상표권의 효력이 미치지 아니한다(제90조 제1항 제5호). 특정한 입체적 형상이 상품 또는 그 상품의 포장의 기능을 확보하는 데 불가결한 기능성을 가진다고 판단될 경우에는 이에 대한 독점을 허용할 경우 관련 산업의 발전이 저해될 수 있으므로 이를 예방하고 다른 경업자의 자유로운 사용을 보장하기 위하여 공익적 차원에서 특정인에 의한 상표등록을 배제하고 있다.

본 호에서 형상, 색채, 색채의 조합, 소리 또는 냄새로 된 상표는 공익적 차원에서 그 등록 여부를 떠나 누구나 자유롭게 사용할 필요가 있기 때문에 상표권의 효력이 미치지 않도록 한 것이다.

3. 부정경쟁의 목적

상표법 제90조 제1항 제1호는 상표권의 설정등록이 있은 후에 부정경쟁의 목적으로 자기의 성명·명칭 또는 상호·초상·서명·인장 또는 저명한 아호·예명·필명과 이들의 저명한 약칭을 사용하는 경우에는 적용하지 아니한다(제90조 제3항). 부정경쟁의 목적이란 등록된 상표권자의 신용을 이용하여 부당한 이익을 얻을 목적을 말한다.

부정경쟁의 목적이란 등록된 상표권자의 신용을 이용하여 부당한 이익을 얻을 목적을 말하고 단지 등록된 상표라는 것을 알고 있었다는 사실만으로 그와 같은 목적이 있다고 보기에는 부족하다. 상표권 침해자 측의 상표 선정의 동기, 피침해상표를 알고 있었는지 여부 등 주관적 사정과 상표의 유사성과 피침해상표의 신용상태, 영업목적의 유사성 및 영업활동의 지역적 인접성, 상표권 침해자 측의 현실의 사용상태 등의 객관적 사정을 고려하여 판단하여야 한다.

판례 1 유화정 사건(대법원 2012. 5. 10. 선고 2010후3387 판결)

확인대상표장은 피고의 상호인 '유화정철학원'을 세로로 표기한 문자표장으로서 다른 문구나 도형과 결합 없이 오직 상호만을 평이한 서체로 표시하고 있어

인터넷 포털사이트 내 개별 정보사이트에서의 사용태양을 감안하더라도 일반 수요자가 이를 보고 상호임을 인식할 수 있을 것으로 보이므로 확인대상표장은 거래통념상 자기의 상호를 보통으로 사용하는 방법으로 표시하는 서비스표에 해당하고, 피고가 자기의 상호를 사용하기 시작할 당시 또는 등록서비스표의 설정등록이 있은 후 등록서비스표권자 원고의 아명·상호 또는 등록서비스표인 '유화정'이 일반 수요자들이나 관련 업계에 널리 인식되어 있었다고 보기 어려우며, 피고의 영업소가 위치한 서울 영등포구와 갑의 영업소가 위치한 안양시가 지역적으로 인접하여 있지도 않은 이상, 피고가 등록서비스표의 신용을 이용하여 부당한 이익을 얻을 목적으로 확인대상표장을 사용한 것이 아니다.

판례 2 **메디팜 사건**(대법원 2011. 7. 28. 선고 2011후538 판결)

이 사건 등록상표의 표장인 "**메 디 팜**"은 피고가 확인대상표장인 "**미래메디팜 주식회사**"로 상호를 변경할 당시 그 지정상품에 대하여는 주지성을 얻을 정도에 이르지 못하였다고 하더라도 국내 의약품 관련 업계에서 원고의 상호 또는 서비스표로서는 이미 널리 알려져 있었고, 피고도 의약품의 제조·판매업을 하는 자로서 이를 잘 알고 있었던 것으로 보이는 점, 그럼에도 피고는 이 사건 등록상표의 등록 이후에 원래 사용하던 '동호약품 주식회사'에서 이 사건 등록상표의 표장이 포함된 '미래메디팜 주식회사'로 상호를 변경한 점, 이 사건 등록상표와 확인대상표장은 조어로서 식별력이 있는 '메디팜' 부분만으로 호칭될 수 있어서 전체적으로 서로 유사한 점, 원고와 피고는 의약품의 제조·판매업을 하는 자로서 그 영업에 상당한 관련성이 있는 점 등을 종합할 때, 피고는 이 사건 등록상표의 설정등록이 있은 후에 그 상표권자인 원고의 신용 내지 명성을 이용하여 부당한 이익을 얻을 부정경쟁의 목적으로 확인대상표장을 사용하고 있다고 봄이 상당하다.

4. 지리적 표시 단체표장권의 효력이 미치지 아니하는 경우

지리적 표시 단체표장권의 효력이 미치지 아니하는 경우는 (ⅰ) 상표법 제90조 제1항 제1호·제2호(산지에 해당하는 경우를 제외한다) 또는 제5호에 해당하는 상표, (ⅱ) 지리적 표시 등록단체표장의 지정상품과 동일한 상품에 대하여 관용하는 상표, (ⅲ) 지리적 표시 등록단체표장의 지정상품과 동일한 상품에 사용하는 지리적 표시로서 해당 지역에서 그 상품을 생산·제조 또는 가공하는 것을 업으로 영위하는 자가 사용하는 지리적 표시 또는 동음이의어 지리적 표시,

(ⅳ) 선출원에 의한 등록상표가 지리적 표시 등록단체표장과 동일 또는 유사한 지리적 표시를 포함하고 있는 경우에 상표권자·전용사용권자 또는 통상사용권자가 지정상품에 사용하는 등록상표이다(제90조 제2항).

5. 서적류에 사용된 제호에 대하여도 상표권의 효력이 미치는 경우

서적류의 제호는 특별한 사정이 없는 한 해당 저작물로서의 명칭 내지는 그 내용을 함축적으로 나타내는 것이며 그러한 창작물을 출판하고 제조·판매하고자 하는 자는 저작권법에 저촉되지 않는 한은 누구든지 사용할 수 있는 것으로서 품질을 나타내는 보통명칭 또는 관용상표와 같은 성격을 가지는 것이므로 제호로서의 사용에 대하여는 상표법 제90조에 의하여 상표권의 효력이 미치지 않는 것이 원칙이다.

판례에 의하면 타인의 등록상표를 정기간행물이나 시리즈물의 제호로 사용하는 등 특별한 경우에는 사용 태양, 사용자의 의도, 사용 경위 등 구체적인 사정에 따라 실제 거래계에서 제호의 사용이 서적의 출처를 표시하는 식별표지로서 인식될 수도 있으므로 그러한 경우에까지 상표권의 효력이 미치지 않는 것으로 볼 수는 없다고 한다.[8)]

판례 1 영절하 사건(대법원 2005. 8. 25. 선고 2005다22770 판결)

서적류의 제호는 특별한 사정이 없는 한 해당 저작물의 창작물로서의 명칭 내지는 그 내용을 함축적으로 나타내는 것이며 그러한 창작물을 출판하고 제조·판매하고자 하는 자는 저작권법에 저촉되지 않는 한은 누구든지 사용할 수 있는 것으로서 품질을 나타내는 보통명칭 또는 관용상표와 같은 성격을 가지는 것이므로 제호로서의 사용에 대하여는 상표법 제90조의 규정에 의하여 상표권의 효력이 미치지 않는 것이 원칙이다.

타인의 등록상표를 정기간행물이나 시리즈물의 제호로 사용하는 등 특별한 경우에는 사용 태양, 사용자의 의도, 사용 경위 등 구체적 사정에 따라 실제 거래계에서 제호의 사용이 서적의 출처를 표시하는 식별표지로서 인식될 수도 있으므로, 그러한 경우까지 상표권의 효력이 미치지 않는 것으로 볼 수는 없다.

피신청인은 이 사건 서적을 '영절하! 중학입문', '영절하! 중학입문 Listening

8) 대법원 2005. 8. 25. 선고 2005다22770 판결.

Script & Test Answers', '영절하! 중학실력', '영절하! 중학실력 Listening Script & Test Answers', '영절하! 중학기본', '영절하! 중학기본 Listening Script & Test Answers', '영절하! 중학종합', '영절하! 중학종합 Listening Script & Test Answers'라는 제호로 제작·판매하여 '영절하'를 제호의 일부로 하는 시리즈물의 형식으로 이 사건 서적을 제작·판매하고 있음을 알 수 있는바, 앞서 본 법리에 의하면, 피신청인의 '영절하' 제호의 사용 태양, 사용 의도, 사용 경위 등에 비추어 피신청인은 신청인의 등록상표를 시리즈물인 서적의 제호의 일부로 사용함으로써 시리즈물인 서적의 출처를 표시하고 있는 것으로 볼 여지가 있으므로, 원심으로서는 피신청인의 위와 같은 제호의 사용이 서적의 출처를 표시하는 식별표지로서 인식될 수 있는 사용인지 여부에 대하여 나아가 심리한 후 그와 같은 사용으로 인정할 수 있는 경우에는 신청인의 상표권을 침해하는 상표적 사용으로 보아 신청인의 상표권의 효력이 이에 미치는 것으로 보아야 할 것이다.

판례 2 요리책 사건(대법원 2013. 4. 25. 선고 2012다41410 판결)

서적류의 제호가 서적의 출처를 표시하는 식별표지라고 하려면 정기간행물이나 시리즈물의 제호로 사용하는 등의 특별한 경우에 그 사용 태양, 사용자의 의도, 사용 경위 등에 비추어 실제 거래계에서 제호의 사용이 서적의 출처를 표시하는 식별표지로 인식되었다고 볼 수 있는 구체적 사정이 인정되어야 한다. '○○○원으로 ○○○하기'라는 제호와 표지·제호 디자인을 갖춘 시리즈물은 원고들이 기획·편집한 요리책이라는 상품 또는 영업의 표지로서 기능하고 있고 위 서적들은 국내 대부분 서점에 배포되어 베스트셀러가 됨으로써 국내에 널리 인식되었다는 주장에 대하여, 그 판시와 같은 이유로, '○○○원으로 ○○○하기'라는 형태의 제호가 원고들에 의하여 장기간 계속적·독점적·배타적으로 사용되었거나, 위 표지·제호 디자인의 차별적 특징이 거래자 또는 수요자에게 특정한 출처의 상품임을 연상시킬 정도로 현저하게 개별화되어 그것들이 주지성을 갖는 원고들의 상품표지에 이르렀다거나, 원고들의 상품표지로서의 주지성을 갖게 되었다고 인정하기 부족하다고 판단하였는바, 위 법리와 기록에 비추어 살펴보면 원심의 위와 같은 판단은 정당하고, 거기에 논리와 경험의 법칙에 반하여 자유심증주의의 한계를 벗어나거나 부정경쟁방지법상의 상품표지에 관한 법리오해, 판단누락 등의 잘못이 없다.

Ⅱ 다른 권리와 이용저촉관계

1. 상표권의 저촉관계

상표권자·전용사용권자 또는 통상사용권자는 그 등록상표를 사용할 경우에 그 사용상태에 따라 그 상표등록출원일 전에 출원된 타인의 특허권·실용신안권·디자인권 또는 그 상표등록출원일 전에 발생한 타인의 저작권과 저촉되는 경우에는 지정상품 중 저촉되는 지정상품에 대한 상표의 사용은 특허권자·실용신안권자·디자인권자 또는 저작권자의 동의를 받지 아니하고는 그 등록상표를 사용할 수 없다(제92조 제1항). 상표는 상품의 식별표지이므로 특허나 실용신안과 저촉관계가 있을 수 없다. 다만, 입체상표의 도입으로 실제 상표의 사용에 있어서 특허권 또는 실용신안권을 구체화한 상품과 동일·유사하여 저촉관계가 발생할 가능성이 있다.

또한 디자인권의 특성상 상표권과 서로 저촉하는 경우가 발생한다. 본 조는 상표법과 특허법, 실용신안법, 디자인보호법 및 저작권법의 보호 법익이 서로 다른 관계로 각각의 법률에 의한 별개의 권리가 발생하지만, 보호하고자 하는 권리의 내용이 공통되어 권리 간의 저촉 또는 충돌이 생길 수 있으므로 이를 조정하기 위한 것이다.

판 례 히딩크 넥타이 사건(대법원 2004. 7. 22. 선고 2003도7572 판결)

구 저작권법(2000. 1. 12. 법률 제6134호로 개정되기 전의 것, 이하 같다)은 제4조 제1항 제4호에서 '회화·서예·도안·조각·공예·응용미술작품 그 밖의 미술저작물' 등을 저작물로 예시하고 있었으나, 저작권법(2000. 7. 1.부터 시행되었다)은 제2조 제11의2호에서 "응용미술저작물은 물품에 동일한 형상으로 복제될 수 있는 미술저작물로서 그 이용된 물품과 구분되어 독자성을 인정할 수 있는 것을 말하며, 디자인 등을 포함한다"고 규정하고, 제4조 제1항 제4호에서 응용미술저작물 등을 저작물로 예시함으로써 응용미술저작물의 정의를 규정하고 응용미술저작물이 저작권의 보호대상임을 명백히 하고 있다. 기록에 의하면 판시 '히딩크 넥타이' 도안은 고소인이 저작권법이 시행된 2000. 7. 1. 이후에 2002 월드컵 축구대회

> 의 승리를 기원하는 의미에서 창작한 것인 사실, 고소인은 위 도안을 직물에다가 선염 또는 나염의 방법으로 복제한 넥타이를 제작하여 판매하였고, 피고인 1 역시 같은 방법으로 복제한 넥타이를 제작하여 판매한 사실을 각 인정할 수 있다. 원심의 인정과 같이 위 도안이 우리 민족 전래의 태극문양 및 팔괘문양을 상하좌우 연속 반복한 넥타이 도안으로서 응용미술작품의 일종이라면 위 도안은 '물품에 동일한 형상으로 복제될 수 있는 미술저작물'에 해당한다고 할 것이다. 또한 그 이용된 물품(이 사건의 경우에는 넥타이)과 구분되어 독자성을 인정할 수 있는 것이라면 저작권법 제2조 제11의2호에서 정하는 응용미술저작물에 해당한다고 할 것이다.
>
> 그렇다면 판시 '히딩크 넥타이' 도안이 그 이용된 물품과 구분되어 독자성을 인정할 수 있는 것이라면 저작권법의 보호대상인 저작물에 해당한다. 그렇지 아니하다면 저작물에 해당하지 아니한다고 할 것인데도, 원심은 위 도안이 그 이용된 물품과 구분되어 독자성을 인정할 수 있는 것인지에 관하여 심리를 하여 보지 아니한 채 위에서 본 이유만으로 위 도안이 저작권법의 보호대상인 저작물에 해당하지 아니한다고 판단하고 말았으니, 원심판결에는 응용미술저작물에 관한 법리를 오해하였거나 필요한 심리를 다하지 아니하여 판결에 영향을 미친 위법이 있다고 할 것이다.

2. 상표권의 사용이 부정경쟁행위에 해당하게 될 경우

2014년 개정법에서 상표권의 사용이 부정경쟁행위에 해당하게 될 경우 사용권을 제한하는 규정을 신설하였다. 상표권자·전용사용권자 또는 통상사용권자는 그 등록상표의 사용이 부정경쟁방지법 제2조 제1호 (차)목에 따른 부정경쟁행위에 해당할 경우에는 같은 목에 따른 타인의 동의를 받지 아니하고는 그 등록상표를 사용할 수 없다(제92조 제2항).

Ⅲ 권리남용의 제한

1. 서 설

상표법은 상표의 보호에 관하여 선등록주의를 채택하고 있어서 타인이 국내외에서 먼저 사용하고 있는 상표라도 이를 등록하지 않으면 보호를 받을 수 없다. 상표권자는 상표권을 행사하는 과정에서 이를 정당하게 행사하여야 한다. 상표권을 남용(濫用)할 경우에는 공정거래법 제23조에 따라 거래처의 제한 등 불공정거래행위의 금지 제재를 받게 된다.

2. 상표권 행사가 권리남용에 해당하기 위한 요건

상표권자가 해당 상표를 출원·등록하게 된 목적과 경위, 상표권을 행사하기에 이른 구체적·개별적 사정 등에 비추어, 상대방에 대한 상표권의 행사가 상표사용자의 업무상의 신용유지와 수요자의 이익보호를 목적으로 하는 상표제도의 목적이나 기능을 일탈하여 공정한 경쟁질서와 상거래질서를 어지럽히고 수요자 사이에 혼동을 초래하거나 상대방에 대한 관계에서 신의성실의 원칙에 위배되는 등 법적으로 보호받을 만한 가치가 없다고 인정되는 경우에는, 그 상표권의 행사는 비록 권리행사의 외형을 갖추었다 하더라도 등록상표에 관한 권리를 남용하는 것으로서 허용될 수 없다. 판례는 상표권의 행사를 제한하는 근거에 비추어 볼 때, 상표권 행사의 목적이 오직 상대방에게 고통을 주고 손해를 입히려는 데 있을 뿐 이를 행사하는 사람에게는 아무런 이익이 없어야 한다는 주관적 요건을 반드시 필요로 하는 것은 아니라고 한다.[9]

판례1 하이우드 사건(대법원 2012. 10. 18. 선고 2010다103000 전원합의체 판결)

어떤 상표가 상표법 제33조 제1항 제3호에서 정하는 '상품의 품질·효능·용도 등을 보통으로 사용하는 방법으로 표시한 표장만으로 된 상표'에 해당하는지는 그 상표가 지니고 있는 관념, 지정상품과의 관계 및 거래사회의 실정 등을 고려하여 객관적으로 판단하여야 한다(대법원 2007. 9. 20. 선고 2007후1824 판결, 대법원 2011. 4. 28. 선고 2011후33 판결 등 참조). 또한 상표법 제34조 제1항 제11호 전단의 '상품의 품질을 오인하게 할 염려가 있는 상표'란 그 상표의 구성 자체가 그 지정상품이 본래 가지고 있는 성질과 다른 성질을 갖는 것으로 수요자를 오인하게 할 염려가 있는 상표를 말한다. 어느 상표가 품질오인을 생기게 할 염려가 있는지는 일반 수요자를 표준으로 하여 거래통념에 따라 판단하여야 한다(대법원 2000. 10. 13. 선고 99후628 판결, 대법원 2007. 6. 1. 선고 2007후555 판결 등 참조). 그리고 이러한 법리들은 상표법 제2조 제3항에 의하여 서비스표의 경우에

9) 대법원 2008. 7. 24. 선고 2006다40461 판결.

도 마찬가지로 적용된다 .

원심판결 이유에 의하면, 원심판시 원고 제1상표 및 원고 서비스표 "HI WOOD"와 같이, 원심판시 원고 제3상표는 "HI WOOD 하이우드"와 같이, 원심판시 원고 제4상표는 "하이우드"와 같이 각 구성되어 있고, 원고 상표들은 각각 "건축용 비금속제 몰딩, 건축용 비금속제 표면마감재, 건축용 비금속제 벽면라이닝, 건축용 비금속제 보강재료, 건축용 비금속제 계단, 건축용 비금속제 난간손잡이, 건축용 비금속제 문틀, 건축용 비금속제 창틀, 건축용 비금속제 천정판, 건축용 비금속제 바닥판"을 지정상품으로 하고 있으며, 원고 서비스표는 "건축용 몰딩 판매대행업, 건축용 몰딩 판매알선업, 건축용 표면마감재 판매대행업, 건축용 표면마감재 판매알선업, 건축용 문틀 판매대행업, 건축용 문틀 판매알선업, 건축용 창틀 판매대행업, 건축용 창틀 판매알선업, 건축용 보강재료 판매대행업, 건축용 보강재료 판매알선업"을 지정서비스업으로 하고 있음을 알 수 있다.

그런데 원고 상표들 또는 원고 서비스표를 구성하고 있는 'HI WOOD'나 '하이우드' 중 'HI' 또는 '하이'는 '고급의, 상등의, 높은' 등의 뜻을 가진 영어 단어 'high'의 줄임말 또는 그 한글발음이고, 'WOOD' 또는 '우드'는 나무, 목재 등의 뜻을 가진 영어 단어 또는 그 한글발음이다. 한편 원고 제1상표 및 제3상표와 원고 서비스표에 부가된 도형은 이들 상표 또는 서비스표의 부수적 또는 보조적 부분에 불과하여 그 문자 부분의 의미를 상쇄, 흡수할 만한 새로운 식별력을 가진다고 볼 수 없으므로, 원고 상표들 및 원고 서비스표는 일반 수요자나 거래자들에게 '고급 목재, 좋은 목재' 등의 의미로 직감된다고 할 것이다. 따라서 원고 상표들 또는 원고 서비스표는 그 지정상품 또는 지정서비스업 중 목재로 되어 있는 상품 또는 이러한 상품의 판매대행업, 판매알선업에 사용될 경우에는 지정상품 또는 지정서비스업의 품질·효능·용도 등을 보통으로 사용하는 방법으로 표시한 표장만으로 된 상표법 제33조 제1항 제3호의 기술적 표장에 해당하고, '목재'로 되어 있지 아니한 상품 또는 이러한 상품의 판매대행업, 판매알선업에 사용될 경우에는 그 지정상품이 목재로 되어 있거나 그 지정서비스업이 그러한 상품의 판매대행업, 판매알선업인 것으로 수요자를 오인하게 할 염려가 있는 상표법 제34조 제1항 제11호 전단의 품질오인표장에 해당하여, 각 그 등록이 무효로 될 것임이 명백하다. 그러므로 원고 상표들에 관한 각 상표권 또는 원고 서비스표에 관한 서비스표권에 기초한 원고의 이 사건 침해금지, 침해제품의 폐기 및 손해배상 청구는 권리남용에 해당하여 허용되지 아니한다.

판례 2 DHC-DS 사건(일본 동경지방재판소 2015. 11. 13. 선고 평성27(ワ)27 판결)

이 판결은 상표권자의 권리행사가 권리남용에 해당하여 허용되지 않는다고 판시한 사례이다. 상표권에 기한 금지등 청구사건의 쟁점상표는 'DHC-DS'이다. DHC-DS 상표권 침해사건에서, 피고는 설립 후 30년 가까이 경과하고 외국에서 DHC의 상표권을 취득한 후, 배터리 테스터 등에 상당한 제조 실적을 가지고 있는 대만 DHC에서 배터리 테스터 등을 수입 판매하고, 현재에 이르기까지 상당한 대수, 판매 실적을 가지고 있다.

재판부는 "피고는 사용표장을 놓고 원고와 교섭하는 가운데 'DHC JAPAN'의 표장 사용을 멈추고 'DHC-DS'라는 표장을 사용하기 시작한 것으로 피고도 원고의 이익에 일정 정도의 배려를 하고 있음이 엿보이고 이 점에 특단의 배신성 등이 있다고 하기 어렵다, 또한 원고는 '화장품, 건강 식품, 식품, 의약품, 유전자 진단 키트, 의류 등'의 상품을 판매하는 회사로서 불사용 취소 심판에서도 지적된 것처럼 '전기 자기 측정기의 소매'나 배터리 테스터의 제조·판매를 한 적도 없고, 피고가 'DHC JAPAN'을 'DHC-DS'라는 표장으로 변경하고 이를 사용하고 있는 것을 충분히 인식하면서, 피고와의 교섭이 조건이 맞지 않고 이견이 좁혀지지 않자 불사용취소심판을 제기당한 것에도 불구하고 굳이 피고가 사용하고 있었던 'DHC-DS'의 지정서비스에 일부러 배터리 테스터를 포함한 다음, 원고 상표로 등록하고 피고에 대해서 상표권을 행사한 것으로 원고의 상표권 행사는 이러한 사정에 비추어 권리남용에 해당하여 허용되지 않는다"고 판시하였다.

Ⅳ 선사용에 대한 상표사용권의 인정

1. 취 지

특정한 상표를 사용하던 중 타인이 먼저 그 상표와 동일하거나 유사한 상표를 등록한 경우 그 상표를 먼저 사용하던 자에 대하여는 일정한 범위 안에서 그 상표를 계속하여 사용할 권리를 인정할 필요가 있다. 부정경쟁의 목적없이 타인의 상표등록출원 전부터 국내에서 계속하여 사용하고 있고, 타인의 상표등록출원시에 국내 수요자 간에 그 상표가 자기의 상품을 표시하는 것으로 인식되어 있을 경우에는 타인의 등록상표와 동일하거나 유사한 상표를 먼저 사용하는 자에게 자기의 상표를 계속하여 사용할 수 있는 선사용권을 인정한다.

2. 선사용에 따른 상표를 계속 사용할 권리

타인의 등록상표와 동일·유사한 상표를 그 지정상품과 동일·유사한 상품에 사용하는 자로서 (ⅰ) 부정경쟁의 목적없이 타인의 상표등록출원 전부터 국내에서 계속하여 사용하고 있을 것, (ⅱ) 상표를 사용한 결과 타인의 상표등록출원시 국내 수요자 간에 그 상표가 특정인의 상품을 표시하는 것이라고 인식되어 있을 것의 요건을 모두 갖춘 자(그 지위를 승계한 자를 포함한다)는 해당 상표를 그 사용하는 상품에 대하여 계속하여 사용할 권리를 가진다(제99조 제1항).

본 조의 취지는 특정한 상표를 사용하던 중 타인이 먼저 그 상표를 등록받은 경우 그 상표의 선사용자에게 계속하여 그 상표를 사용할 수 있는 권리를 인정함으로써 상표의 미등록에 따른 과도한 피해를 줄이고, 상표의 선사용자와 상표등록을 한 자 사이에 권리보호의 균형을 도모하기 위한 것이다.

3. 자기의 성명 등을 상거래 관행에 따라 상표로 사용하는 경우

자기의 성명·상호 등 인격의 동일성을 표시하는 수단을 상거래 관행에 따라 상표로 사용하는 자로서 상표법 제99조 제1항 제1호의 요건을 갖춘 자는 해당 상표를 그 사용하는 상품에 대하여 계속 사용할 권리를 가진다(제99조 제2항).

본 조의 취지는 자기의 성명·상호 등 인격의 동일성을 표시하는 수단을 상표로 사용하는 자가 부정경쟁의 목적없이 타인의 상표등록출원 전부터 국내에서 해당 상표를 사용하여 온 경우에는 그 상표를 계속 사용할 수 있도록 함으로써 선의의 상표사용자가 부당하게 상표권 분쟁에 휘말리지 않도록 하는 데에 있다.

4. 혼동방지 표시 청구권

상표권자나 전용사용권자는 상표법 제99조 제1항에 따라 상표를 사용할 권리를 가지는 자에게 그 자의 상품과 자기의 상품 간에 출처의 오인이나 혼동을 방지하는 데 필요한 표시를 할 것을 청구할 수 있다(제99조 제3항).

상표권자나 전용사용권자는 선사용자에게 서로의 업무에 관한 상품 간에 혼동을 방지하는 데 필요한 표시를 청구할 수 있다. 이는 상표권자나 전용사용권자의 상표와 선사용자의 상표와의 혼동으로 인하여 발생할 수 있는 상표사용자의 업무상 신용과 수요자의 신뢰이익이 침해되는 것을 방지하기 위한 것이다.

V 상표권자의 의무

1. 서 설

상표권자는 아무런 사용실적이 없이도 상표법상 등록이라는 행정처분에 의하여 독점배타적인 상표권을 취득할 수 있고 높은 재산적 가치를 지니므로 부정한 목적의 상표등록 또는 상표권의 부정한 이용이나 남용의 가능성이 높다. 따라서 상표법은 상표권자의 상표의 부정한 이용이나 남용을 막고 상표가 거래상 상품식별표지로서 정상적인 기능을 발휘할 수 있도록 상표권자에게 사용의무, 정당사용의무, 감독의무, 등록료 납부의무, 공시의무를 부과하고 있다. 이러한 의무사항은 의무수준이 낮아서 강제력이 약하다고 할 수 있다.

2. 등록상표의 사용의무

등록상표의 사용의무란 상표권자 또는 사용권자가 등록상표를 지정상품에 대해서 적절하게 사용해야 하는 의무를 말한다. 상표법은 국내에서 상표를 사용하는 자 또는 사용하고자 하는 자는 상표등록을 받을 수 있다고 규정함으로써 등록주의를 채택하고 있다. 그러나 상표법의 보호대상인 업무상의 신용은 상표의 현실적인 사용에 의해 비로소 인식되는 것이므로 등록상표가 일정기간 사용되지 않는 경우에는 보호해야 할 신용이 발생되지 않고 오히려 제3자의 상표선택의 자유만을 제한하게 된다.

따라서 상표법은 일정기간 등록상표를 불사용하는 경우에 그 제재로서 취소심판을 청구할 수 있도록 하고(제119조), 취소심판의 심결이 확정된 후에 일정기간 동안 상표권자가 다시 출원하는 것을 금지하여 취소심판 청구인에게 출원권을 인정하고 있다.

3. 상표권의 소멸

(1) 상표권자가 사망한 경우

상표권자가 사망한 날부터 3년 이내에 상속인이 그 상표권의 이전등록을 하지 아니한 경우에는 상표권자가 사망한 날부터 3년이 되는 날의 다음 날에 상표권이 소멸된다(제106조 제1항).

민법은 상속이 없는 경우 상속재산의 국가귀속을 규정하고 있다(민법 제1058호). 상표권의 경우 특허권과 마찬가지로 그 예외를 인정하여 상속인이 그 상표권의 이전등록을 하지 아니한 경우에는 상표권자가 사망한 날부터 3년이 되는 날의 다음 날에 상표권이 소멸하도록 규정하고 있다.

(2) 청산되는 법인의 상표권

청산절차가 진행 중인 법인의 상표권은 법인의 청산종결등기일(청산종결등기가 되었더라도 청산사무가 사실상 끝나지 아니한 경우에는 청산사무가 사실상 끝난 날과 청산종결등기일부터 6개월이 지난 날 중 빠른 날로 한다)까지 그 상표권의 이전등록을 하지 아니한 경우에는 청산종결등기일의 다음 날에 소멸된다(제106조 제2항). 상표법 제106조 제2항은 청산종결에 따른 법인의 소멸시에 상표권의 소멸을 명확하게 하기 위하여 신설한 조항이다. 청산절차가 진행 중인 법인의 상표권은 자연인의 사망의 경우와 동일한 취지로 법인의 소멸시에 상표권이 소멸한다.

4. 상표권 소멸 후 1년간 타인의 상표출원 등록 금지 규정 삭제

2016년 개정법은 등록한 상표에 대한 상표권이 소멸한 후 그 상표와 동일·유사한 상표를 타인이 상표등록하려는 경우, 지금까지는 그 상표권이 소멸한 날부터 1년이 지나지 아니하면 상표등록을 받을 수 없도록 하는 규정인 구 상표법 제7조 제1항 제8호를 삭제하였다. 즉, 상표권이 소멸 후 1년간 타인의 상표출원 등록 금지 규정을 삭제하여 상표권 소멸 후 1년이 지나지 아니하여도 소멸된 상표를 등록받을 수 있도록 하였다. 따라서 출원인은 새로 출원함에 따라 발생하는 시간과 비용을 절감하고, 신속한 권리화를 할 수 있게 되었다.

구 상표법 제7조 제1항 제8호는 상표권의 잔상효과로 인한 수요자의 오인·혼동을 방지하기 위한 규정이다. 그러나 등록상표의 자유로운 권리이전이 가능하고, 해외에서도 이와 같은 조문을 찾아보기 힘들다는 점을 감안해서 개정법에서 이를 삭제했다.

CHAPTER

8

상표의 유사판단

제 8 장

상표의 유사판단

I 서 설

상표의 유사란 동종의 상품에 사용되는 두 개의 상표의 외관·칭호·관념 등을 전체적·객관적으로 관찰할 경우 거래사회에서 일반 수요자나 거래자가 상표에 대하여 느끼는 객관적 인식을 기준으로, 그 상품의 출처에 대한 오인·혼동의 우려가 있을 정도로 유사한 것을 의미한다. 상표의 유사 여부는 상품출처의 혼동 여부를 기준으로 판단해야 한다는 것이 대법원의 확립된 입장이다. 상표심사, 상표심판, 심결취소소송, 침해소송에서 실체적 판단은 상표의 유사판단이 핵심이다. 상표는 상품을 식별하기 위하여 사용하는 표장이므로 상표의 동일·유사의 문제는 반드시 지정상품의 동일·유사와 결부시켜서 판단하여야 한다.

II 상표의 유사판단

1. 판단기준

상표의 유사판단은 혼동 여부를 상위개념으로 하여 판단하고, 유사판단의 수단으로 관념·칭호·외관의 세 가지 요소를 하위개념으로 하여 상표를 대비·

판단한다. 상품의 출처에 대하여 혼동을 일으킬 우려가 있는 경우 원칙적으로 이들 요소 중 하나만 유사하여도 양 상표는 유사한 것으로 본다. 다만, 외관·칭호·관념 중 어느 하나가 유사하더라도 전체로서 출처의 혼동이 없는 경우에는 비유사한 것으로 판단한다.

상표가 식별력 있는 부분과 식별력 없는 요소로 결합되어 있는 경우에는 식별력 있는 부분만이 상표의 요부에 해당하므로, 식별력 있는 요부만을 대비하여 유사 여부를 판단한다.

서비스업 중에서 상품과 관계 있는 서비스업에 대해서는 어느 상품에 사용되는 표장과 동일 또는 유사한 표장을 그 상품과 밀접한 관련 있는 서비스업에 그 서비스표로 사용할 경우 일반 수요자가 그 서비스업의 제공자를 상품의 제조판매자와 동일인인 것처럼 서비스표의 출처에 대하여 혼동을 일으킬 우려가 있다. 특히 거래사회의 실정으로 보아 서비스업의 제공과 상품의 제조·판매가 동일한 업자에 의하여 이루어지는 경우가 많고, 일반인들 또한 그렇게 생각하는 경향이 있는 경우에는 그와 같은 혼동의 우려는 더욱 많아진다.

판 례 다이소 사건(대법원 2015. 10. 15. 선고 2014다216522 판결)

갑 등이 을 주식회사의 등록서비스표인 "다이소", "DAISO"의 지정서비스업과 동일·유사한 서비스업인 생활용품 등 판매점을 운영하면서 "다사소 DASASO", "DASASO", "다사소"를 서비스표로 사용하자, 을 회사가 갑 등을 상대로 서비스표권 침해금지 등을 구한 사안에서, 등록서비스표인 "다이소", "DAISO"의 주지성을 고려할 때 갑 등의 서비스표는 차이가 나는 중간 음절은 부각되지 않은 채 첫째 음절과 셋째 음절만으로도 일반 수요자에게 등록서비스표를 연상시킬 수 있는 점, 을 회사의 등록서비스표와 갑 등의 서비스표가 사용된 서비스업이 생활용품 등 판매점으로 일치하고, 취급하는 상품의 품목과 전시 및 판매 방식 등까지 흡사하여 일반 수요자가 양자를 혼동할 가능성은 더욱 높아지는 점 등에 비추어, 갑 등이 서비스표를 생활용품 등 판매점 운영을 위하여 사용한 행위는 거래자나 일반 수요자에게 서비스업의 출처에 대하여 오인·혼동하게 할 우려가 있어 유사상표를 동일한 서비스업에 사용한 행위에 해당하므로 을 회사의 등록서비스표권에 대한 침해행위가 된다.

2. 유사판단의 3요소

(1) 외관유사

외관유사란 대비되는 상표가 그 구성이 유사하기 때문에 상품 출처의 오인·혼동을 일으키게 하는 시각적 요인의 유사를 말한다. 외관유사란 상표의 문자, 기호, 도형 등의 외관상 형상을 시각으로 관찰한 결과 서로 분간하기 어려운 것을 발한다.

외관의 유사성 판단은 주로 기호, 도형, 입체적 형상 또는 이들과 색채를 결합한 상표 간에 적용되며 문자상표 간에도 문자의 구성과 형태를 감안하여 외관의 유사성도 고려하여야 한다. 예를 들면, HOP 대 HCP, 百花 대 白花는 외관이 유사하다.

(2) 칭호유사

칭호유사란 상표를 호칭하는 발음이 유사한 청감을 가지고 있어 상품출처의 오인·혼동을 일으키게 하는 청각적 요인의 유사를 말한다. 칭호유사란 대비되는 두 개의 상표의 칭호(naming)가 서로 구별되어 들리지 않는 것을 말하며 청각적 요인에 의한 상표의 혼동이다. 상표의 호칭은 문자, 도형, 기호들의 구성이 거래사회에서 어떻게 불리는가에 따라 결정된다.[1]

외국문자 상표에 관한 칭호유사 여부의 판단은 내국인 관례상의 칭호는 물론 해당 외국인의 대표적인 칭호도 함께 고려하여야 한다.[2] 오늘날 광고 선전 매체의 비약적 발전에 따라 상품이 상표의 호칭에 의해 식별되는 경향이 강화되고 있어 상표의 유사 여부 판단에서 칭호의 유사가 가장 중요한 요소라 할 수 있다.

칭호가 유사하다고 본 예로 千年 대 天然, 삼성 대 SAMSUNG, INTERCEPTOR 대 인터셉터, Leeman 대 Riman, Revillon 대 Revlon, TVC 대 TBC, TOBY 대 TOPY, Libero 리베로 대 리베라(Riviera), GEVRIN 대 게보린(GEWORIN), Seiko 대 Seycos, Beep 대 Veep 등이 있다. 유사하지 않다고 본 예로는 Solar 대 Polar,

---

1) 사법연수원, 204면.

2) 대법원 2006. 9. 8. 선고 2006후954 판결: 출원상표 '**ELOCOM**'은 선등록상표 '**엘레콤**'과 그 호칭이 유사하므로, 두 상표가 동일·유사한 지정상품에 사용될 경우 거래자나 일반수요자로 하여금 출처의 오인·혼동을 일으키게 할 염려가 있다.

삼정 대 미쯔이(MITSUI), 송하 대 마쓰시다. 휴마쎈 대 HUMATIN, TBC 대 CBC 등이 있다.

(3) 관념유사

관념유사란 상표의 의미 또는 관념이 서로 유사하기 때문에 상품 출처의 오인·혼동을 일으키는 지각적 요인의 유사를 말한다. 즉, 상표가 가지는 의미가 비슷하여 대비된 상표를 용이하게 직감하게 하는 경우를 말하다. 관념의 유사성 판단은 문자, 도형상표들 간에 주로 적용한다.

관념이 유사하다고 본 예로는 삼진수랏상 대 수라, 다이아몬드 도형 대 Diamond, 임금 대 King, 平和 대 Peace, COACH 대 금마차, Golden Spike 대 Golden Spur, GREENPEACE 대 PEACE, 韓雪花(한설화) 대 雪花(설화) 등이 있다. 관념이 비유사한 표장의 예로 SUNSHINE 대 일광, 동백표와 Camellia 등이 있다.

3. 유사판단 시기

상표법 제34조 제1항 제7호에 따라 선등록상표와 출원상표 간의 유사판단에 해당하는지의 판단은 상표등록여부 결정시를 기준으로 하여 결정한다(제34조 제2항).

상표등록출원시에는 거절이유로 인용한 상표의 상표권자와 출원인이 서로 타인이었으나 출원일 이후에 주로 심사관의 의견제출통지서를 받은 때에 출원인이 위 인용상표를 인수하여 양 상표권자가 동일인이 된다면 자타상품의 혼동가능성이 없어지므로 상표의 유사판단은 등록결정시를 기준으로 판단한다.

4. 혼동이론(Confusion Theory)

혼동이론은 상표의 본질은 상품의 출처(source, origin)에 대한 소비자의 혼동을 방지하는 것이라고 본다. 상표는 재산법적인 관점에서 상표사용자의 재산이라고 이해하지만, 상표법의 목적은 상표사용자의 재산으로서 상표를 보호하는 것보다는 소비자의 혼동을 방지하는 것이라고 한다. 상표는 상표소유자 자신의 상품을 특정시키기 위한 수단이고, 상표소유자의 상품으로 혼동하는 것을 방지하는 범위 내라고 할 수 있다.

혼동이론은 상표와 상표법의 근간을 이루고 있다. 커먼로(common law)상의 상표보호는 'palming off'로부터 소비자를 보호하는 것이었다. 즉 상표보호는 자신의 상품을 타인의 상품인 것처럼 하여(passing off) 상품의 출처를 허위표시함으로써 상품의 출처에 대하여 소비자를 기만하여 혼동시키는 것(palming off)으로부터의 소비자 보호를 의미하였으므로 상표는 전통적으로 혼동이론이 기인한다. 혼동이론은 상표의 사용과 불가분적으로 관련을 가지게 된다. 즉 상표는 상표의 사용에 종속(appurtenant)된다는 원칙을 유지하게 된다.

또한 상표권은 상표의 사용에 의하여 발생하는 것이므로 상표의 사용을 떠나서는 상표 자체의 독립적 독자적인 권리를 인정하지 않는다. 상표가 불완전하고 약한 재산권이라는 의미는 바로 상표가 상표의 사용에 종속되어 상표만의 독자적인 권리가 인정되지 않았기 때문이다.[3)]

Ⅲ 관찰방법

1. 기본원칙

상표의 유사 여부 판단은 그 상표가 사용될 상품의 주된 수요계층과 기타 상품의 거래실정을 고려하여 평균수요자의 주의력을 기준으로 판단하여야 한다. 상표의 유사 여부의 관찰방법은 전체적, 객관적, 이격적 관찰을 원칙으로 하되 상표 구성 중 인상적인 부분(요부)을 중점적으로 비교한다. 이 경우 소리·냄새 등과 같은 유형의 상표는 시각적 표현을 기준으로 유사 여부를 비교하여 판단한다.

2. 전체적 관찰

전체적 관찰이란 상표의 유사 여부를 판단함에 있어서 주요 부분과 부기적 부분을 구분하여 관찰하는 것이 아니라, 상표 전체에 대해서 비교관찰하는 것을 말한다. 다만, 적절한 전체관찰의 결론을 유도하기 위해서 식별력이 없는 윤

3) 나종갑, 30~31면.

곽이나 부기적 사항을 제외하고 식별력이 있는 요부만을 비교·대비하는 요부관찰을 병행한다. 식별기능면에서 보아 외관, 칭호, 관념 중 어느 하나가 동일 또는 유사하여 일반수요자로 하여금 상품 출처의 혼동을 일으키는지 여부를 판단하여야 한다. 전체관찰은 상표의 유사 여부 판단에 있어서 원칙적인 관찰방법이다. 실무에서 전체관찰과 함께 보충으로 요부관찰과 분리관찰이 병행될 수 있다.

판례 1 좋은엄마되기프로젝트 사건(대법원 2010. 12. 9. 선고 2009후4186 판결)

상표의 유사 여부는 그 외관, 호칭 및 관념을 객관적, 전체적, 이격적으로 관찰하여 그 지정상품의 거래에서 일반 수요자나 거래자가 상표에 대하여 느끼는 직관적 인식을 기준으로 하여 그 상품의 출처에 관하여 오인·혼동을 일으키게 할 우려가 있는지 여부에 따라 판단하여야 하므로, 대비되는 상표 사이에 유사한 부분이 있다고 하더라도 그 부분만으로 분리인식될 가능성이 희박하거나 전체적으로 관찰할 때 출처의 혼동을 명확히 피할 수 있는 경우에는 유사상표라고 할 수 없다(대법원 2006. 8. 25. 선고 2005후2908 판결, 대법원 2008. 9. 11. 선고 2008후1739 판결 등 참조).

위 법리와 기록에 비추어 과자, 캔디, 비스킷, 비의료용 추잉껌, 아이스크림, 초콜릿 등 187종의 상품을 지정상품으로 하고 "**좋은엄마되기프로젝트**"로 구성된 이 사건 등록상표(등록번호 제743057호)와 비의료용 추잉껌, 식용캔디, 비스킷, 초콜릿, 아이스크림 등을 지정상품으로 하고 "**PROJECT**"로 구성된 선등록상표(등록번호 제322355호)가 유사한지 여부를 살펴본다.

이 사건 등록상표는 '좋은엄마되기프로젝트'라는 한글 10글자로 구성되어 있음에 비하여 선등록상표는 'PROJECT'라는 영문 7글자로 구성되어 있으므로 그 외관이 현저하게 다르다. 나아가 이 사건 등록상표는 '프로젝트'라는 외래어와 그 앞의 '좋은엄마되기'란 어구가 결합하여 이루어진 것이기는 하나, 우리나라의 언어관습과 영어교육수준을 고려할 때 '프로젝트'라는 단어는 일반 수요자나 거래자에게 통상 그 앞에 나오는 단어나 어구와 결합하여 'ㅇ계획', 'ㅇ과제'라는 일체화되고 한정적인 의미가 있는 하나의 단어로 인식될 것이고, 지정상품과의 관계에서 '프로젝트' 부분이 '좋은엄마되기' 부분에 비하여 특별히 식별력이 강한 것도 아니므로, 그 뒷 부분에 있는 '프로젝트'만에 의하여 호칭·관념된다기보다는 '좋은엄마되기프로젝트'와 같이 전체적으로 호칭·관념된다고 봄이 자연스럽다. 그런데 선등록상표는 '프로젝트'라고 호칭되므로 이 사건 등록상표는 선등록상표와 그 호칭이 다르고, 관념에서도 이 사건 등록상표는 '좋은 엄마가 되도록 하는 계획',

'좋은 엄마가 되기 위한 과제' 등과 같이 구체화된 계획 또는 과제로 관념되나 선등록상표는 구체화되지 않은 일반적이고 포괄적인 의미의 '계획', '과제' 등으로 관념되므로 서로 다르다.

따라서 이 사건 등록상표와 선등록상표를 동일 또는 유사한 상품에 사용한다고 하더라도 일반 수요자나 거래자로 하여금 상품출처에 관하여 오인·혼동을 일으키게 할 염려가 없으므로, 이들 상표는 서로 유사하지 않다.

판례 2 FC 숯도리 사건(대법원 2008. 9. 25. 선고 2008후2213 판결)

이 사건 출원상표 "FC숫돌이"가 한글 부분인 '숫돌이'로 호칭되고 선등록상표 "숯 도 리 SHOOTDORI"가 한글 부분 '숯도리' 또는 영문 부분 'SHOOTDORI'로 호칭될 경우 그 호칭에 있어서 유사한 점이 있다. 이 사건 출원상표는 검은색 바탕에 흰색의 'FC' 부분과 황토색의 '숫돌이' 부분이 결합한 구성인 반면, 선등록상표는 상단에 큰 글자로 된 '숯도리' 부분과 하단에 작은 글자로 된 'SHOOTDORI' 부분이 결합한 구성이므로 그 외관에 있어서 서로 다르고, 이 사건 출원상표는 'Football Club'의 약칭인 'FC'와 '공차는 사내아이'라는 의미인 '숫돌이'가 결합하여 '공차는 사내아이 또는 공차는 사내아이들의 모임'이라는 관념이 떠오르는 반면, 선등록상표는 한글 '숯도리'에 그 영문 음역을 나타내는 'SHOOTDORI'가 결합하여 '숯과 관련한 어떤 것'이라는 관념이 떠오르므로, 그 관념에 있어서 확연히 다르다 할 것인바, 그렇다면 양 상표를 전체적으로 볼 때 외관이 다르고, 관념이 현저하게 달라 일반 수요자에게 출처의 오인·혼동을 일으킬 우려가 있다고 할 수 없다. 그럼에도 원심이, 이 사건 출원상표의 요부인 '숫돌이'와 선등록상표가 호칭에 있어서 매우 유사하고, 선등록상표의 영문자 부분 'SHOOTDORI'에 공을 차다는 의미의 'SHOOT'가 포함되어 있다는 이유로 서로 유사하다고는 보았음은 상표의 유사 여부에 관한 법리를 오해하여 판결 결과에 영향을 미친 위법이 있다고 할 것이다.

판례 3 스쿨버스 100 사건(대법원 2013. 1. 24. 선고 2011다76778 판결)

피고 스콜라스틱 인크(Scholastic Inc.)는 조애너 콜(Joanna Cole)과 브루스 디건(Bruce Degen)이 창작한 어린이용 과학그림책 "The Magic School Bus" 시리즈(원심 판시 별지 1 목록 순번 3 기재 형상의 스쿨버스를 타고 인체, 과거, 우주 등으로 이동하며 과학원리 등을 설명하는 내용의 어린이용 그림책으로서 애니메이션으로도 제작되었다. 이하 '이 사건 원저작물'이라고 한다)의 저작권자이다. 이 사건 원저작물은 1986년 출판된 이래 2007년 1월 기준으로 전 세계에 약 5,300만 부가 판매되었고, 텔레비전, 출판, 비디오, CD-Rom 부분에서 각종 수상작으로 선정된 바 있는 사실, 우리나라에서도 1997년 교육방송(EBS)에서 방영된 이래 JEI 재능 TV에서 애니메이션 프로그램으로 방영된 바가 있고, 피고 스콜라스틱 인크의 허락을 받아 피고 주식회사 비룡소가 "신기한 스쿨버스"라는 제호로 번역·출판한 서적 및 피고 3이 번역·더빙한 "The Magic School Bus" DVD 시리즈물(이하 이들을 합쳐 '피고 출판물 등'이라고 한다)이 1999년부터 2009년 6월경까지 약 850만 부가 판매되었으며, 2000년경부터 원심 변론종결일 당시까지 매일경제신문, 동아일보 등 국내 일간지에서 어린이 과학도서로 추천된 바 있는 사실, 피고들은 "신기한 스쿨버스", "The Magic School Bus" 등 원심 판시 피고 사용표장을 피고 출판물 등의 상품에 표시하여 그 호칭 전체로서 홍보, 광고 및 판매해 왔고, 일반 수요자나 거래자들도 일반적으로 피고 사용표장을 전체로서 호칭해 오고 있는 사실을 알 수 있다.

이와 같은 제반 사실관계에 나타난 이 사건 원저작물 및 피고 사용표장의 주지 정도와 피고 출판물 등을 둘러싼 일반적인 거래실정 등을 앞서 본 법리에 비추어 종합적으로 고려해 보면, 피고 출판물 등에 사용된 피고 사용표장은 일반 수요자나 거래자들 사이에 그 전체가 일체화된 하나의 단어로서 '인체, 과거, 우주 등으로 이동하며 과학원리 등을 설명하여 어린이의 흥미를 유발하는 상상의 세계에 존재하는 스쿨버스'라는 독자적이고 새로운 관념을 형성하여 그 전체로서 인식될 뿐 '스쿨버스' 또는 'School Bus' 부분만으로 분리인식될 가능성은 희박하므로, "녹음된 테이프(음악이 아닌 것), 녹화된 테이프(음악이 아닌 것), 서적, 학습지" 등을 지정상품으로 하고 "  "으로 구성된 원고의 이 사건 등록상표(등록번호 제315616호)와 명확히 출처의 혼동을 피할 수 있어 서로 유사하다고 할 수 없다.

3. 요부관찰

요부관찰이란 전체관찰과 병행하여 상표를 기능적으로 관찰하여 그 중심적인 식별력을 가진 부분, 즉 요부를 추출하여 요부를 중심으로 유사 여부를 판단하는 관찰방법을 말한다. 요부관찰은 전체관찰의 보충적 수단이므로 요부의 선정은 상표를 전체적으로 관찰했을 경우에 식별기능을 가진 부분으로 하여 결정하여야 한다. 상표의 요부, 즉 인상적인 부분, 일반적으로 친숙해지기 쉬운 부분, 특히 주의를 끌기 쉬운 부분 또는 특별한 의미를 가진 부분이라 하더라도 수요자에게 주는 식별력 또는 인상의 강약에 따라 요부의 강약이 인정되며 유사 여부 판단에 있어서도 이를 배려하여야 한다.

> **판 례** 펠로 사건(대법원 2006. 6. 27. 선고 2004후2895 판결)
>
> 지정상품을 고양이과 동물용 백신(feline vaccines)으로 하고 "FEL-O-VAX"로 구성된 이 사건 출원상표의 'VAX' 부분은 그 한글음역인 '박스'와 더불어 의약업계 분야에서 백신제품 이름의 말미에 덧붙여져 백신을 나타내는 뜻으로 널리 사용되는 관용어라고 볼 소지가 충분히 있고, 그 지정상품과 관련하여 보더라도 일반 수요자 및 거래자들이 백신(vaccine)을 나타내는 약어 내지는 이와 관련있는 표시라고 쉽게 인식할 수 있다고 보인다. 이 사건 출원상표 중 'VAX' 부분은 식별력이 없거나 미약하여 요부가 될 수 없고, 'FEL-O-' 부분만이 요부가 된다. 그렇다면 이 사건 출원상표의 'FEL-O-' 부분은 지정상품을 혈압강하제, 순환기용약제 등으로 하고 "**펠로 Fello**"로 구성된 선출원상표와 그 호칭이 유사하여 양 상표가 동일 또는 유사한 지정상품에 함께 사용되는 경우 일반 수요자나 거래자로 하여금 상품출처에 관하여 오인·혼동을 일으키게 할 염려가 있다고 할 것이므로, 이 사건 출원상표는 선출원상표와 유사하다고 보아야 한다.

4. 객관적 관찰

객관적 관찰이란 상표자체의 구성을 기초로 하여 객관적으로 판단하는 것을 말한다. 즉 인용상표 또는 출원상표의 서체나 그 밖의 표시가 변경되어 사용된 경우 또는 특수한 방법으로 사용된 경우, 부정하게 사용할 의사가 있는지 여부는 상표의 유사 여부 판단에 있어서 고려대상이 아니다. 다만, 상표에 따라 그 사용형태가 상품과의 관계에서 분명한 때에는 거래상 혼동될 염려의 유무라는 관점에서 사용형태를 감안하여 유사 여부를 판단하여야 한다.

5. 분리관찰

분리관찰이란 결합상표의 경우에 전체관찰에 대한 수정으로서 각 구성부분을 분리하여 상표의 유사 여부를 판단하는 관찰방법이다. 분리관찰이 필요한 경우는 (i) 문자와 문자의 결합상표에 있어서 결합이 부자연스럽고 사회통념상 불가분적으로 결합되어 있지 아니한 경우, (ii) 문자와 도형의 결합상표에 있어서 그들 사이에 경중의 차이가 없는 경우, (iii) 하나의 상표에서 두 개 이상의 칭호나 관념을 생각할 수 있는 경우에 그중 하나의 호칭, 관념이 타인의 상표와 동일 또는 유사하다고 인정될 경우에 분리하여 각 구성부분을 대비하여 상표의 유사를 판단하는 분리관찰을 하여야 한다.

(1) 대법원 판결에서 분리관찰이 가능하다고 하여 유사로 판단한 사례

MARCIANO 대 GEORGE MARCIANO, GIANNI VERSACE 대 ALFREDO VERSACE, VALENTINO RUDY 대 valentino gravani, BOBBI BROWN + essentials 대 보비, 도형+PAOLO GUCCI 대 GUCC, 정자표 고려당 대 주식회사 고려당, 동방플라자 대 동방.

(2) 대법원 판결에서 분리관찰이 불가능하다고 하여 비유사로 판단한 사례

LAURA ASHLEY 대 ASHELY, HANSGRONE 대 GRONE, PILLAR 대 CATERPILLAR, BODY GUARD 대 BOGARD, RoberttoRicci 대 NINA RICCI, HOMEPLUS 대 HOME, MOP & GLO 대 STEEL GLO.

판 례 마인엠옴므 사건(대법원 2012. 7. 26. 선고 2012후702 판결)

둘 이상의 문자들의 조합으로 이루어진 결합상표는 상표를 구성하는 전체 문자에 의하여 생기는 외관, 호칭, 관념을 기준으로 하여 상표의 유사 여부를 판단하는 것이 원칙이나, 문자들의 결합관계 등에 따라 '독립하여 자타 상품을 식별할 수 있는 구성 부분', 즉 요부만으로도 거래될 수 있다고 인정할 수 있는 경우에는 그 요부를 분리·추출하여 그 부분에 의하여 생기는 호칭 또는 관념을 기준으로 하여 상표의 유사 여부를 판단할 수 있다(대법원 2007. 3. 29. 선고 2006후3502 판결; 대법원 2008. 11. 27. 선고 2008후101 판결).

위 법리와 기록에 비추어 신사복, 남성정장, 코트, 재킷, 잠바 등 36종의 상품을 지정상품으로 하고 "MINE M HOMME 마인엠옴므"로 구성된 이 사건 등록상표(등록번호 제759464호)와 잠바, 신사복, 양복바지, 오버코트, 재킷 등을 지정상품으로 하고 "**M I N E**"으로 구성된 선등록상표(등록번호 제469917호)가 유사한지 살펴본다.

이 사건 등록상표는 상단에 영문자 'MINE'과 'HOMME'가 영문자 'M'을 도안화한 'M'을 중심으로 좌우로 외관상 명확하게 구분하여 표기되어 있고 하단에 상단 영문자의 한글발음인 '마인엠옴므'가 표기된 형태로 구성되어 있다. 그런데 '나의

것'이라는 등의 뜻을 가진 영어 단어와 그 한글발음인 'MINE'과 '마인'이 이 사건 등록상표의 지정상품과 같은 의류 상품에 관하여 사용되는 경우 일반 수요자나 거래자들은 위 영어 단어의 뜻을 좇아 그 상품의 소유관계를 나타내는 것으로 인식하기보다는 소유관계를 포함한 상품에 관한 설명, 묘사나 그 품질·효능·용도 등의 성질에 대한 표시와는 아무런 관련이 없는 임의적인 것으로 인식한다고 봄이 거래사회의 실정 등에 비추어 타당하므로, 'MINE'이나 '마인'은 이 사건 등록상표의 지정상품과의 관계에서 충분한 식별력을 가진다. 반면 'HOMME'와 '옴므'는 '남성'이라는 등의 뜻을 가진 프랑스어 단어 및 그 한글발음으로서 의류 상품과 관련하여 '남성용'을 의미하는 용어로 일반적으로 사용되는 단어이고, ''이나 '엠'은 간단하고 흔한 영문 알파벳 한 글자 또는 그 한글발음으로서 새로운 관념이나 식별력을 가질 정도로 특별하게 구성되어 있지 아니하므로, 이 사건 등록상표의 지정상품과 관련하여 각기 식별력이 없거나 미약한 부분에 해당한다.

따라서 이 사건 등록상표에서 '독립하여 자타 상품을 식별할 수 있는 구성 부분', 즉 요부는 'MINE' 및 '마인' 부분이므로, 이 사건 등록상표는 'MINE' 또는 '마인'만으로 간략하게 호칭·관념될 수 있고, 이 경우 선등록상표 "**M I N E**"과 호칭·관념이 동일하여, 이 사건 등록상표와 선등록상표를 동일 또는 유사한 상품에 사용하는 경우 일반 수요자나 거래자로 하여금 상품출처에 관하여 오인·혼동을 일으키게 할 염려가 있어 유사하다.

Ⅳ 상품의 동일·유사

1. 상표의 동일·유사 판단

상표는 상품을 식별하기 위하여 사용하는 표지이므로 상표의 동일·유사 판단은 언제나 상품의 동일·유사와 결부시켜서 판단한다. 출원상표가 선출원상표와 유사하다 하더라도 선출원상표의 지정상품과 동일 또는 유사한 지정상품에 사용되는 경우가 아니면 상표법상의 상표등록을 받을 수 없는 상표에 해당한다고 할 수 없다.

선등록상표와 출원상표가 동일 또는 유사한지 여부의 판단은 양 상표의 지정상품이 동일·유사하지 아니한 이상 등록이 거절되지 아니하고, 상표권의 금지적 효력은 동일·유사한 상표를 그 지정상품과 동일·유사한 상품에 사용하는 경우에 한하여 미친다. 또한 상표의 동일·유사는 대비되는 상표를 동일하거나 유사한 상품에 사용하는 경우에 수요자에게 출처의 오인이나 혼동을 일으킬 염려가 있는지 여부를 판단하는 것이다.

2. 상품의 유사와 상품류 구분

상표등록출원시 상품 또는 서비스업의 지정은 상표법 제38조 제1항 및 동법 시행규칙 제28조 제1항에서 규정하는 상품류 구분과 특허청의 「유사상품·서비스업심사지침서」를 기준으로 한다. 상품류 구분은 상품의 유사범위를 정하는 것은 아니다(제38조 제3항). 판례에서도 상품류 구분은 상품의 동일·유사여부를 판정하는 절대적인 기준이 될 수 없음을 분명히 하고 있다.

상품의 유사범위를 정하는 기준과 관련하여 상표법 제38조 제1항 및 상표법 시행규칙 제28조 제1항에 의한 상품류 구분은 상표등록사무의 편의를 위하여 구분한 것으로서 상품의 유사범위를 정한 것은 아니므로, 상품구분표의 같은 유별에 속한다고 하여 바로 동일 또는 유사상품이라고 단정할 수 없다. 지정상품의 유사 여부는 대비되는 상품에 동일 또는 유사한 상표를 사용할 경우 동일 업체에 의하여 제조 또는 판매되는 상품으로 오인될 우려가 있는가의 여부를 기준으로 하여 판단하되, 상품 자체의 속성인 품질, 형상, 용도와 생산 부문, 판매 부문, 수요자의 범위 등 거래의 실정 등을 종합적으로 고려하여 일반 거래의 통념에 따라 판단하여야 한다.[4]

상품이 유사하다고 판단한 예로는 (i) 전화기, 팩시밀리 대 데이터 송신기, 데이터 수신기, (ii) 서적, 신문, 잡지 대 녹음 또는 녹화된 테이프(음악이 아닌 것), (iii) 화장비누, 샴푸 대 드라이크리닝제, 타일 및 변기 세정제가 있다. 상품이 비유사하다고 판단한 예로는 (i) 일반 의료기구 대 치과용 의료기구, (ii) 의료용 장갑 대 장갑, 모자, 양말, (iii) 향수 대 자동차용 방향제, (iv) 보온도시락통 덮개 대 서류가방 등 일반 가방류가 있다.

---

4) 대법원 1996. 4. 26. 선고 95후859 판결; 대법원 2003. 10. 10. 선고 2001후1495 판결.

판 례 ACTIV.A.C. 사건(대법원 2009. 7. 9. 선고 2008후5045 판결)

출원상표 “ACTIV.A.C.”의 지정상품인 ‘가정용 감압 상처 치료기기’와 선등록상표 1 “”의 지정상품 중 ‘의료용 온도계’, 선등록상표 2 “ACTIVE LIFE”의 지정상품인 ‘인공항문환자/요실금환자용 웨이퍼 부착 플랜지, 인공항문환자요실금환자용 클립 등’은 품질, 형상, 용도와 생산 부문, 수요자의 범위 등에서 상이하므로, 출원상표는 상표법 제34조 제1항 제7호에서 정한 ‘상표등록을 받을 수 없는 상표에 해당하지 않는다.

V 결합상표의 유사판단

결합상표란 문자, 기호, 도형, 입체적 형상과 이들에 색채를 결합한 표장이 2개 이상 결합하여 구성된 상표를 말한다. 일반적으로 결합상표의 유사 여부 판단은 상표의 외관, 호칭 또는 관념을 기본적 판단요소로 하여 상표의 구성 전체를 관찰하여 이루어지지만, 상표의 구성 중에 수요자의 주의를 특히 끄는 부분과 그렇지 않은 부분이 존재하는 경우에는, 수요자의 주의를 특히 끄는 부분, 바꾸어 말하면, 독립하여 식별력을 갖는 부분이 상표의 요부로 추출되어 유사성 여부 판단의 대상으로 되는 경우도 있다. 결합상표의 유사 여부는 그 결합의 강약 정도를 고려하여 다음과 같이 판단한다. 다만, 상표를 이루는 각 구성부분 간의 결합으로 인하여 현저하게 다른 외관, 칭호 또는 관념을 낳는 것이 명백할 때에는 그러하지 아니하다.

1. 식별력 없는 표장 간의 결합상표

식별력이 없는 표장만으로 결합된 상표는 원칙적으로 전체관찰하여 식별력 유무를 판단하되, 결합에 의해 새로운 관념 또는 새로운 식별력을 형성하는 경우 식별력이 있는 것으로 본다. 전체관찰에 의해서도 식별력이 없다고 인정되는 경우 거절된다.

결합상표로서 식별력 없는 사례는 BEST JEAN(청바지), 피자생각(피자전문식당업: 2011허5991), SWISSONE(금융업: 2006허3243), SUPERSTORE(자기디스크드라

이브: 94후2241)가 있다.

2. 형용사적 문자와 결합하여 유사한 상표

형용사 문자와 결합하여 구성된 상표는 원칙으로 그 형용사 문자가 결합하지 아니한 상표와 유사한 것으로 본다. 형용사적 요소는 원칙적으로 비교대상에서 제외한다. 예를 들면, 얼굴 대 새얼굴, STAR 대 SUPER STAR, 동아 대 신동아, 모란 대 금모란, DIAMOND 대 BLUE DIAMOND, MAGIC SALON 대 SALON은 서로 유사하다.

3. 2개의 어구가 결합되어 유사한 상표

결합상표는 거래상 분리하여 관찰이 자연스러울 경우 각각의 부분만으로 된 상표와 유사한 것으로 보며, 결합된 어구가 일련 불가분적으로 호칭되거나 새로운 개념을 형성할 경우에는 그러하지 아니하다. 2개의 단어가 결합된 상표는 원칙적으로 각각 부분만으로 된 상표와 유사한 것으로 판단한다. 다만, 결합된 어구가 일련 불가분적으로 호칭되거나 새로운 관념을 형성할 경우에는 표장 전체를 비교하여 판단한다.

(1) 2개의 어구가 결합되어 유사한 표장

VOLCAN DAMEO 대 VOLCAN 또는 DAMEO, ALCOS−ANAL 대 아날, GS PIPING 대 G.S 지에스, 동방플라자 대 PLAZA, ROSEFANFAN와 ROSE 대 FANFAN, 雪花 대 韓雪花, TREND AURORA 대 AURORA, BOSS + AUDIO SYSTEMS 대 HUGO+HUGO BOSS, QUADRA−TRAC 대 QUADRA, 25시 대 LG 25시, DICKSON 대 ARTHUR DIXON, MARCIANOA 대 GEORGE MARCIANO.

(2) 2개의 어구가 결합되어 유사하지 아니한 표장

SANOMY 대 SAN 또는 NOMY, WORLD CUP 대 WORLD, SUNSTAR 대 SUNMOON, Morning Glory(나팔꽃) 대 Morning 또는 Glory, HOMEPLUS 대 HOME, FREEPORT 대 OLDPORT.

4. 긴 호칭 또는 결합상표 중의 요부가 유사한 상표

긴 칭호로 인하여 어느 일부분만으로 간략하게 인식될 가능성이 있는 상표는 원칙적으로 그 어느 일부분만으로 구성된 상표와 유사한 것으로 본다. 예를 들면, Cherry blossom boy 대 Cherry blossom, Chrysanthemumblesky 대 Chrysanthemum은 유사하다.

5. 관용문자와 다른 문자가 결합하여 유사한 상표

지정상품과의 관계에서 관용문자와 다른 문자가 결합하여 구성된 상표는 관용문자를 제외한 부분만으로 된 상표와 유사한 것으로 본다. 예를 들면, 직물이 지정상품인 경우 KINGTEX 대 KING, 견직물이 지정상품인 경우 ACELAN 대 ACE는 유사한 것으로 본다.

6. 단순히 둘 이상의 기술적 표장을 결합한 경우

단순히 둘 이상의 기술적 표장을 결합한 경우는 식별력이 없다. 예를 들면, 도메인 이름의 형태로 구성된 상표의 유사성 판단은 도메인 이름에 공통적으로 쓰이는 부분(www.com)을 포함하여 도메인 이름 전체로 판단을 하여야 한다. 이와 같은 부분은 식별력이 없는 부분이기 때문에 상표의 유사 여부 판단에서 제외하고 나머지 부분을 대비하여 판단한다. 예를 들면, @, com, go, edu, org, net, kr 등은 식별력이 없는 표장이다.

7. 상호상표의 유사판단

상호상표(상호의 약칭으로 된 상표를 포함한다)에 대해서는 상호의 일부분으로서 통상 사용하는 주식회사, 상사, 회사, CO., 사, 조합, 협동조합 등의 문자(이들의 용어를 외국어로 번역한 문자도 포함한다)가 상호의 요부에 해당하는 문자의 접두사나 혹은 어느 부분에 구성되어 있든 간에 원칙적으로 이를 제외하고 상표의 유사 여부를 판단한다. 다만, 그 판단에 있어서는 상호의 저명도와 거래상 적용되는 약칭의 저명도 및 어조를 감안하여 판단한다.

8. 지리적 명칭이 결합된 상호상표로서 유사한 상표

지리적 명칭과 업종명이 결합된 상호상표는 동일한 지리적 명칭이 결합되어 있는 때에도 업종이 다른 경우에는 원칙적으로 유사하지 아니한 것으로 본다. 예를 들면, 업종이 유사한 경우로서 대한방직(주) 대 대한모직(주), 서울전선(주) 대 서울전기(주)는 지리적 명칭이 결합된 상호상표로서 유사한 표장이다. 그러나 업종이 다른 경우로서 대한모직(주) 대 대한철강(주), 서울제과공업(주) 대 서울전기공업(주)는 비유사한 표장이다.

9. 주지 또는 저명한 상표와 다른 문자가 결합된 상표

지정상품과의 관계에 있어서 주지 또는 저명한 상표와 다른 문자가 결합된 상표는 원칙적으로 그 주지 또는 저명한 상표와 유사한 것으로 본다.

10. 문자, 입체 형상으로 각기 구성된 상표와 이들을 결합한 상표

기호, 문자, 도형, 입체 형상으로 각기 구성된 상표와 (이들과 색채를 결합한 상표를 포함한다) 이들을 결합한 상표를 대비하여 유사판단을 할 때 기호, 도형 및 입체적 형상은 외관·칭호 및 관념에, 문자는 칭호와 관념에 중점을 두되 이들 표장 간의 전체적 결합상태, 표장의 구성, 형태 등 전체적 외관도 부수적으로 고려하여야 한다. 다만, 도형화된 문자 상표는 외관·칭호 및 관념을 함께 고려하여 판단하나, 식별력이 없는 문자상표가 문자인식력을 압도할 정도로 도안해서 등록받은 경우에는 해당 표장의 외관과 동일·유사한지의 여부를 중심으로 판단한다.

판례 1  도형상표 사건(대법원 2013. 7. 25. 선고 2011후1548 판결)

'티셔츠 등 의류'를 사용상품으로 하는 확인대상표장 ""의 사용자 갑 주식회사가 '티셔츠, 스포츠셔츠, 폴로셔츠, 운동용 유니폼' 등을 지정상품으로 하는 등록상표 ""의 상표권자 을을 상대로 소극적 권리범위 확인심판을 청구한 사안에서,

이 사건 등록상표의 지정상품인 '티셔츠 등 의류'의 거래에서는 도형상표의 세세한 부분까지 정확하게 관찰하고 기억하는 것이 아니라 도형 전체의 모티브나 지배적인 인상을 관찰하고 기억하는 것이 보통이므로, 이러한 일반 수요자나 거래자의 직관적 인식을 기준으로 이 사건 등록상표와 확인대상표장의 외관을 이격적으로 관찰하면, 다음과 같다.

두 표장은 모두 ① 원형의 닻고리와 닻장이 서로 붙어 있고, ② 닻고리, 닻장, 닻채가 합쳐져 '우' 자와 같은 모양이며, ③ 닻장의 길이가 갈고리의 끝보다 약간 짧고, ④ 닻줄이 닻고리에서 나와 닻채를 한번 휘감고 돌아 갈고리로 늘어져 있는데 닻줄이 닻채 위를 오른쪽 위에서 왼쪽 아래 방향으로 지나가며, ⑤ 닻채의 아래 끝은 뾰족하고 여기에서 화살표 모양의 끝을 가진 갈고리가 약 45도 상향으로 좌우로 대칭되게 올라가 있는데 닻채 아래 끝과 갈고리의 밑변이 유선형으로 되어 있어서 전체적인 구성과 거기에서 주는 지배적 인상이 극히 유사하다. 다만 두 표장은 ㉮ 닻줄이 휘감긴 구체적 형상과 닻줄 자체의 굵기, 닻고리 내부의 일부가 비어 있는지 여부, 갈고리가 닻채보다 굵은지 여부, ㉯ 색채의 유무, ㉰ 오른쪽 갈고리 부분에 영문 필기체 문자의 유무 등에서 차이가 있으나, 이는 이격적 관찰로는 거의 파악할 수 없을 정도의 세부적인 것들이거나 일반 수요자나 거래자의 인상에 남기 어려운 것들이다.

이와 같이 두 표장은 그 외관이 주는 지배적인 인상이 유사하여 동일·유사한 상품에 다 같이 사용하는 경우 일반 수요자나 거래자로 하여금 상품의 출처에 관하여 오인·혼동을 일으킬 염려가 있으므로, 서로 유사하다.

판례 2 비아그라 사건(대법원 2015. 10. 15. 선고 2013다84568 판결)

심장혈관용 약제, 성기능장애 치료용 약제를 지정상품으로 하고 오른쪽과 같이 마름모 도형의 입체적 형상과 푸른색 계열의 색채를 결합하여 구성된 이 사건 등록상표는 먼저 그 형상이 지정상품인 약제에 속하는 알약의 일반적인 형태라고 할 수 있고, 이에 결합된 색채를 고려하더라도 수요자에게 거래분야에서 알약의 형태로 채용할 수 있는 범위를 벗어나지 아니한 것으로 인식될 수 있다고 보인다. 따라서 이 사건 등록상표는 상표법 제33조 제1항 제3호에서 정하는 지정상품의 형상을 보통으로 사용하는 방법으로 표시한 것에 불과하여 식별력이 없다고 할 것이다.

심장혈관용 약제, 성기능장애 치료용 약제를 지정상품으로 하고 마름모 도형의 입체적 형상과 푸른색 계열의 색채를 결합하여 구성한 "", "", ""

표장으로 상표등록을 한 갑 외국법인 등이 “”, “” 형태의 발기부전 치료용 약제를 생산·판매·광고하고 있는 을 주식회사를 상대로 상표권 침해금지 등을 구한 사안에서, 등록상표와 을 회사 제품들의 형태에 공통되는 부분이 있기는 하지만, 형태에 차이점도 존재할 뿐만 아니라, 전문의약품으로서 대부분 병원에서 의사의 처방에 따라 약사에 의하여 투약되고 있는 을 회사의 제품들은 포장과 제품 자체에 기재된 명칭, 을 회사의 문자상표 및 상호 등에 의하여 등록상표와 구별될 수 있으므로, 등록상표와 을 회사 제품들의 형태가 수요자에게 오인·혼동을 일으킬 우려가 적어 양 상표는 동일 또는 유사하다고 볼 수 없다.

11. 성명상표의 유사 여부 판단

성명상표의 유사 여부 판단은 (ⅰ) 거래사회에서 성명 전체로 사용되는 경우, (ⅱ) 국내 수요자에게 성명 전체로 어느 정도 인식된 경우, (ⅲ) 외국에서 흔한 이름에 성이 결합된 경우, (ⅳ) 상표의 구성 형태로 보아 전체로 인식될 수 있는 경우에 대하여 전체관찰에 의하여 판단한다. 예를 들면,(ⅰ) 성명 전체로 사용된 경우: Calvin Klein, YvesSaintLaurent, Arnold Palmer, (ⅱ) 성명 전체로 어느 정도 알려진 경우: Michael Jackson, NINA RICCI, Kurt Geiger, (ⅲ) 흔한 이름에 성이 결합한 경우(비유사): steven BY STEVE MADDEN 대 steven ALAN, Smith Apple 대 SMITH&WOLLENSKY 등은 전체관찰로 판단한다.

판례 1 GIANNI VERSACE 사건(대법원 2002. 4. 26. 선고 2001다4057 판결)

원심판결 이유에 의하면, 원심은 채무자가 사용하는 “ALFREDO VERSACE” 상표는 그 구성 부분인 ‘ALFREDO’와 ‘VERSACE’가 분리관찰되면 거래상 자연스럽지 못하다고 여겨질 정도로 불가분적으로 결합되어 있다고 할 수 없으므로 ALFREDO 또는 VERSACE만으로 간략하게 호칭, 관념될 수 있고, 그 한글표기인 “알프레도 베르사체” 상표도 마찬가지이며, 이들 채무자 상표들이 베르사체만으로 호칭, 관념되는 경우 채권자의 등록상표 “Versace” 상표와 호칭 및 관념이 동일하고, 베르사체만으로 약칭될 수 있는 채권자의 나머지 등록상표들인 “GIANNI VERSACE”, “VERSUS Gianni Versace” 등과도 호칭 및 관념이 동일하므로 채권자 상표들과 채무자 상표들을 전체적, 객관적, 이격적으로 관찰할 때 서로 유사한 상표이다. 양 상표가 부착된 제품의 제조판매 경로 및 매장의 운영방식이 다르고 판매가격대에 차이가 나는 것은 사실이나 그러한 사정만으로 수요자층이 확연히 구분된다거나 거래사회에서 수요자들이 상품의 품질이나 출처에 관하여 오인·혼동을 일으킬 염려가 없다고 단정할 수 없다는 취지로 판단하였다.

이에 관한 원심의 판단은 정당하고, 거기에 상고이유로 지적하는 바와 같은 상표의 유사에 관한 법리오해나 사실오인 등의 위법이 있다고 할 수 없다.

판례 2 NINA RICCI 사건(대법원 2003. 1. 10. 선고 2001후2986 판결)

원심판결 이유에 의하면, 원심은, 이 사건 등록상표 "RobertoRicci"는 'Roberto' 부분과 'Ricci' 부분으로 분리되어 인식될 수 있고, 인용상표 "NINA RICCI"는 'NINA' 부분과 'RICCI' 부분이 분리하여 관찰하면 자연스럽지 못할 정도로 불가분적으로 결합되어 있다거나 위 두 부분의 결합으로 독자적인 의미를 갖는 것은 아니므로 인용상표 또한 NINA와 RICCI 부분으로 분리되어 인식될 수 있으므로 이 사건 등록상표와 인용상표가 모두 뒷부분에 의하여 '리치' 또는 '리찌'라고 불려질 경우 그 호칭이 동일하여 결국 양 상표는 서로 유사한 상표라 할 것이어서 이 사건 등록상표는 인용상표에 의하여 그 등록의 무효를 면할 수 없다고 판단하였다.

그러나 기록에 의하면, 인용상표 "NINA RICCI"는 원심 판시와 같이 'NINA'와 'RICCI' 부분이 일련불가분적으로 결합되어 있는 것은 아니지만 이 사건 등록상표 및 인용상표의 지정상품과 관련하여 국내 수요자 간에 널리 인식되어 있는 상표로서 실제 거래사회에서 항상 전체로서만 사용되고 인식되어져 왔을 뿐 'RICCI'만으로 분리 약칭되어 사용된 예를 찾아보기 어렵고, 'RICCI'가 특별히 식별력이 강한 부분도 아니어서 보통의 주의력을 가진 국내의 일반 수요자나 거래자들이 거래상황에서 상표를 보고 받는 직관적 인식을 기준으로 인용상표를 'RICCI'만으로 약칭하여 호칭한다고 보는 것은 매우 부자연스럽다 할 것이므로 결국 이러한 구체적 거래실정을 감안하면 인용상표는 'RICCI'만으로 약칭된다고 보기 어려워 이 사건 등록상표와는 유사하지 않다고 봄이 상당하다.

판례 3 JIMMY CHOO 사건(대법원 2006. 8. 25. 선고 2005후2908 판결)

출원상표 "**JIMMY CHOO**"는 지정상품을 '트렁크, 핸드백, 지갑, 우산' 등으로 하고, 선등록상표 " 

"는 지정상품을 '우산, 핸드백, 트렁크, 비귀금속제 지갑' 등으로 한다. 원심은 양 상표를 대비하여, 이 사건 출원상표의 'JIMMY' 부분과 'CHOO' 부분은 그 결합으로 인하여 어떤 특별한 관념을 낳는 것도 아니고 이를 분리관찰하면 자연스럽지 못할 정도로 불가분적으로 결합되어 있다고 보기도 어려우므로 'JIMMY' 부분과 'CHOO' 부분으로 분리관찰될 수 있고, 같은 이유로 선등록상표 역시 각 도형부분, 'PATTY' 부분 및 'JIMMY' 부분으로 분리관찰될 수 있으므로, 이 사건 출원상표와 선등록상표 'JIMMY' 부분으로 분리관찰되는 경우 그 호칭 및 관념이 동일하여 이들 상표는 유사한 상표에 해당하고, 따라서 이들 상표를 동일, 유사한 지정상품에 사용할 경우 상품 출처에 관한 오인·혼동을 일으킬 염려가 있다는 취지로 판단하였다.

그러나 이 사건 출원상표와 선등록상표를 객관적, 전체적, 이격적으로 관찰할 경우 이들 상표는 그 외관, 칭호 및 관념에 있어서 서로 확연히 구분되므로 서로 유사하지 않다고 할 것이고, 비록 이 사건 출원상표와 선등록상표의 구성 중 'JIMMY' 부분이 서로 동일하다고 하더라도, 'JIMMY' 부분이 이들 상표에서 차지하는 비중과 다른 구성요소와 결합되어 있는 정도와 위치 및 이들 상표의 전체적인 구성, 형태 및 관념 등에 비추어 볼 때, 그 지정상품인 '트렁크, 핸드백, 지갑, 우산' 등의 거래에서 일반 수요자나 거래자가 이 사건 출원상표와 선등록상표를 모두 'JIMMY' 부분만으로 호칭·관념함으로써 그 지정상품의 출처에 관하여 오인·혼동을 일으킬 염려가 있다고 보기 어렵다.

따라서 출원상표 "JIMMY CHOO"는 선등록상표 " 

"와 대비하여 볼 때, 두 상표의 구성 중 'JIMMY' 부분이 동일하다 하더라도 그 부분이 두 상표에서 차지하는 비중, 다른 구성요소와 결합되어 있는 정도, 위치 및 두 상표의 전체적인 구성, 형태 및 관념 등에 비추어 일반 수요자나 거래자가 지정상품의 출처에 관하여 오인·혼동을 일으킬 염려가 없으므로, 선등록상표와 유사하지 않다.

CHAPTER

9

상표심판 및 재심

제 9 장

상표심판 및 재심

I 서 설

상표심판이란 이미 설정등록되어 있는 상표권을 둘러싼 분쟁이나 상표등록출원에 대한 거절결정과 같은 심사관의 처분에 대하여 불복이 있을 경우, 특허심판원에서 분쟁해결절차로서 행하는 행정심판의 일종이다. 상표심판은 특허심판과 절차가 거의 동일할 뿐만 아니라 그 심리방식도 동일하고, 3인 또는 5인의 심판의 합의체가 준사법적인 절차에 따라 상표권의 분쟁을 해결하는 것도 동일하다. 상표심판에는 결정계 심판과 당사자계 심판이 있다.

결정계 심판은 특허청 심사관의 처분에 불복하는 심판으로 주로 상표등록출원의 거절결정에 대하여 출원인이 특허청의 처분을 다투는 것으로서 행정쟁송의 한 유형이다. 결정계 심판은 당사자의 대립구조를 취하지 않고, 피청구인이 없고 단지 청구인만 존재한다. 당사자계 심판은 이미 설정된 권리 또는 사실관계에 관한 분쟁을 다루며, 당사자는 청구인과 피청구인이 대립되는 구조를 갖는 심판이다. 상표법에 규정된 심판에는 거절결정에 대한 심판, 보정각하결정에 대한 심판, 상표등록의 무효심판, 존속기간갱신등록의 무효심판, 지정상품추가등록 무효심판, 상표등록의 취소심판, 권리범위 확인심판이 있다.

Ⅱ 결정계 심판

1. 보정각하결정에 대한 심판

보정각하결정을 받은 자가 그 결정에 불복할 경우에는 그 결정등본을 송달받은 날부터 30일 이내에 심판을 청구할 수 있다(제115조). 보정각하결정에 대한 심판은 상표등록출원에 관하여 상표 또는 지정상품을 출원공고결정 전에 보정을 하였으나 그 보정의 요지가 변경되었다고 하여 심사관이 보정각하결정(제42조)을 한 경우에 불복을 할 수 있는 심판제도이다.

2. 거절결정에 대한 심판

상표등록거절결정, 지정상품추가등록 거절결정 또는 상품분류전환등록 거절결정을 받은 자가 불복하는 경우에는 그 거절결정의 등본을 송달받은 날부터 30일 이내에 심판을 청구할 수 있다(제116조). 상표등록거절결정 심판은 특허청 행정처분의 취소 및 상표등록출원의 거절결정에 대해서 출원인에게 불복의 수단을 제공하고 심사의 적정을 기하기 위한 행정절차이다.

Ⅲ 당사자계 심판

1. 상표등록의 무효심판

(1) 서 설

이해관계인 또는 심사관은 상표등록 또는 지정상품의 추가등록이 다음 각 호의 어느 하나에 해당하는 경우에는 무효심판을 청구할 수 있다. 이 경우 등록상표의 지정상품이 둘 이상인 경우에는 지정상품마다 청구할 수 있다(제117조 제1항).

상표등록의 무효심판이란 이해관계인이 설정등록된 상표권이 일정한 무효사유가 있다는 것을 이유로 하여 특허심판원에 심판을 청구한 경우에, 심판의 합의체가 이를 심판하는 특별한 행정절차를 말한다. 상표등록의 무효심판청구는 언제나 가능하며, 상표권이 소멸된 후에도 이를 청구할 수 있다(제117조 제2항).

(2) 이해관계인

무효심판의 청구인 적격은 이해관계인과 심사관에 한한다. 이해관계인이란 상표권이 유효하게 존속함으로 말미암아 직접 또는 간접으로 불이익을 받을 염려가 있는 자를 말하므로 동종업계 종사자를 포함하여 상표권자로부터 권리의 대항을 받을 염려가 있음으로 인하여 현재 손해를 받고 있거나 장래 손해를 받을 염려가 있는 자는 모두 이해관계인에 속한다.

(3) 무효사유

상표등록의 무효심판에 적용되는 무효사유는 다음의 해당 조문의 규정을 위반한 경우이다. (ⅰ) 상표등록 또는 지정상품의 추가등록이 상표등록을 받을 수 있는 자(제3조), 외국인의 권리능력(제27조), 상표등록의 요건(제33조), 상표등록을 받을 수 없는 상표(제34조), 선출원(제35조), 유사한 지정상품 이전(제48조 제2항 후단), 출원의 지분 양도 등(제48조 제4항 또는 제6항부터 제8항까지), 상표거절결정(제54조 제1호, 제2호 및 제4호부터 제7호까지의 규정)을 위반한 경우, (ⅱ) 상표등록 또는 지정상품의 추가등록이 그 상표등록출원에 의하여 발생한 권리를 승계하지 아니한 자가 한 것인 경우, (ⅲ) 지정상품의 추가등록이 제87조 제1항 제3호에 위반된 경우, (ⅳ) 상표등록 또는 지정상품의 추가등록이 조약에 위반된 경우, (ⅴ) 상표등록된 후 그 상표권자가 제27조(외국인의 권리능력)에 따라 상표권을 누릴 수 없는 자로 되거나 그 등록상표가 조약에 위반된 경우, (ⅵ) 상표등록 후 그 등록상표가 제33조 제1항 각 호의 어느 하나(식별력이 없는 상표)에 해당하게 된 경우, (ⅶ) 지리적 표시 단체표장등록이 된 후 그 등록단체표장을 구성하는 지리적 표시가 원산지 국가에서 보호가 중단되거나 사용되지 아니하게 된 경우이다. 상기 (ⅰ)의 무효사유는 상표법 제54조 제1항 각 호(거절이유)와 거의 동일하다.

1상표 1출원(제38조 제1항)을 위반한 경우 거절이유 등에는 해당되나 미미한 절차상 흠이기 때문에 이미 등록된 상표권에 있어서는 무효사유로 규정하고 있지 않다. 특히 사용에 의한 식별력을 인정하는 상표법 제33조 제2항은 무효사유에서 제외된다는 점에 유의해야 한다(제117조 제1항 제6호). 또한 등록상표라 하더라도 후발적인 이유로 식별력을 잃거나 조약에 위반된 경우는 무효사유로 제재하고 있어 이런 점들은 거절이유 등과 차이가 있다.

(4) 법적 효력

상표등록을 무효로 한다는 심결이 확정된 경우에는 그 상표권은 처음부터 없었던 것으로 본다. 다만, 상표법 제117조 제1항 제5호부터 제7호까지[앞에서 열거한 무효사유 (ⅴ)부터 (ⅶ)까지]의 규정에 따라 상표등록을 무효로 한다는 심결이 확정된 경우에는 상표권은 그 등록상표가 같은 호에 해당하게 된 때부터 없었던 것으로 본다(제117조 제3항).

상표법 제117조 제3항 단서를 적용하는 경우에 등록상표가 제1항 제5호부터 제7호까지[(ⅴ)부터 (ⅶ)까지]의 규정에 해당하게 된 때를 특정할 수 없는 경우에는 해당 상표권은 상표법 제117조 제1항에 따른 무효심판이 청구되어 그 청구내용이 등록원부에 공시(公示)된 때부터 없었던 것으로 본다(제117조 제4항). 심판장은 상표법 제117조 제1항의 무효심판이 청구된 경우에는 그 취지를 해당 상표권의 전용사용권자와 그 밖에 상표에 관한 권리를 등록한 자에게 통지하여야 한다(제117조 제5항).

2. 권리범위 확인심판

(1) 서 설

상표권자, 전용사용권자 또는 이해관계인은 등록상표의 권리범위를 확인하기 위하여 상표권의 권리범위 확인심판을 청구할 수 있다. 이 경우 등록상표의 지정상품이 둘 이상 있는 경우에는 지정상품마다 청구할 수 있다(제121조). 권리범위 확인심판이란 특정대상물인 소위 확인대상상표와 대비하여 상표권의 권리범위에 속하는지의 여부를 판단하는 심판이다. 상표권자는 제3자가 특정한 상품(사용상품)에 대하여 사용하는 상표(사용상표)가 등록상표와 동일·유사하고 제3자의 사용상품과 상표권자의 등록상표의 지정상품이 동일·유사할 경우, 상표권자는 특허심판원에 상표권의 효력범위를 확인하는 심판을 청구할 수 있다.

(2) 판단기준

등록상표의 구성 중 등록결정 당시 식별력이 없던 부분이 권리범위 확인심판의 심결 당시 사용에 의한 식별력을 취득한 경우, 상표의 유사 여부 판단시 위 부분을 등록상표에서 중심적 식별력을 가지는 부분으로 간주한다. 상표의 유사여부는 그 외관, 호칭 및 관념을 객관적, 전체적, 이격적으로 관찰하여 그 지정상품의 거래에서 일반 수요자들이 상표에 대하여 느끼는 직관적 인식을 기준으로 그 상품의 출처에 관하여 오인·혼동을 일으키게 할 우려가 있는지에 따라 판단하여야 한다. 그리고 그 판단에서는 자타상품을 구별할 수 있게 하는 식별력의 유무와 강약이 주요한 고려요소가 된다.

상표의 식별력은 그 상표가 가지고 있는 관념, 상품과의 관계, 해당 상품이 거래되는 시장의 성질, 거래 실태 및 거래 방법, 상품의 속성, 수요자의 구성, 상표 사용의 정도 등에 따라 달라질 수 있는 상대적 또는 유동적인 것이므로, 이는 상표의 유사 여부와 동일한 시점을 기준으로 그 유무와 강약을 판단하여야 한다.

(3) 유사판단의 판단시점

권리범위 확인심판 사건에서 등록상표와 확인대상표장의 상표권의 유사 여부를 판단하기 위한 요소가 되는 등록상표의 식별력은 상표의 유사 여부를 판단하는 기준시인 심결시를 기준으로 판단하여야 한다. 대법원은 “등록상표의 전부 또는 일부 구성이 등록결정 당시에는 식별력이 없거나 미약하였다고 하더라도 그 등록상표를 전체로서 또는 일부 구성 부분을 분리하여 사용함으로써 권리범위 확인심판의 심결 시점에 이르러서는 수요자들에게 누구의 상품을 표시하는 것인지 현저하게 인식될 정도가 되어 중심적 식별력을 가지게 된 경우에는 이를 기초로 상표의 유사 여부를 판단하여야 한다”고 판시하였다.[1)]

Ⅳ 상표등록의 취소심판 일반

1. 서 설

상표등록의 취소심판이란 일단 유효하게 상표등록이 된 후에 상표법 제119

1) 대법원 2014. 3. 20. 선고 2011후3698 판결.

조(상표등록의 취소심판) 제1항에 열거된 취소의 사유에 해당됨을 이유로, 그 등록의 효력을 장래에 향하여 소멸시키는 심판이다. 상표등록을 취소한다는 심결이 확정되었을 경우에는 그 상표권은 그때부터 소멸된다. 다만, 불사용취소심판(제119조 제1항 제3호)에 해당하는 것을 사유로 취소한다는 심결이 확정된 경우에는 그 심판청구일에 소멸하는 것으로 한다(제119조 제6항). 따라서 상표등록의 취소심판의 법적 성격은 심판절차에 의하여 취소심결이 확정된 때 또는 심판청구일에 상표권의 효력이 소멸된다는 점에서 형성적 성질을 가진 준사법적 행정행위라 할 수 있다.

2. 취 지

상표등록의 취소심판은 등록상표가 등록 후 정당한 이유없이 사용되지 아니할 경우에는 상표의 본래적 기능을 수행하지 못할 뿐만 아니라 제3자의 상표선택의 자유를 부당하게 제한하는 한편 시장진입을 어렵게 만들어 산업발전에도 아무런 도움이 되지 않으며 출원건수의 급증, 상표등록원부에 수많은 공권설정에 의한 폐단이 초래되기 때문에 이러한 폐해를 해소하려는 것이 제도의 취지이다. 특허법은 그 권리자가 정당한 이유없이 국내에서 3년 이상 그 발명이나 실용신안을 불실시할 경우 이해관계인의 신청에 의해 재정에 의한 강제실시권(특허법 제107조)의 설정에 따라서 특허권의 실시를 제한할 수 있는 제도를 두고 있으나, 상표법에서는 상표권의 실시를 강제하는 강제실시제도가 없다.

3. 상표등록의 취소심판 사유

상표등록의 취소심판 사유는 상표법 제119조 제1항에서, 전용사용권 및 통상사용권의 등록의 취소심판은 동법 제120조에 규정되어 있다. 상표등록의 취소심판 사유는 다음과 같다. 즉 (ⅰ) 상표권자의 부정사용으로 인한 상표등록의 취소, (ⅱ) 사용권자의 오인·혼동행위로 인한 상표등록의 취소, (ⅲ) 등록상표의 불사용으로 인한 상표등록의 취소, (ⅳ) 상표권의 이전에 관한 요건을 위반한 경우, (ⅴ) 유사한 등록상표의 이전의 결과 오인·혼동을 초래하게 하는 경우, (ⅵ) 등록상표의 사용이 부정경쟁행위에 해당하는 경우, (ⅶ) 단체표장의 사용과 관련된 고유의 취소사유, 단체표장 정관변경 위법행위로 수요자에게 상품

품질의 오인·혼동을 불러일으키게 한 경우, (viii) 지리적 표시 단체표장의 사용과 관련하여 위법행위로 수요자에게 상품 품질의 오인·혼동을 불러일으키게 한 경우, (ix) 증명표장과 관련하여 위법행위로 수요자에게 상품의 품질 등의 오인·혼동을 불러일으키게 한 경우, (x) 상표사용권 등록의 취소가 있다. 본 장에서는 실무에서 자주 다루어지는 상표권자의 부정사용으로 인한 상표등록의 취소, 등록상표의 불사용으로 인한 상표등록의 취소 및 상표사용권 등록의 취소에 대해서만 해설한다.

4. 청구인

상표등록의 취소심판은 누구든지 청구할 수 있다. 다만, 상표권의 이전에 관한 요건을 위반한 경우(제119조 제1항 제4호) 및 등록상표의 사용이 부정경쟁행위에 해당하는 경우(제119조 제1항 제6호)에 해당하는 것을 사유로 하는 심판은 이해관계인만이 청구할 수 있다(제119조 제5항). 상표등록의 취소심판을 청구하고자 하는 자는 심판청구서를 특허심판원장에게 제출하여야 한다.

5. 취소심판의 심결확정의 효과

(1) 심결확정일 또는 심판청구일부터 소멸

상표등록을 취소한다는 심결이 확정되었을 경우에는 그 상표권은 그때부터 소멸된다. 다만, 상표등록의 불사용에 해당하는 것을 사유로 취소한다는 심결이 확정된 경우에는 그 심판청구일에 소멸하는 것으로 본다(제119조 제6항).

(2) 지정상품의 취소

불사용취소심판에 해당하는 것을 사유로 하여 취소심판을 청구하는 경우 등록상표의 지정상품이 둘 이상 있는 경우에는 일부 지정상품에 관하여 취소심판을 청구할 수 있다(제119조 제2항). 그러나 부정사용에 의한 취소심판(제119조 제1항 제1호)의 경우에는 상표권 전부를 취소한다. 즉 지정상품 일부에 관하여 부정사용 사실이 있으면 지정상품 전부에 관한 상표권을 취소한다.

(3) 심결이 확정된 날로부터 3년이 경과한 후 재출원 가능

상표등록의 취소심판이 청구되고 그 청구일 이후에 (i) 존속기간의 만료로 인한 상표권의 소멸, (ii) 상표권의 전부 또는 일부의 포기, (iii) 상표등록 취소심결의 확정 중 어느 하나에 해당하게 된 경우에는 상표권자 또는 그 상표를 사용한 자는 포기한 날, 소멸한 날 또는 그 심결이 확정된 날로부터 3년이 경과한 후에 소멸된 등록상표와 동일 또는 유사한 상표를 그 지정상품과 동일 또는 유사한 상품에 대하여 출원해야만 상표등록을 받을 수 있다(제34조 제3항).

(4) 일사부재리의 적용 여부

상표법 제119조 제1항 제3호가 적용되기 위해서는 '취소심판청구일 전 계속하여 3년 이상 국내에서 불사용이' 충족되어야 하므로 그 성질상 일사부재리가 적용될 여지가 없다. 특히 지정상품 전부에 대하여 취소심판이 청구되었으나, 그중 1개의 지정상품 사용사실이 인정되어 심판청구에 대한 기각심결이 확정된 경우 그 후 다시 그 사용사실이 입증된 지정상품을 제외한 나머지 상품에 대하여 본 호의 취소심판을 청구한 경우에도 양 사건이 청구원인이 동일하여 동일사실에 기초한 것이라고 보기는 어려우므로 일사부재리 효력에 반하지 않는다.

6. 2016년 개정법상 상표등록 취소심판제도의 내용

(1) 상표권 소멸 후 1년간 상표등록 제한 규정의 삭제

먼저 출원하여 등록한 상표에 대한 상표권이 소멸한 후 그 상표와 동일·유사한 상표를 타인이 상표등록하려는 경우, 지금까지는 그 상표권이 소멸한 날부터 1년이 지나지 아니하면 상표등록을 받을 수 없도록 하는 규정인 구 상표법 제7조 제1항 제8호를 삭제하였다. 출원인은 1년이 지나지 아니하여도 소멸된 상표를 등록받을 수 있어서 새로 출원함에 따라 발생하는 시간과 비용을 절감하고, 신속한 권리화를 할 수 있다.

(2) 불사용취소심판 심결의 효력

상표등록을 취소한다는 심결이 확정되었을 경우에는 그 상표권은 그때부터 소멸된다. 다만, 불사용취소심판에 해당하는 것을 사유로 심결이 확정된 경우에는 그 심판청구일에 소멸하는 것으로 본다(제119조 제6항). 이는 불사용취소심판의 심결이 확정되면 그 심판청구일에 소급하여 상표권이 소멸되도록 함으로써, 등록만 받아두고 실제로 사용하지 않아 타인의 상표선택권과 기업의 영

업활동을 제한하는 문제를 해소할 수 있도록 하는 데에 취지가 있다.

(3) 청구인 범위 확대

사용하지 않은 상표에 대한 상표등록의 취소심판을 종전에는 이해관계인만 청구할 수 있도록 하여 왔으나, 2016년 개정법에서 누구든지 청구할 수 있도록 청구인의 범위를 확대하였다. 다만, 상표법 제119조 제1항 제4호 및 제6호에 해당하는 것을 사유로 하는 심판은 이해관계인만이 청구할 수 있다(제119조 제5항).

V 부정사용취소심판

1. 취 지

상표권자가 고의로 지정상품에 등록상표와 유사한 상표를 사용하거나 지정상품과 유사한 상품에 등록상표 또는 이와 유사한 상표를 사용함으로써 수요자에게 상품의 품질을 오인하게 하거나 타인의 업무와 관련된 상품과 혼동을 불러일으키게 한 경우 그 상표등록의 취소심판을 청구할 수 있다(제119조 제1항 제1호).

상표권자가 고의로 지정상품에 등록상표와 유사한 상표를 사용하거나 지정상품과 유사한 상품에 등록상표 또는 이와 유사한 상표를 사용함으로써 수요자에게 상품 품질을 오인하게 하거나 타인의 업무에 관련된 상품과의 혼동을 불러일으키게 한 경우에 그 상표등록을 취소할 수 있도록 한 취지는 상표권자가 상표제도의 본래 목적에 반하여 자신의 등록상표를 그 사용권 범위를 넘어 부정하게 사용하지 못하도록 규제함으로써 상품 거래의 안전을 도모하고, 타인의 상표의 신용이나 명성에 편승하려는 행위를 방지하여 거래자와 수요자의 이익보호는 물론 다른 상표를 사용하는 사람의 영업상 신용과 권익도 아울러 보호하려는 데에 있다.[2)]

---

2) 대법원 2013. 12. 26. 선고 2012후1521 판결.

2. 성립요건

상표권자의 부정사용으로 인한 상표등록의 취소심판은 (i) 상표권자의 사용일 것, (ii) 등록상표의 동일성을 벗어난 유사범위 내의 사용일 것, (iii) 수요자로 하여금 상품의 품질의 오인 또는 출처의 혼동을 생기게 할 것, (iv) 대상상표를 고의로 사용할 것을 모두 충족한 경우에 성립된다.

상표권자가 자신의 등록상표가 타인의 상표와 동일·유사하게 변형 사용되는 것을 적극적으로 희망하여 의도적으로 그 변형이 용이하도록 상표를 제작·부착하고, 그 상표가 부착된 상품의 판매자나 수요자에게 그 상표의 변형 방법을 주지시키고, 이로 말미암아 실제로 등록상표가 상표권자의 의도대로 상품의 판매자나 수요자들에 의하여 인용상표들과 동일·유사하게 변형되어 유통·사용되었다면, 이는 상표권자가 직접 등록상표에 변형을 가한 경우와 마찬가지로 타인의 상표의 신용이나 명성에 편승하려는 부정경쟁의 목적으로 등록상표의 사용권의 범위를 넘어 등록상표를 부정하게 사용한 경우로서 이는 상표법 제119조 제1항 제1호의 상표권자가 고의로 지정상품에 등록상표와 유사한 상표를 사용함으로써 수요자에게 상품 품질을 오인하게 하거나 타인의 업무에 관련된 상품과의 혼동을 불러일으키게 하는 경우에 해당한다.

3. 대상상표를 고의로 사용

상표권자가 사용하는 실사용 상표와 타인의 상표(대상상표) 사이의 혼동 유무는 해당 실사용 상표의 사용으로 인하여 수요자로 하여금 그 타인의 상표의 상품과의 사이에 상품의 품질의 오인이나 출처의 혼동을 생기게 할 우려가 객관적으로 존재하는가의 여부에 따라 결정하면 충분하므로, 그 타인의 상표가 해당 등록상표의 권리범위에 속하거나 상표법상의 등록상표가 아니라고 하더라도 그 혼동의 대상이 되는 상표로 삼을 수 있다. 대상상표는 주로 주지·저명한 상표이다.

상표권자가 오인·혼동을 일으킬 만한 대상상표의 존재를 알면서 그 대상상표와 동일·유사한 실사용상표를 사용하는 한 상표 부정사용의 고의가 있다고 본다. 특히 그 대상상표가 주지·저명 상표인 경우에는 그 대상상표나 그 표장상품의 존재를 인식하지 못하는 등의 특단의 사정이 없는 한 고의가 있는 것으로 간주한다. 상표법 제119조 제1항 제2호는 상표권자가 고의로 지정상품에 등록상표와 유사한 상표를 사용하거나 지정상품과 유사한 상품에 등록상표 또는 이와 유사한 상표를 사용함으로써 수요자로 하여금 상품의 품질의 오인 또는 타인의 업무에 관련된 상품과의 혼동을 생기게 한 경우에 상표등록의 취소를 구할 수 있도록 규정하고 있다. 이는 상표권자가 상표제도의 본래 목적에 반하여 자신의 등록상표를 사용권의 범위를 넘어 부정하게 사용하지 못하도록 규제함으로써 상품 거래의 안전을 도모하고 타인의 상표의 신용이나 명성에 편승하는 행위를 방지하기 위한 것으로서, 수요자의 이익은 물론 다른 상표를 사용하는 사람의 영업상의 신용과 권익도 아울러 보호하려는 데에 취지가 있다.

복수의 유사 상표를 사용하다가 그중 일부만 등록한 상표권자가 미등록의 사용상표를 계속 사용하는 경우에도, 그로 인하여 타인의 상표와의 관계에서 등록상표만 사용한 경우에 비하여 수요자가 상품 출처를 오인·혼동할 우려가 더 커지게 되었다면, 이러한 사용도 위 조항에 규정된 등록상표와 유사한 상표의 사용으로 볼 수 있다. 또한 위 조항에서 정한 상표등록 취소사유에 해당하기 위하여 등록상표가 혼동의 대상이 되는 타인의 상표와 반드시 유사할 필요는 없다.[3)]

판례 1 ROOSTSPORT 사건(대법원 2005. 6. 16. 선고 2002후1225 전원합의체 판결)

원심은 피고 등이 사용하는 "ROOTS" 상표(이하 '이 사건 대상상표'라 한다)가 국내에서 상표등록을 받지 아니한 상표로서 이 사건 등록상표 "ROOT"의 권리범위에 속한다고 볼 여지가 있다고 하더라도, 위 규정을 적용함에 있어서 상표권자가 실제로 사용하는 상표와의 혼동의 대상이 되는 상표로 삼을 수 있다는 취지로 판단하였는바, 앞서 본 법리에 비추어 볼 때 원심의 이러한 판단은 정당하다.

원심은 이 사건 등록상표의 종전 상표권자인 주식회사 한서엔터프라이즈가 실제로 사용한 상표인 "ROOT SPORT"(이하 '이 사건 실사용 상표'라 한다)와 이 사건 대상상표 사이의 혼동 여부에 관하여, 수요자들이 이 사건 실사용 상표를 보고 'ROOTS'와 'SPORT'가 축약된 것이라는 인식을 가지기 매우 쉬운 점과 이 사건 실

3) 대법원 2016. 8. 18. 선고 2016후663 판결.

사용 상표를 사용할 당시 국내에서 이 사건 대상상표가 알려진 정도에 비하여 이 사건 등록상표에 대한 인식은 미미하였던 점 등을 고려하면, 이 사건 실사용상표가 사용됨으로써 수요자로 하여금 이 사건 대상상표의 사용상품과의 사이에 상품 출처의 혼동을 일으키게 할 우려가 있었다는 취지로 판단하였는바, 원심판결 이유를 기록에 비추어 살펴보면, 원심의 판단은 정당하고, 거기에 상고이유에서 주장하는 바와 같은 상표법 제119조 제1항 제1호의 규정에 관한 법리를 오해하였거나 심리를 다하지 아니한 위법이 없다.

판례 2 꾸이랑 사건(대법원 2015. 5. 28. 선고 2013후1924 판결)

대상상표 ""의 사용자 갑 주식회사가 등록상표 "**꾸이랑**"의 상표권자인 을을 상대로 을이 등록상표를 실사용상표 ""과 같이 변형하여 사용함으로써 갑 회사의 대상상표 사용상품과 혼동을 생기게 하고 있어 등록상표는 상표법 제119조 제1항 제2호에 따라 등록이 취소되어야 한다며 등록취소심판을 청구하였는데 특허심판원이 기각한 사안에서, 을의 제품 포장에 실제 사용된 모습 "" 중 실사용상표가 수요자의 입장에서 독립적인 출처 표시로 인식될 수 있다는 전제에서, 실사용상표는 등록상표에 도형 등을 추가하여 변형한 등록상표의 유사상표이고, 실사용상표가 을의 사용상품에 사용될 경우 대상상표가 사용되는 갑 회사의 상품 ""과 어떤 관계가 있는 것으로 여겨질 수 있어 거래상 상품의 출처에 오인·혼동을 생기게 할 염려가 있다. 따라서 상표법 제119조 제1항 제1호를 위배한 이 사건 등록상표는 취소되어야 한다.

판례 3 Discovery 사건(대법원 2016. 8. 18. 선고 2016후663 판결)

대상상표들 "Discovery EXPEDITION", "DISCOVERY", "Discovery"를 사용하고 있는 갑 외국회사가 등록상표·서비스표(이하 '등록상표'라 한다) "DiCOVERY"의 등록권리자인 을을 상대로 등록상표가 구 상표법 제73조 제1항 제2호에 해당한다며 등록취소심판을 청구하자 특허심판원이 심판청구를 인용하는 심결을 한 사안에서, 갑 회사는 2012. 7.경부터 의류 제품 등에 대상상표들을 사용하고 있었고, 을은 2013. 1.경부터 의류 제품 등에 등록상표와 실사용상표들 "DICOVERY", "DICOVERY", "Di DICOVERY"를 함께 사용해 오다가 2013. 3. 27. 그중 대상상표들과 비교적 덜 유사한 등록상표를 출원하여 2014. 10. 15. 상표 등록을 받았다. 대상상표들은 등록상표가 등록된 당시 국내에 널리 인식되어 있었고, 을은 대상상표들의 존재를 알면서 등록상표의 등록 이후에도 실사용상표들을 계속 사용하였다. 을이 등록상표와 실사용상표들을 사용함으로써 대상상표들과의 관계에서 등록상표만 사용한 경우에 비하여 수요자가 상품 출처를 오인·혼동할 우려가 더 커지게 되었다. 이러한 사용도 상표법 제119조 제1항 제1호에 규정된 등록상표와 유사한 상표의 사용으로 보아야 하므로, 등록상표에는 상표법 제119조 제1항 제1호의 등록취소사유가 있다고 한 원심판단은 정당하다.

VI 불사용취소심판

1. 취 지

상표권자·전용사용권자 또는 통상사용권자 중 어느 누구도 정당한 이유 없이 등록상표를 그 지정상품에 대하여 취소심판청구일 전 계속하여 3년 이상 국내에서 사용하지 있지 아니한 경우에 그 상표등록의 취소심판을 청구할 수 있다(제119조 제1항 제3호).

본 호의 취지는 일정한 요건만 구비하면 사용 여부와 관계없이 상표를 등록받을 수 있도록 하는 등록주의를 채택함으로써 발생할 수 있는 폐해를 시정하고 타인의 상표 선택의 기회를 확대하기 위하여, 상표권자 또는 사용권자에게 등록상표를 지정상품에 사용할 의무를 부과하고 일정기간 상표를 사용하지 않은 경우 그에 대한 제재로 상표등록을 취소할 수 있도록 하는 데에 있다.

2. 성립요건

등록상표의 불사용취소심판은 (i) 상표권자 및 상표사용권자의 불사용일 것, (ii) 사용하지 아니한 데 대한 정당한 이유가 없을 것, (iii) 심판청구일 전

계속하여 3년 이상 국내에서 불사용할 것, (ⅳ) 등록상표를 그 지정상품에 사용하지 않을 것을 충족해야 성립된다. 상표등록의 불사용취소심판이 청구된 경우에는 피청구인이 해당 등록상표를 취소심판청구에 관계되는 지정상품 중 하나 이상에 대하여 그 심판청구일 전 3년 이내에 국내에서 정당하게 사용하였음을 증명하지 아니하면 상표권자는 취소심판청구와 관계되는 지정상품에 관한 상표등록의 취소를 면할 수 없다. 다만, 피청구인이 사용하지 아니한 것에 대한 정당한 이유를 증명한 경우에는 그러하지 아니하다(제119조 제3항).

3. 동일한 범위 내의 사용일 것

등록상표를 사용한다고 함은 등록상표와 동일한 상표를 사용한 경우를 말하고, 유사상표를 사용한 경우는 포함되지 않는다. 동일한 상표에는 등록상표 그 자체뿐만 아니라 거래통념상 등록상표와 동일하게 볼 수 있는 형태의 상표도 포함된다. 불사용으로 인한 등록취소심판 사건에서 지정서비스업의 해석·판단 시 등록서비스표가 상표법 제119조 제1항 제3호에 해당하지 않기 위해서는 소정 기간 내 국내에서 등록서비스표와 동일한 표장을 사용하여야 한다.

본 호에서 규정하는 등록상표의 사용이란 등록상표와 동일한 상표를 사용한 경우를 말하고, 등록상표가 결합상표이고 결합상표를 이루는 기호나 문자 또는 도형들이 각기 상표의 요부를 구성하고 있는 경우에는 그중 어느 한 부분만을 상표로 사용하였다 하더라도 이를 들어 등록상표를 정당하게 사용한 것이라고 할 수 없다.

판례는 "GUESS BY MAURICE MARCIANO"로 구성된 등록상표는 그 구성 중 'MAURICE MARCIANO' 또는 'MAURICE'와 'MARCIANO' 각각이 'GUESS'와 동등하게 그 요부를 구성한다고 보아야 하므로, 그 구성 중 하나의 요부에 해당하는 'MAURICE'가 생략된 표장인 "GUESS BY MARCIANO"를 사용한 것이 등록상표와 동일한 상표를 그 지정상품에 정당하게 사용한 것으로 볼 수 없다고 한다.[4]

---

4) 대법원 2005. 7. 15. 선고 2004후1588 판결.

판례 1 CONTINENTAL 사건(대법원 2013. 9. 26. 선고 2012후2463 전원합의체 판결)

영문자와 이를 단순히 음역한 한글이 결합된 등록상표에서, 그 영문 단어 자체의 의미로부터 인식되는 관념 외에 그 결합으로 말미암아 새로운 관념이 생겨나지 않고, 영문자 부분과 한글 음역 부분 중 어느 한 부분이 생략된 채 사용된다고 하더라도 일반 수요자나 거래자에게 통상적으로 등록상표 그 자체와 동일하게 호칭될 것으로 보이는 한, 그 등록상표 중에서 영문자 부분 또는 한글 음역 부분만으로 구성된 상표를 사용하는 것은 거래통념상 등록상표와 동일하게 볼 수 있는 형태의 상표를 사용하는 것에 해당하며, 이를 두고 등록상표 취소사유인 등록상표를 사용하지 않은 것이라고 볼 수 없다

이와 달리 영문자와 이를 단순히 음역한 한글이 결합된 등록상표의 불사용으로 인한 상표등록취소심판에서 영문자나 그 한글 음역 중 어느 한 부분이 생략된 채 사용되는 경우 거래통념상 등록상표와 동일하게 볼 수 있는 형태의 상표 사용이 아니라는 취지로 판시한 대법원 1992. 12. 22. 선고 92후698 판결, 대법원 1992. 12. 22. 선고 92후711 판결, 대법원 2002. 9. 27. 선고 2001후2542 판결, 대법원 2004. 8. 20. 선고 2003후1437 판결, 대법원 2004. 8. 20. 선고 2003후1673 판결 등을 비롯한 같은 취지의 판결들은 이 판결의 견해에 배치되는 범위 내에서 이를 모두 변경하기로 한다.

[이 사건 등록상표]

[실사용상표]

지정상품을 고무브이벨트로 하는 이 사건 등록상표는 오른쪽 위와 같이 영문자 'CONTINENTAL'과 이를 단순히 음역한 한글 '콘티넨탈'이 이단으로 병기되어 있는 형태로 이루어져 있고, 원고가 고무브이벨트에 사용하고 있다고 하는 상표(이하 '실사용상표'라고 한다)는 오른쪽 아래와 같이 이 사건 등록상표 중 상단의 영문자 부분만이 표시된 형태로 되어 있다. 그런데 우리나라의 현재 영어 보급수준을 고려하면, 이 사건 등록상표의 상단 영문자 부분과 하단 한글 음역 부분은 모두 일반 수요자나 거래자에게 '대륙(풍)의'라는 의미로 관념될 뿐 그 결합으로 인하여 새로운 관념이 생겨나지는 아니한다고 할 것이고, 또 영문자 부분 'CONTINENTAL'

은 그 한글 음역 부분 '콘티넨탈'의 병기 없이도 '콘티넨탈'로 동일하게 호칭될 것으로 보이므로, 이 사건 등록상표 중 상단의 영문자 부분만으로 된 실사용상표는 일반 수요자나 거래자에게 이 사건 등록상표 그 자체와 동일한 호칭과 관념을 일으킨다고 할 것이다. 그렇다면 실사용상표의 사용은 거래통념상 이 사건 등록상표와 동일하게 볼 수 있는 형태의 상표 사용에 해당한다고 봄이 타당하다.

판례 2 야구용 배트 사건(대법원 2011. 6. 30. 선고 2011후354 판결)

상표법 제119조 제1항 제3호, 제4항 본문은 상표권자 등이 당해 등록상표를 취소심판청구에 관계되는 지정상품 중 1 이상에 대하여 그 심판청구일 전 3년 이내에 국내에서 정당하게 사용하였음을 증명하지 아니하는 한 상표등록의 취소를 면할 수 없도록 규정하고 있는데, 그 취지는 등록상표의 사용을 촉진하는 한편 불사용에 대하여 제재를 가하려는 데에 있다. 이와 같은 불사용으로 인한 상표등록취소심판 제도의 취지에 비추어 볼 때, 등록상표를 지정상품에 관하여 광고한 사실이 있다고 하더라도 지정상품이 국내에서 정상적으로 유통되고 있거나 유통될 것이 예정되어 있는 것이 아니고, 단순히 불사용취소를 면하기 위하여 명목상으로 등록상표에 대한 광고행위를 한 데에 그친 경우에는 등록상표를 정당하게 사용하였다고 할 수 없다.

위 법리와 기록에 비추어 보건대, 이 사건 등록상표(등록번호 제190071호 분할이전 제1호)의 상표권자인 원고가 이 사건 심판청구일 전인 2008. 11. 14.부터 2008. 12. 12.까지 주 1회씩 총 5회에 걸쳐 서울 구로구, 금천구 및 광명시 일대에 배포되는 생활정보지 '벼룩시장'의 광고란에 이 사건 등록상표를 그 지정상품인 탁구대, 야구용 배트와 관련하여 광고한 사실이 인정되기는 한다. 그러나 기록에 의하면, 원고는 별건 등록상표(등록번호 제620703호)에 관하여 2008. 10. 23. 소외 주식회사 삼익스포츠로부터 불사용으로 인한 상표등록의 취소심판이 청구되자 그 무렵 이 사건 등록상표에 관하여 단발적으로 위와 같이 광고를 하였고, 원고가 위 광고 당시 판매하고 남은 '야구용 배트'의 사진이라고 주장하는 갑 제6호증의 1 내지 3은 그 촬영일자 및 사진 속 '야구용 배트'의 제조일자를 전혀 알 수 없는 것들이며, 원고는 위 '야구용 배트' 등의 제조·판매 및 납세 등과 관련한 자료는 물론, 원고의 기본적인 회사 운영과 관련한 어떠한 자료도 전혀 제출하고 있지 아니하였을 뿐만 아니라 2003. 10. 21. 설립된 원고는 2009. 12. 1. 이른바 휴면회사의 해산간주 규정인 상법 제520조의2 제1항에 의하여 해산간주되었다가 이 사건 심판이 청구된 이후인 2010. 2. 8.에야 회사계속등기를 경료하였음을 알 수 있다.

위와 같은 사정에 비추어 보면, 원고의 위와 같은 광고행위 당시 그 지정상품이 국내에서 정상적으로 유통되었거나 유통될 것이 예정되어 있었다고 보기는 어렵고, 따라서 원고의 위와 같은 광고행위는 단순히 등록상표에 대한 불사용취소를 면하기 위하여 명목상으로 이루어진 것에 불과하다고 할 것이므로, 이 사건 등록상표는 이 사건 심판청구일 전 3년 이내에 국내에서 정당하게 사용되었다고 볼 수 없다.

판례 3 백남준 미술관 사건(대법원 2011. 12. 8. 선고 2010후1121 판결)

서비스표의 사용에는 서비스업에 관한 광고·정가표·거래서류·간판 또는 표찰에 서비스표를 표시하고 이를 전시 또는 반포하는 행위는 물론, 서비스의 제공시 수요자의 이용에 공여되는 물건 또는 당해 서비스의 제공에 관한 수요자의 물건에 서비스표를 표시하는 행위, 서비스의 제공시 수요자의 이용에 공여되는 물건에 서비스표를 표시한 것을 이용하여 서비스를 제공하는 행위 또는 서비스의 제공에 이용하는 물건에 서비스표를 표시한 것을 서비스의 제공을 위하여 전시하는 행위 등이 포함된다고 할 것이다.

원심은, 피고가 대구 수성구 범어동에서 2006. 2. 15.경 백남준 미술관을 개관하고, 위 개관일부터 2006. 3. 14.경까지 개관 전시회를 개최하면서 그 방명록에 이 사건 등록상표서비스표(등록번호 생략) "백남준 미술관 Nam-June Paik Museum"를 표기하여 위 미술관을 방문한 관람객들이 열람할 수 있도록 한 사실을 인정하고, 위 사실관계에 의하면 이 사건 심판청구일(2008. 9. 12.) 전 3년 이내인 2006. 2. 15.경부터 같은 해 3. 14.경까지 이 사건 등록상표서비스표가 그 지정서비스업인 미술관경영업의 서비스 내용에 속하는 미술품 전시 서비스의 제공시 그 수요자인 관람객의 이용에 공여되는 물건인 방명록에 표시되고 국내에서 사용되었으므로, 이 사건 등록상표서비스표는 상표법 제119조 제1항 제3호에 의하여 등록이 취소되어야 하는 것이라고 할 수 없다고 판단하였다.

본 법리와 기록에 비추어 살펴보면 위와 같은 원심의 사실인정과 판단은 정당한 것으로 수긍할 수 있고, 거기에 상고이유에서 주장하는 바와 같이 논리와 경험의 법칙에 위배하고 자유심증주의의 한계를 벗어나 사실을 인정하거나 서비스표 사용에 관한 법리를 오해하고 심리를 다하지 아니하는 등으로 판결에 영향을 미친 위법이 있다고 할 수 없다.

판례 4 HARRIS 사건(대법원 2013. 2. 28. 선고 2012후3442 판결)

원심이 "이 사건 취소심판의 심결 이전에 '가사서비스업, 쇼핑대행업, 결혼중개업, 경호업, 경비업, 사설탐정업, 보안서비스업, 소방시설점검업, 운명감정업, 통역업, 종교모임조직업' 등의 서비스업을 추가하였음을 등기사항전부증명서 및 사업자등록증을 통하여 확인할 수 있으므로, 피고가 서비스표등록취소심판을 청구할 수 있는 이해관계인에 해당한다고 판단한 심결은 부당하다"는 원고의 주장에 관하여 명시적으로 판단하지 않았다고 하더라도, 피고가 상표등록취소심판청구 전부터 이 사건 등록서비스표 "HARRIS"(서비스표 등록번호: 제174957호)의 지정서비스업 중 하나인 '예식장경영업'을 영위하여 왔으므로 서비스표등록의 취소심판을 청구할 수 있는 이해관계인에 해당한다고 판단한 이상, 원고의 위 주장의 당부는 피고가 서비스표등록의 취소심판을 청구할 수 있는 이해관계인에 해당한다는 판결 결과에 아무런 영향이 없으므로, 원심판결에는 상고이유로 주장하는 바와 같은 판단누락의 위법이 있다고 할 수 없다.

4. 등록상표의 지정상품에 대한 사용일 것

상표법 제119조 제1항 제3호에서 '등록상표를 그 지정상품에 사용하는 경우'란 등록상표와 동일한 상표를 사용한 경우를 말하고, 등록된 상표와 동일한 상표를 사용하는 경우는 물론 거래통념상 식별표지로서 상표의 동일성 해치지 않을 정도로 변형하여 사용하는 경우도 포함된다. 그러나 유사상표를 사용한 경우는 동일한 상표의 사용으로 간주하지 않는다. 등록상표가 반드시 독자적으로만 사용되어야 할 이유는 없으므로 다른 상표나 표지와 함께 등록상표가 표시되었다고 하더라도 등록상표가 상표로서의 동일성과 독립성을 지니고 있어 다른 표장과 구별되는 식별력이 있는 한 등록상표의 사용이 아니라고 할 수는 없다. 판례에 의하면 '새나라'와 'SAE NA RA'가 상하 2단으로 병기된 등록서비스표의 전용사용권자가 포장상자에 "새나라치킨"과 "SAE NA RA/CHICKEN"의 두 표장을 사용한 것은 그 배열위치와 글자체의 차이에도 불구하고 거래통념상 등록서비스표 전체와 동일성이 있는 서비스표를 사용한 것으로 볼 수 있다고 판시하였다.[5)]

---

5) 대법원 2005. 9. 29. 선고 2004후622 판결.

Ⅶ 상표사용권 등록의 취소심판

1. 서 설

전용사용권 또는 통상사용권(이하 "상표사용권"이라 한다)등록의 취소심판이란 상표권자와의 계약에 의하여 유효하게 설정등록된 상표사용권이 일정한 법정사유에 해당하여, 이를 특허심판원 심판관합의체가 심판절차에 의하여 장래를 향하여 소멸시키는 심판이다. 전용사용권자 또는 통상사용권자가 상표법 제119조 제1항 제2호[6]에 해당하는 행위를 한 경우에는 그 상표사용권 등록의 취소심판을 청구할 수 있다(제120조 제1항).

이 심판은 상표사용권의 등록만을 취소시킨다는 점에서 상표법 제119조 제1항 제2호에서 규정한 상표등록의 취소심판과 구별된다. 상표사용권 등록의 취소심판은 사용권자에게도 상표권자와 마찬가지로 등록상표의 정당사용을 강제함으로써 건전한 상거래질서를 확립하기 위한 취지에서 마련된 제도이다.[7]

2. 취소심판의 청구

(1) 청구인

상표사용권의 취소심판은 누구든지 청구할 수 있다(제120조 제3항). 심판장은 심판의 청구가 있는 경우에는 그 취지를 해당 전용사용권의 통상사용권자와 그 밖에 전용사용권에 관하여 등록을 한 권리자 또는 해당 통상사용권에 관하여 등록을 한 권리자에게 알려야 한다(제120조 제5항).

(2) 취소사유

전용사용권자 또는 통상사용권자가 지정상품 또는 이와 유사한 상품에 등록상표 또는 이와 유사한 상표를 사용함으로써 수요자에게 상품의 품질을 오인

6) 상표법 제119조 제1항 제2호: 전용사용권자 또는 통상사용권자가 지정상품 또는 이와 유사한 상품에 등록상표 또는 이와 유사한 상표를 사용함으로써 수요자에게 상품의 품질의 오인하게 하거나 타인의 업무에 관련된 상품과의 혼동을 불러일으키게 한 경우 그 상표등록의 취소심판을 청구할 수 있다. 다만, 상표권자가 상당한 주의를 한 경우에는 그러하지 아니하다.

7) 문삼섭, 1008면.

하게 하거나 타인의 업무에 관련된 상품과의 혼동을 불러일으키게 한 경우에 취소심판의 대상이 된다(제119조 제1항 제2호). 상표등록취소에 관한 그 요건들 중의 하나인, '상품의 품질의 오인을 생기게 한 경우'란 전용사용권자 또는 통상사용권자가 실제로 사용하는 상표로 인하여 혼동의 대상이 되는 상표를 부착한 타인의 상품의 품질과 오인을 생기게 하는 경우 외에도 그 실사용상표의 구성 등으로부터 그 지정상품이 본래적으로 가지고 있는 성질과 다른 성질을 갖는 것으로 수요자를 오인하게 할 염려가 있는 경우도 포함되고, 여기에는 상품의 품질, 원재료, 효능, 용도 등의 오인뿐만 아니라 상품의 산지의 오인도 포함된다.[8)]

(3) 입증책임

취소사유에 해당하는지의 여부에 대한 입증책임은 청구인에게 있다. 따라서 상표사용권 등록의 취소를 청구하는 자가 해당 취소사유를 입증해야 한다.

(4) 심판청구사유에 해당하는 사실의 소멸

상표사용권 등록의 취소심판을 청구한 후 그 심판청구사유에 해당하는 사실이 없어진 경우에도 취소사유에 영향이 미치지 아니한다(제120조 제2항).

(5) 제척기간

상표사용권 등록의 취소심판은 취소사유에 해당하는 사실이 없어진 날부터 3년이 경과한 후에는 이를 청구할 수 없다(제122조 제2항).

3. 법적 효력

상표사용권 등록을 취소한다는 심결이 확정되었을 경우에는 그 전용사용권 또는 통상사용권은 그때부터 소멸된다(제120조 제4항). 심결이 확정되면 상표사용권 등록의 효력이 상실되고, 동시에 일사부재리의 효력이 발생한다.

---

8) 대법원 2003. 7. 11. 선고 2002후2457 판결: 등록상표의 통상사용권자가 등록상표에 '포천' 및 '막걸리' 등의 문자를 병기한 실사용상표를 등록상표의 지정상품과 유사한 상품인 막걸리 제품에 사용함으로써 일반 수요자나 거래자는 실사용상표가 사용된 그 막걸리 제품이 경기 포천군 일동면 지역에서 생산되는 것으로 상품의 산지 등 품질을 오인하였거나 오인할 염려가 있다.

Ⅷ 제척기간

1. 서 설

제척기간(除斥期間)은 일정한 권리에 관하여 법률이 미리 정하고 있는 그 권리의 행사가능기간(존속기간)을 말하며, 그 기간 내에 권리를 행사하지 않으면 그 권리가 당연히 소멸된다. 소멸시효는 일정한 기간의 경과라는 사건을 법률사실로 하는 법률요건이다. 시효가 완성되면 법률상 당연히 권리를 취득하거나 권리가 소멸된다.

제척기간에 의한 권리의 소멸은 장래를 향하여 소멸할 뿐이고 소급효가 없다. 소멸시효는 권리 불행사와 기간의 경과를 법률요건으로 하는 권리소멸사유인 반면, 제척기간은 권리에 내재하는 권리존속기간이라는 본질적인 차이가 있다.[9)]

상표법에서 제척기간을 규정하고 있는 이유는 과오로 등록된 상표권이나 취소사유가 있는 상표권이라고 하더라도 일정기간 무효심판이나 취소심판이 청구되지 않고 평온하게 경과한 후 기존의 법률 상태를 존중하고 법적 안정성을 유지하는 것이 오히려 바람직하기 때문이다.

2. 무효심판 등의 제척기간

상표등록의 무효심판, 존속기간갱신등록의 무효심판 또는 상품분류전환등록의 무효심판은 상표등록일, 존속기간갱신등록일 또는 상품분류전환등록일부터 5년이 지난 후에는 청구할 수 없다(제122조 제1항). 본 조의 취지는 상표의 사용에 의하여 축적된 상표사용자의 업무상 신용을 보호하기 위한 관점에서 등록상표를 무효로 하는 것보다 등록상표를 사용하여 형성한 상표권자의 권리를 보호할 필요가 있기 때문에 무효심판의 제척기간을 법률로 정하여 권리의 불안정성을 제거하는 데에 있다.

---

9) 김태봉, 408~409면.

3. 취소심판의 제척기간

상표법 제119조 제1항 제1호(상표권자의 부정사용)·제2호(사용권자의 오인·혼동행위)·제5호(유사상표의 이전으로 오인·혼동을 초래한 경우), 제7호부터 제9호까지(단체표장, 지리적 표시 단체표장, 증명표장의 사용으로 수요자에게 오인·혼동을 일으킨 경우) 및 제120조 제1항(사용권 등록의 취소심판)에 해당하는 것을 사유로 하는 상표등록의 취소심판 및 전용사용권 또는 통상사용권 등록의 취소심판은 취소사유에 해당하는 사실이 없어진 날부터 3년이 지난 후에는 청구할 수 없다(제122조 제2항). 본 조는 등록상표를 사용하여 형성한 상표권자의 권리보호를 위하여, 등록상표 취소심판의 제척기간을 법률로 정함으로써 권리의 불안정성을 제거하는 것을 그 취지로 한다.

Ⅸ 재 심

1. 서 설

재심(再審)이란 확정된 심결에 대하여 특별한 재심사유가 있을 경우 다시 심판하게 하는 제도이다. 재심은 재심사유의 유무를 판단하고, 그것이 인정되면 심결을 취소시킨다. 당사자는 확정된 심결에 대하여 재심을 청구할 수 있다(제157조 제1항). 재심청구에 관하여는「민사소송법」제451조, 제453조 및 제459조 제1항을 준용한다(제157조 제2항). 상표법상의 재심제도는 민사소송법상의 재심제도와 유사하므로 재심의 사유 및 심리절차 등과 관련해서는 민사소송법상의 재심 관련 규정을 준용한다.

2. 재심사유

재심사유는 민사소송법 제451조 제1항에 규정된 재심사유를 준용하고 있다. 상표법에서 준용하는 민사소송법상의 재심사유는 다음과 같다. (i) 법률에 따라 판결법원을 구성하지 아니한 때, (ii) 법률상 그 재판에 관여할 수 없는 법관이 관여한 때, (iii) 법정대리권·소송대리권 또는 대리인이 소송행위를 하는 데에 필요한 권한의 수여에 흠이 있는 때, (ⅳ) 재판에 관여한 법관이 그 사건에 관하여 직무에 관한 죄를 범한 때, (ⅴ) 형사상 처벌을 받을 다른 사람의 행위로 말미암아 자백을 하였거나 판결에 영향을 미칠 공격 또는 방어방법의 제출에 방해를 받은 때, (ⅵ) 판결의 증거가 된 문서, 그 밖의 물건이 위조되거나 변조된 것인 때, (ⅶ) 증인·감정인·통역인의 거짓 진술 또는 당사자신문에 따른 당사자나 법정대리인의 거짓 진술이 판결의 증거가 된 때, (ⅷ) 판결의 기초가 된 민사나 형사의 판결, 그 밖의 재판 또는 행정처분이 다른 재판이나 행정처분에 따라 바뀐 때, (ⅸ) 판결에 영향을 미칠 중요한 사항에 관하여 판단을 누락한 때, (ⅹ) 재심을 제기할 판결이 전에 선고한 확정판결에 어긋나는 때, (ⅺ) 당사자가 상대방의 주소 또는 거소를 알고 있었음에도 있는 곳을 잘 모른다고 하거나 주소나 거소를 거짓으로 하여 소를 제기한 때이다.

상기 11가지의 재심사유 중에서 상표사건과 관련되는 재심사유는 주로 (ⅷ) 판결의 기초가 된 민사나 형사의 판결, 그 밖의 재판 또는 행정처분이 다른 재판이나 행정처분에 따라 바뀐 때가 대부분이다.

3. 사해심결에 대한 불복청구

심판의 당사자가 공모하여 제3자의 권리 또는 이익을 사해할 목적으로 심결을 하게 한 때에는 제3자는 그 확정된 심결에 대하여 재심을 청구할 수 있다(제158조 제1항). 사해심결에 대한 재심청구의 경우에 심판의 당사자를 공동피청구인으로 한다(제158조 제2항).

4. 재심의 청구기간

당사자는 심결 확정 후 재심의 사유를 안 날부터 30일 이내에 재심을 청구하여야 한다(제159조 제1항). 대리권의 흠결을 이유로 하여 재심을 청구하는 경우에 재심의 청구기간은 청구인 또는 법정대리인이 심결등본의 송달에 의하여 심결이 있은 것을 안 날의 다음 날부터 기산한다(제159조 제2항). 심결 확정 후 3년을 지난 때에는 재심을 청구할 수 없다(제159조 제3항).

재심은 재심을 제기할 판결을 한 법원의 전속관할로 한다(민사소송법 제453조 제1항). 따라서 상표심판의 확정심결에 대한 재심의 청구는 특허심판원이 전속관할이므로 특허심판원에 재심을 청구하여야 한다.

5. 법적 효력

재심은 확정된 심결의 취소를 전제로 하여 확정된 심결과 다른 새로운 심판을 구함으로써 기존의 권리관계의 변화를 초래한다는 점에서 소송상의 형성의 소와 같으며, 원심판이 종결된 후 동일사건에 대한 심리가 다시 이루어진다는 면에서 부수적 심판으로서 성질을 갖는다. 재심의 심결이 확정되면 형식적 확정력과 실체적 확정력이 발생하고 일사부재리의 원칙이 적용되는 점은 일반심판에서 심결이 확정된 경우와 같다. 재심의 심결에 대하여 불복이 있는 경우 다시 그 심급에 따라 항소, 상고가 허용된다. 다만, 상고심 심결에 대한 재심의 소를 제기한 경우 이에 따른 판결에 대하여는 불복할 수 없다. 재심청구서의 각하결정에 대하여는 다른 법률에 따른 불복을 할 수 없다(제226조 제1항).

6. 재심에 의하여 회복한 상표권의 효력의 제한

재심에 의하여 회복한 상표권의 효력은 (i) 상표등록 또는 상표권의 존속기간갱신등록이 무효로 된 후 재심에 의하여 그 효력이 회복된 경우, (ii) 상표등록이 취소된 후 재심에 의하여 그 효력이 회복된 경우, (iii) 상표권의 권리범위에 속하지 아니한다는 심결이 확정된 후 재심에 의하여 이와 상반되는 심결이 확정된 경우 중 어느 하나에 해당하는 경우 상표권의 효력은 해당 심결이 확정된 후 그 회복된 상표권의 등록 전에 선의로 해당 등록상표와 같은 상표를 그 지정상품과 같은 상품에 사용한 행위, 침해로 보는 행위(제108조 제1항 및 제2항의 각 호의1)의 어느 하나에 해당하는 행위에는 미치지 아니한다(제160조).

본 조의 취지는 상표권이 소멸된 것으로 믿고 해당 등록상표를 선의로 사용한 제3자를 보호하기 위해서이다. 여기서 '그 회복된 상표권의 등록 전에'로 기준 시점을 한정한 것은 재심청구가 있을 경우에는 제3자에게 공시하기 위한 목적으로 상표등록원부에 예고등록을 하고 있으므로 그 예고등록 이후의 상표권 사용자는 재심에 의하여 회복될 수도 있다는 것을 이미 알고 있는 것으로 보기 때문이다.

CHAPTER

10

상표소송

제10장

상표소송

I 상표쟁송

특허청 또는 특허심판원에서 절차를 밟는 당사자는 특허청장, 심사관 또는 심판의 합의체가 행한 처분에 대하여 법원에 소송을 제기함으로써 불복을 청구할 수 있다. 상표권에 관한 분쟁을 해결하기 위한 상표쟁송에는 심결취소소송, 침해소송 및 행정소송이 있다. 상표에 관한 소송의 절차나 심리 및 판결 등은 특허에 관한 소송과 거의 동일하므로 상표에 관한 소송의 절차나 심리방식에 대한 구체적인 설명은 생략하기로 한다.

1. 심결취소소송

심결취소소송은 특허심판원의 심결 등에 대하여 불복하고자 하는 자가 특허법원에 제기하는 소송을 말한다. 심결에 대한 소, 보정각하결정 및 심판청구서 또는 재심청구서의 각하결정에 대한 소는 특허법원의 전속관할로 한다(제162조 제1항). 심결취소소송을 당사자, 참가인 또는 해당 심판이나 재심에 참가신청을 하였으나 그 신청이 거부된 자만 제기할 수 있다(제162조 제2항). 심결취소소송은 특허심판원의 심결 또는 결정의 등본을 송달받은 날부터 30일 이내에 제기하여야 한다(제162조 제3항).

심판을 청구할 수 있는 사항에 관한 소는 심결에 대한 것이 아니면 이를 제기할 수 없다(제162조 제5항). 상표등록의 출원이 취하된 경우 거절결정을 유지한 심결의 취소를 구하는 소가 적법한지 여부에 대하여 대법원은 "상표등록의 출원이 취하된 경우에는 출원이 처음부터 없었던 것으로 보게 되므로, 비록 출원에 대한 거절결정을 유지하는 심결이 있더라도 심결의 취소를 구할 이익이 없고 심결취소의 소는 부적법하게 된다"고 판시하였다.[1]

2. 침해소송

상표권의 침해죄는 정당한 이유없이 타인의 등록상표를 무단으로 사용하는 경우는 물론 상표법 제108조 소정의 침해로 간주되는 행위도 포함된다. 상표권의 침해는 상표권자의 영업상 신용과 이익을 해칠 뿐만 아니라, 일반 수요자에게 상품출처에 대해 오인·혼동을 초래하여 거래질서를 해치게 되므로 공익에 반하게 된다.

상표권은 상표사용자의 업무상 신용유지를 도모하고 아울러 일반 수요자의 이익을 보호하기 위하여 설정된 권리이다. 상표권 또는 전용사용권 침해로 인한 구제방법으로는 민사상 금지청구, 손해배상청구, 신용회복청구 등이 있다. 형사상 구제방법으로 침해죄를 비롯하여 거짓 표시의 죄, 위증죄, 거짓 행위의 죄, 양벌 규정, 과태료 등이 벌칙으로 규정되어 있다.

3. 상표권 침해의 유형

상표법이 규정하는 상표권의 침해는 이를 사용권에 대한 침해[2]와 유사범위에서 침해[3]로 나누어 볼 수 있다. 상표법은 타인의 등록상표와 동일한 상표를 그 지정상품과 유사한 상품에 사용하거나 타인의 등록상표와 유사한 상표를 그 지정상품과 동일 또는 유사한 상품에 사용하는 행위를 상표권 침해행위로 규정하여 사용권에 대한 침해와 유사범위에 대한 침해를 모두 상표권의 침해행위로 간주하고 있다.[4]

1) 대법원 2016. 8. 18. 선고 2015후789 판결.
2) 이는 동일상표를 동일상품에 사용한 것에 대한 침해를 말한다.
3) 상표법 제107조(권리침해에 대한 금지청구권 등)에 규정하는 금지권에 대한 침해라 할 수 있다.
4) 사법연수원, 268면.

(1) 상표의 사용

상표권은 적극적으로는 지정상품에 대하여 그 등록상표를 독점적으로 사용하는 권리이다. 상표권의 침해를 판단할 경우에는 상표의 사용 여부가 쟁점이 된다. 상표의 사용이란 (ⅰ) 상품 또는 상품의 포장에 상표를 표시하는 행위, (ⅱ) 상품 또는 상품의 포장에 상표를 표시한 것을 양도 또는 인도하거나 그 목적으로 전시·수출 또는 수입하는 행위, (ⅲ) 상품에 관한 광고·정가표(定價票)·거래서류, 그 밖의 수단에 상표를 표시하고 전시하거나 널리 알리는 행위를 말한다(제2조 제1항 제11호).

따라서 타인의 등록상표와 동일·유사한 상표를 등록상표의 지정상품과 동일·유사한 상품에 붙이거나 그 상품의 포장에 붙이는 경우에 상표권 침해죄가 성립한다. 그러나 타인의 등록상표와 동일·유사한 상표를 사용하였다 하더라도 그 지정상품과 동일 유사한 상품에 사용하지 않은 경우 또는 상표의 본질적인 기능이라고 할 수 있는 출처 표시를 위한 것이 아닌 경우에는 상표권의 침해죄가 성립하지 않는다.

(2) 상표권 침해의 종류

1) 직접침해

타인의 등록상표를 그 지정상품과 동일 또는 유사한 상품에 사용하면 타인의 상표권을 침해하는 행위가 된다. 상표침해 판단에 있어서의 실체적 판단은 상표의 유사판단이다. 타인의 등록상표를 이용한 경우라고 하더라도 그것이 상표의 본질적인 기능이라고 할 수 있는 출처표시를 위한 것이 아니어서 상표의 사용으로 인식될 수 없는 경우에는 등록상표의 상표권을 침해한 행위로 인정하지 않는다. 상표권의 침해 여부는 상품과의 관계, 해당 표장의 사용 태양(즉 상품 등에 표시된 위치, 크기 등), 등록상표의 주지저명성 그리고 사용자의 의도와 사용 경위 등을 종합하여 실제 거래계에서 표시된 표장이 상품의 식별표지로서 사용되고 있는지에 의하여 판단하여야 한다.

2) 간접침해(침해로 보는 행위)

상표법은 상표권에 대한 직접침해에 해당하지 않는다 하여도 상표권자의 실효적 보호를 위하여 침해의 개연성이 높은 침해의 예비적 행위는 상표권(지리적 표시 단체표장권은 제외) 또는 전용사용권을 침해한 것으로 본다(제108조).

상표법 제108조 제1항에서 규정하고 있는 침해로 보는 행위는 다음과 같다. (ⅰ) 타인의 등록상표와 동일한 상표를 그 지정상품과 유사한 상품에 사용하거나 타인의 등록상표와 유사한 상표를 그 지정상품과 동일·유사한 상품에 사용하는 행위, (ⅱ) 타인의 등록상표와 동일·유사한 상표를 그 지정상품과 동일·유사한 상품에 사용하거나 사용하게 할 목적으로 교부·판매·위조·모조 또는 소지하는 행위, (ⅲ) 타인의 등록상표를 위조 또는 모조하거나 위조 또는 모조하게 할 목적으로 그 용구를 제작·교부·판매 또는 소지하는 행위, (ⅳ) 타인의 등록상표 또는 이와 유사한 상표가 표시된 지정상품과 동일·유사한 상품을 양도 또는 인도하기 위하여 소지하는 행위 등이 이에 해당한다.

4. 상표 관련 행정소송

상표 관련 행정소송은 특허청장이나 특허심판원장이 행한 상표등록출원 및 등록절차에 대한 무효처분, 부적법한 출원서류 등의 반려처분이나 심판청구절차에 대한 무효처분 등의 행정처분에 불복하는 경우 제기하는 소송이다. 특허청장 등의 처분에 대한 불복신청은 행정심판법에 의한 행정심판을 청구하거나 행정소송을 제기하여 구제를 받을 수 있다. 행정소송사건의 심급은 행정법원, 고등법원, 대법원으로 이어지는 심급의 구조를 갖는다. 상표와 관련되는 행정적 구제방법으로는 위조 상품의 단속, 세관에 의한 국경조치 또는 산업재산권 분쟁조정제도 등이 있다.

Ⅱ 상표권 침해소송 판례

판례 1 스쿨버스 100 사건(대법원 2013. 1. 24. 선고 2011다76778 판결)

대비되는 상표 사이에 유사한 부분이 있으나 해당 상품의 일반적인 거래실정 등에 비추어 그 부분만으로 분리인식될 가능성이 희박하거나 명확히 출처의 혼동을 피할 수 있는 경우, 두 상표를 유사상표라 할 수 없다. 대법원은 서적, 학습지 등을 지정상품으로 하는 등록상표 ""의 상표권자 갑 주식회사가 어린이용 과학그림책 'The Magic School Bus' 시리즈의 저작권자인 을 외국법인과 위 시리즈를 '신기한 스쿨버스'라는 제호로 국내에서 번역·출판한 병 주식회사 등을 상대로 상표권침해금지 등을 구한 사안에서, 을 법인 등의 사용표장이 등록상표와 명확히 출처의 혼동을 피할 수 있어 유사하지 않다.

판례 2 강아지 펜던트 사건(대법원 2013. 1. 24. 선고 2011다18802 판결)

타인의 등록상표와 동일 또는 유사한 표장을 순전히 디자인적으로만 사용하여 상표의 사용으로 인식될 수 없는 경우 상표권 침해로 볼 수 있는지 여부 및 그것이 상표로서 사용되고 있는지 판단하는 기준에 대하여, 대법원은 지정상품을 귀금속제 목걸이 등으로 하는 등록상표 ""의 상표권자인 갑 외국법인이 "" 형상을 사용하여 목걸이용 펜던트를 판매하는 을 주식회사를 상대로 상표권 침해중지 등을 구한 사안에서, 갑 법인의 등록상표와 을 회사 제품의 형상은 모두 강아지를 형상화한 도형으로서 '강아지'로 관념되고 '강아지 표'로 호칭될 수 있으나, 위 등록상표의 지정상품과 동일·유사한 상품에 관하여 강아지를 주제로 한 다양한 모양의 도형상표가 다수 등록되어 있다. 수많은 종류의 유사 또는 상이한 형상을 통칭하는 용어에 의하여 호칭되고 관념되는 도형상표의 경우에 그 외관의 유사에 관계없이 호칭과 관념이 유사하다는 이유만으로 대비되는 양 상표가 전체적으로 유사한 상표라고 한다면 상표의 유사 범위가 지나치게 확대되어 제3자의 상표선택의 자유를 부당하게 제한하는 불합리한 결과를 가져오는 점 등에 비추어 볼 때, 통칭적인 호칭 및 관념이 유사하다는 점만으로 서로 유사하다고 단정할 수는 없다. 갑 법인의 등록상표와 을 회사 제품의 형상은 전체적으로 상품출처의 오인·혼동을 피할 수 있는 것이어서 유사하지 않고, 한편 목걸이용 펜던트의 특성 및 위 상품을 둘러싼 거래실정, 갑 법인의 등록상표와 을 회사 등록상표의 주지저명의 정도, 을 회사의 의도와 을 회사 제품의 제조·판매 형태 및 경위 등을 종합하여 살펴보면, 을 회사 제품의 형상은 디자인으로만 사용된 것일 뿐 상품의 식별표지로 사용된 것이라고는 볼 수 없다.

판례 3 EBS 강의교재 사건(대법원 2011. 1. 13. 선고 2010도5994 판결)

타인의 등록상표를 출처표시 외에 서적의 내용 등을 안내·설명하기 위하여 사용한 경우 상표권 침해로 볼 수 있는지 여부 및 그것이 상표로서 사용되고 있는

지 여부의 판단 기준에 대하여, 대법원은 "타인의 등록상표를 그 지정상품과 동일 또는 유사한 상품에 사용하면 타인의 상표권을 침해하는 행위가 되나, 타인의 등록상표를 이용한 경우라고 하더라도 그것이 상표의 본질적인 기능이라고 할 수 있는 출처표시를 위한 것이 아니라 서적의 내용 등을 안내·설명하기 위하여 사용되는 등으로 상표의 사용으로 인식될 수 없는 경우에는 등록상표의 상표권을 침해한 행위로 볼 수 없다. 그것이 상표로서 사용되고 있는지 여부를 판단하기 위해서 상품과의 관계, 해당 표장의 사용 태양(즉 상품 등에 표시된 위치, 크기 등), 등록상표의 주지저명성 그리고 사용자의 의도와 사용경위 등을 종합하여 실제 거래계에서 그 표시된 표장이 상품의 식별표지로서 사용되고 있는지 여부를 종합하여 판단해야 한다.

피고인이 한국교육개발원의 "EBS" 등록상표를 정당한 권한 없이 임의로 자신이 발행한 "빈틈 없는 쓰기·어휘·어법 I" 교재 표지에 부착하고 약 150부를 논술학원 수강생들에게 배포함으로써 타인의 상표권을 침해하였다는 내용으로 기소된 사안에서, 위 학원 교재의 앞표지와 세로표지에 위 등록상표와 동일한 "EBS" 표장이 그 지정상품과 동일한 상품에 표시되어 있으나 그와 함께 피고인이 운영하는 학원 이름과 학원의 주소, 인터넷 주소, 전화번호 등도 기재되어 있어서 그 출처가 피고인 또는 피고인이 운영하는 학원으로 명확히 인식되는 점, 교재의 내용을 이루는 쓰기·어휘·어법 문제와 해설은 피고인이 EBS에서 방송강의를 하면서 제작·사용한 것들로서 교재의 첫 페이지에 이를 명시하고 있는 점, 피고인도 위 교재가 EBS 방송강의 교재로 사용되었음을 나타내어 자신이 운영하는 학원 수강생들에게만 배포할 의도로 "EBS" 표장을 사용한 점 등 제반 사정들을 고려할 때, "EBS" 표장은 EBS 방송강의 교재로 사용되었다는 교재의 내용 또는 용도를 안내·설명하기 위한 것일 뿐 그 출처를 표시하는 상표로 사용된 것이라고 할 수 없어 위 등록상표에 관한 상표권을 침해하였다고 할 수 없다고 판시하였다.

판례 4 여우 도안의 홍보물 사건(대법원 2014. 12. 11. 선고 2012다76829 판결)

상표법상 상표를 구성할 수 있는 도형 등이 저작권법에 의하여 보호되는 저작물의 요건을 갖춘 경우, 저작물과 상표는 배타적·택일적인 관계에 있지 아니하므로, 상표법상 상표를 구성할 수 있는 도형 등이라도 저작권법에 의하여 보호되는 저작물의 요건을 갖춘 경우에는 저작권법상의 저작물로 보호받을 수 있고, 그것이 상품의 출처표시를 위하여 사용되고 있거나 사용될 수 있다는 사정이 있다고 하여 저작권법에 의한 보호 여부가 달라진다고 할 수는 없다고 한다.

갑 외국회사가 ‘’, ‘’, ‘’ 등의 도안을 작성하여 갑 회사가 제조·판매하는 모토크로스, 산악자전거 등 물품에 표시하는 한편, 다른 곳에 부착할 수 있는 전사지나 스티커 형태로 제작하여 잠재적 수요자에게 배포하고, 카탈로그 등 홍보물과 인터넷 홈페이지 등에서 물품에 부착되지 않은 도안 자체만의 형태를 게재한 사안에서, 위 도안은 자연계에 존재하는 일반적인 여우의 머리와 구별되는 독특한 여우 머리로 도안화되었거나 이와 같이 도안화된 여우 머리 형상을 포함하고 있어, 여기에는 창작자 나름의 정신적 노력의 소산으로서의 특성이 부여되어 있고 다른 저작자의 기존 작품과 구별될 수 있는 정도이므로, 저작권법에 의하여 보호되는 저작물의 요건으로서 창작성을 구비하였고, 위 도안이 상품의 출처표시를 위하여 사용되고 있다는 사정은 저작권법에 의하여 보호하는 데 장애가 되는 사유가 아니다.

판례 5 인형 캐릭터 사건(대법원 2015. 12. 10. 선고 2015도11550 판결)

피고인이 상표권자 갑이 인형 등을 지정상품으로 하여 등록한 상표 “”(이하 ‘등록상표’라고 한다)와 동일 또는 유사한 상표 “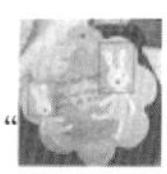”(이하 ‘피고인 사용상표’라고 한다)가 부착된 인형을 수입·판매함으로써 갑의 상표권을 침해하였다는 내용으로 기소된 사안에서, 등록상표는 청색의 오뚝이 형상 내부에 토끼얼굴 도형이 그려져 있고 하단에 프랑스어 문자 ‘le Sucre’가 배치되어 있는데 그중 토끼얼굴 도형 부분은 크기와 위치 및 전체 표장에서 차지하는 비중 등에 비추어 볼 때 수요자의 주의를 끄는 특징적 부분이고, 사용상표에 나타나 있는 토끼 도형도 비록 옷을 입은 몸통과 팔다리가 그려져 있기는 하나 등록상표의 토끼얼굴 도형과 사실상 동일한 얼굴모양을 하고 있는 점 등을 종합하여 보면, 두 상표는 거래자나 일반 수요자에게 주는 인상, 기억, 연상 등에 있어서 상품의 출처에 관하여 오인·혼동을 일으킬 우려가 있어 유사상표에 해당한다.

이 사건 등록상표는 청색의 오뚝이 형상 내부에 토끼얼굴 도형이 그려져 있고 그 하단에 프랑스어 문자 ‘le Sucre’가 배치되어 있는데 그중 토끼얼굴 도형 부분은 그 크기와 위치 및 전체 표장에서 차지하는 비중 등에 비추어 볼 때 수요자의 주의를 끄는 특징적 부분이라고 볼 수 있다. 오른쪽과 같이 구성된 원심 판시 별지 2의 우측 상표(이하 ‘피고인 사용상표 1’이라고 한다)에 나타나 있는 토끼

> 도형도 비록 옷을 입은 몸통과 팔다리가 그려져 있기는 하나 이 사건 등록상표의 토끼얼굴 도형과 사실상 동일한 얼굴모양을 하고 있다. 그 배경에 나타나 있는 전체적으로 노란색의 나비 모양과 분홍색을 띤 문양과 바탕 등은 이 사건 등록상표에는 존재하지 아니하는 부분이기는 하지만 이는 수요자들의 이목을 가장 많이 끌 수 있는 토끼얼굴 도형과 비교하여 중심적인 식별력을 가지는 부분이라고 보기는 어렵다. 이 사건 등록상표의 문자부분인 'le Sucre'와 피고인 사용상표 1의 문자부분 중 'sucre d'orge'는 전체적으로 볼 때 글자체나 음절수 등의 면에서 동일하지는 않더라도 'Sucre(sucre)'를 그 일부로 포함한다는 점에서 공통점이 있다.
>
> 이 사건 등록상표와 피고인 사용상표 1이 사용된 상품은 모두 토끼인형으로서 그 형상 또한 동일하거나 유사하다. 피고인이 수입·판매한 토끼인형에는 피고인 사용상표 1이 택(tag)의 형태로 연결되어 있는데 정품을 원하는 고객들이 토끼인형에 달린 상표를 근거로 정품을 확인하고 구입하였다.
>
> 이와 같은 이 사건 등록상표와 피고인 사용상표 1 사이의 표장의 근사성과 위 상표들이 사용된 상품의 거래실정 등을 종합하여 보면, 양 상표는 거래자나 일반 수요자에게 주는 인상, 기억, 연상 등에 있어서 상품의 출처에 관하여 오인·혼동을 일으킬 우려가 있어서 유사상표에 해당한다고 할 것이다.

Ⅲ 상 고

1. 서 설

특허법원의 판결에 대하여는 대법원에 상고할 수 있다(제162조 제7항). 상고장은 원심법원인 특허법원에 제출하여야 한다. 상고절차에 관하여는 상표법에 특별한 규정을 두고 있지 않기 때문에 일반 민사소송의 상고절차가 준용된다. 상고기간은 특허법원 판결 송달일로부터 2주 이내이고, 상고장은 원심법원인 특허법원에 제출하여야 한다.

2. 상고이유

상고의 남발을 제한하기 위하여 입법된 「상고심절차에 관한 특례법」이 허용하는 사항에 한하여 제기할 수 있으므로 특허법원의 판결에 대하여 상고할 경우에는 상기의 특례법의 적용을 받게 된다. 대법원은 상고이유에 관한 주장이 다음 각 호의 어느 하나의 사유를 포함하지 아니한다고 인정하면 더 나아가 심리(審理)를 하지 아니하고 판결로 상고를 기각(棄却)한다(상고심절차에 관한 특례법 제4조 제1항). (ⅰ) 원심판결(原審判決)이 헌법에 위반되거나, 헌법을 부당하게 해석한 경우, (ⅱ) 원심판결이 명령·규칙 또는 처분의 법률위반 여부에 대하여 부당하게 판단한 경우, (ⅲ) 원심판결이 법률·명령·규칙 또는 처분에 대하여 대법원 판례와 상반되게 해석한 경우, (ⅳ) 법률·명령·규칙 또는 처분에 대한 해석에 관하여 대법원 판례가 없거나 대법원 판례를 변경할 필요가 있는 경우, (ⅴ) 제1호부터 제4호까지의 규정 외에 중대한 법령위반에 관한 사항이 있는 경우, (ⅵ) 민사소송법 제424조 제1항 제1호부터 제5호까지에 규정된 사유가 있는 경우이다.

3. 상고심 판결

대법원은 상고권이 없거나 방식을 위반하여 부적법한 경우에는 상고각하판결을 하며, 상고가 이유 없다고 인정될 때 또는 상고인이 기간 내에 상고이유서를 제출하지 아니한 경우에는 상고기각판결을 한다. 또한 상고가 이유가 있다고 인정된 경우에는 원판결을 파기하고 사건을 특허법원에 환송하는 판결을 한다.

Ⅳ 부정경쟁행위

1. 서 설

부정경쟁방지법(不正競爭防止法)이란 부정한 수단에 의하여 동종 영업을 하는 자의 이익을 해치는 경쟁행위를 방지하기 위하여 제정된 법률이다. 동법은 독일의 1909년의 부정경쟁방지법을 모법으로 한다. 부정경쟁방지법 제2조 제1호 소정의 행위는 상표권 침해행위와는 달라서 반드시 등록된 상표와 동일 또는 유사한 상호를 사용하는 것을 요하는 것이 아니고, 부정한 수단에 의한 상업상의 부정경쟁을 요건으로 한다.

이와 같은 행위는 부정경쟁방지법에 의해 부정한 수단으로 영업상의 이익이 침해될 우려가 있을 때 그 행위의 중지를 청구할 수 있다. 그 행위란 (ⅰ) 국내에 널리 인식된 타인의 성명, 상호, 상표, 상품의 포장, 이와 동일·유사한 것을 사용한 것이나 혼동·오인시키는 행위, (ⅱ) 타인 상품의 원산지 사칭, 과대표시, (ⅲ) 경쟁관계에 있는 타인 영업상의 신용을 침해하는 허위 사실의 진술, 유포 등이다. 이 같은 행위에 대해서는 손해배상을 청구할 수 있다. 위와 같은 부정경쟁행위의 성립요건에는 상법상의 상호권의 침해에서와 같은 부정한 목적이나 부정경쟁행위자의 고의·과실은 그 요건이 아니다.

2. 부정경쟁행위

부정경쟁행위란 다음 각 목의 어느 하나에 해당하는 행위를 말한다(부정경쟁방지법 제2조 제1호). 가. 국내에 널리 인식된 타인의 성명, 상호, 상표, 상품의 용기·포장, 그 밖에 타인의 상품임을 표시한 표지(標識)와 동일하거나 유사한 것을 사용하거나 이러한 것을 사용한 상품을 판매·반포(頒布) 또는 수입·수출하여 타인의 상품과 혼동하게 하는 행위(상품 주체 혼동행위). 나. 국내에 널리 인식된 타인의 성명, 상호, 표장(標章), 그 밖에 타인의 영업임을 표시하는 표지와 동일하거나 유사한 것을 사용하여 타인의 영업상의 시설 또는 활동과 혼동하게 하는 행위(영업 주체 혼동행위). 다. 가목 또는 나목의 혼동하게 하는 행위 외에 비상업적 사용 등 대통령령으로 정하는 정당한 사유없이 국내에 널리 인식된 타인의 성명, 상호, 상표, 상품의 용기·포장, 그 밖에 타인의 상품 또는 영업임을 표시한 표지와 동일하거나 유사한 것을 사용하거나 이러한 것을 사용한 상품을 판매·반포 또는 수입·수출하여 타인의 표지의 식별력이나 명성을 손상하는 행위(식별력 손상행위). 라. 상품이나 그 광고에 의하여 또는 공중이 알 수 있는 방법으로 거래상의 서류 또는 통신에 거짓의 원산지의 표지를 하거나 이러한 표지를 한 상품을 판매·반포 또는 수입·수출하여 원산지를 오인(誤認)하게 하는 행위 등이 있다.

판례 1 공업용 공기분사기 사건(대법원 2002. 10. 25. 선고 2001다59965 판결)

일반적으로 상품의 형태나 모양은 상품의 출처를 표시하는 기능을 가진 것은 아니고, 다만, 어떤 상품의 형태와 모양 등이 상품에 독특한 개성을 부여하는 수단으로 사용되고, 그것이 장기간 계속적·독점적·배타적으로 사용되거나 지속적인 선전광고 등에 의하여 그것이 갖는 차별적 특징이 거래자 또는 수요자에게 특정한 출처의 상품임을 연상시킬 정도로 현저하게 개별화되기에 이른 경우에 비로소 부정경쟁방지법 제2조 제1호 (가)목에서 정하는 '타인의 상품임을 표시한 표지(표지)'에 해당된다(대법원 2001. 2. 23. 선고 98다63674 판결; 2002. 2. 8. 선고 2000다67839 판결 등 참조).

원심은 그 채택 증거들을 종합하여, 원고는 일본국에서 공업용 공기분사기(AIR DUSTER) 등을 제작, 판매하는 회사로서 1965.경부터 모델명 K-60, K-601-0인 각 공업용 공기분사기를 제작, 판매하기 시작하였다. 원고의 위 각 공기분사기는 1981. 경부터 우리나라에 수입되어 판매되기 시작한 이래 국내에서 그러한 형태의 공기분사기가 원고의 제품으로서 널리 알려지게 되었다. 피고가 원고의 위 각 공기분사기와 거의 동일한 형태의 공기분사기를 제조하여 판매하는 행위는 상품의 출처에 대하여 혼동을 일으키는 부정경쟁행위에 해당한다는 취지로 판단하였다.

원심판결 이유를 위에서 본 법리와 기록에 비추어 살펴보면, 원심의 위와 같은 판단은 정당하며, 거기에 상고이유에서 주장하는 바와 같은 법리오해, 채증법칙 위반, 심리미진 등의 위법이 있다고 할 수 없다.

판례 2 포트메리온 도자기그릇 사건(대법원 2002. 2. 8. 선고 2000다67839 판결)

신청인(포트메리온 포터리스 리미티드)은 영국에서 1982년경 체리, 사과, 배, 복숭아 등의 과일문양이 새겨진 도자기그릇 세트를 개발하여 세계적으로 판매하여 왔고, 국내에서도 1991년부터 2000년경까지 약 100억 원 이상의 판매실적을 올리는 등 지속적인 판매, 광고 활동을 하여 왔다. 신청인의 도자기 그릇 세트는 관련 수요자와 거래자에게 널리 알려지게 되었는데, 위 도자기그릇 세트의 과일문양은 그 모양, 색채, 위치 및 배열에서 다른 업체의 문양과 차별성이 인정되었다. 국내회사인 피신청인(주식회사 광성무역)은 체리, 사과, 배, 복숭아 등의 과일문양이 그려진 도자기그릇 세트 상품 판매를 시작하였는데, 그 모양이 신청인의 도자기그릇 세트의 문양과 동일하거나 극히 유사하였다.

신청인은 피신청인을 상대로 제품제조 및 판매금지 가처분신청을 하였고, 서울고등법원이 가처분을 인용하는 결정을 하자, 피신청인은 위 가처분결정의 취소를 구하는 이의신청을 하였으나, 위 법원이 가처분결정을 인가하는 판결을 하여,

피신청인은 대법원에 상고하였다. 상고인(피신청인)은 도자기그릇 세트에 사용된 과일 문양은 상품의 출처표시로서 사용된 것이 아니므로, 부정경쟁방지법상의 표지에 해당하지 않는다고 주장하였다.

이에 피상고인(신청인)은 이 사건 과일문양은 그 모양, 색채, 위치 및 배열에서 다른 업체의 문양과 차별성이 인정되므로 이 사건 과일문양은 국내에 널리 알려져 있는 신청인의 도자기그릇 세트의 출처를 표시하는 표지에 해당하므로, 피고의 행위는 부정경쟁방지법상의 출처혼동행위에 해당한다고 주장하였다. 이 소송의 쟁점은 도자기그릇 세트에 사용된 과일문양이 부정경쟁방지법상의 상품 출처표시로서 기능을 하는지의 여부이다.

대법원은 "일반적으로 상품의 형태나 모양은 상품의 출처를 표시하는 기능을 가진 것은 아니다. 다만, 어떤 상품의 형태와 모양 또는 문양과 색상 등이 상품에 독특한 개성을 부여하는 수단으로 사용되고, 그것이 장기간 계속적·독점적·배타적으로 사용되거나 지속적인 선전광고 등에 의하여 그것이 갖는 차별적 특징이 거래자 또는 수요자에게 특정한 출처의 상품임을 연상시킬 정도로 현저하게 개별화되기에 이른 경우에 비로소 구 부정경쟁방지법 제2조 제1호 (가)목에서 정하는 '타인의 상품임을 표시한 표지'에 해당된다. 피신청인의 위 도자기 그릇세트의 제조, 판매행위는 신청인의 상품과 혼동을 일으키게 하는 행위로서 부정경쟁방지법 제2조 제1호 (가)목에서 정하는 상품주체의 혼동행위에 해당한다고 판단한 원심의 위와 같은 판단은 정당하다"고 판시하였다.

이 사건 판결은 상품의 형태나 모양이 일정한 요건을 갖추어 상품표지가 될 수 있는 경우에는 부정경쟁방지법상 상품표지로서 보호받을 수 있는지가 문제된 사건이다. 과일문양이 새겨진 '포모나' 도자기그릇 세트는 관련 수요자와 거래자에게 널리 알려져 있으며 그 과일문양은 그 모양, 색채, 위치 및 배열에서 다른 업체의 문양과 차별성이 인정되므로, 그 과일문양은 국내에 널리 알려져 있는 '포모나' 도자기그릇 세트의 출처를 표시하는 표지에 해당한다고 하여, 이와 동일하거나 극히 유사한 도자기그릇 세트의 제조·판매행위는 구 부정경쟁방지법 제2조 제1호 (가)목의 상품주체의 혼동행위에 해당한다고 한 판결이다.

한편, 대법원 2013. 3. 28. 선고 2010다58261 판결에서 이 사건과 관련된 포트메리온 도자기그릇 세트의 문양을 모방한 디자인 내지 도형의 사용은 상표의 사용으로서, 양 상표는 유사하다고 판시한 바 있다.

판례 3 오라클 사건(대법원 2013. 6. 27. 선고 2011다97065 판결)

대비되는 상표 사이에 유사한 부분이 있더라도 일반적인 거래실정 등을 종합적·전체적으로 고려하여 수요자들이 상품의 품질이나 출처에 관하여 오인·혼동할 염려가 없는 경우, 위 법리가 부정경쟁방지법 제2조 제1호 (나)목에서 정한 영업표지에도 마찬가지로 적용된다. 'ORACLE', '오라클' 등 표장을 사용하는 갑 주식회사가 'uracle 유라클', '유라클' 등 표장을 사용하는 을 주식회사를 상대로 표장사용금지를 구한 사안에서, 거래실정 등을 종합적·전체적으로 고려할 때 위 표장들은 일반 수요자나 거래자들에게 그 서비스나 영업의 출처에 관하여 오인·혼동을 일으킬 염려가 없다.

판례 4 인터넷 포털사이트 광고방해 사건(대법원 2010. 8. 25.자 2008마1541 결정)

경쟁자가 상당한 노력과 투자에 의하여 구축한 성과물을 상도덕이나 공정한 경쟁질서에 반하여 자신의 영업을 위하여 무단으로 이용함으로써 경쟁자의 노력과 투자에 편승하여 부당하게 이익을 얻고 경쟁자의 법률상 보호할 가치가 있는 이익을 침해하는 행위는 부정한 경쟁행위로서 민법상 불법행위에 해당하는바, 위와 같은 무단이용 상태가 계속되어 금전배상을 명하는 것만으로는 피해자 구제의 실효성을 기대하기 어렵고 무단이용의 금지로 인하여 보호되는 피해자의 이익과 그로 인한 가해자의 불이익을 비교·교량할 때 피해자의 이익이 더 큰 경우에는 그 행위의 금지 또는 예방을 청구할 수 있다고 할 것이다.

원심이 적법하게 인정한 사실들에 의하면, 채권자는 장기간 동안 상당한 노력과 투자에 의하여 정보검색, 커뮤니티, 오락 등의 다양한 서비스를 제공하는 국내 최대의 인터넷 포털사이트인 '네이버'(그 도메인 이름은 www.naver.com이고, 이하 '네이버'라 한다)를 구축하여 인터넷 사용자들로 하여금 위 서비스 이용 등을 위하여 네이버를 방문하도록 하고, 이와 같이 확보한 방문객에게 배너광고를 노출시키거나 우선순위 검색결과 도출서비스를 제공하는 방법 등으로 광고영업을 해 오고 있음을 알 수 있는바, 채권자의 네이버를 통한 이러한 광고영업의 이익은 법률상 보호할 가치가 있는 이익이라 할 것이다.

또한 원심이 적법하게 인정한 사실들에 의하면, 채무자가 제공한 원심 판시 이 사건 프로그램을 설치한 인터넷 사용자들이 네이버를 방문하면 그 화면에 채권자의 광고 대신 같은 크기의 채무자의 배너광고가 나타나거나(이른바 '대체광고 방식'), 화면의 여백에 채무자의 배너광고가 나타나거나(이른바 '여백광고 방식'), 검색창에 키워드를 입력하면 검색결과 화면의 최상단에 위치한 검색창과 채권자의 키워드광고 사이에 채무자의 키워드광고가 나타나는(이른바 '키워드삽입광고 방식') 등으로, 채무자의 광고가 대체 혹은 삽입된 형태로 나타남을 알 수 있다.

그런데 채무자의 이러한 광고는 위와 같이 인터넷 사용자들이 네이버에서 제공하는 서비스 등을 이용하기 위하여 네이버를 방문할 때 나타나는 것이므로, 이는 결국 네이버가 가지는 신용과 고객흡인력을 무단으로 이용하는 셈이 된다. 뿐만 아니라 그 광고방식도 채권자가 제공하는 광고를 모두 사라지게 하거나(대체광고 방식) 채권자가 제공하는 검색결과의 순위를 뒤로 밀리게 하는(키워드삽입광고 방식) 등의 방법을 사용함으로써 채권자의 영업을 방해하면서 채권자가 얻어야 할 광고영업의 이익을 무단으로 가로채는 것이다.

채무자의 위와 같은 광고행위는 인터넷을 이용한 광고영업 분야에서 서로 경쟁자의 관계에 있는 채권자가 상당한 노력과 투자에 의하여 구축한 네이버를 상도덕이나 공정한 경쟁질서에 반하여 자신의 영업을 위하여 무단으로 이용함으로써, 채권자의 노력과 투자에 편승하여 부당하게 이익을 얻는 한편, 앞서 본 바와 같이 법률상 보호할 가치가 있는 이익인 네이버를 통한 채권자의 광고영업 이익을 침해하는 부정한 경쟁행위로서 민법상 불법행위에 해당한다고 할 것이다.

한편, 원심이 적법하게 인정한 사실들에 의하면, 채무자의 위와 같은 광고행위가 일회적인 것이 아니라 이 사건 프로그램을 설치한 인터넷 사용자들이 네이버에 접속할 때마다 계속적으로 반복되는 것임을 알 수 있다. 나아가 이 사건 프로그램에 의한 광고행위의 성질상 채권자가 인터넷 사용자들의 이 사건 프로그램의 설치현황 및 그로 인한 네이버에서의 채무자의 광고현황 등을 일일이 파악하여 대응하기가 매우 곤란할 것으로 보이는 점과 채무자의 광고내용에 따라서는 채권자의 신용, 명성 등 무형적인 가치까지도 손상시킬 수 있을 것으로 보이는 점 등을 고려할 때 채무자에게 금전배상을 명하는 것만으로는 채권자 구제의 실효성을 기대하기 어렵다고 할 것이다. 또한 채무자의 이 사건 프로그램에 의한 네이버에서의 광고행위를 그대로 방치하는 경우 결국 네이버에서의 광고영업을 그 수익모델로 삼고 있는 채권자 회사의 존립 자체를 위협할 수 있다는 점에서 채무자의 위와 같은 광고행위를 금지함으로써 보호되는 채권자의 이익이 그로 인한 채무자의 영업의 자유에 대한 손실보다 더 크다고 할 것이다. 따라서 채권자는 채무자에 대하여, 네이버에 접속한 인터넷 사용자들의 모니터에서 이 사건 프로그램을 이용한 광고행위를 하는 것의 금지 또는 예방을 청구할 수 있다고 봄이 상당하다.

CHAPTER

11

상표권자의 보호

제11장

상표권자의 보호

제1절 민사적 구제

I 침해금지청구권

1. 서 설

상표권이나 전용사용권의 침해에 관한 구제방법으로는 민사상의 금지청구, 손해배상청구, 신용회복청구 등이 있다. 상표권은 물권적인 독점·배타권이지만 그 대상물을 물리적으로 사실상 지배할 수 없으므로 타인에 의해 쉽게 침해될 소지가 많다. 상표권자 등은 자기의 권리를 침해한 자 또는 침해할 우려가 있는 자에 대하여 그 침해의 금지 또는 예방을 청구할 수 있다(제107조 제1항).

상표권의 침해금지청구 또는 예방청구는 상표권자와 전용사용권자(이하 "상표권자 등"이라 한다)만이 청구권을 행사할 수 있고 채권적인 지위에 있는 통상사용권자는 청구할 수 없다. 금지청구권은 현실적으로 권리침해가 발생하고 있는 경우는 물론 발생할 우려가 있는 경우에도 행사할 수 있다.

상표권에 전용사용권을 설정한 경우 상표권자는 그 설정범위 내에서 전용사용권자와는 별도로 금지청구권을 행사할 수 있다. 상표권자 등이 상표권을 공유한 경우 각 공유자는 공유자의 동의없이 보존행위로서 금지청구권을 행사할 수 있다.

2. 청구요건

침해금지청구권이 인정되기 위해서는 상표권 또는 전용사용권이 침해되고 있거나 침해될 우려가 있을 것, 침해자가 제조·판매하는 특정상품에 상표를 부착하거나 이를 판매하는 행위, 용기·포장·광고에 상표를 사용하는 행위가 있어야 한다. 침해금지청구에는 침해자의 고의나 과실을 전제로 하지 않지만, 손해배상청구에서는 침해자의 고의나 과실을 요건으로 한다.

3. 부대청구

상표권자 등이 상표법 제107조 제1항에 따른 금지청구를 할 때에는 침해행위를 조성한 물건의 폐기, 침해행위에 제공된 설비의 제거나 그 밖에 필요한 조치를 청구할 수 있다(제107조 제2항). 상표법은 침해금지 및 예방청구권의 실효성을 확보하기 위하여 침해자에 대하여 침해행위를 조성한 물건 또는 침해행위에 제공된 설비의 폐기·제거 등 침해예방에 필요한 조치를 청구할 수 있도록 하고 있다. 여기서 침해행위를 조성한 물건이란 침해행위의 내용을 이루는 상표가 표시된 용기나 라벨 등을 의미한다. 침해행위에 제공된 설비란 침해행위에 제공된 상표의 위조용구를 말한다.

Ⅱ 손해배상청구권

1. 서 설

상표권 또는 전용사용권(이하 "상표권 등"이라 한다)을 고의나 과실로 침해한 자는 그에 의하여 발생할 손해를 권리자에 대하여 배상할 책임이 있다. 손해배상에는 민법의 일반 규정이 적용되는 것이 원칙이다. 불법행위가 성립하면 그 효과로서 가해자는 손해배상책임을 부담하며, 피해자는 손해배상청구권을 가진다(민법 제750조).[1]

1) 민법 제750조(불법행위의 내용): 고의 또는 과실로 인한 위법행위로 타인에게 손해를 가한 자는 그 손해를 배상할 책임이 있다.

상표법은 상표권자의 입증의 편의를 위하여 일정한 실시 행위의 유형을 상표권 침해로 규정하고(제108조), 손해배상의 청구(제109조), 손해액의 추정에 관한 규정(제110조) 및 고의의 추정에 관한 규정(제112조)을 두고 있다.

2. 불법행위의 요건

민법 제750조에서 규정하는 불법행위의 요건은 이하 설명하는 네 가지이다. (i) 고의·과실: 고의란 자기의 행위가 타인에게 손해를 가할 것을 알고, 일부러 이것을 한다고 하는 심리상태를 말한다. 과실이란 주의가 부족함을 말한다. 다만, 불법행위의 성립요건으로서는 원칙적으로 선량한 관리자의 주의를 결하는 과실(추상적 경과실)을 말한다. 상표권의 특성상 상표법 제112조에서 '고의의 추정'에 관한 규정을 두고 있다. (ii) 책임능력: 정상적인 의사활동을 할 능력이 없는 자가 자기의 행위에 책임을 지지 않는다고 하는 원칙이다. (iii) 위법성: 불법행위의 요건 중 실제로 가장 중요한 것이다. 침해행위의 태양과 침해이익의 종류를 상관적으로 고찰하고, 법률의 취지에 비추어 위법성의 유무를 결정해야 한다. 상표권을 침해하는 행위가 위법한 것이어야 한다. (iv) 손해의 발생과 인과관계: 가해자의 행위와 손해와의 사이에 인과관계가 있어야 한다. 인과관계의 범위는 채무불이행에서와 같이 상당인과관계(相當因果關係)가 고려되어야 한다.

3. 손해배상의 청구

불법행위의 효과로서 가해자는 손해를 배상할 책임이 있다(민법 제750조). 민법의 특별법인 상표법은 민법 제750조에 기하여 "상표권자 등은 자기의 상표권 등을 고의 또는 과실로 침해한 자에 대하여 그 침해에 의하여 자기가 받은 손해의 배상을 청구할 수 있다(제109조)"고 규정하고 있다. 이는 상표권 침해시 상표권자 등이 손해배상을 청구할 수 있는 일반조항이라 할 수 있다.

4. 손해액의 산정

(1) 침해자의 상품 양도수량과 권리자의 손해액 산정

상표법 제109조에 따른 손해배상을 청구하는 경우 침해한 자가 그 침해행위를 하게 한 상품을 양도한 경우에는 그 상품의 양도수량에 상표권자 등이 그 침해행위가 없었다면 판매할 수 있었던 상품의 단위수량당 이익액을 곱한 금액을 상표권자 또는 전용사용권자의 손해액으로 할 수 있다(제110조 제1항). 제1항에 따른 손해액은 상표권자 등이 생산할 수 있었던 상품의 수량에서 실제 판매한 상품의 수량을 뺀 수량에 단위수량당 이익액을 곱한 금액을 한도로 한다. 다만, 상표권자 등이 해당 침해행위 외의 사유로 판매할 수 없었던 사정이 있는 경우에는 해당 침해행위 외의 사유로 판매할 수 없었던 수량에 따른 금액을 빼야 한다(제110조 제2항).

일실이익은 침해가 없었더라면 얻을 수 있었던 이익액을 말한다. 민법의 일반원칙에 의한 손해배상액은 차액설에 의하여 산정한다. 본 조의 취지는 침해자의 판매수량만 확인하면 권리자의 원가계산에 의하여 손해액을 적정하게 산정할 수 있도록 하고 침해자가 이를 부인할 경우에는 입증책임을 지게 함으로써 상표권자의 입증책임을 경감하는 데에 있다.

(2) 침해자의 이익을 통한 권리자의 손해액 추정

상표권자가 자기의 손해액을 입증하는 것보다 침해자가 받은 이익액을 입증하는 것이 용이할 수 있다. 상표법 제109조에 따른 손해배상을 청구하는 경우 권리를 침해한 자가 그 침해행위에 의하여 이익을 받은 경우에는 그 이익의 액을 상표권자 또는 전용사용권자가 받은 손해의 액으로 추정한다(제110조 제3항).

상표권자가 자신에게 발생된 인과관계에 있는 손해를 입증하는 것이 용이하지 않으므로 침해자가 받은 이익액을 손해액으로 추정하도록 하는 데에 그 취지가 있다. 따라서 상표권자가 스스로 실시를 하고 있지 아니한 경우에는 얻을 수 있는 이익상실은 있을 수 없으므로 본 조는 적용되지 아니한다. 해당 상품에 관한 일반적인 이익률이 있을 경우에는 침해자의 판매액에 이익률을 곱하여 이익액을 산출한다. 침해행위로 인한 이익액을 추정할 때 제품납품총액(침해자)에 국세청 소득표준율을 곱한 금액을 이익으로 판단한 하급심 판례가 있다.[2]

(3) 실시료 상당액으로 손해액 추정

손해배상을 청구하는 경우 그 등록상표의 사용에 대하여 통상 받을 수 있

2) 서울민사지방법원 1990. 8. 16. 선고 89가합39582 판결.

는 금액에 상당하는 액을 상표권자 등이 받은 손해의 액으로 하여 그 손해배상을 청구할 수 있다(제110조 제4항). 여기서 사용에 대하여 통상 받을 수 있는 이익에 상당하는 금액이란 통상사용권을 설정할 경우 받을 수 있는 사용료(로열티)에 상당하는 금액을 말한다.

현실적으로 통상사용권이 설정되어 있지 않을 경우에는 그 상표권에 대하여 침해 시 통상사용권이 설정되어 있다면 받을 수 있는 사용료에 상당한 액이다. 객관적으로 사용료의 평가가 곤란한 경우에는 법원이 감정, 기타의 방법에 의하여 정할 수밖에 없다. 대법원은 "상표법 제110조 제4항은 상표권자 등이 상표권 등의 침해로 인하여 입은 손해의 배상을 청구하는 경우에 손해에 관한 상표권자 등의 주장·증명책임을 경감하는 취지의 규정이고, 손해의 발생이 없는 것이 분명한 경우까지 침해자에게 손해배상의무를 인정하는 취지는 아니라고 할 것이다. 본 조의 취지에 비추어 보면, 손해의 발생에 관한 주장·증명의 정도는 손해 발생의 염려 내지 개연성의 존재를 주장·증명하는 것으로 족하다고 보아야 한다. 따라서 상표권자가 침해자와 동종의 영업을 하고 있는 것을 증명한 경우라면 특별한 사정이 없는 한 상표권 침해에 의하여 영업상의 손해를 입었음이 사실상 추정된다"고 판시하였다.[3]

(4) 손해배상액의 경감

입증된 손해액이 등록상표의 사용에 대하여 통상 받을 수 있는 금액에 상당하는 금액을 초과하는 경우에는 그 초과액에 대해서도 손해배상을 청구할 수 있다. 이 경우 상표권 등을 침해한 자에게 고의 또는 중대한 과실이 없을 때에는 법원은 손해배상액을 산정할 때 그 사실을 고려할 수 있다(제110조 제5항).

본 조의 취지는 손해액이 입증되면 이를 모두 침해자가 배상하는 것이 원칙이지만 손해액이 극히 큰 경우에는 경과실밖에 없는 침해자에게 이를 모두 배상하게 하는 것은 가혹하므로 침해자가 적극적으로 고의나 중과실이 없다는 것을 입증한 경우에는 통상 사용료를 초과한 금액에 대해서 법원은 경과실의 사실을 고려하여 손해배상액을 감액할 수 있도록 한 것이다.[4] 여기서 '참작할 수 있다'라는 것은 입증된 실제 손해액보다 경감하여 손해배상을 정할 수 있다

3) 대법원 2013. 7. 25. 선고 2013다21666 판결.
4) 사법연수원, 274면.

는 것이고 경감의 여부 및 경감의 정도는 법원의 재량에 속한다. 다만, 법원은 상표법 제110조 제4항의 통상사용료의 초과액에 대해서만 경감할 수 있을 뿐이므로 손해배상액을 통상사용료 이하로 경감할 수 없다.

(5) 법원의 재량에 의한 손해액 산정

법원은 상표권 등의 침해행위에 관한 소송에 있어서 손해가 발생된 것은 인정되나 그 손해액을 입증하기 위하여 필요한 사실을 입증하는 것이 해당 사실의 성질상 극히 곤란한 경우에는 제1항 내지 제5항의 규정에 불구하고 변론 전체의 취지와 증거조사의 결과에 기초하여 상당한 손해액을 인정할 수 있다(제110조 제6항).

상표권 침해소송에 있어서 침해자의 상표권 침해사실과 상표권자의 손해 발생 사실은 입증되었으나, 침해자가 매입·매출관계 서류를 전혀 작성하지 않았거나 폐기하는 등으로 손해액의 입증이 극히 곤란 경우가 있다. 이처럼 손해액 입증을 위하여 필요한 사실의 입증이 대단히 곤란한 경우에, 법원은 손해액의 입증이 없다고 하여 청구를 배척할 것이 아니고 변론전체의 취지와 증거조사의 결과에 의해 재량으로 상당한 손해액을 산정할 수 있다.

판 례 HITE 맥주 사건(대법원 2005. 1. 13. 선고 2002다67642 판결)

침해자가 등록상표 "HITE"(지정상품: 맥주 등)와 유사한 상표를 사용한 맥아음료를 노래방 등에 납품함으로써 등록상표권을 침해한 사건에서 침해자의 판매수량, 수입단가, 침해자가 도매상에게 판매한 가격 등을 토대로 하여 침해품 판매로 인한 이익액을 산정한 다음, 여기에는 침해당한 상표권과 무관한 정상적인 영업이익, 침해자의 영업망이나 경영수완에 의한 이익 등 기여 요인에 의한 이익이 포함되어 있어 손해액 산정이 어렵다는 전제 아래, 상표법 110조 제6항을 적용하여 판매이익의 60%가 상표권 침해로 인한 것이라고 인정한 원심판단은 정당하다.

5. 법정손해배상의 청구

(1) 서 설

2012년 개정법에서 한미 FTA 협정문 제18.2조 제6항을 국내법에 반영하여 법정손해배상제도를 도입하였다. 법정손해배상제도는 민사소송에서 원고가 실제 손해를 입증하지 않은 경우에도 사전에 법령에서 정한 일정한 금액(또는 일정한 범위의 금액)을 원고의 선택에 따라 법원이 손해액으로 인정할 수 있는 제도이다. 상표권자 등이 자기가 사용하고 있는 등록상표와 같거나 동일성이 있는 상표를 그 지정상품과 같거나 동일성이 있는 상품에 사용하여 자기의 상표권 등을 고의나 과실로 침해한 자에 대하여 상표법 제109조에 따른 손해배상을 청구하는 대신 5천만 원 이하의 범위에서 상당한 금액을 손해액으로 하여 배상을 청구할 수 있다. 이 경우 법원은 변론전체의 취지와 증거조사의 결과를 고려하여 상당한 손해액을 인정할 수 있다(제111조 제1항).

(2) 적용요건

침해자가 등록상표와 동일성이 있는 상표를 사용하여 침해행위를 한 경우 상표법 제109조에 따라 손해배상을 청구한 상표권자 또는 전용사용권자는 법원이 변론을 종결할 때까지 그 청구를 법정손해배상의 청구로 변경할 수 있다(제111조 제2항).

본 조는 상표위조와 같은 침해행위를 상정하여 입법된 규정이기 때문에 그 적용요건은 '등록상표와 같거나 동일성이 있는 상표를 그 지정상품과 같거나 동일성이 있는 상품에 사용'하는 경우로 한정하고 있다. 권리자는 손해배상을 청구하면서 그 손해액의 산정방법을 선택하여 주장할 수 있으므로, 이를 고려하여 법정손해배상을 선택할 수 있는 시점은 '법원이 변론을 종결할 때까지' 손해배상청구를 변경할 수 있도록 하고 있다.

6. 고의(故意)의 추정

등록상표임을 표시한 타인의 상표권 등을 침해한 자는 그 침해행위에 대하여 그 상표가 이미 등록된 사실을 알았던 것으로 추정한다(제112조). 민법의 일반 규정에서 고의·과실의 입증책임은 불법행위의 성립을 주장하는 피해자가 가해자의 고의 혹은 과실을 입증하여야 한다. 그러나 상표권 침해에 대한 손해배상청구에 있어 침해자의 고의·과실의 입증책임은 상표권자에게 있지만 이를 입증하기는 매우 어렵다. 침해자는 그 상표가 등록된 사실을 알지 못한다고 주장하더라도 상표권의 존재에 대하여는 공시제도인 등록원부와 상표등록공보에 공고되었으므로 공중은 이를 이미 알고 있다고 보기 때문이다.

입증책임을 침해자에게로 전환한 것은 상표권자로 하여금 등록상표에 대한 표시를 유도하여 상표권 침해시 피해의 구제를 쉽게 하고, 경쟁업자가 타인의 상표권을 침해하는 것을 예방함으로써 상표 관련 분쟁을 방지하려는 데에 있다.

판 례 남성알미늄 사건(대법원 2013. 7. 25. 선고 2013다21666 판결)

원심판결 이유를 기록에 비추어 살펴보면, 원심이 '금속제 문, 금속제 창문용 손잡이, 금속제 창문틀' 등을 지정상품으로 하고 ' '과 같이 구성된 원고의 등록상표(등록번호 생략. 이하 '이 사건 등록상표'라 한다)와 '알루미늄 등 금속제 창호 관련 제품'에 사용된 원심 판시 피고상표 ' '은 그 호칭이 유사하여 일반 수요자나 거래자로 하여금 상품 출처에 관하여 오인·혼동을 일으키게 할 염려가 있으므로 서로 유사하다는 취지로 판단한 것은 정당하고, 거기에 상고이유의 주장과 같은 상표의 혼동가능성에 관한 법리오해 등의 위법이 없다.

상표법 제110조 제4항은 상표권자 등이 상표권 등의 침해로 인하여 입은 손해의 배상을 청구하는 경우에 손해에 관한 상표권자 등의 주장·증명책임을 경감하는 취지의 규정이고, 손해의 발생이 없는 것이 분명한 경우까지 침해자에게 손해배상의무를 인정하는 취지는 아니라고 할 것이나, 그 규정 취지에 비추어 보면, 손해의 발생에 관한 주장·증명의 정도는 손해 발생의 염려 내지 개연성의 존재를 주장·증명하는 것으로 족하다고 보아야 하고, 따라서 상표권자가 침해자와 동종의 영업을 하고 있는 것을 증명한 경우라면 특별한 사정이 없는 한 상표권 침해에 의하여 영업상의 손해를 입었음이 사실상 추정된다.

상표권의 존재 및 그 내용은 상표공보 또는 상표등록원부 등에 의하여 공시되어 일반 공중도 통상의 주의를 기울이면 이를 알 수 있고, 업으로서 상표를 사용하는 사업자에게 해당 사업 분야에서 상표권의 침해에 대한 주의의무를 부과하는 것이 부당하다고 할 수 없으며, 또한 타인의 특허권, 디자인권을 침해한 자는 그 침해행위에 대하여 과실이 있는 것으로 추정되는데도(특허법 제130조, 디자인보호법 제116조 제1항 본문) 상표권을 침해한 자에 대하여만 이와 달리 보아야 할 합리적인 이유가 없으므로, 타인의 상표권을 침해한 자는 그 침해행위에 대하여 과실이 있는 것으로 추정된다. 그럼에도 타인의 상표권을 침해한 자에게 과실이 없다고 하기 위하여는 상표권의 존재를 알지 못하였다는 점을 정당화할 수

> 있는 사정이 있다거나 자신이 사용하는 상표가 등록상표의 권리범위에 속하지 아니한다고 믿은 점을 정당화할 수 있는 사정이 있다는 것을 주장·증명하여야 한다.
>
> 상표권 침해로 인한 손해액을 산정하는 경우에도 피해자의 과실을 참작하여야 하는지 여부에 대해서 불법행위로 인한 손해의 발생 또는 확대에 관하여 피해자에게도 과실이 있는 때에는 가해자의 손해배상의 범위를 정하면서 당연히 이를 참작하여야 한다. 양자의 과실비율을 교량함에 있어서는 손해의 공평부담이라는 제도의 취지에 비추어 불법행위에 관련된 제반 상황을 충분히 고려하여야 하며, 과실상계사유에 관한 사실인정이나 그 비율을 정하는 것이 사실심의 전권사항이라고 하더라도 그것이 형평의 원칙에 비추어 현저히 불합리하여서는 아니 되고, 이러한 법리는 상표법 제110조 제3항에 따라 상표권 침해로 인한 손해액을 산정하는 경우에도 마찬가지로 적용된다.

Ⅲ 신용회복청구권

법원은 고의나 과실로 상표권 등을 침해함으로써 상표권자 등의 업무상의 신용을 떨어뜨린 자에 대해서는 상표권자 등의 청구에 의하여 손해배상에 갈음하거나 손해배상과 함께 상표권자 등의 업무상의 신용회복을 위하여 필요한 조치를 명할 수 있다(제113조). 대법원은 "상표권 또는 전용사용권의 침해행위에서 상품주체의 혼동행위가 있었다고 하여도 그것만으로 상표권자 또는 전용사용권자나 상품주체의 영업상의 신용이 당연히 침해되었다고 단언하기 어려우므로, 그와 같은 경우 상표법 제113조 또는 부정경쟁방지법 제6조에 정한 신용회복을 위해 필요한 조치를 명하기 위해서는 상표권 또는 전용사용권의 침해행위나 상품주체의 혼동행위가 있었다는 것 외에 그와 같은 행위에 의하여 상표권자 또는 전용사용권자나 상품주체의 영업상의 신용이 실추되었음이 인정되어야만 한다"고 판시하였다.[5)]

5) 대법원 2008. 11. 13. 선고 2006다22722 판결.

Ⅳ 서류제출명령

1. 법원 절차에서 서류의 제출

(1) 서 설

법원은 상표권 등의 침해에 관한 소송에서 당사자의 신청에 의하여 다른 당사자에 대하여 해당 침해행위로 인한 손해를 계산하는 데에 필요한 서류의 제출을 명할 수 있다. 다만, 그 서류의 소지자가 그 서류의 제출을 거절할 정당한 이유가 있는 경우에는 그러하지 아니하다(제114조). 본 조는 상표권이 침해된 경우에 침해자가 해당 상표를 사용해서 거래한 상품의 수량이나 금액 등이 명백히 밝혀지지 않으면 손해액의 산정이 곤란하기 때문에 서류제출 명령제도를 마련한 절차이다. 그러나 법원의 서류제출 명령이 있더라도 그 서류의 소지자가 그 서류의 제출을 거절할 정당한 이유가 있는 경우에는 서류제출을 거부할 수 있다.

(2) 서류의 내용

손해의 계산에 필요한 서류란 대차대조표, 손익계산서, 납품서, 매상장부, 경비지출장부, 수출관계 서류 등 침해상표를 부착하여 거래한 상품의 수량이나 금액 등을 알 수 있는 관계서류를 포함한다. 법원은 피고의 청구에 의하여 필요하면 국세청, 관세청, 세관 등에 공문을 보내서 서류제출을 명령할 수 있다. 만일 법원의 서류제출명령이 있음에도 당사자가 정당한 이유없이 제출을 거부하거나 상대방의 사용을 방해할 목적으로 서류를 훼손한 경우 법원은 민사소송법 제349조(당사자가 문서를 제출하지 아니한 때의 효과)를 적용하여 서류에 관한 상대방의 주장사실을 진실한 것으로 인정할 수 있다.

V 비밀유지명령제도

1. 서 설

상표법은 한미 FTA 합의사항에서 법원으로 하여금 상표권의 침해에 관한 소송에서 당사자가 제출한 준비서면 등에 영업비밀이 포함되어 있고, 그 영업비밀이 공개되면 당사자의 영업에 지장을 줄 우려가 있는 경우 등에는 당사자의 신청에 따라 결정으로 해당 영업비밀을 알게 된 자에게 소송 수행 외의 목적으로 영업비밀을 사용하는 행위 등을 하지 아니할 것을 명할 수 있는 비밀유지명령제도를 도입하였다.

2. 비밀유지명령

(1) 영업비밀

법원은 상표권 등의 침해에 관한 소송에 있어서 어느 한쪽 당사자가 보유한 영업비밀에 대하여 다음 각 호의 사유[6]를 모두 소명한 경우에는 그 당사자의 신청에 의하여 결정으로 다른 당사자(법인인 경우에는 그 대표자), 당사자를 위하여 소송을 대리하는 자, 그 밖에 그 소송으로 인하여 영업비밀을 알게 된 자에게 그 영업비밀을 해당 소송의 계속적인 수행 외의 목적으로 사용하거나 그 영업비밀에 관계된 이 항에 따른 명령을 받은 자 외의 자에게 공개하지 아니할 것을 명할 수 있다. 다만, 그 신청시점까지 다른 당사자(법인인 경우에는 그 대표자), 당사자를 위하여 소송을 대리하는 자, 그 밖에 해당 소송으로 인하여 영업비밀을 알게 된 자가 준비서면의 열람이나 증거 조사 외의 방법으로 그 영업비밀을 이미 취득하고 있는 경우에는 비밀유지명령을 내리지 않을 수 있다 (제227조 제1항).

6) 제1호: 이미 제출하였거나 제출하여야 할 준비서면 또는 이미 조사하였거나 조사하여야 할 증거에 영업비밀이 포함되어 있다는 것, 제2호: 제1호의 영업비밀이 해당 소송 수행 외의 목적으로 사용되거나 공개되면 당사자의 영업에 지장을 줄 우려가 있어 이를 방지하기 위하여 영업비밀의 사용 또는 공개를 제한할 필요가 있다는 것.

(2) 비밀유지명령 절차

비밀유지명령은 다음 사항을 서면으로 적어서 신청하여야 한다(제227조 제2항). (i) 비밀유지명령을 받을 자, (ii) 비밀유지명령의 대상이 될 영업비밀을 특정하기에 충분한 사실, (iii) 제1항 각 호의 사유에 해당하는 사실을 서면으로 적어야 한다. 법원은 비밀유지명령이 결정된 경우에는 그 결정서를 비밀유지명령을 받은 자에게 송달하여야 한다(제227조 제3항). 비밀유지명령은 제3항의 결정서가 비밀유지명령을 받은 자에게 송달된 때부터 효력이 발생한다(제227조 제4항). 비밀유지명령의 신청을 기각 또는 각하한 재판에 대하여는 즉시항고를 할 수 있다(제227조 제5항).

3. 비밀유지명령의 취소

비밀유지명령을 신청한 자 또는 비밀유지명령을 받은 자는 상표법 제227조 제1항에 따른 요건을 갖추지 못하였거나 갖추지 못하게 된 경우 소송기록을 보관하고 있는 법원(소송기록을 보관하고 있는 법원이 없는 경우에는 비밀유지명령을 내린 법원)에 비밀유지명령의 취소를 신청할 수 있다(제228조 제1항).

법원은 비밀유지명령의 취소 신청에 대한 재판이 있는 경우에는 그 결정서를 그 신청을 한 자 및 상대방에게 송달하여야 한다(제228조 제2항). 비밀유지명령의 취소 신청에 대한 재판에 대하여는 즉시항고를 할 수 있다. 비밀유지명령을 취소하는 재판은 확정되어야 그 효력이 발생한다(제228조 제4항). 비밀유지명령을 취소하는 재판을 한 법원은 비밀유지명령의 취소 신청을 한 자 또는 상대방 외에 해당 영업비밀에 관한 비밀유지명령을 받은 자가 있는 경우에는 그 자에게 즉시 비밀유지명령의 취소 재판을 한 사실을 알려야 한다(제228조 제5항).

4. 소송기록 열람 등의 청구 통지 등

비밀유지명령이 내려진 소송에 관한 소송기록에 대하여 민사소송법 제163조 제1항[7]의 결정이 있었던 경우, 당사자가 같은 항에서 규정하는 비밀 기재

---

7) **민사소송법 제163조(비밀보호를 위한 열람 등의 제한)** ① 다음 각 호 가운데 어느 하나에 해당한다는 소명이 있는 경우에는 법원은 당사자의 신청에 따라 결정으로 소송기록 중 비밀이 적혀 있는 부분의 열람·복사, 재판서·조서 중 비밀이 적혀 있는 부분의 정본·등본·초

부분의 열람 등의 청구를 하였으나 그 청구절차를 해당 소송에서 비밀유지명령을 받지 아니한 자가 밟은 경우에는 법원서기관, 법원사무관, 법원주사 또는 법원주사보(이하 '법원사무관 등'이라 한다)는 민사소송법 제163조 제1항의 신청을 한 당사자에게 그 청구 직후에 그 열람 등의 청구가 있었다는 사실을 알려야 한다(제229조 제1항).

법원사무관 등은 제1항의 청구가 있었던 날부터 2주일이 지날 때까지(그 청구절차를 행한 자에 대한 비밀유지명령 신청이 그 기간 이내에 행하여진 경우에는 그 신청에 대한 재판이 확정되는 시점까지) 그 청구절차를 행한 자에게 비밀 기재부분의 열람 등을 하게 하여서는 아니 된다(제229조 제2항). 열람 등의 청구를 한 자에게 제1항의 비밀 기재 부분의 열람 등을 하게 하는 것에 대하여 민사소송법 제163조 제1항의 신청을 한 당사자 모두의 동의가 있는 경우에는 적용되지 아니한다(제229조 제3항).

5. 비밀유지명령 위반죄

국내외에서 정당한 사유없이 상표법 제227조 제1항에 따른 비밀유지명령을 위반한 자는 5년 이하의 징역 또는 5천만 원 이하의 벌금에 처한다(제231조 제1항). 비밀유지명령 위반죄는 비밀유지명령을 신청한 자의 고소가 없으면 공소를 제기할 수 없다. 비밀유지명령 위반죄가 성립하기 위해서는 비밀유지명령을 위반한 사실 또는 최소한의 높은 개연성에 대한 인식이 있어야 한다.

제 2 절 형사적 구제

상표법에서 규정하고 있는 상표권에 관한 벌칙으로 상표권 등의 침해죄, 위증죄, 거짓 표시의 죄, 거짓 행위의 죄가 있다. 양벌규정을 두어 행위자 본인을 벌하는 외에 범죄행위의 방지를 강화하기 위해서 그 법인이나 개인을 처벌

본의 교부를 신청할 수 있는 자를 당사자로 한정할 수 있다.

1. 소송기록 중에 당사자의 사생활에 관한 중대한 비밀이 적혀 있고, 제3자에게 비밀 기재부분의 열람 등을 허용하면 당사자의 사생활에 지장이 클 우려가 있는 때
2. 소송기록 중에 당사자가 가지는 영업비밀이 적혀 있는 때

하고 있다. 행정상의 질서유지를 위하여 그 위반행위를 한 자에 대하여 과태료를 부과한다.

특허법, 실용신안법 및 디자인보호법에서는 벌칙의 한 유형으로 비밀누설죄를 규정하고 있으나 상표법에서는 이를 규정하고 있지 않다. 그 이유는 특허법과 디자인보호법에서는 기술이나 디자인의 신규성 요건이 등록요건이기 때문에 출원발명 또는 출원디자인의 비밀보장이 중요하나, 상표법에서는 보호객체인 상표의 경우 신규성은 고려하지 않고, 해당 출원에 대한 비밀유지는 출원인에게 별로 문제가 되지 않기 때문이다.

I 침해죄

1. 침해죄의 구성

상표권 또는 전용사용권의 침해행위를 한 자는 7년 이하의 징역 또는 1억원 이하의 벌금에 처한다(제230조). 상표법은 상표권 및 전용사용권을 침해하거나 특정상의 의무를 위반한 경우에는 형벌의 제재를 가하고 있다. 상표권의 침해는 상표권자의 영업상 신용과 이익을 해칠 뿐만 아니라, 일반 수요자에게 상품출처에 대해 오인·혼동을 초래하여 거래질서를 해치게 되므로 공익에 반하게 된다. 상표권의 침해죄는 정당한 이유없이 타인의 등록상표를 무단으로 사용하는 경우는 물론 상표법 제108조 소정의 침해로 간주되는 행위도 포함된다. 상표권 침해죄를 구성하는지 여부는 상품의 출처표시 기능이나 품질보증 기능을 해칠 염려가 있는지 여부에 따라 판단한다.

상표권에 관하여 사용권을 설정받은 자는 그 설정행위로 정한 범위 내에서 지정상품에 관하여 등록상표를 사용할 권리를 가지므로, 그 범위 내에서는 상표권자가 사용권자에 대하여 상표권 침해를 주장할 수 없다.

상표권의 침해는 상품의 출처의 혼동 내지 품질의 오인 등을 발생하게 함으로써 거래사회의 경업질서를 혼란시켜 공중의 이익을 해하는 경우가 일반적이기 때문에 특허권이나 디자인권의 침해죄와 달리 비친고죄로 구성하고 있다.

따라서 상표권의 침해에 대하여는 권리자의 고소가 없더라도 기소할 수 있다. 상표권의 침해죄가 성립하기 위해서는 상표권자의 상표권 또는 전용사용권자의 전용사용권이 적법 유효한 것이어야 한다. 상표권이나 서비스표권에 관하여 전용사용권이 설정된 경우 이로 인하여 상표권자나 서비스표권자의 상표 또는 서비스표의 사용권이 제한받게 되지만, 제3자가 그 상표 또는 서비스표를 정당한 법적 권한 없이 사용하는 경우에는 그 상표권자나 서비스표권자가 그 상표권이나 서비스표권에 기하여 제3자의 상표 또는 서비스표의 사용에 대한 금지를 청구할 수 있는 권리까지 상실하는 것은 아니고, 이러한 경우에 그 상표나 서비스표에 대한 전용사용권을 침해하는 상표법 위반죄가 성립함은 물론 상표권자나 서비스표권자의 상표권 또는 서비스표권을 침해하는 상표법 위반죄도 함께 성립한다.[8)]

수개의 등록상표에 대하여 상표권 침해행위가 계속하여 행하여진 경우에는 각 등록상표 1개마다 포괄하여 1개의 범죄가 성립하므로, 특별한 사정이 없는 한 상표권자 및 표장이 동일하다는 이유로 등록상표를 달리하는 수개의 상표권침해 행위를 포괄하여 하나의 죄가 성립하는 것으로 볼 수 없다.[9)] 수개의 등록상표에 대하여 상표권 침해행위가 계속하여 행하여진 경우에 죄수관계는 각 등록상표 1개마다 포괄일죄가 구성된다.

판 례 SUPER TEMPERA 사건(대법원 2012. 4. 26. 선고 2011도17524 판결)

상표권자 내지 정당한 사용권자에 의해 등록상표가 표시된 상품을 양수 또는 수입한 자가 임의로 상품을 소량으로 나누어 새로운 용기에 담는 방식으로 포장한 후 등록상표를 표시하거나 위와 같이 등록상표를 표시한 것을 양도하였다면, 비록 그 내용물이 상표권자 등의 제품이라 하더라도 상품의 출처표시 기능이나 품질보증 기능을 해칠 염려가 있으므로, 이러한 행위는 특별한 사정이 없는 한 상표권 내지 전용사용권을 침해하는 행위에 해당한다. 뉴질랜드국의 파인아트 서프라이즈 리미티드 회사(이하 '피해회사'라고 한다)는 국내에 'SUPER TEMPERA'에 관하여 지정상품을 그림물감으로 하여 상표등록을 하였다.

위 상표에 관한 전용사용권이 공소외인 명의로 2010. 1. 18. 등록된 사실, 피고

8) 대법원 2006. 9. 8. 선고 2006도1580 판결.

9) 대법원 2011. 7. 14. 선고 2009도10759 판결; 대법원 2013. 7. 25. 선고 2011도12482 판결.

> 인이 2009. 12.경 호주국에 있는 MODERN TEACHING AIDS PTY LTD.로부터 피해회사의 지정상품인 그림물감 'FAS SUPER TEMPERA PAINT-CLASSIC SET 8 × 2LT'를 수입하여 위 물감을 250ml 내지 500ml 용기에 나누어 담으면서 임의로 제작한 'SUPER TEMPERA' 표장을 위 물감을 담은 용기에 부착한 사실, 피고인은 적어도 공소외인이 'SUPER TEMPERA' 상표에 관하여 전용사용권을 설정등록한 뒤인 2010. 3.경까지 인터넷 홈페이지를 통하여 위와 같이 'SUPER TEMPERA' 표장을 부착한 제품을 판매한 사실 등을 알 수 있다. 이를 위 법리에 비추어 살펴보면, 상표권자 등이 아닌 피고인이 위 물감을 보다 작은 용량의 용기에 재병입하면서 그 용기에 임의로 제작한 위 등록상표를 표시한 것은 상표권자의 권리를 침해한 것이라고 할 것이다.

2. 상표침해죄에서 고의 요건

상표법상 침해죄에 형법총칙과 형사소송법의 규정이 적용되므로 상표권 침해죄가 성립하기 위해서는 침해자에게 고의가 있을 것이 요구되며 손해배상청구와 경우와 달리 고의가 추정되지 않는다. 고의는 행위자가 타인의 등록상표라는 점을 인식하고 이를 그 지정상품과 동일 또는 유사한 상품에 사용한다는 의사만 있으면 족하고, 나아가 상품의 신용을 훼손하거나 그 출처의 혼동을 야기할 의사나 상대방을 기망하여 부정한 이익을 취득할 목적 그 밖의 권리침해의 의사를 요하는 것은 아니다.[10)]

상표권자가 오인·혼동을 일으킬 만한 대상상표의 존재를 알면서 그 대상상표와 동일·유사한 실사용 상표를 사용하는 한 상표의 부정사용은 고의가 있다고 할 수 있다. 특히 그 대상상표가 주지·저명 상표인 경우에는 그 대상상표나 그 표장상품의 존재를 인식하지 못하는 등의 특단의 사정이 없는 한 고의가 있는 것으로 판단한다. 상표사용금지청구소송에서 상표권자가 자신의 등록상표가 타인의 상표와 동일·유사하게 변형·사용되는 것을 적극적으로 희망하여 의도적으로 그 변형이 용이하도록 상표를 제작·부착하고, 그 상표가 부착된 상품의 판매자나 수요자에게 그 상표의 변형 방법을 주지시키고, 이로 말미암아 실제로 등록상표가 상표권자의 의도대로 상품의 판매자나 수요자들에 의하여 인용상표들과 동일·유사하게 변형되어 유통·사용되었다면, 이는 상표권자가 직

10) 사법연수원, 288면.

접 등록상표에 변형을 가한 경우와 마찬가지로 타인의 상표의 신용이나 명성에 편승하려는 부정경쟁의 목적으로 등록상표의 사용권의 범위를 넘어 등록상표를 부정하게 사용한 경우에 해당한다.

3. 형사재판에서 증거의 증명력 정도

형사소송법상 피고인의 가벌성 요건에 대해서는 검사가 입증책임을 부담한다. 또한 형사재판에 있어 유죄의 인정은 법관으로 하여금 합리적인 의심을 할 여지가 없을 정도로 공소사실이 진실한 것이라는 확신을 가지게 할 수 있는 증명력을 가진 증거에 의하여야 하고, 이러한 정도의 심증을 형성하는 증거가 없다면 피고인이 유죄라는 의심이 간다 하더라도 피고인의 이익으로 판단할 수밖에 없다.

그와 같은 심증이 반드시 직접증거에 의하여 형성되어야만 하는 것은 아니고, 경험칙과 논리법칙에 위반되지 아니하는 한 간접증거에 의하여 형성되어도 되는 것이며, 간접증거가 개별적으로는 범죄사실에 대한 완전한 증명력을 가지지 못하더라도 전체 증거를 상호 관련하여 종합적으로 고찰할 경우 그 단독으로는 가지지 못하는 종합적 증명력이 있는 것으로 판단되면 그에 의하여도 범죄사실을 인정할 수 있다.

4. 고소장

고소장이란 범죄의 피해자가 수사기관에 특정인의 범죄사실을 신고하여, 처벌을 요청하는 서류를 말한다. 상표권 침해에 관한 고소장에는 (i) 고소를 하는 사람(고소인)과 고소 상대방(피고소인)의 인적사항, (ii) 범죄사실과 죄명, (iii) 피고소인에 대한 처벌의사, (iv) 고소사실과 관련된 사건의 수사 및 재판 여부 등이 필요적 기재사항이다. 임의적 기재사항은 (i) 범행 경위 및 정황 등 고소를 하게 된 이유, (ii) 증거자료 유무, (iii) 관련 사건에 대하여 민사소송이 진행 중인지 여부, (iv) 고소사실에 대한 진실 확약 등 범죄사실을 뒷받침하는 사항들이다. 고소인은 증거가 있을 경우 그 내용을 별지에 인적증거, 증거서류 및 증거물을 작성하여야 한다.

대법원은 “고소는 범죄의 피해자 기타 고소권자가 수사기관에 대하여 범죄사실을 신고하여 범인의 소추를 구하는 의사표시를 말하는 것으로서, 단순한 피해사실의 신고는 소추·처벌을 구하는 의사표시가 아니므로 고소가 아니다. 또한, 피해자가 고소장을 제출하여 처벌을 희망하는 의사를 분명히 표시한 후 고소를 취소한 바 없다면 비록 고소 전에 피해자가 처벌을 원치 않았다 하더라도 그 후에 한 피해자의 고소는 유효하다"고 판시하였다.[11]

5. 형사소송의 진행절차

상표에 대한 형사적 보호수단을 마련하고 있는 국가는 독일, 한국, 일본 등이다. 미국의 경우 상표침해에 대한 민사적 구제절차만 있고 형사적 구제절차는 없다. 우리나라는 상표권 침해소송에 대한 형사적 구제절차가 마련되어 있다.

법원조직법 제32조(합의부의 심판권) 제1항 제3호에 따라 사형, 무기 또는 단기 1년 이상의 징역 또는 금고에 해당하는 사건은 지방법원과 그 지원의 합의부는 제1심으로 심판한다. 따라서 상표권 침해죄는 7년 이하의 징역에 해당하는 사건이므로 일반적으로 지방법원 형사 단독, 지방법원 합의부, 대법원으로 형사소송절차가 진행된다.

Ⅱ 위증죄

위증죄(僞證罪)란 법의 규정에 의하여 선서한 증인·감정인 또는 통역인이 특허심판원에 대하여 허위의 진술·감정 또는 통역을 한 경우 적용되는 범죄이다. 이와 같은 범죄는 국가의 심판작용 등을 그릇되게 할 위험이 있기 때문에 처벌한다.

이 법에 따라 선서한 증인, 감정인 또는 통역인이 특허심판원에 대하여 거짓의 진술, 감정 또는 통역을 하였을 경우에는 5년 이하의 징역 또는 1천만 원 이하의 벌금에 처한다(제232조 제1항). 위증죄를 범한 자가 그 사건의 심결의 확정 전에 자수한 때에는 그 형을 경감 또는 면제받을 수 있다(제232조 제2항). 본

11) 대법원 2008. 11. 27. 선고 2007도4977 판결.

죄는 법률상 감경사유가 있기 때문에 법원은 재량권에 기하여 형(刑)을 경감 또는 면제할 수 있다.

Ⅲ 거짓 표시의 죄

1. 서 설

거짓 표시란 등록을 하지 아니한 상표 또는 상표등록출원을 하지 아니한 상표를 등록상표 또는 등록출원상표인 것같이 상품에 표시하는 행위를 말한다. 이러한 거짓 표시 행위는 상품 등의 선택에 있어 수요자에게 오인·혼동을 일으키게 함으로써 거래의 안정을 해칠 우려가 있어서 이를 금지시켜야 한다.

상품에 거짓 표시를 하여 상거래를 해친 자에 대해 처벌하도록 상표법 제224조에서 상품에 대하여 거짓 표시를 금지하고 있다. 상표법 제224조를 위반하여 거짓 표시를 한 자는 3년 이하의 징역 또는 2천만 원 이하의 벌금에 처한다(제233조).

2. 등록상표의 표시

상표권자·전용사용권자 또는 통상사용권자는 등록상표를 사용할 때에 해당 상표가 등록상표임을 표시할 수 있다(제222조). 둘 이상의 지리적 표시 등록단체표장이 서로 동음이의어 지리적 표시에 해당하는 경우 각 단체표장권자 및 그 소속 단체원은 지리적 출처에 대하여 수요자가 혼동하지 아니하도록 하는 표시를 등록단체표장과 함께 사용하여야 한다(제223조).

3. 거짓 표시의 금지

누구든지 다음 사항에 해당하는 행위를 하여서는 아니 된다. (i) 등록을 하지 아니한 상표 또는 상표등록출원을 하지 아니한 상표를 등록상표 또는 등록출원상표인 것같이 상품에 표시하는 행위, (ii) 등록을 하지 아니한 상표 또는 상표등록출원을 하지 아니한 상표를 등록상표 또는 등록출원상표인 것같이 영업용 광고·간판·표찰·상품의 포장 또는 그 밖의 영업용 거래 서류 등에 표시하는 행위, (iii) 지정상품 외의 상품에 대하여 등록상표를 사용하는 경우에 그 상표에 상표등록 표시 또는 이와 혼동하기 쉬운 표시를 하는 행위(제224조 제1항). 특히 상기 (i)과 (ii)의 규정에 의한 상표를 표시하는 행위에는 상품, 상품의 포장, 광고, 간판 또는 표찰을 표장의 형상으로 하는 것을 포함한다(제224조 제2항).

업무방해죄에 있어서 "허위의 사실을 유포한다"고 함은 반드시 기본적 사실이 허위여야 하는 것은 아니고, 비록 기본적 사실은 진실이더라도 이에 허위사실을 상당 정도 부가시킴으로써 타인의 업무를 방해할 위험이 있는 경우도 포함되지만, 그 내용 전체의 취지를 살펴볼 때 중요한 부분이 객관적 사실과 합치되고 단지 세부에 있어 약간의 차이가 있거나 다소 과장된 표현이 있는 정도에 불과하여 타인의 업무를 방해할 위험이 없는 경우는 이에 해당하지 않는다.[12]

Ⅳ 거짓 행위의 죄

거짓이나 그 밖의 부정한 행위를 하여 상표등록, 지정상품의 추가등록, 존속기간갱신등록, 상품분류전환등록 또는 심결을 받은 자는 3년 이하의 징역 또는 2천만 원 이하의 벌금에 처한다(제234조). 여기서 거짓 행위는 심사 또는 심판 절차에서 거짓 자료나 위조된 자료를 제출하는 등 심사관 또는 심판관을 부정한 행위로서 착오에 빠뜨려 상표등록요건을 결한 상표등록출원에 대하여 상표등록을 받거나, 자기에게 유리한 심결을 받는 경우 등의 행위를 말한다.

본 조의 취지는 이러한 거짓 행위는 결국 국가의 권위를 해하게 되므로 이러한 행위를 한 자에 대해 형벌을 가함으로써 국가의 심사권·심판권의 적정한 행사를 보장하도록 하는 데에 있다.

---

12) 대법원 2006. 9. 8. 선고 2006도1580 판결.

V 양벌규정

상표법은 실효성이 있는 범죄행위의 방지를 위해 법인의 대표자나 법인 또는 개인의 대리인, 사용자 그 밖의 종업원이 그 법인 또는 개인의 업무에 관하여 침해죄(제230조), 거짓 표시의 죄(제233조) 및 거짓 행위의 죄(제234조) 중 어느 하나에 해당하는 위반행위를 하면 그 행위자를 벌하는 외에 그 법인에는 다음 각 호[13]의 구분에 따른 벌금형을, 그 개인에게는 해당 조문의 벌금형을 과(科)한다. 다만, 법인 또는 개인이 그 위반행위를 방지하기 위하여 해당 업무에 관하여 상당한 주의와 감독을 게을리하지 아니한 경우에는 그러하지 아니하다(제235조).

여기서 상당한 주의란 주로 개인 또는 연구원이 상표를 개발했을 경우, 선등록상표를 조사하고 유사판단을 검토했다는 것을 입증할 수 있는 자료와 회의자료를 의미한다. 감독을 게을리하지 아니한 경우란 위조 상표를 개발하거나 거짓 표시 행위를 하지 못하도록 직원들을 상대로 교육을 주기적으로 실시한 경우를 말한다. 법인은 이를 입증할 수 있는 서류나 교육자료 등을 비치할 필요가 있다. 단서 규정은 2008년 개정법에서 신설되었다. 개정의 취지는 영업주가 종업원 등에 대한 관리·감독상 주의의무를 다한 경우에는 처벌을 면하게 함으로써 양벌규정에도 책임주의 원칙[14]이 관철되도록 하는 데 있다.

VI 몰 수

상표권 또는 전용사용권의 침해행위에 제공되거나 그 침해행위로 인하여 생긴 상표, 포장 또는 상품(이하 '침해물'이라 한다)과 그 침해물 제작에 주로 사

13) 제1호: 상표법 제230조를 위반한 경우 3억 원 이하의 벌금, 제2호: 제233조 또는 제234조를 위반한 경우에는 6천만 원 이하의 벌금.

14) 책임주의는 "책임이 없으면 형벌 없다"는 원리를 기초로 책임이 없으면 범죄는 성립하지 않고, 형량도 책임의 대소에 따라서 결정하여야 한다는 원칙이다. 책임의 범위 내로 형량을 한정함으로써 국가의 형벌권으로부터 개인의 자유를 보장하는 수단이 된다.

용하기 위하여 제공된 제작 용구 또는 재료는 몰수한다(제236조).

Ⅶ 과태료

1. 부과대상

과태료란 질서위반자에 대하여 과하는 행정벌의 일종이다. 상표법은 상표에 관한 심판 등의 절차에서 거짓 진술 등을 함으로써 심판절차의 적정을 방해하는 경우 등 일정 행위를 한 자에게 행정상의 질서벌로서 과태료를 부과하도록 하고 있다. (i) 민사소송법 제299조 제2항 및 제367조에 따라 선서를 한 자로서 특허심판원에 대하여 거짓 진술을 한 자, (ii) 특허심판원으로부터 증거조사 또는 증거보전에 관하여 서류나 그 밖의 물건 제출 또는 제시의 명령을 받은 자로서 정당한 이유없이 그 명령에 따르지 아니한 자, (iii) 특허심판원으로부터 증인, 감정인 또는 통역인으로 출석이 요구된 사람으로서 정당한 이유없이 출석요구에 응하지 아니하거나 선서·진술·증언·감정 또는 통역을 거부한 사람 중+어느 하나에 해당하는 자에게는 50만 원 이하의 과태료를 부과한다(제237조 제1항).

2. 과태료 부과절차

과태료는 특허청장이 부과·징수한다(제237조 제2항). 특허청장은 10일 이상의 기간을 정하여 과태료 처분대상자에게 구술 또는 서면에 의한 의견진술기회를 주어야 한다.

CHAPTER

12

마드리드 국제상표출원

제12장

마드리드 국제상표출원

I 상표의 해외출원

해외에 상표등록출원을 하는 방법은 파리협약에 의한 절차와 마드리드 시스템에 의한 해외출원절차로 구분할 수 있다. 상표법 제9장은 「표장의 국제등록에 관한 마드리드협정에 대한 의정서(Madrid Protocol; 이하 '마드리드 의정서'라 한다)에 따른 국제출원」을 규정하고 있다.[1]) 상표의 해외출원은 마드리드 의정서에 의한 국제상표등록시스템에 따라 상표를 해외출원하는 방법과 파리협약에 의한 해외출원 및 유럽공동체상표제도(CTM)를 이용하여 해외출원을 하는 방법이 있다.

출원인이 파리협약에 의한 절차를 선택하는 경우 우리나라에 상표등록출원을 하고 6개월 이내에 우리나라의 출원을 기초로 하여 우선권을 주장하면서 외국에 출원하면, 출원일의 선후출원판단과 관련하여 6개월 이내의 기간이 소급되는 소급효의 이익을 향유할 수 있다.

최근 미국, 유럽 등 글로벌 기업들은 우리나라에 상표를 직접출원하는 방

1) 표장의 국제등록에 관한 마드리드협정에 대한 의정서(Protocol Relating to the Madrid Agreement Concerning the International Registration of Marks): 상표의 국제등록에 관한 마드리드 의정서는 1996년 12월 1일 발효되었다. 우리나라에는 2003년 4월 10일 마드리드 의정서에 가입하였다. 마드리드 의정서의 회원국은 2016년 12월 현재 98개국이다.

식에서 마드리드 의정서에 의한 해외출원 방법을 선호하는 경향이다.

마드리드 국제상표제도를 이용하면 상표권 획득과 유지관리가 개별국가들에 대한 직접출원보다 더 유리하다. 마드리드 국제상표출원에서는 국제기구(WIPO)에 하나의 언어(영어, 불어 또는 스페인어)로 출원서를 작성하여 한 번만 출원하면 되고, 명의변경이나 상표권 갱신 등도 국제기구를 통해 일원적으로 할 수 있어서 편리하고 비용이 저렴하다.

Ⅱ 마드리드 국제상표제도

1. 서 설

본국관청에서의 상표등록 또는 상표등록출원을 기초로 하여 해당 표장을 보호받고자 하는 국가를 지정한 국제출원서를 본국관청을 경유하여 국제사무국(International Bureau: WIPO)에 제출하면 국제사무국은 국제출원에 대하여 방식심사를 한 후 이를 국제등록부에 등재하고 국제공보에 공고한 다음 지정국관청에 통지한다.

지정국관청에서는 국제출원을 심사하고, 심사한 결과 거절이유를 발견한 경우에는 국제등록일부터 12개월(18개월까지 연장 선언 가능) 이내에 국제사무국에 거절통지를 하여야 한다. 만약 지정국관청이 국제사무국에 대하여 거절통지를 하지 않았을 때에는 지정국은 그 지정국에 등록된 것과 동일한 효력을 해당 표장에 부여하여야 한다.

2. 특 징

마드리드 의정서에 따른 국제상표출원제도는 '다국가 1출원 시스템'이고, User−Friendly System으로 절차의 간소화 및 비용절감으로 상표제도의 최종 수요자인 출원인의 편익을 제고시키는 제도이다. 본국관청을 통한 국제출원은 본국관청을 통해서만 출원서를 제출하여야 하고 국제사무국에 직접 제출할 수는 없다.

3. 국제상표출원제도의 장점

마드리드 의정서에 따른 국제상표출원제도의 장점은 상표출원절차가 간편하고, 비용 절감 및 권리취득 여부가 명확하며, 지정국을 추가할 수 있기 때문에 상표권 관리를 일원화할 수 있다.

4. 국제출원

국제출원을 하기 위해서는 본국관청에 기초등록(basic registration) 또는 기초출원(basic application)이 존재하여야 한다. 마드리드 의정서에 따른 국제등록을 받으려는 자는 (ⅰ) 본인의 상표등록출원, (ⅱ) 본인의 상표등록, (ⅲ) 본인의 상표등록출원 및 본인의 상표등록 중 어느 하나에 해당하는 상표등록출원 또는 상표등록을 기초로 하여 특허청장에게 국제출원을 하여야 한다(제167조).

국제출원의 지정상품은 기초출원이나 기초등록상의 지정상품과 동일하거나 그 범위가 작아야 한다.

5. 국제출원인의 자격

특허청장에게 국제출원을 할 수 있는 자는 대한민국 국민 또는 대한민국 안에 주소(법인인 경우에는 영업소)를 가진 자로 한다(제168조 제1항). 여기서 국제출원을 할 수 있는 자는 국제출원을 하는 본국관청(대한민국)이 소속된 국가의 국민이거나 해당 국가에 주소를 두고 있거나 해당 국가에 진정(가공의 영업소 배제)하고 실효적(단순한 창고 등 배제)인 산업상 또는 상업상의 영업소(주된 영업소일 필요는 없음)를 두고 있는 자이어야 한다.

6. 사용언어

국제출원에 사용하는 언어는 영어, 불어 또는 스페인어 중 소속관청(본국관청: Office of Origin)이 선택하도록 되어 있으며, 우리나라는 영어만을 사용하도록 하고 있다.

7. 지정국의 지정

국제출원을 하는 자는 상표를 보호받고자 하는 지정국을 지정하여야 한다.

동일한 조약(협정 또는 의정서)의 당사자인 국가 또는 정부 간 기구만을 지정할 수 있다. 다음 [그림 12-1]은 마드리드 의정서에 의한 국제출원 절차와 통상의 출원절차를 비교한 것이다.

그림 12-1 마드리드 의정서에 의한 국제출원 절차와 통상의 출원절차의 비교

8. 흠이 있는 국제출원

국제사무국은 본국관청으로부터 송부받은 국제출원서에 흠이 있다고 판단될 때에는 그 사실을 본국관청 및 출원인에게 통지하여야 한다.

Ⅲ 국제사무국에서의 절차

1. 서 설

국제사무국에서의 절차는 특허청과 국제출원인 간의 문제가 아니므로 상

표법에는 규정되어 있지 않다. 그 대신 주로 마드리드 의정서 및 공동규칙에서 정하고 있다. 국제출원이 요건을 충족하는 경우, 국제사무국은 방식심사를 거쳐 국제등록부에 이를 등록하고 WIPO 공보에 게재하여 공고한다. 또한 국제사무국은 지정체약 당사국에게 국제등록정보를 통보하여 해당 지정국에서 실체심사를 착수할 수 있도록 한다.

2. 국제등록의 효력

국제사무국에 의한 국제등록이 있는 경우에는 국제등록일로부터 지정 체약 당사국의 관청에 해당 표장이 직접 출원된 것과 동일한 효과가 주어진다. 지정국관청에 일정기간(1년 또는 1년 6개월: 한국은 1년 6개월) 내에 국제사무국에 거절통지를 하지 않는 경우에는 지정국에서 등록된 것과 동일한 효력을 부여하여야 한다. 다음 [그림 12-2]는 마드리드 국제출원 및 등록절차를 나타내는 흐름도이다.

그림 12-2 마드리드 국제출원 및 등록절차를 나타내는 흐름도

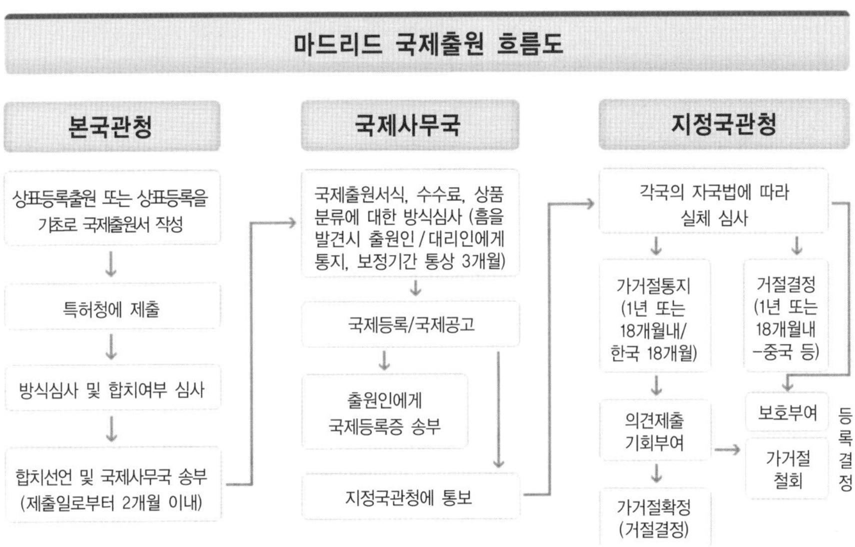

3. 국제등록일

국제등록일은 원칙적으로 본국관청이 국제출원서를 접수한 날이다. 본국관청이 국제출원서를 접수한 날부터 2월 이후에 국제사무국이 국제출원서를 접수하는 경우에는 국제사무국이 실제로 접수한 날을 국제등록일로 한다.

4. 국제등록의 존속기간

국제등록은 국제등록일로부터 10년간 존속한다. 국제등록명의인은 국제등록의 존속기간을 10년씩 갱신할 수 있다(제173조 제1항). 국제등록의 존속기간을 갱신하고자 하는 자는 특허청장에게 국제등록존속기간의 갱신을 신청할 수 있다(제173조 제2항).

5. 등록사항

국제사무국에 의한 국제등록이 있는 경우에는 국제등록일로부터 지정체약당사국의 관청에 해당 표장이 기탁(출원)된 것과 동일한 효과가 주어진다. 지정국관청에서 국제등록을 심사한 결과 일정기간(1년 또는 1년 6개월) 내에 국제사무국에 거절통지를 하지 않는 경우, 지정국은 자국에 등록된 것과 동일한 효력을 부여하여야 한다.

6. 국제등록의 공고

국제등록은 공보에 공고되며 표장의 견본은 국제출원서상의 표장을 스캐닝(scanning)하여 게재한다. 등록 및 공고시 사용언어는 영어, 불어 또는 스페인어 등 3개 언어로 등록 및 공고한다. 상품 및 서비스 목록은 국제사무국이 국제출원을 수령한 언어로 처음 기재하고 이탤릭체로 다른 언어로의 번역문을 표시한다.

Ⅳ 사후지정신청 절차

1. 사후지정신청서

국제등록명의인은 국제등록된 상표를 보호받고자 하는 국가 또는 정부 간 기구를 추가로 지정(이하 "사후지정"이라 한다)하고자 하는 경우에는 특허청장에게 사후지정을 신청할 수 있다(제172조 제1항). 상표법 제172조 제1항의 규정을 적용함에 있어서 국제등록명의인은 국제등록된 지정상품의 전부 또는 일부에 대하여 사후지정을 할 수 있다(제172조 제2항).

사후지정신청서는 권리자가 국제사무국에 직접 제출하거나 권리자의 체약당사자 관청을 경유하여 제출한다.[2] 명의변경이 없었던 경우 본국관청, 명의변경이 있었던 경우 권리자(명의인)의 체약당사자 관청을 경유하여야 한다.

2. 사후지정의 의의

국제등록의 효력이 어느 체약국에 미치지 아니하는 경우 사후지정을 신청함으로써 그 체약국에 대한 보호를 확장할 수 있다. 국제등록명의인이나 그 승계인은 지정상품 또는 지정국의 전부 또는 일부에 대하여 국제등록의 명의를 변경할 수 있다(제174조 제1항). 마드리드 의정서에 따라 국제등록된 국제출원으로서 대한민국을 지정국으로 지정(사후지정을 포함한다)한 국제출원은 이 법에 따른 상표등록출원으로 본다(제180조 제1항).

3. 사후지정의 필요성

사후지정이 필요한 경우로는 (ⅰ) 국제등록시에 해당 체약국에서의 보호를 신청하지 않았거나, (ⅱ) 거절, 무효 또는 포기에 따라 표장이 그 체약국에서 보호받지 못하였다가 그러한 거절, 무효 또는 포기의 이유가 더 이상 존재하지 아

2) 사후지정신청서 제출(Rule 24(2)): 국제등록권리자는 사후지정신청서를 국제사무국에 직접 제출하거나, 국제등록권리자의 체약당사자 관청을 경유하여 제출할 수 있다.
Rule 24(2)(presentation: Form and Signature): (a) A subsequent designation shall be presented to the International Bureau by the holder or by the Office of the Contracting Party of the holder.

니하는 경우, (iii) 해외출원 제출시에 해당 체약국이 협정 또는 의정서에 대한 당사자가 아니었거나, 국제등록명의인의 체약국으로서 동일한 조약에 기속되지 않았다가 변경된 국제등록명의인의 체약국으로서 동일한 조약에 기속되는 체약국이 된 경우, (iv) 국제등록부에 등록된 상품 및 서비스의 일부에 대하여만 이루어진 경우이다. 상품 및 서비스 목록의 감축, 일부 보호거절 또는 일부무효 후에 특정 체약국에서 일부 상품 및 서비스의 보호를 받는 경우, 나머지 상품 및 서비스 전체 또는 일부에 대하여 사후지정을 할 수 있다.

4. 사후지정의 적격

국제등록명의인이 국제등록의 권리자가 될 수 있는 요건을 충족하는 경우에 체약당사자는 사후지정의 대상이 될 수 있다. 우리나라는 마드리드 의정서에만 가입하였으므로, 마드리드 의정서에 기속되는 체약당사자만을 사후지정할 수 있다.

V 국제상표등록출원에 관한 특례

1. 국제등록일

마드리드 의정서 제3조(4)에 따른 국제등록일(이하 "국제등록일"이라 한다)은 이 법에 따른 상표등록출원일로 본다. 다만, 대한민국을 사후지정한 국제출원의 경우에는 그 사후지정이 국제등록부(마드리드 의정서 제2조(1)에 따른 국제등록부를 말한다)에 등록된 날(사후지정일)을 이 법에 따른 상표등록출원일로 본다(제180조 제2항).

2. 국제상표등록출원

이 법에 따른 상표등록출원으로 보는 국제출원(이하 '국제상표등록출원'이라 한다)에 대해서는 국제상표등록부에 등록된 국제등록명의인의 성명 및 주소(법인인 경우에는 그 명칭 및 영업소의 소재지를 말한다), 상표, 지정상품 및 그 상품류는 이 법에 따른 출원인의 성명 및 주소(법인인 경우에는 그 명칭 및 영업소의 소재지를 말한다), 상표, 지정상품 및 그 상품류로 본다(제180조 제3항).

3. 국제상표등록출원의 특례

국제상표등록출원에 대하여 이 법을 적용할 경우, 국제상표등록부에 등록된 우선권 주장의 취지, 최초로 출원한 국가명 및 출원 연월일은 상표등록출원서에 적힌 상표등록의 취지, 우선권 주장의 취지, 최초로 출원한 국가명 및 출원의 연월일로 본다(제182조 제1항).

국제상표등록출원에 대하여 이 법을 적용할 경우에는 국제등록부에 등록된 상표의 취지는 상표등록출원서에 기재된 해당 상표의 취지로 본다(제182조 제2항).

4. 국제등록 소멸 후의 상표등록출원의 특례

대한민국을 지정(사후지정을 포함한다)한 국제등록의 대상인 상표가 지정상품의 전부 또는 일부에 관하여 마드리드 의정서 제6조(4)의 규정에 따라 그 국제등록이 소멸된 경우에는 해당 국제등록의 명의인은 해당 상품의 전부 또는 일부에 관하여 특허청장에게 상표등록출원을 할 수 있다(제205조 제1항).

CHAPTER

13

브랜드 개발

제13장

브랜드 개발

I 브랜드 마케팅

세계가 하나의 거대한 시장이 된 글로벌 무한경쟁 시대에서 기업의 상표(브랜드)는 기업의 경쟁력을 높이고, 시장에서 상품의 인지도를 제고(提高)할 수 있는 중요한 기업의 재산이다. 예를 들어, 애플(Apple), 구글(Google), 디즈니(Disney), 루이비통(Louis Vuitton), 프라다(PRADA), 나이키(Nike), 맥도날도(McDonald's), 스타벅스(Starbucks), 샤넬(Chanel) 등이 세계적인 브랜드로 자리잡은 것은 체계적이고 치밀한 브랜드 전략에 따라 강한 이미지를 수요자들에게 심어준 덕분이다.

최근 기능이 비슷한 상품이 수십 종씩 쏟아져 나오면서 브랜드의 역할이 점점 커지고 있다. 수요자들이 물건을 살 때 자신이 기억하고 있는 브랜드를 먼저 찾는 것은 브랜드 마케팅(brand marketing)이 얼마나 중요한지를 잘 말해 주고 있다. 브랜드 마케팅은 브랜드 개발(brand naming)을 포함하는 것이다.

1. 샤넬 넘버 파이브(CHANEL N°5)

"당신은 잠자리에서 무엇을 입느냐?"는 기자의 질문에 마릴린 먼로(Marilyn Monroe)는 거침없이 "넘버 파이브(N°5) 몇 방울"이라고 대답했다.[1] 1920년 프랑

1) What do you wear in bed ? Just a few drops of N° 5.

스의 패션의 혁명가, 가브리엘 샤넬이 자신의 이름을 딴 향수를 만들고 그녀가 다섯 번째 개발된 향수에 "N°5"를 결합하여 1921년에 내놓은 향수가 바로 "샤넬 넘버 파이브(CHANEL N°5)"이다. 샤넬 넘버 파이브 향수는 전 세계에서 잘 팔리는 명품향수이다.

그림 13-1 샤넬 넘버 파이브(N°5)향수와 마릴린 먼로의 광고 (출처: Google 이미지)

유명한 브랜드 "샤넬(CHANEL)"은 가브리엘 샤넬(Gabrielle Chanel)이 1913년에 설립한 프랑스의 패션 브랜드로 가방, 의류, 향수, 선글라스, 보석, 시계 등을 제조·판매한다. 26살의 재능 많은 가브리엘 샤넬[2])이 자신의 첫 가게를 파리에 연 것은 1909년이다. 이후 그녀는 순조롭게 패션 디자이너로서 성공의 길을 걷는다. 그리고 1921년에 세계 패션계의 역사적인 사업을 시작한다. 이 사업을 성공으로 이끈 상품이 바로 샤넬 향수다.

---

2) 샤넬은 여성복에서 혁신을 이룬 것처럼 향수 이름을 짓는 데에서도 기존의 방식을 따르지 않았다. 그녀는 단지 개발된 순서에 따라 번호만으로 향수 이름을 붙였다. No°5는 샤넬이 다섯 번째로 개발한 향수다.
샤넬은 20세기의 여성 패션의 혁신을 선도한 프랑스의 패션 디자이너이다. 간단하고 입기 편한 옷을 모토로 하는 디자인 활동을 시작하여 답답한 속옷이나 장식성이 많은 옷으로부터 여성을 해방하는 실마리를 만들었다. 간단하고 입기 편하며 활동적이고 여성미가 넘치는 샤넬 스타일은 여성패션을 자유롭고 우아하게 하였다. 처음으로 여자에게 바지를 입혔고, 들고 다니는 핸드백의 불편함을 개선하여 숄더백을 디자인하였다. 샤넬은 검은색을 가장 어울리게 활용할 수 있도록 디자인한 패션의 혁명가라고 한다.

그림 13-2 샤넬 상표와 디자이너 가브리엘 샤넬 (출처: Google 이미지)

세계적으로 유명한 "CHANEL" 상표가 일반화장품, 의류, 가방류, 기타 여러 제품에도 사용되고 있는 것은 샤넬이라는 브랜드가 오랫동안 축적해온 이미지와 제품의 신용을 활용하는 마케팅 전략이라고 할 수 있다.

2. 스포츠를 마케팅하는 나이키(NIKE)

2016년 포브스(Forbes)의 브랜드 가치 평가에서 나이키(NIKE)의 브랜드 가치는 18위로 275억 달러이다. 스포츠 의류 중에는 많은 상표가 있지만 그중에서 우리에게 가장 많이 알려진 나이키(NIKE)는 그리스 신화에 나오는 승리의 여신 니케(NIKE)의 날개를 상징한 것으로 열정적인 스포츠의 정신과 승리의 의지를 표현한 상표이다. 나이키 회사 창립 당시 회사를 상징할 수 있는 브랜드를 공모한 결과 포틀랜드 주립대학교의 한 여대생이 창작한 상표인 "NIKE"가 선정되었다. 나이키는 상금으로 여대생에게 35달러를 주었고, 나중에 40만 달러 상당의 주식을 제공했다고 한다. 나이키는 농구선수 마이클 조던을 비롯하여 골프선수 타이거 우즈와 같은 스포츠 스타에게 운동화, 모자를 입히는 광고를 하면서 스포츠 마케팅으로 브랜드 파워(brand power)를 구축하였다. [그림 13-3]은 승리의 여신 니케(nike)를 상징하는 나이키 로고와 등록상표이다.

그림 13-3 나이키 로고와 등록상표

나이키는 "걸어 다니는 광고판"이라 할 수 있는 스포츠 선수를 후원함으로써, 스포츠가 존재하는 한 영원히 소비자들과 함께할 수 있다는 커다란 브랜드 산업을 만들었다. 나이키 회장 필립 나이트(Philip Knight)가 "나이키는 마케팅 회사다"라는 말에서 나이키의 브랜드 전략을 엿볼 수 있다.

나이키는 스포츠 스타들을 표현할 때 스타플레이어의 모습을 단적으로 보여주는 것에 그치지 않고 제품의 장점을 가장 극적으로 표현할 수 있는 순간을 포착한다. 마치 그들이 실제 경기를 하거나 운동을 즐기고 있는 듯한 모습을 리얼하게 연출해 현장감을 높인다.

또한 광고를 본 소비자가 브랜드 인식(deposition)을 쉽고 빠르게 할 수 있도록 과감한 트리밍과 레이아웃 플리시 등도 나이키 광고캠페인이 경쟁사들과는 차원이 달라 보이게 하는 중요한 키(key)로 작용한다.

3. 프라다(PRADA)

프라다(PRADA)는 의류, 가죽 액세서리, 신발, 가방 등을 제조·판매하는 이탈리아 명품 브랜드이다. 설립자 마리오 프라다(Mario Prada)의 이름에서 유래한 프라다는 1913년 이탈리아 밀라노에 오픈한 가죽제품 전문매장인 '프라텔리 프라다(Fratelli Prada, '프라다 형제'라는 의미)'에서 시작되었다. 1919년 프라다는 이탈리아 사보이 왕실(Royal House of Savoy)의 공식 납품 업체로 지정될 만큼 품질을 인정받았다.

그림 13-4 프라다 등록상표와 핸드백에 상표 사용

1977년 마리오 프라다의 손녀 미우치아 프라다(Miuccia Prada)가 프라다를 이어 받아 포코노 나일론(Pocono Nylon)과 같은 혁신적인 소재를 사용해 새로운 스타일의 패션을 선보이며 세계적인 브랜드로 성장시켰다. PRADA는 1913년 이탈리아 밀라노에서 가죽제품 전문매장으로 처음 오픈한 이후 100년간 세계적으로 유명한 브랜드로 자리매김하였다.

PRADA는 2006년에 개봉된 영화 <악마는 프라다를 입는다>(The DEVIL Wears PRADA)[3](감독 데이빗 프랭클)의 제목을 통해서 브랜드를 마케팅하였다. 이 영화에서 "소비자가 인정하는 가치에 정통해야 한다. 명품을 만들어야 궁극적으로 성공한다"는 PRADA의 마케팅 전략을 간접적으로 표현하고 있다.

Ⅱ 브랜드 가치

1. 포브스의 브랜드 가치 평가

브랜드란 수요자들의 마음에 가장 먼저 떠오를 수 있는 특정 상품이나 서비스의 가치를 말한다. 수요자들이 그 브랜드의 존재를 인지하지 못하면 그 브

3) 이 영화는 2003년에 출판된 로런 와이스버거의 <악마는 프라다를 입는다>라는 소설을 영화로 만든 것이다.

랜드의 상품을 구입하지 않는 경향이 있다. 기업의 CEO와 브랜드 담당자가 상품이나 서비스를 브랜딩(branding)할 때 수요자에게 브랜드를 광고하고, 브랜드의 인지도를 높이는 전략이 바로 성공의 열쇠라 할 수 있다. 인지도를 높이는 과정에서 고객들의 마음에 좋은 이미지를 각인(deposition)시키는 작업이 고려되어야 한다. 브랜드 가치(brand value)는 브랜드가 가지고 있는 무형의 자산(資産)이다. 브랜드 가치 평가기관은 브랜드의 제품·서비스의 매출과 향후 5년간 브랜드만으로 창출할 수 있는 이익을 토대로 평가한다.

미국 경제잡지 포브스(FORBES)가 2016년 5월 11일자로 발표한 2016년 세계 100대 브랜드[4]를 살펴보면, 1위 Apple($154.3B), 2위 Google, 3위 Microsoft, 4위 CocaCola, 5위 Facebook, 6위 Toyota, 7위 IBM, 8위 Disney, 9위 McDonald's, 10위 GE, 11위 Samsung($36.1B), 18위 NIKE, 44위 Gucci, 45위 Starbucks, 71위 Hyundai($8.1B), 80위 Channel, 97위 Prada($6.8B) 등이다.

2. 애플의 브랜드 가치

2016년 포브스(Forbes)의 브랜드 가치 평가에서 Apple이 세계 1위를 차지하였다. Apple의 브랜드 가치는 1,541억 달러로 평가되었다. Apple의 창업자, 스티브 잡스(Steve Paul Jobs)는 "기술만으로는 충분하지 않습니다. 기술과 인문학이 결합되었을 때, 우리의 가슴을 뛰게 하는 제품을 만들게 됩니다"라고 말했다.

잡스는 제품을 개발할 때 기술을 넘어 인간으로서 느끼는 감정을 강조한 것이다. 이는 감성적 교류를 통해 고객과의 관계를 돈독하게 하는 것이 강한 브랜드 파워를 만든다는 것을 의미한다. 애플은 생산자는 소비자와 유대 관계를 강화하여 브랜드로 차별화를 꾀한다. 애플의 슬로건은 "다르게 생각하라(Think different)"이다. 애플은 자신만의 독특한 가치를 강화하는 브랜드 전략을 구사하고 있다. 다음 [그림 13-5]는 애플사의 등록상표와 스마트폰에 나타나는 애플의 도형(로고) 상표이다.

---

4) The World's Most Valuable Brands 2016: Apple's 13-year run of quarterly revenue growth came to a crashing halt last month when the tech giant reported revenue of $50.6 billion, off 13% thanks to soft iPhone sales and a slowdown in China. The gloom-and-doom sentiment around the company has reached a zenith with the stock off 30% from its all-time peak 12 months ago.

그림 13-5 세계 브랜드 가치 1위 애플 등록상표

Ⅲ 브랜드와 심리학의 만남

1. 매러비안(Mehrabian) 법칙

일반적으로 멀티미디어는 통신과 컴퓨터, 방송매체, 그리고 텔레비전, 가전제품을 하나로 통합하고, 이를 단일회선을 통해 종합적으로 서비스할 수 있는 정보유통 과정의 총체적 시스템이라고 정의한다. 그러나 이 같은 정의는 멀티미디어를 단순히 서술하는 수준에서 사회적, 산업적, 정책적 측면에 치우쳐 있어 멀티미디어가 인간 커뮤니케이션에 대해 가져다 줄 충격의 구체적인 형태가 어떻게 되리라고 아무도 예측을 할 수 없다.

커뮤니케이션의 형태는 구두적(verbal, oral)인 것, 문서적(written)인 것, 비언어적(nonverbal)인 것, 전자적(electronic)인 것으로 구분한다. 통설은 언어적인 것과 비언어적인 것으로 대별하고 전자를 다시 구어적(oral)인 것과 문서적(written)인 것으로 구분하고 있다. 미국 캘리포니아 대학(UCLA) 심리학자(Albert Mehrabian)가 의사소통(communication)의 구성요소를 분석하였다. 다음 [그림 13-6]은 '매러비안 법칙'을 나타낸다.

그림 13-6 매러비안 법칙(출처: Google 이미지)

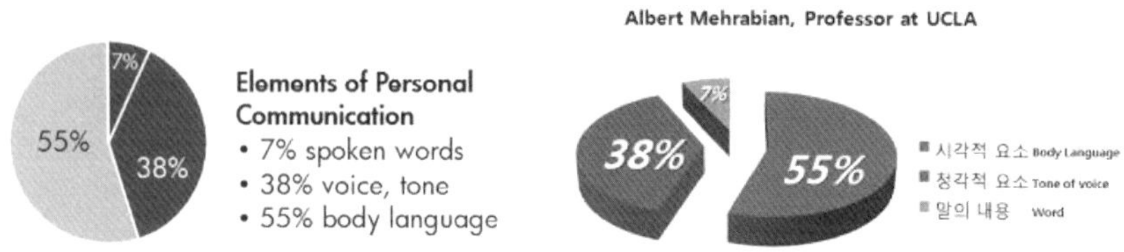

매러비안 법칙은 "의사전달 구성요소는 표정이 35%, 태도가 20%, 음성이나 어투 등의 청각적인 요소가 38%, 말의 내용은 7% 정도가 대화에 영향을 미친다"는 이론이다. 이 법칙에 따르면, 오직 7%만이 언어적인 방법에 의해 전달되었으며, 55%의 메시지는 얼굴표정과 육체언어(body language)에 의해, 38%의 메시지는 음성의 변화와 그의 강약에 의해 전달되었다는 결과를 종합하면, 의사소통에서 93%는 비언어적인 방법에 의해 이루어진다고 한다. 따라서 강의를 하거나 대화를 나눌 때 효과적인 의사소통을 위해서 평소에 표정, 태도, 옷차림 등에 관심을 가질 필요가 있다.

저자가 변리사업을 개업한 시기(2001년부터 2007년까지)에 여러 건의 브랜드를 개발하였다. 브랜드 개발에 매러비안 법칙을 적용하여 큰 도움이 되었다.

뜻이 있는 상표는 식별력이 부족하지만, 뜻이 없는 상표로서 발음이 강하게 발음되는 상표가 유명한 상표가 될 가능성이 크다. 저자가 매러비안 법칙을 적용하여 개발한 대표적인 상표가 "LOUIS CASTEL"이다. 이에 대해서는 후술한다.

2. 마음을 파고드는 브랜드

인기 있는 브랜드의 성공 여부는 "얼마나 사람 냄새가 나느냐"에 달려 있다고 한다. 주변인의 '따듯함'과 '유능함'을 판단하는 능력은 수천 년에 걸쳐 발전하고 진화했다. 현재 사람들은 이 능력을 바탕으로 상거래를 포함한 다양한 인간관계를 형성하면서 살아가고 있다. 이는 브랜드에도 마찬가지로 적용된다. 마치 브랜드가 사람인 것처럼 말이다.[5] 따뜻함과 유능함이라는 두 가지 인식

5) 수잔 피스크, 크리스 말론 지음, 장진영 옮김, 18면.

기준은 타인에 대한 사회적 행동의 80% 이상을 결정한다. 따뜻함과 유능함의 모델을 이용하면 구매 의향과 브랜드 충성도, 추천 의향에 있어 무려 50% 이상을 예측할 수 있다. 코카콜라는 2016년 포브스 브랜드 가치 평가에서 4위를 기록한 세계적인 브랜드이다. 지금도 코카콜라는 200여 개국에 걸친 대규모 시장조사를 통해 브랜드 충성도를 분석하는 등 브랜드 자산을 전략으로 관리하고 있다.

코카콜라와 고객 간의 관계가 강력할수록 그 관계는 따뜻함과 유능함에 기초한 인간관계와 매우 닮았다는 사실을 말해주기 때문이다.[6] 인간관계에 영향을 미치는 두 가지 요소, 따뜻함과 유능함이 모두 있어야 영혼이 있는 브랜드로 인정받는다고 한다.

Ⅳ 브랜드 개발 사례

1. 상표의 식별력

상표의 키워드는 '식별력'이라 할 수 있다. 상표법 제33조(상표등록의 요건) 제1항에서는 식별력이 없는 상표의 사례를 7가지를 나열하고, 여기에 해당되지 않는 상표는 등록받을 수 있다고 규정하고 있다. 식별력이 없는 상표 중에서 대표적인 상표가 기술적인 상표(descriptive mark)이다. 즉 지정상품과 관련하여 그 상품의 품질, 효능, 형상, 용도 등을 표시한 상표는 식별력이 없다는 것이다.

예를 들면, 명품, SUPER, 생명물(차류), SOFTLIPS(입술연고), 보들보들(화장품), 우아미(가구), GOLD BLEND(커피), DIET COLA(콜라) 등이다. 따라서 브랜드 개발(이를 '브랜드 네이밍(brand naming)'이라고 한다)은 식별력이 높은 상표를 만드는 작업이라고 말할 수 있다. 시장에서 성공을 거둔 특정상품의 브랜드는 심도 있는 브랜드 개발에서 얻은 열매이다. 다음 [그림 13-7]은 모나미 153 상표와 마이크로소프트사의 등록상표를 나타낸다.

---

6) 수잔 피스크·크리스 말론 지음, 장진영 옮김, 65~67면.

그림 13-7 모나미 153 상표와 마이크로소프트사의 등록상표

2. 성공한 상표를 만드는 방법

대법원 판례에서 저명상표로 인정받은 상표는 CHANEL, POLO, NIKE, MICKEY MOUSE, Canon, Hennessy, OLYMPUS, 아가방, 백설표, 맥도날드, TOM & JERRY 등이다. 저자는 다음과 같은 3가지 '브랜드 개발 원칙'을 가지고서 상표를 만들었다.

(1) 저명한 브랜드는 지정상품과 관련하여 뜻이 연상되지 않는다. 애플의 아이폰(iPhone)과 "Apple(사과)"은 관련성이 없다. 수요자들은 브랜드의 뜻은 알려고 하지 않는다. 예를 들어, 엘지(LG), 소니(SONY), 구찌(GUCCI), 디크니(DKNY), 나이키(Nike), 구글(Google), 볼보(Volvo), 폴로(POLO) 등은 뜻이 없다.

(2) 저명한 브랜드는 주로 영어, 불어 또는 이탈리어이다. 예를 들어, FILA, Versace, Apple, Intel, Microsoft, Louis Vuitton, Starbucks, BMW, GAPS 등이다.

(3) 저명한 브랜드는 어느 한 부분에 강하게 발음되는 액센트(accent)가 있다. 예를 들어, 구찌의 경우 "찌"에, 폴로의 경우 "폴"에, 스타벅스의 경우 "스타"에 애플의 경우 "애"에 액센트가 있다. 영어의 발음은 높고 낮음(고저)에 있기 때문에 상표를 발음할 때 강한 액센트가 있다면 사람이 이를 청각적으로 인식하는 데에 매우 유리하다.

앞에서 설명한 매러비안 법칙에서 구두적인 요소(voice, tone)인 액센트가 커뮤니케이션에서 38%를 차지한다고 한다는 이론을 브랜드 개발에 적용한다면, 성공한 브랜드를 개발할 수 있을 것이다.

3. 저자가 개발한 브랜드 사례

(1) 루이까스텔(LOUIS CASTEL)

저자가 변리사로 일하던 2003년 5월경 한 출원인이 의류업을 하고 싶다고 상표개발을 의뢰하였다. 저자는 상표는 프랑스어로 브랜드를 개발하기로 마음먹고, 먼저 뜻이 없고 강한 액센트가 있는 단어를 착안하였다. 프랑스어 "LOUIS"와 "CASTEL"을 결합하여 결합상표, "LOUIS CASTEL"을 만들었다. "CATEL(성)"은 "까스텔"로 발음된다. 루이까스텔(LOUIS CASTEL)은 저자가 생각한 브랜드 개발의 3가지 원칙을 모두 만족하는 상표이다. 지정상품 의류와 관련하여 뜻을 연상되지 않고 "까스텔"에서 "까"가 강하게 발음되기 때문에 유명한 브랜드가 될 수 있다고 판단하였다. "LOUIS CASTEL" 상표는 저자가 상표등록출원을 대리하여 제18류와 제25류에 상표등록하였다.[7] 그 후 상표권자는 적극적으로 브랜드 마케팅을 하였다. [그림 13-8]은 루이까스텔의 상표와 상품에 상표를 사용한 사례를 나타낸다.

한편, 지정상품을 '안경, 안경알, 콘택트렌즈' 등으로 하는 등록상표 'LOUIS CASTEL'이 상표법상 부정한 목적으로 사용하는 상표(상표법 제34조 제1항 제13호)[8]에 해당하는지 여부를 다투는 상표소송에서 대법원 2014. 3. 13. 선고

그림 13-8 루이까스텔 상표와 상품에 상표 사용 사례

---

7) 출원일 2003. 5. 22. 공고일 2004. 6. 16. 등록일 2004. 9. 23. 상표 등록번호 제0594084호 및 제0594085호.

8) 국내 또는 외국의 수요자들에게 특정인의 상품을 표시하는 것이라고 인식되어 있는 상표(지리적 표시를 제외다)와 동일 또는 유사한 상표로서 부당한 이익을 얻으려 하거나 그 특정인에게 손해를 가하려고 하는 등 부정한 목적을 가지고 사용하는 상표는 상표등록을 받을 수 없다.

2013후2859 판결은 "선사용상표가 국내 또는 외국의 수요자 사이에 특정인의 상표로 인식되어 있는지는 그 상표의 사용기간, 방법, 태양 및 이용범위 등과 거래실정 또는 사회통념상 객관적으로 상당한 정도로 알려졌는지 등을 기준으로 판단하여야 한다. 국내 또는 외국의 수요자 사이에 특정인의 상표로 인식된 상표의 판단기준에 대하여 대법원 "영문자 'LOUIS CASTEL'이나 도형 ''로 이루어진 원심판시 선사용상표들이 사용된 '골프의류, 가방 및 액세서리' 등 제품(이하 '선사용상표 제품'이라고 한다)은 2007. 9. 시장에 출시되었다. 그 이전부터 선사용상표들을 선전·광고하는 기사가 국내 패션잡지 또는 온라인 패션정보지인 '패션채널', '패션비즈', '어패럴뉴스' 등에 실리고, 그 출시 후에도 선전·광고기사가 계속된 점, 선사용상표 제품은 명품 이미지와 합리적인 가격대를 지향하는 제품으로서 2007. 9.부터 2008. 1.까지 KBS, MBC, SBS 등 방송 3사가 아침, 저녁의 황금시간 대에 방영한 드라마나 시사교양프로 등에 소품으로 협찬된 점, 선사용상표 제품의 2007. 9.부터 2007. 12.까지의 매출액은 약 63억 원으로서 우리나라 골프의류 시장의 규모나 다른 골프의류 업체의 매출액을 고려하여 볼 때 상당한 정도에 이르는 금액인 점, 2007년 말을 기준으로 선사용상표 제품의 대리점 수가 20여 개에 이르고 전국의 주요 상권에 개설된 점 등을 알 수 있다.

이러한 점들을 앞서 본 법리에 비추어 살펴보면, 선사용상표들은 그 지정상품을 '안경, 안경알, 콘택트렌즈' 등으로 하는 이 사건 등록상표 'LOUIS CASTEL'의 출원일인 2008. 1. 22. 무렵에는 골프의류 등과 관련하여 국내의 수요자 사이에 특정인의 상표로 인식되었다"고 판시하였다. 대법원 판결을 통해서 LOUIS CASTEL은 저명한 상표로 인정받았다고 할 수 있다.

(2) 메디필(Mediphill)

2002년 7월경 광주에서 병원을 개업할 예정인 한 병원장(출원인)이 상표출원을 저자에게 의뢰하였다. 이 병원은 광주 신세계백화점 건너편에 위치하였다. 출원인은 처음에 제44류(의료업, 병원업 분야)에 '신세계'가 등록되어 있지 않기 때문에 "신세계종합병원"으로 출원해달라고 하였다. 저자는 신세계란 단어가 포함된 상표는 상표법 제34조 제1항 제11조[9]에 위반될 뿐만 아니라 부정경쟁법

9) 수요자들에게 현저하게 인식되어 있는 타인의 상품이나 영업과 혼동을 일으키게 하거나 그 식별력 또는 명성을 손상시킬 염려가 있는 상표는 상표등록을 받을 수 없다.

제2조 제1호 (나)목의 부정경쟁행위에 해당한다고 조언해주었다.

변리사인 저자가 상표를 개발하였다. Medical(의료)과 Philosophy(철학: 지혜의 사랑)의 단어를 검색하고 두 단어의 앞부분을 따서 'Medi'와 'Phil'을 결합하여 "메디필(Mediphill)"로 상표를 구성하고, 제44류로 상표등록출원을 대리하였다.10)

일반 수요자는 메디필의 뜻을 인식하지 않을 뿐만 아니라, 메디필에서 "필"이 강하게 발음되기 때문에 성공한 상표가 될 수 있는 가능성을 충분히 갖고 있는 상표라고 생각한다.

[그림 13-9]는 등록된 "메디필" 상표를 병원 간판에 사용한 사례이다.

그림 13-9 서비스표 '메디필'을 병원 간판에 사용한 사례

4. 기업의 상표개발 현황

기업의 상표개발 활동 현황의 하나인 최근 2년간 출원상표의 상표개발(brand naming)과 관련하여 내부자체개발이 평균 약 80%, 외부전문업체 위탁개발이 평균 17%로 나타났다. 각각 개발방식에서 50% 이상인 경우는 내부자체개발방식이 69.2%이며, 외부전문업체 위탁개발방식이 16.2%이다. 업종별로 살펴보면, 자체개발의 경우 '자동차·운송장비'가 92%, 외부위탁의 경우 '식품·의약'이 25%로 가장 높게 나타났다. 기업규모별로 외부위탁개발비율을 살펴보면, 기업규모가 커질수록 외부위탁개발률이 높게 나타났다.11)

10) 출원일 2002. 7. 24. 공고일 2003. 9. 13. 상표 등록번호 93243호.

11) 특허청, 「국내기업의 상표관리활동 실태 조사·분석」, 2013. 12. 1, 56면.

V 결 론

브랜드란 수요자들의 마음에 가장 먼저 떠오를 수 있는 특정 상품이나 서비스의 가치를 말한다. 현대는 브랜드 파워에 따라 기업의 경쟁력이 좌우되는 시대이다. 강력한 브랜드의 구축이 기업의 이익에 영향을 주기 때문에, 21세기 기업 경쟁력을 높이려면 먼저 강력한 브랜드를 개발하는 일에 관심을 가질 필요가 있다. 소비자의 마음을 사로잡는 저명한 브랜드 개발은 기업 수익 창출을 보장하는 소중한 자산으로 브랜드를 육성하는 것은 모든 기업의 미래를 좌우하는 핵심 과제라 할 수 있다.

21세기 인간이 발휘할 수 있는 능력은 인간관계(Touch)와 창의적 사고(Concept)라고 한다. 이러한 능력은 브랜드 개발에도 마찬가지로 적용된다고 할 수 있다. 음악, 미술, 문학 등 예술적인 요소와 인문학적인 요소가 브랜드 개발에 적용될 때 저명한 상표를 만들어 낼 수 있는 토양이 마련된 것이다. 브랜드를 개발하는 작업은 고도하고 난해한 작업이다. 저자가 로스쿨과 대학원에서 상표법을 강의할 때 학생들에게 상표를 만드는 과제를 주면, 대부분의 학생들이 성질표시상표를 만들었다. 저명한 상표는 심플(simple)하고 뜻이 없다. 결국 조어(造語) 상표를 만들고, 그 상표에 액센트가 있다면 금상첨화라고 할 수 있다.

수요자들이 그 브랜드의 존재를 인지(認知)하지 못한 경우에 그 브랜드가 부착된 상품을 구입하지 않으려는 경향이 있다. 기업의 CEO와 브랜드 담당자가 상품이나 서비스를 브랜딩(branding)할 때 수요자에게 브랜드를 광고하고, 브랜드의 인지도를 높이는 전략이 바로 성공의 열쇠라 할 수 있다. 브랜드를 개발하는 과정에서 고객들의 마음에 좋은 이미지를 각인(deposition)시키는 작업도 함께 연구되어야 한다.

부 록

상표법
(법률 제14033호, 시행일: 2016년 9월 1일)

상표법 시행령
(대통령령 제27331호, 시행일: 2016년 9월 1일)

상표법

(법률 제14033호, 시행일: 2016년 9월 1일)

제1장 총칙

제1조(목적) 이 법은 상표를 보호함으로써 상표 사용자의 업무상 신용 유지를 도모하여 산업발전에 이바지하고 수요자의 이익을 보호함을 목적으로 한다.

제2조(정의) ① 이 법에서 사용하는 용어의 뜻은 다음과 같다.

1. "상표"란 자기의 상품(지리적 표시가 사용되는 상품의 경우를 제외하고는 서비스 또는 서비스의 제공에 관련된 물건을 포함한다. 이하 같다)과 타인의 상품을 식별하기 위하여 사용하는 표장(標章)을 말한다.
2. "표장"이란 기호, 문자, 도형, 소리, 냄새, 입체적 형상, 홀로그램·동작 또는 색채 등으로서 그 구성이나 표현방식에 상관없이 상품의 출처(出處)를 나타내기 위하여 사용하는 모든 표시를 말한다.
3. "단체표장"이란 상품을 생산·제조·가공·판매하거나 서비스를 제공하는 자가 공동으로 설립한 법인이 직접 사용하거나 그 소속 단체원에게 사용하게 하기 위한 표장을 말한다.
4. "지리적 표시"란 상품의 특정 품질·명성 또는 그 밖의 특성이 본질적으로 특정지역에서 비롯된 경우에 그 지역에서 생산·제조 또는 가공된 상품임을 나타내는 표시를 말한다.
5. "동음이의어 지리적 표시"란 같은 상품에 대한 지리적 표시가 타인의 지리적 표시와 발음은 같지만 해당 지역이 다른 지리적 표시를 말한다.
6. "지리적 표시 단체표장"이란 지리적 표시를 사용할 수 있는 상품을 생산·제조 또는 가공하는 자가 공동으로 설립한 법인이 직접 사용하거나 그 소속 단체원에게 사용하게 하기 위한 표장을 말한다.
7. "증명표장"이란 상품의 품질, 원산지, 생산방법 또는 그 밖의 특성을 증명하고 관리하는 것을 업(業)으로 하는 자가 타인의 상품에 대하여 그 상품이 품질, 원산지, 생산방법 또는 그 밖의 특성을 충족한다는 것을 증명하는 데 사용하는 표장을 말한다.
8. "지리적 표시 증명표장"이란 지리적 표시를 증명하는 것을 업으로 하는 자가 타인

의 상품에 대하여 그 상품이 정해진 지리적 특성을 충족한다는 것을 증명하는 데 사용하는 표장을 말한다.

9. "업무표장"이란 영리를 목적으로 하지 아니하는 업무를 하는 자가 그 업무를 나타내기 위하여 사용하는 표장을 말한다.

10. "등록상표"란 상표등록을 받은 상표를 말한다.

11. "상표의 사용"이란 다음 각 목의 어느 하나에 해당하는 행위를 말한다.

가. 상품 또는 상품의 포장에 상표를 표시하는 행위

나. 상품 또는 상품의 포장에 상표를 표시한 것을 양도 또는 인도하거나 양도 또는 인도할 목적으로 전시·수출 또는 수입하는 행위

다. 상품에 관한 광고·정가표(定價表)·거래서류, 그 밖의 수단에 상표를 표시하고 전시하거나 널리 알리는 행위

② 제1항 제11호 각 목에 따른 상표를 표시하는 행위에는 다음 각 호의 어느 하나의 방법으로 표시하는 행위가 포함된다.

1. 표장의 형상이나 소리 또는 냄새로 상표를 표시하는 행위

2. 전기통신회선을 통하여 제공되는 정보에 전자적 방법으로 표시하는 행위

③ 단체표장·증명표장 또는 업무표장에 관하여는 이 법에서 특별히 규정한 것을 제외하고는 상표에 관한 규정을 적용한다.

④ 지리적 표시 증명표장에 관하여는 이 법에서 특별히 규정한 것을 제외하고는 지리적 표시 단체표장에 관한 규정을 적용한다.

제3조(상표등록을 받을 수 있는 자) ① 국내에서 상표를 사용하는 자 또는 사용하려는 자는 자기의 상표를 등록받을 수 있다. 다만, 특허청 직원과 특허심판원 직원은 상속 또는 유증(遺贈)의 경우를 제외하고는 재직 중에 상표를 등록받을 수 없다.

② 상품을 생산·제조·가공·판매하거나 서비스를 제공하는 자가 공동으로 설립한 법인(지리적 표시 단체표장의 경우에는 그 지리적 표시를 사용할 수 있는 상품을 생산·제조 또는 가공하는 자만으로 구성된 법인으로 한정한다)은 자기의 단체표장을 등록받을 수 있다.

③ 상품의 품질, 원산지, 생산방법 또는 그 밖의 특성을 증명하고 관리하는 것을 업으로 할 수 있는 자는 타인의 상품에 대하여 그 상품이 정해진 품질, 원산지, 생산방법 또는 그 밖의 특성을 충족하는 것을 증명하는 데 사용하기 위해서만 증명표장을 등록받을 수 있다. 다만, 자기의 영업에 관한 상품에 사용하려는 경우에는 증명표장의 등록을 받을 수 없다.

④ 제3항에도 불구하고 상표·단체표장 또는 업무표장을 출원(出願)하거나 등록을 받

은 자는 그 상표 등과 동일·유사한 표장을 증명표장으로 등록받을 수 없다.

⑤ 증명표장을 출원하거나 등록을 받은 자는 그 증명표장과 동일·유사한 표장을 상표·단체표장 또는 업무표장으로 등록을 받을 수 없다.

⑥ 국내에서 영리를 목적으로 하지 아니하는 업무를 하는 자는 자기의 업무표장을 등록받을 수 있다.

제4조(미성년자 등의 행위능력) ① 미성년자·피한정후견인(상표권 또는 상표에 관한 권리와 관련된 법정대리인이 있는 경우만 해당한다) 또는 피성년후견인은 법정대리인에 의해서만 상표등록에 관한 출원·청구, 그 밖의 절차(이하 "상표에 관한 절차"라 한다)를 밟을 수 있다. 다만, 미성년자 또는 피한정후견인이 독립하여 법률행위를 할 수 있는 경우에는 그러하지 아니하다.

② 제1항의 법정대리인은 후견감독인의 동의 없이 상대방이 청구한 제60조에 따른 상표등록 이의신청(이하 "이의신청"이라 한다)이나 심판 또는 재심에 대한 절차를 밟을 수 있다.

제5조(법인이 아닌 사단 등) 법인이 아닌 사단 또는 재단으로서 대표자 또는 관리인이 정해져 있는 경우에는 그 사단이나 재단의 이름으로 제60조제1항에 따른 상표등록의 이의신청인이나 심판 또는 재심의 당사자가 될 수 있다.

제6조(재외자의 상표관리인) ① 국내에 주소나 영업소가 없는 자(이하 "재외자"라 한다)는 재외자(법인인 경우에는 그 대표자를 말한다)가 국내에 체류하는 경우를 제외하고는 그 재외자의 상표에 관한 대리인으로서 국내에 주소나 영업소가 있는 자(이하 "상표관리인"이라 한다)에 의해서만 상표에 관한 절차를 밟거나 이 법 또는 이 법에 따른 명령에 따라 행정청이 한 처분에 대하여 소(訴)를 제기할 수 있다.

② 상표관리인은 위임된 권한의 범위에서 상표에 관한 절차 및 이 법 또는 이 법에 따른 명령에 따라 행정청이 한 처분에 관한 소송에서 본인을 대리한다.

제7조(대리권의 범위) 국내에 주소나 영업소가 있는 자로부터 상표에 관한 절차를 밟을 것을 위임받은 대리인(상표관리인을 포함한다. 이하 같다)은 특별히 권한을 위임받지 아니하면 다음 각 호에 해당하는 행위를 할 수 없다.

1. 제36조에 따른 상표등록출원(이하 "상표등록출원"이라 한다)의 포기 또는 취하
2. 제44조에 따른 출원의 변경
3. 다음 각 목의 어느 하나에 해당하는 신청 또는 출원의 취하
  가. 제84조에 따른 상표권의 존속기간 갱신등록(이하 "존속기간갱신등록"이라 한다)의 신청(이하 "존속기간갱신등록신청"이라 한다)
  나. 제86조제1항에 따라 추가로 지정한 상품의 추가등록출원(이하 "지정상품추가등

록출원”이라 한다)

다. 제211조에 따른 상품분류전환 등록(이하 “상품분류전환등록”이라 한다)을 위한 제209조제2항에 따른 신청(이하 “상품분류전환등록신청”이라 한다)

4. 상표권의 포기
5. 신청의 취하
6. 청구의 취하
7. 제115조 또는 제116조에 따른 심판청구
8. 복대리인(復代理人)의 선임

제8조(대리권의 증명) 상표에 관한 절차를 밟는 자의 대리인의 대리권은 서면으로 증명하여야 한다.

제9조(행위능력 등의 흠에 대한 추인) 행위능력 또는 법정대리권이 없거나 상표에 관한 절차를 밟는 데 필요한 권한의 위임에 흠이 있는 자가 밟은 절차는 보정(補正)된 당사자나 법정대리인이 추인(追認)하면 행위를 한 때로 소급하여 그 효력이 발생한다.

제10조(대리권의 불소멸) 상표에 관한 절차를 밟는 자의 위임을 받은 대리인의 대리권은 다음 각 호의 사유가 있어도 소멸하지 아니한다.

1. 본인의 사망이나 행위능력 상실
2. 본인인 법인의 합병에 의한 소멸
3. 본인인 수탁자의 신탁임무 종료
4. 법정대리인의 사망이나 행위능력 상실
5. 법정대리인의 대리권의 소멸이나 변경

제11조(개별대리) 상표에 관한 절차를 밟는 자의 대리인이 2인 이상이면 특허청장 또는 특허심판원장에 대하여 각각의 대리인이 본인을 대리한다.

제12조(대리인의 선임 또는 교체 명령 등) ① 특허청장 또는 제131조제1항에 따라 지정된 심판장(이하 “심판장”이라 한다)은 상표에 관한 절차를 밟는 자가 그 절차를 원활히 수행할 수 없거나 구술심리에서 진술할 능력이 없다고 인정되는 등 그 절차를 밟는 데 적당하지 아니하다고 인정되면 대리인에 의하여 그 절차를 밟도록 명할 수 있다.

② 특허청장 또는 심판장은 상표에 관한 절차를 밟는 자의 대리인이 그 절차를 원활히 수행할 수 없거나 구술심리에서 진술할 능력이 없다고 인정되는 등 그 절차를 밟는 데 적당하지 아니하다고 인정되면 그 대리인을 바꿀 것을 명할 수 있다.

③ 특허청장 또는 심판장은 제1항 및 제2항의 경우에 변리사에 의하여 대리하게 할 것을 명할 수 있다.

④ 특허청장 또는 심판장은 제1항 또는 제2항에 따라 대리인의 선임 또는 교체 명령

을 한 경우에는 제1항에 따라 대리인이 선임되거나 제2항에 따라 대리인이 교체되기 전에 특허청장 또는 특허심판원장에 대하여 상표에 관한 절차를 밟는 자 또는 교체되기 전의 대리인이 한 상표에 관한 절차의 전부 또는 일부를 상표에 관한 절차를 밟는 자의 신청에 따라 무효로 할 수 있다.

제13조(복수당사자의 대표) ① 2인 이상이 공동으로 상표등록출원 또는 심판청구를 하고 그 출원 또는 심판에 관계된 절차를 밟을 경우에는 다음 각 호의 어느 하나에 해당하는 사항을 제외하고는 각자가 전원을 대표한다. 다만, 대표자를 선정하여 특허청장 또는 특허심판원장에게 신고한 경우에는 그 대표자가 전원을 대표한다.

1. 상표등록출원의 포기 또는 취하
2. 제44조에 따른 출원의 변경
3. 다음 각 목의 어느 하나에 해당하는 신청 또는 출원의 취하
   가. 존속기간갱신등록신청
   나. 지정상품추가등록출원
   다. 상품분류전환등록신청
4. 신청의 취하
5. 청구의 취하
6. 제115조 또는 제116조에 따른 심판청구

② 제1항 각 호 외의 부분 단서에 따라 신고할 경우에는 대표자로 선임된 사실을 서면으로 증명하여야 한다.

제14조(「민사소송법」의 준용) 대리인에 관하여는 이 법에서 특별히 규정한 것을 제외하고는 「민사소송법」 제1편제2장제4절(제87조부터 제97조까지)을 준용한다.

제15조(재외자의 재판관할) 재외자의 상표권 또는 상표에 관한 권리에 관하여 상표관리인이 있으면 그 상표관리인의 주소 또는 영업소를, 상표관리인이 없으면 특허청 소재지를 「민사소송법」 제11조에 따른 재산이 있는 곳으로 본다.

제16조(기간의 계산) 이 법 또는 이 법에 따른 명령으로 정한 기간의 계산은 다음 각 호에 따른다.

1. 기간의 첫날은 계산에 넣지 아니한다. 다만, 그 기간이 오전 0시부터 시작하는 경우에는 그러하지 아니하다.
2. 기간을 월 또는 연으로 정한 경우에는 역(曆)에 따라 계산한다.
3. 월 또는 연의 처음부터 기간을 기산(起算)하지 아니하는 경우에는 마지막 월 또는 연에서 그 기산일에 해당하는 날의 전날로 기간이 만료한다. 다만, 기간을 월 또는 연으로 정한 경우에 마지막 월에 해당 일이 없으면 그 월의 마지막 날로 기간이

만료한다.

4. 상표에 관한 절차에서 기간의 마지막 날이 공휴일(토요일 및 「근로자의 날 제정에 관한 법률」에 따른 근로자의 날을 포함한다)이면 기간은 그 다음 날로 만료한다.

제17조(기간의 연장 등) ① 특허청장은 당사자의 청구에 의하여 또는 직권으로 다음 각 호의 어느 하나에 해당하는 기간을 30일 이내에서 한 차례 연장할 수 있다. 다만, 도서·벽지 등 교통이 불편한 지역에 있는 자의 경우에는 산업통상자원부령으로 정하는 바에 따라 그 횟수 및 기간을 추가로 연장할 수 있다.

1. 제61조에 따른 이의신청 이유 등의 보정기간
2. 제115조에 따른 보정각하결정에 대한 심판의 청구기간
3. 제116조에 따른 거절결정에 대한 심판의 청구기간

② 특허청장, 특허심판원장, 심판장 또는 제50조에 따른 심사관(이하 "심사관"이라 한다)은 이 법에 따라 상표에 관한 절차를 밟을 기간을 정한 경우에는 상표에 관한 절차를 밟는 자 또는 그 대리인의 청구에 따라 그 기간을 단축 또는 연장하거나 직권으로 그 기간을 연장할 수 있다. 이 경우 특허청장 등은 해당 절차의 이해관계인의 이익이 부당하게 침해되지 아니하도록 단축 또는 연장 여부를 결정하여야 한다.

③ 심판장 또는 심사관은 이 법에 따라 상표에 관한 절차를 밟을 기일을 정하였을 경우에는 상표에 관한 절차를 밟는 자 또는 그 대리인의 청구에 의하여 또는 직권으로 그 기일을 변경할 수 있다.

제18조(절차의 무효) ① 특허청장 또는 특허심판원장은 제39조(제212조에서 준용하는 경우를 포함한다)에 따른 보정명령을 받은 자가 지정된 기간 내에 그 보정을 하지 아니하면 상표에 관한 절차를 무효로 할 수 있다.

② 특허청장 또는 특허심판원장은 제1항에 따라 상표에 관한 절차를 무효로 하였더라도 지정된 기간을 지키지 못한 것이 보정명령을 받은 자가 책임질 수 없는 사유에 의한 것으로 인정되는 경우에는 그 사유가 소멸한 날부터 2개월 이내에 보정명령을 받은 자의 청구에 의하여 그 무효처분을 취소할 수 있다. 다만, 지정된 기간의 만료일부터 1년이 지났을 경우에는 그러하지 아니하다.

③ 특허청장 또는 특허심판원장은 제1항에 따른 무효처분 또는 제2항 본문에 따른 무효처분의 취소처분을 할 경우에는 그 보정명령을 받은 자에게 처분통지서를 송달하여야 한다.

제19조(절차의 추후 보완) 상표에 관한 절차를 밟는 자가 책임질 수 없는 사유로 다음 각 호의 어느 하나에 해당하는 기간을 지키지 못한 경우에는 그 사유가 소멸한 날부터 2개월 이내에 지키지 못한 절차를 추후 보완할 수 있다. 다만, 그 기간의 만료일부

터 1년이 지났을 경우에는 그러하지 아니하다.

1. 제115조에 따른 보정각하결정에 대한 심판의 청구기간
2. 제116조에 따른 거절결정에 대한 심판의 청구기간
3. 제159조제1항에 따른 재심의 청구기간

제20조(절차의 효력 승계) 상표권 또는 상표에 관한 권리에 관하여 밟은 절차의 효력은 그 상표권 또는 상표에 관한 권리의 승계인에게 미친다.

제21조(절차의 속행) 특허청장 또는 심판장은 상표에 관한 절차가 특허청 또는 특허심판원에 계속(繫屬) 중일 때 상표권 또는 상표에 관한 권리가 이전된 경우에는 그 상표권 또는 상표에 관한 권리의 승계인에게 그 절차를 속행(續行)하게 할 수 있다.

제22조(절차의 중단) 상표에 관한 절차가 특허청 또는 특허심판원에 계속 중일 때 다음 각 호의 어느 하나에 해당하는 사유가 발생한 경우에는 그 절차는 중단된다. 다만, 절차를 밟을 것을 위임받은 대리인이 있는 경우에는 그러하지 아니하다.

1. 당사자가 사망한 경우
2. 당사자인 법인이 합병으로 소멸한 경우
3. 당사자가 절차를 밟을 능력을 상실한 경우
4. 당사자의 법정대리인이 사망하거나 그 대리권을 상실한 경우
5. 당사자의 신탁에 의한 수탁자의 임무가 끝난 경우
6. 제13조제1항 각 호 외의 부분 단서에 따른 대표자가 사망하거나 그 자격을 상실한 경우
7. 파산관재인 등 일정한 자격에 의하여 자기 이름으로 다른 사람을 위하여 당사자가 된 자가 그 자격을 상실하거나 사망한 경우

제23조(중단된 절차의 수계) 제22조에 따라 특허청 또는 특허심판원에 계속 중인 절차가 중단된 경우에는 다음 각 호의 구분에 따른 자가 그 절차를 수계(受繼)하여야 한다.

1. 제22조제1호의 경우: 그 상속인·상속재산관리인 또는 법률에 따라 절차를 계속 진행할 자. 다만, 상속인은 상속을 포기할 수 있는 기간 동안에는 그 절차를 수계하지 못한다.
2. 제22조제2호의 경우: 합병으로 설립되거나 합병 후 존속하는 법인
3. 제22조제3호 및 제4호의 경우: 절차를 밟을 능력을 회복한 당사자 또는 법정대리인이 된 자
4. 제22조제5호의 경우: 새로운 수탁자
5. 제22조제6호의 경우: 새로운 대표자 또는 각 당사자
6. 제22조제7호의 경우: 파산관재인 등 일정한 자격을 가진 자

제24조(수계신청) ① 제22조에 따라 중단된 절차에 관한 수계신청은 제23조 각 호에 따른 자 및 상대방도 할 수 있다.

② 특허청장 또는 심판장은 제22조에 따라 중단된 절차에 관한 수계신청이 있는 경우에는 그 사실을 제23조 각 호에 따른 자 또는 상대방에게 알려야 한다.

③ 특허청장 또는 제129조에 따른 심판관(이하 "심판관"이라 한다)은 제22조에 따라 중단된 절차에 관한 수계신청에 대하여 직권으로 조사하여 이유 없다고 인정할 경우에는 결정으로 기각하여야 한다.

④ 특허청장 또는 심판관은 제23조 각 호에 따른 자가 중단된 절차를 수계하지 아니하면 직권으로 기간을 정하여 수계를 명하여야 한다.

⑤ 제4항에 따라 수계명령을 받은 자가 같은 항에 따른 기간 내에 절차를 수계하지 아니하면 그 기간이 끝나는 날의 다음 날에 수계한 것으로 본다.

⑥ 특허청장 또는 심판장은 제5항에 따라 수계한 것으로 본 경우에는 그 사실을 당사자에게 알려야 한다.

제25조(절차의 중지) ① 특허청장 또는 심판관이 천재지변이나 그 밖의 불가피한 사유로 그 직무를 수행할 수 없는 경우에는 특허청 또는 특허심판원에 계속 중인 절차는 그 사유가 없어질 때까지 중지된다.

② 당사자에게 특허청 또는 특허심판원에 계속 중인 절차를 속행할 수 없는 장애 사유가 생긴 경우에는 특허청장 또는 심판관은 결정으로 그 절차의 중지를 명할 수 있다.

③ 특허청장 또는 심판관은 제2항에 따른 결정을 취소할 수 있다.

④ 특허청장 또는 심판장은 제1항 및 제2항에 따른 중지 또는 제3항에 따른 취소를 하였을 경우에는 그 사실을 각각 당사자에게 알려야 한다.

제26조(중단 또는 중지의 효과) 상표에 관한 절차가 중단되거나 중지된 경우에는 그 기간의 진행은 정지되고 그 절차의 수계 통지를 하거나 그 절차를 속행한 때부터 전체 기간이 새로 진행된다.

제27조(외국인의 권리능력) 재외자인 외국인은 다음 각 호의 어느 하나에 해당하는 경우를 제외하고는 상표권 또는 상표에 관한 권리를 누릴 수 없다.

1. 그 외국인이 속하는 국가에서 대한민국 국민에 대하여 그 국민과 같은 조건으로 상표권 또는 상표에 관한 권리를 인정하는 경우
2. 대한민국이 그 외국인에 대하여 상표권 또는 상표에 관한 권리를 인정하는 경우에는 그 외국인이 속하는 국가에서 대한민국 국민에 대하여 그 국민과 같은 조건으로 상표권 또는 상표에 관한 권리를 인정하는 경우
3. 조약 및 이에 준하는 것(이하 "조약"이라 한다)에 따라 상표권 또는 상표에 관한

권리를 인정하는 경우

제28조(서류 제출의 효력 발생 시기) ① 이 법 또는 이 법에 따른 명령에 따라 특허청장 또는 특허심판원장에게 제출하는 출원서·청구서, 그 밖의 서류(물건을 포함한다. 이하 이 조에서 같다)는 특허청장 또는 특허심판원장에게 도달한 날부터 그 효력이 발생한다.

② 제1항의 출원서·청구서, 그 밖의 서류를 우편으로 특허청장 또는 특허심판원장에게 제출하는 경우에는 다음 각 호의 구분에 따른 날에 특허청장 또는 특허심판원장에게 도달한 것으로 본다. 다만, 상표권 및 상표에 관한 권리의 등록신청서류를 우편으로 제출하는 경우에는 그 서류가 특허청장 또는 특허심판원장에게 도달한 날부터 효력이 발생한다.

1. 우편법령에 따른 통신날짜도장에 표시된 날이 분명한 경우: 표시된 날
2. 우편법령에 따른 통신날짜도장에 표시된 날이 분명하지 아니한 경우: 우체국에 제출한 날(우편물 수령증에 의하여 증명된 날을 말한다)

③ 제1항 및 제2항에서 규정한 사항 외에 우편물의 지연, 우편물의 분실·도난 및 우편업무의 중단으로 인한 서류 제출에 필요한 사항은 산업통상자원부령으로 정한다.

제29조(고유번호의 기재) ① 상표에 관한 절차를 밟는 자는 산업통상자원부령으로 정하는 바에 따라 특허청장 또는 특허심판원장에게 자신의 고유번호를 부여하여 줄 것을 신청하여야 한다.

② 특허청장 또는 특허심판원장은 제1항에 따른 신청을 받으면 신청인에게 고유번호를 부여하고 그 사실을 알려야 한다.

③ 특허청장 또는 특허심판원장은 제1항에 따른 고유번호 부여 신청을 하지 아니하는 자에게는 직권으로 고유번호를 부여하고 그 사실을 알려야 한다.

④ 제2항 또는 제3항에 따라 고유번호를 부여받은 자가 상표에 관한 절차를 밟는 경우에는 산업통상자원부령으로 정하는 서류에 자신의 고유번호를 적어야 한다. 이 경우 이 법 또는 이 법에 따른 명령에도 불구하고 해당 서류에 주소(법인인 경우에는 영업소의 소재지를 말한다)를 적지 아니할 수 있다.

⑤ 상표에 관한 절차를 밟는 자의 대리인에 관하여는 제1항부터 제4항까지의 규정을 준용한다.

⑥ 고유번호 부여 신청, 고유번호의 부여 및 통지, 그 밖에 고유번호에 관하여 필요한 사항은 산업통상자원부령으로 정한다.

제30조(전자문서에 의한 상표에 관한 절차의 수행) ① 상표에 관한 절차를 밟는 자는 이 법에 따라 특허청장 또는 특허심판원장에게 제출하는 상표등록출원서와 그 밖의

서류를 산업통상자원부령으로 정하는 방식에 따라 전자문서화하고, 이를 「정보통신망 이용촉진 및 정보보호 등에 관한 법률」 제2조제1항제1호에 따른 정보통신망(이하 “정보통신망”이라 한다)을 이용하여 제출하거나 이동식 저장매체 등 전자적 기록매체에 수록하여 제출할 수 있다.

② 제1항에 따라 제출된 전자문서는 이 법에 따라 제출된 서류와 같은 효력을 가진다.

③ 제1항에 따라 정보통신망을 이용하여 제출된 전자문서는 그 문서의 제출인이 정보통신망을 통하여 접수번호를 확인할 수 있는 때에 특허청 또는 특허심판원에서 사용하는 접수용 전산정보처리조직의 파일에 기록된 내용으로 접수된 것으로 본다.

④ 제1항에 따라 전자문서로 제출할 수 있는 서류의 종류, 제출 방법과 그 밖에 전자문서에 의한 서류의 제출에 필요한 사항은 산업통상자원부령으로 정한다.

제31조(전자문서 이용신고 및 전자서명) ① 전자문서로 상표에 관한 절차를 밟으려는 자는 미리 특허청장 또는 특허심판원장에게 전자문서 이용신고를 하여야 하며, 특허청장 또는 특허심판원장에게 제출하는 전자문서에 제출인을 알아볼 수 있도록 전자서명을 하여야 한다.

② 제30조에 따라 제출된 전자문서는 제1항에 따른 전자서명을 한 자가 제출한 것으로 본다.

③ 제1항에 따른 전자문서 이용신고 절차 및 전자서명 방법 등에 관하여 필요한 사항은 산업통상자원부령으로 정한다.

제32조(정보통신망을 이용한 통지 등의 수행) ① 특허청장, 특허심판원장, 심판장, 심판관, 제62조제3항에 따라 지정된 심사장(이하 “심사장”이라 한다) 또는 심사관은 제31조제1항에 따라 전자문서 이용신고를 한 자에게 서류의 통지 및 송달(이하 이 조에서 “통지등”이라 한다)을 하려는 경우에는 정보통신망을 이용하여 할 수 있다.

② 제1항에 따른 서류의 통지등은 서면으로 한 것과 같은 효력을 가진다.

③ 제1항에 따른 서류의 통지등은 그 통지등을 받는 자가 자신이 사용하는 전산정보처리조직을 통하여 그 서류를 확인한 때에 특허청 또는 특허심판원에서 사용하는 발송용 전산정보처리조직의 파일에 기록된 내용으로 도달한 것으로 본다.

④ 제1항에 따라 정보통신망을 이용하여 하는 통지등의 종류 및 방법 등에 관하여 필요한 사항은 산업통상자원부령으로 정한다.

제2장 상표등록요건 및 상표등록출원

제33조(상표등록의 요건) ① 다음 각 호의 어느 하나에 해당하는 상표를 제외하고는 상

표등록을 받을 수 있다.

1. 그 상품의 보통명칭을 보통으로 사용하는 방법으로 표시한 표장만으로 된 상표
2. 그 상품에 대하여 관용(慣用)하는 상표
3. 그 상품의 산지(産地)·품질·원재료·효능·용도·수량·형상·가격·생산방법·가공방법·사용방법 또는 시기를 보통으로 사용하는 방법으로 표시한 표장만으로 된 상표
4. 현저한 지리적 명칭이나 그 약어(略語) 또는 지도만으로 된 상표
5. 흔히 있는 성(姓) 또는 명칭을 보통으로 사용하는 방법으로 표시한 표장만으로 된 상표
6. 간단하고 흔히 있는 표장만으로 된 상표
7. 제1호부터 제6호까지에 해당하는 상표 외에 수요자가 누구의 업무에 관련된 상품을 표시하는 것인가를 식별할 수 없는 상표

② 제1항제3호부터 제6호까지에 해당하는 상표라도 상표등록출원 전부터 그 상표를 사용한 결과 수요자 간에 특정인의 상품에 관한 출처를 표시하는 것으로 식별할 수 있게 된 경우에는 그 상표를 사용한 상품에 한정하여 상표등록을 받을 수 있다.

③ 제1항제3호(산지로 한정한다) 또는 제4호에 해당하는 표장이라도 그 표장이 특정 상품에 대한 지리적 표시인 경우에는 그 지리적 표시를 사용한 상품을 지정상품(제38조제1항에 따라 지정한 상품 및 제86조제1항에 따라 추가로 지정한 상품을 말한다. 이하 같다)으로 하여 지리적 표시 단체표장등록을 받을 수 있다.

제34조(상표등록을 받을 수 없는 상표) ① 제33조에도 불구하고 다음 각 호의 어느 하나에 해당하는 상표에 대해서는 상표등록을 받을 수 없다.

1. 국가의 국기(國旗) 및 국제기구의 기장(記章) 등으로서 다음 각 목의 어느 하나에 해당하는 상표
   가. 대한민국의 국기, 국장(國章), 군기(軍旗), 훈장, 포장(褒章), 기장, 대한민국이나 공공기관의 감독용 또는 증명용 인장(印章)·기호와 동일·유사한 상표
   나. 「공업소유권의 보호를 위한 파리 협약」(이하 "파리협약"이라 한다) 동맹국, 세계무역기구 회원국 또는 「상표법조약」 체약국(이하 이 항에서 "동맹국등"이라 한다)의 국기와 동일·유사한 상표
   다. 국제적십자, 국제올림픽위원회 또는 저명(著名)한 국제기관의 명칭, 약칭, 표장과 동일·유사한 상표. 다만, 그 기관이 자기의 명칭, 약칭 또는 표장을 상표등록출원한 경우에는 상표등록을 받을 수 있다.
   라. 파리협약 제6조의3에 따라 세계지식재산기구로부터 통지받아 특허청장이 지정

한 동맹국등의 문장(紋章), 기(旗), 훈장, 포장 또는 기장이나 동맹국등이 가입한 정부 간 국제기구의 명칭, 약칭, 문장, 기, 훈장, 포장 또는 기장과 동일·유사한 상표. 다만, 그 동맹국등이 가입한 정부 간 국제기구가 자기의 명칭·약칭, 표장을 상표등록출원한 경우에는 상표등록을 받을 수 있다.

마. 파리협약 제6조의3에 따라 세계지식재산기구로부터 통지받아 특허청장이 지정한 동맹국등이나 그 공공기관의 감독용 또는 증명용 인장·기호와 동일·유사한 상표로서 그 인장 또는 기호가 사용되고 있는 상품과 동일·유사한 상품에 대하여 사용하는 상표

2. 국가·인종·민족·공공단체·종교 또는 저명한 고인(故人)과의 관계를 거짓으로 표시하거나 이들을 비방 또는 모욕하거나 이들에 대한 평판을 나쁘게 할 우려가 있는 상표
3. 국가·공공단체 또는 이들의 기관과 공익법인의 비영리 업무나 공익사업을 표시하는 표장으로서 저명한 것과 동일·유사한 상표. 다만, 그 국가 등이 자기의 표장을 상표등록출원한 경우에는 상표등록을 받을 수 있다.
4. 상표 그 자체 또는 상표가 상품에 사용되는 경우 수요자에게 주는 의미와 내용 등이 일반인의 통상적인 도덕관념인 선량한 풍속에 어긋나는 등 공공의 질서를 해칠 우려가 있는 상표
5. 정부가 개최하거나 정부의 승인을 받아 개최하는 박람회 또는 외국정부가 개최하거나 외국정부의 승인을 받아 개최하는 박람회의 상패·상장 또는 포장과 동일·유사한 표장이 있는 상표. 다만, 그 박람회에서 수상한 자가 그 수상한 상품에 관하여 상표의 일부로서 그 표장을 사용하는 경우에는 상표등록을 받을 수 있다.
6. 저명한 타인의 성명·명칭 또는 상호·초상·서명·인장·아호(雅號)·예명(藝名)·필명(筆名) 또는 이들의 약칭을 포함하는 상표. 다만, 그 타인의 승낙을 받은 경우에는 상표등록을 받을 수 있다.
7. 선출원(先出願)에 의한 타인의 등록상표(등록된 지리적 표시 단체표장은 제외한다)와 동일·유사한 상표로서 그 지정상품과 동일·유사한 상품에 사용하는 상표
8. 선출원에 의한 타인의 등록된 지리적 표시 단체표장과 동일·유사한 상표로서 그 지정상품과 동일하다고 인식되어 있는 상품에 사용하는 상표
9. 타인의 상품을 표시하는 것이라고 수요자들에게 널리 인식되어 있는 상표(지리적 표시는 제외한다)와 동일·유사한 상표로서 그 타인의 상품과 동일·유사한 상품에 사용하는 상표
10. 특정 지역의 상품을 표시하는 것이라고 수요자들에게 널리 인식되어 있는 타인의

지리적 표시와 동일·유사한 상표로서 그 지리적 표시를 사용하는 상품과 동일하다고 인정되어 있는 상품에 사용하는 상표

11. 수요자들에게 현저하게 인식되어 있는 타인의 상품이나 영업과 혼동을 일으키게 하거나 그 식별력 또는 명성을 손상시킬 염려가 있는 상표
12. 상품의 품질을 오인하게 하거나 수요자를 기만할 염려가 있는 상표
13. 국내 또는 외국의 수요자들에게 특정인의 상품을 표시하는 것이라고 인식되어 있는 상표(지리적 표시는 제외한다)와 동일·유사한 상표로서 부당한 이익을 얻으려 하거나 그 특정인에게 손해를 입히려고 하는 등 부정한 목적으로 사용하는 상표
14. 국내 또는 외국의 수요자들에게 특정 지역의 상품을 표시하는 것이라고 인식되어 있는 지리적 표시와 동일·유사한 상표로서 부당한 이익을 얻으려 하거나 그 지리적 표시의 정당한 사용자에게 손해를 입히려고 하는 등 부정한 목적으로 사용하는 상표
15. 상표등록을 받으려는 상품 또는 그 상품의 포장의 기능을 확보하는 데 꼭 필요한(서비스의 경우에는 그 이용과 목적에 꼭 필요한 경우를 말한다) 입체적 형상, 색채, 색채의 조합, 소리 또는 냄새만으로 된 상표
16. 세계무역기구 회원국 내의 포도주 또는 증류주의 산지에 관한 지리적 표시로서 구성되거나 그 지리적 표시를 포함하는 상표로서 포도주 또는 증류주에 사용하려는 상표. 다만, 지리적 표시의 정당한 사용자가 해당 상품을 지정상품으로 하여 제36조제5항에 따른 지리적 표시 단체표장등록출원을 한 경우에는 상표등록을 받을 수 있다.
17. 「식물신품종 보호법」 제109조에 따라 등록된 품종명칭과 동일·유사한 상표로서 그 품종명칭과 동일·유사한 상품에 대하여 사용하는 상표
18. 「농수산물 품질관리법」 제32조에 따라 등록된 타인의 지리적 표시와 동일·유사한 상표로서 그 지리적 표시를 사용하는 상품과 동일하다고 인정되는 상품에 사용하는 상표
19. 대한민국이 외국과 양자간(兩者間) 또는 다자간(多者間)으로 체결하여 발효된 자유무역협정에 따라 보호하는 타인의 지리적 표시와 동일·유사한 상표 또는 그 지리적 표시로 구성되거나 그 지리적 표시를 포함하는 상표로서 지리적 표시를 사용하는 상품과 동일하다고 인정되는 상품에 사용하는 상표
20. 동업·고용 등 계약관계나 업무상 거래관계 또는 그 밖의 관계를 통하여 타인이 사용하거나 사용을 준비 중인 상표임을 알면서 그 상표와 동일·유사한 상표를 동일·유사한 상품에 등록출원한 상표

21. 조약당사국에 등록된 상표와 동일·유사한 상표로서 그 등록된 상표에 관한 권리를 가진 자와의 동업·고용 등 계약관계나 업무상 거래관계 또는 그 밖의 관계에 있거나 있었던 자가 그 상표에 관한 권리를 가진 자의 동의를 받지 아니하고 그 상표의 지정상품과 동일·유사한 상품을 지정상품으로 하여 등록출원한 상표

② 제1항 및 상표등록출원인(이하 "출원인"이라 한다)이 해당 규정의 타인에 해당하는지는 다음 각 호의 어느 하나에 해당하는 결정(이하 "상표등록여부결정"이라 한다)을 할 때를 기준으로 하여 결정한다. 다만, 제1항제11호·제13호·제14호·제20호 및 제21호의 경우는 상표등록출원을 한 때를 기준으로 하여 결정한다.

1. 제54조에 따른 상표등록거절결정
2. 제68조에 따른 상표등록결정

③ 상표권자 또는 그 상표권자의 상표를 사용하는 자는 제119조제1항제1호부터 제3호까지 및 제5호부터 제9호까지의 규정에 해당한다는 이유로 상표등록의 취소심판이 청구되고 그 청구일 이후에 다음 각 호의 어느 하나에 해당하게 된 경우 그 상표와 동일·유사한 상표[동일·유사한 상품(지리적 표시 단체표장의 경우에는 동일하다고 인정되는 상품을 말한다)을 지정상품으로 하여 다시 등록받으려는 경우로 한정한다]에 대해서는 그 해당하게 된 날부터 3년이 지난 후에 출원해야만 상표등록을 받을 수 있다.

1. 존속기간이 만료되어 상표권이 소멸한 경우
2. 상표권자가 상표권 또는 지정상품의 일부를 포기한 경우
3. 상표등록 취소의 심결(審決)이 확정된 경우

④ 동음이의어 지리적 표시 단체표장 상호 간에는 제1항제8호 및 제10호를 적용하지 아니한다.

제35조(선출원) ① 동일·유사한 상품에 사용할 동일·유사한 상표에 대하여 다른 날에 둘 이상의 상표등록출원이 있는 경우에는 먼저 출원한 자만이 그 상표를 등록받을 수 있다.

② 동일·유사한 상품에 사용할 동일·유사한 상표에 대하여 같은 날에 둘 이상의 상표등록출원이 있는 경우에는 출원인의 협의에 의하여 정하여진 하나의 출원인만이 그 상표에 관하여 상표등록을 받을 수 있다. 협의가 성립하지 아니하거나 협의를 할 수 없는 때에는 특허청장이 행하는 추첨에 의하여 결정된 하나의 출원인만이 상표등록을 받을 수 있다.

③ 상표등록출원이 다음 각 호의 어느 하나에 해당되는 경우에는 그 상표등록출원은 제1항 및 제2항을 적용할 때에 처음부터 없었던 것으로 본다.

1. 포기 또는 취하된 경우

2. 무효로 된 경우
3. 제54조에 따른 상표등록거절결정 또는 거절한다는 취지의 심결이 확정된 경우

④ 특허청장은 제2항의 경우에는 출원인에게 기간을 정하여 협의의 결과를 신고할 것을 명하고, 그 기간 내에 신고가 없는 경우에는 제2항에 따른 협의는 성립되지 아니한 것으로 본다.

⑤ 제1항 및 제2항은 다음 각 호의 어느 하나에 해당하는 경우에는 적용하지 아니한다.
1. 동일(동일하다고 인정되는 경우를 포함한다)하지 아니한 상품에 대하여 동일·유사한 표장으로 둘 이상의 지리적 표시 단체표장등록출원 또는 지리적 표시 단체표장등록출원과 상표등록출원이 있는 경우
2. 서로 동음이의어 지리적 표시에 해당하는 표장으로 둘 이상의 지리적 표시 단체표장등록출원이 있는 경우

제36조(상표등록출원) ① 상표등록을 받으려는 자는 다음 각 호의 사항을 적은 상표등록출원서를 특허청장에게 제출하여야 한다.
1. 출원인의 성명 및 주소(법인인 경우에는 그 명칭 및 영업소의 소재지를 말한다)
2. 출원인의 대리인이 있는 경우에는 그 대리인의 성명 및 주소나 영업소의 소재지 [대리인이 특허법인·특허법인(유한)인 경우에는 그 명칭, 사무소의 소재지 및 지정된 변리사의 성명을 말한다]
3. 상표
4. 지정상품 및 산업통상자원부령으로 정하는 상품류(이하 "상품류"라 한다)
5. 제46조제3항에 따른 사항(우선권을 주장하는 경우만 해당한다)
6. 그 밖에 산업통상자원부령으로 정하는 사항

② 상표등록을 받으려는 자는 제1항 각 호의 사항 외에 산업통상자원부령으로 정하는 바에 따라 그 표장에 관한 설명을 상표등록출원서에 적어야 한다.

③ 단체표장등록을 받으려는 자는 제1항 각 호의 사항 외에 대통령령으로 정하는 단체표장의 사용에 관한 사항을 정한 정관을 단체표장등록출원서에 첨부하여야 한다.

④ 증명표장등록을 받으려는 자는 제1항 각 호의 사항 외에 대통령령으로 정하는 증명표장의 사용에 관한 사항을 정한 서류(법인인 경우에는 정관을 말하고, 법인이 아닌 경우에는 규약을 말하며, 이하 "정관 또는 규약"이라 한다)와 증명하려는 상품의 품질, 원산지, 생산방법이나 그 밖의 특성을 증명하고 관리할 수 있음을 증명하는 서류를 증명표장등록출원서에 첨부하여야 한다.

⑤ 지리적 표시 단체표장등록이나 지리적 표시 증명표장등록을 받으려는 자는 제3항 또는 제4항의 서류 외에 대통령령으로 정하는 바에 따라 지리적 표시의 정의에 일치

함을 증명할 수 있는 서류를 지리적 표시 단체표장등록출원서 또는 지리적 표시 증명표장등록출원서에 첨부하여야 한다.

⑥ 업무표장등록을 받으려는 자는 제1항 각 호의 사항 외에 그 업무의 경영 사실을 증명하는 서류를 업무표장등록출원서에 첨부하여야 한다.

제37조(상표등록출원일의 인정 등) ① 상표등록출원일은 상표등록출원에 관한 출원서가 특허청장에게 도달한 날로 한다. 다만, 상표등록출원이 다음 각 호의 어느 하나에 해당하는 경우에는 그러하지 아니하다.

1. 상표등록을 받으려는 취지가 명확하게 표시되지 아니한 경우
2. 출원인의 성명이나 명칭이 적혀 있지 아니하거나 명확하게 적혀 있지 아니하여 출원인을 특정할 수 없는 경우
3. 상표등록출원서에 상표등록을 받으려는 상표가 적혀 있지 아니하거나 적힌 사항이 선명하지 아니하여 상표로 인식할 수 없는 경우
4. 지정상품이 적혀 있지 아니한 경우
5. 한글로 적혀 있지 아니한 경우

② 특허청장은 상표등록출원이 제1항 각 호의 어느 하나에 해당하는 경우에는 상표등록을 받으려는 자에게 적절한 기간을 정하여 보완할 것을 명하여야 한다.

③ 제2항에 따른 보완명령을 받은 자가 상표등록출원을 보완하는 경우에는 절차보완에 관한 서면(이하 이 조에서 “절차보완서”라 한다)을 제출하여야 한다.

④ 특허청장은 제2항에 따른 보완명령을 받은 자가 지정된 기간 내에 상표등록출원을 보완한 경우에는 그 절차보완서가 특허청에 도달한 날을 상표등록출원일로 본다.

⑤ 특허청장은 제2항에 따른 보완명령을 받은 자가 지정된 기간 내에 보완을 하지 아니한 경우에는 그 상표등록출원을 부적합한 출원으로 보아 반려할 수 있다.

제38조(1상표 1출원) ① 상표등록출원을 하려는 자는 상품류의 구분에 따라 1류 이상의 상품을 지정하여 1상표마다 1출원을 하여야 한다.

② 제1항에 따른 상품류에 속하는 구체적인 상품은 특허청장이 정하여 고시한다.

③ 제1항에 따른 상품류의 구분은 상품의 유사범위를 정하는 것은 아니다.

제39조(절차의 보정) 특허청장 또는 특허심판원장은 상표에 관한 절차가 다음 각 호의 어느 하나에 해당하는 경우에는 산업통상자원부령으로 정하는 바에 따라 기간을 정하여 상표에 관한 절차를 밟는 자에게 보정을 명하여야 한다.

1. 제4조제1항 또는 제7조에 위반된 경우
2. 제78조에 따라 내야 할 수수료를 내지 아니한 경우
3. 이 법 또는 이 법에 따른 명령으로 정한 방식에 위반된 경우

제40조(출원공고결정 전의 보정) ① 출원인은 다음 각 호의 구분에 따른 때까지는 최초의 상표등록출원의 요지를 변경하지 아니하는 범위에서 상표등록출원서의 기재사항, 상표등록출원에 관한 지정상품 및 상표를 보정할 수 있다.

1. 제57조에 따른 출원공고의 결정이 있는 경우: 출원공고의 때까지
2. 제57조에 따른 출원공고의 결정이 없는 경우: 제54조에 따른 상표등록거절결정의 때까지
3. 제116조에 따른 거절결정에 대한 심판을 청구하는 경우: 그 청구일부터 30일 이내
4. 제123조에 따라 거절결정에 대한 심판에서 심사규정이 준용되는 경우: 제55조제1항·제3항 또는 제87조제2항·제3항에 따른 의견서 제출기간

② 제1항에 따른 보정이 다음 각 호의 어느 하나에 해당하는 경우에는 상표등록출원의 요지를 변경하지 아니하는 것으로 본다.

1. 지정상품의 범위의 감축(減縮)
2. 오기(誤記)의 정정
3. 불명료한 기재의 석명(釋明)
4. 상표의 부기적(附記的)인 부분의 삭제
5. 그 밖에 제36조제2항에 따른 표장에 관한 설명 등 산업통상자원부령으로 정하는 사항

③ 상표권 설정등록이 있은 후에 제1항에 따른 보정이 제2항 각 호의 어느 하나에 해당하지 아니하는 것으로 인정된 경우에는 그 상표등록출원은 그 보정서를 제출한 때에 상표등록출원을 한 것으로 본다.

제41조(출원공고결정 후의 보정) ① 출원인은 제57조제2항에 따른 출원공고결정 등본의 송달 후에 다음 각 호의 어느 하나에 해당하게 된 경우에는 해당 호에서 정하는 기간 내에 최초의 상표등록출원의 요지를 변경하지 아니하는 범위에서 지정상품 및 상표를 보정할 수 있다.

1. 제54조에 따른 상표등록거절결정 또는 제87조제1항에 따른 지정상품의 추가등록거절결정의 거절이유에 나타난 사항에 대하여 제116조에 따른 심판을 청구한 경우: 심판청구일부터 30일
2. 제55조제1항 및 제87조제2항에 따른 거절이유의 통지를 받고 그 거절이유에 나타난 사항에 대하여 보정하려는 경우: 해당 거절이유에 대한 의견서 제출기간
3. 이의신청이 있는 경우에 그 이의신청의 이유에 나타난 사항에 대하여 보정하려는 경우: 제66조제1항에 따른 답변서 제출기간

② 제1항에 따른 보정이 제40조제2항 각 호의 어느 하나에 해당하는 경우에는 상표등

록출원의 요지를 변경하지 아니하는 것으로 본다.

③ 상표권 설정등록이 있은 후에 제1항에 따른 보정이 제40조제2항 각 호의 어느 하나에 해당하지 아니하는 것으로 인정된 경우에는 그 상표등록출원은 그 보정을 하지 아니하였던 상표등록출원에 관하여 상표권이 설정등록된 것으로 본다.

제42조(보정의 각하) ① 심사관은 제40조 및 제41조에 따른 보정이 제40조제2항 각 호의 어느 하나에 해당하지 아니하는 것인 경우에는 결정으로 그 보정을 각하(却下)하여야 한다.

② 심사관은 제1항에 따른 각하결정을 한 경우에는 그 결정 등본을 출원인에게 송달한 날부터 30일이 지나기 전까지는 그 상표등록출원에 대한 상표등록여부결정을 해서는 아니 되며, 출원공고할 것을 결정하기 전에 제1항에 따른 각하결정을 한 경우에는 출원공고결정도 해서는 아니 된다.

③ 심사관은 출원인이 제1항에 따른 각하결정에 대하여 제115조에 따라 심판을 청구한 경우에는 그 심판의 심결이 확정될 때까지 그 상표등록출원의 심사를 중지하여야 한다.

④ 제1항에 따른 각하결정은 서면으로 하여야 하며, 그 이유를 붙여야 한다.

⑤ 제1항에 따른 각하결정(제41조에 따른 보정에 대한 각하결정으로 한정한다)에 대해서는 불복할 수 없다. 다만, 제116조에 따른 거절결정에 대한 심판을 청구하는 경우에는 그러하지 아니하다.

제43조(수정정관 등의 제출) ① 단체표장등록을 출원한 출원인은 제36조제3항에 따른 정관을 수정한 경우에는 제40조제1항 각 호 또는 제41조제1항 각 호에서 정한 기간 내에 특허청장에게 수정된 정관을 제출하여야 한다.

② 증명표장등록을 출원한 출원인은 정관 또는 규약을 수정한 경우에는 제40조제1항 각 호 또는 제41조제1항 각 호에서 정한 기간 내에 특허청장에게 수정된 정관 또는 규약을 제출하여야 한다.

제44조(출원의 변경) ① 다음 각 호의 어느 하나에 해당하는 출원을 한 출원인은 그 출원을 다음 각 호의 어느 하나에 해당하는 다른 출원으로 변경할 수 있다.

1. 상표등록출원
2. 단체표장등록출원(지리적 표시 단체표장등록출원은 제외한다)
3. 증명표장등록출원(지리적 표시 증명표장등록출원은 제외한다)

② 지정상품추가등록출원을 한 출원인은 상표등록출원으로 변경할 수 있다. 다만, 지정상품추가등록출원의 기초가 된 등록상표에 대하여 무효심판 또는 취소심판이 청구되거나 그 등록상표가 무효심판 또는 취소심판 등으로 소멸된 경우에는 그러하지 아

니하다.

③ 제1항 및 제2항에 따라 변경된 출원(이하 "변경출원"이라 한다)은 최초의 출원을 한 때에 출원한 것으로 본다. 다만, 제46조제1항에 따른 우선권 주장이 있거나 제47조제1항에 따른 출원 시의 특례를 적용하는 경우에는 그러하지 아니하다.

④ 제1항 및 제2항에 따른 출원의 변경은 최초의 출원에 대한 등록여부결정 또는 심결이 확정된 후에는 할 수 없다.

⑤ 변경출원의 경우 최초의 출원은 취하된 것으로 본다.

제45조(출원의 분할) ① 출원인은 둘 이상의 상품을 지정상품으로 하여 상표등록출원을 한 경우에는 제40조제1항 각 호 및 제41조제1항 각 호에서 정한 기간 내에 둘 이상의 상표등록출원으로 분할할 수 있다.

② 제1항에 따라 분할하는 상표등록출원(이하 "분할출원"이라 한다)이 있는 경우 그 분할출원은 최초에 상표등록출원을 한 때에 출원한 것으로 본다. 다만, 제46조제1항에 따른 우선권 주장이 있거나 제47조제1항에 따른 출원 시의 특례를 적용하는 경우에는 그러하지 아니하다.

제46조(조약에 따른 우선권 주장) ① 조약에 따라 대한민국 국민에게 상표등록출원에 대한 우선권을 인정하는 당사국의 국민이 그 당사국 또는 다른 당사국에 상표등록출원을 한 후 같은 상표를 대한민국에 상표등록출원하여 우선권을 주장하는 경우에는 제35조를 적용할 때 그 당사국에 출원한 날을 대한민국에 상표등록출원한 날로 본다. 대한민국 국민이 조약에 따라 대한민국 국민에게 상표등록출원에 대한 우선권을 인정하는 당사국에 상표등록출원한 후 같은 상표를 대한민국에 상표등록출원한 경우에도 또한 같다.

② 제1항에 따라 우선권을 주장하려는 자는 우선권 주장의 기초가 되는 최초의 출원일부터 6개월 이내에 출원하지 아니하면 우선권을 주장할 수 없다.

③ 제1항에 따라 우선권을 주장하려는 자는 상표등록출원 시 상표등록출원서에 그 취지, 최초로 출원한 국가명 및 출원 연월일을 적어야 한다.

④ 제3항에 따라 우선권을 주장한 자는 최초로 출원한 국가의 정부가 인정하는 상표등록출원의 연월일을 적은 서면, 상표 및 지정상품의 등본을 상표등록출원일부터 3개월 이내에 특허청장에게 제출하여야 한다.

⑤ 제3항에 따라 우선권을 주장한 자가 제4항의 기간 내에 같은 항에 따른 서류를 제출하지 아니한 경우에는 그 우선권 주장은 효력을 상실한다.

제47조(출원 시의 특례) ① 상표등록을 받을 수 있는 자가 다음 각 호의 어느 하나에 해당하는 박람회에 출품한 상품에 사용한 상표를 그 출품일부터 6개월 이내에 그 상품

을 지정상품으로 하여 상표등록출원을 한 경우에는 그 상표등록출원은 그 출품을 한 때에 출원한 것으로 본다.

1. 정부 또는 지방자치단체가 개최하는 박람회
2. 정부 또는 지방자치단체의 승인을 받은 자가 개최하는 박람회
3. 정부의 승인을 받아 국외에서 개최하는 박람회
4. 조약당사국의 영역(領域)에서 그 정부나 그 정부로부터 승인을 받은 자가 개최하는 국제박람회

② 제1항을 적용받으려는 자는 그 취지를 적은 상표등록출원서를 특허청장에게 제출하고, 이를 증명할 수 있는 서류를 상표등록출원일부터 30일 이내에 특허청장에게 제출하여야 한다.

제48조(출원의 승계 및 분할이전 등) ① 상표등록출원의 승계는 상속이나 그 밖의 일반승계의 경우를 제외하고는 출원인 변경신고를 하지 아니하면 그 효력이 발생하지 아니한다.

② 상표등록출원은 그 지정상품마다 분할하여 이전할 수 있다. 이 경우 유사한 지정상품은 함께 이전하여야 한다.

③ 상표등록출원의 상속이나 그 밖의 일반승계가 있는 경우에는 승계인은 지체 없이 그 취지를 특허청장에게 신고하여야 한다.

④ 상표등록출원이 공유인 경우에는 각 공유자는 다른 공유자 전원의 동의를 받지 아니하면 그 지분을 양도할 수 없다.

⑤ 제2항에 따라 분할하여 이전된 상표등록출원은 최초의 상표등록출원을 한 때에 출원한 것으로 본다. 다만, 제46조제1항에 따른 우선권 주장이 있거나 제47조제1항에 따른 출원 시의 특례를 적용하는 경우에는 그러하지 아니하다.

⑥ 다음 각 호의 어느 하나에 해당하는 등록출원은 양도할 수 없다. 다만, 해당 호의 업무와 함께 양도하는 경우에는 양도할 수 있다.

1. 제3조제6항에 따른 업무표장등록출원
2. 제34조제1항제1호다목 단서, 같은 호 라목 단서 및 같은 항 제3호 단서에 따른 상표등록출원

⑦ 단체표장등록출원은 이전할 수 없다. 다만, 법인이 합병하는 경우에는 특허청장의 허가를 받아 이전할 수 있다.

⑧ 증명표장등록출원은 이전할 수 없다. 다만, 해당 증명표장에 대하여 제3조제3항에 따른 증명표장의 등록을 받을 수 있는 자에게 그 업무와 함께 이전하는 경우에는 특허청장의 허가를 받아 이전할 수 있다.

제49조(정보의 제공) 누구든지 상표등록출원된 상표가 제54조 각 호의 어느 하나에 해당되어 상표등록될 수 없다는 취지의 정보를 증거와 함께 특허청장 또는 특허심판원장에게 제공할 수 있다.

제3장 심 사

제50조(심사관에 의한 심사) ① 특허청장은 심사관에게 상표등록출원 및 이의신청을 심사하게 한다.

② 심사관의 자격에 관하여 필요한 사항은 대통령령으로 정한다.

제51조(상표전문기관의 지정 등) ① 특허청장은 상표등록출원의 심사에 필요하다고 인정하면 전문기관을 지정하여 다음 각 호의 업무를 의뢰할 수 있다.

1. 상표검색
2. 상품분류
3. 그 밖에 상표의 사용실태 조사 등 대통령령으로 정하는 업무

② 특허청장은 상표등록출원의 심사에 필요하다고 인정하는 경우에는 관계 행정기관이나 상표에 관한 지식과 경험이 풍부한 사람 또는 관계인에게 협조를 요청하거나 의견을 들을 수 있다.

③ 특허청장은 「농수산물 품질관리법」에 따른 지리적 표시 등록 대상품목에 대하여 지리적 표시 단체표장이 출원된 경우에는 그 단체표장이 지리적 표시에 해당되는지에 관하여 농림축산식품부장관 또는 해양수산부장관의 의견을 들어야 한다.

④ 제1항에 따른 전문기관의 지정기준 및 상표검색 등의 의뢰에 필요한 사항은 대통령령으로 정한다.

제52조(상표전문기관의 지정취소 등) ① 특허청장은 제51조제1항에 따른 전문기관이 제1호에 해당하는 경우에는 그 지정을 취소하여야 하며, 제2호에 해당하는 경우에는 그 지정을 취소하거나 6개월 이내의 기간을 정하여 업무의 정지를 명할 수 있다.

1. 거짓이나 그 밖의 부정한 방법으로 지정을 받은 경우
2. 제51조제4항에 따른 지정기준에 적합하지 아니하게 된 경우

② 특허청장은 제1항에 따라 전문기관의 지정을 취소하거나 업무의 정지를 명하려면 청문을 하여야 한다.

③ 제1항에 따른 행정처분의 기준과 절차 등에 관하여 필요한 사항은 산업통상자원부령으로 정한다.

제53조(심사의 순위 및 우선심사) ① 상표등록출원에 대한 심사의 순위는 출원의 순위

에 따른다.

② 특허청장은 다음 각 호의 어느 하나에 해당하는 상표등록출원에 대해서는 제1항에도 불구하고 심사관으로 하여금 다른 상표등록출원보다 우선하여 심사하게 할 수 있다.

1. 상표등록출원 후 출원인이 아닌 자가 상표등록출원된 상표와 동일·유사한 상표를 동일·유사한 지정상품에 정당한 사유 없이 업으로서 사용하고 있다고 인정되는 경우
2. 출원인이 상표등록출원한 상표를 지정상품의 전부에 사용하고 있는 등 대통령령으로 정하는 상표등록출원으로서 긴급한 처리가 필요하다고 인정되는 경우

제54조(상표등록거절결정) 심사관은 상표등록출원이 다음 각 호의 어느 하나에 해당하는 경우에는 상표등록거절결정을 하여야 한다.

1. 제2조제1항에 따른 상표, 단체표장, 지리적 표시, 지리적 표시 단체표장, 증명표장, 지리적 표시 증명표장 또는 업무표장의 정의에 맞지 아니하는 경우
2. 조약에 위반된 경우
3. 제3조, 제27조, 제33조부터 제35조까지, 제38조제1항, 제48조제2항 후단, 같은 조 제4항 또는 제6항부터 제8항까지의 규정에 따라 상표등록을 할 수 없는 경우
4. 제3조에 따른 단체표장, 증명표장 및 업무표장의 등록을 받을 수 있는 자에 해당하지 아니한 경우
5. 지리적 표시 단체표장등록출원의 경우에 그 소속 단체원의 가입에 관하여 정관에 의하여 단체의 가입을 금지하거나 정관에 충족하기 어려운 가입조건을 규정하는 등 단체의 가입을 실질적으로 허용하지 아니한 경우
6. 제36조제3항에 따른 정관에 대통령령으로 정하는 단체표장의 사용에 관한 사항의 전부 또는 일부를 적지 아니하였거나 같은 조 제4항에 따른 정관 또는 규약에 대통령령으로 정하는 증명표장의 사용에 관한 사항의 전부 또는 일부를 적지 아니한 경우
7. 증명표장등록출원의 경우에 그 증명표장을 사용할 수 있는 자에 대하여 정당한 사유 없이 정관 또는 규약으로 사용을 허락하지 아니하거나 정관 또는 규약에 충족하기 어려운 사용조건을 규정하는 등 실질적으로 사용을 허락하지 아니한 경우

제55조(거절이유통지) ① 심사관은 제54조에 따라 상표등록거절결정을 하려는 경우에는 출원인에게 미리 거절이유(같은 조 각 호의 어느 하나에 해당하는 이유를 말하며, 이하 "거절이유"라 한다)를 통지하여야 한다. 이 경우 출원인은 산업통상자원부령으로 정하는 기간 내에 거절이유에 대한 의견서를 제출할 수 있다.

② 심사관은 제1항에 따라 거절이유를 통지하는 경우에 지정상품별로 거절이유와 근

거를 구체적으로 적어야 한다.

③ 제1항 후단에 따른 기간 내에 의견서를 제출하지 못한 출원인은 그 기간의 만료일부터 2개월 내에 상표에 관한 절차를 계속 진행할 것을 신청하고, 거절이유에 대한 의견서를 제출할 수 있다.

제56조(서류의 제출 등) 특허청장 또는 심사관은 당사자에게 심판 또는 재심에 관한 절차 외의 절차를 처리하기 위하여 심사에 필요한 서류, 그 밖의 물건의 제출을 요청할 수 있다.

제57조(출원공고) ① 심사관은 상표등록출원에 대하여 거절이유를 발견할 수 없는 경우에는 출원공고결정을 하여야 한다. 다만, 다음 각 호의 어느 하나에 해당하는 경우에는 출원공고결정을 생략할 수 있다.

1. 제2항에 따른 출원공고결정의 등본이 출원인에게 송달된 후 그 출원인이 출원공고된 상표등록출원을 제45조에 따라 둘 이상의 상표등록출원으로 분할한 경우로서 그 분할출원에 대하여 거절이유를 발견할 수 없는 경우
2. 제54조에 따른 상표등록거절결정에 대하여 취소의 심결이 있는 경우로서 해당 상표등록출원에 대하여 이미 출원공고된 사실이 있고 다른 거절이유를 발견할 수 없는 경우

② 특허청장은 제1항 각 호 외의 부분 본문에 따른 결정이 있을 경우에는 그 결정의 등본을 출원인에게 송달하고 그 상표등록출원에 관하여 상표공보에 게재하여 출원공고를 하여야 한다.

③ 특허청장은 제2항에 따라 출원공고를 한 날부터 2개월간 상표등록출원 서류 및 그 부속 서류를 특허청에서 일반인이 열람할 수 있게 하여야 한다.

제58조(손실보상청구권) ① 출원인은 제57조제2항(제88조제2항 및 제123조제1항에 따라 준용되는 경우를 포함한다)에 따른 출원공고가 있은 후 해당 상표등록출원에 관한 지정상품과 동일·유사한 상품에 대하여 해당 상표등록출원에 관한 상표와 동일·유사한 상표를 사용하는 자에게 서면으로 경고할 수 있다. 다만, 출원인이 해당 상표등록출원의 사본을 제시하는 경우에는 출원공고 전이라도 서면으로 경고할 수 있다.

② 제1항에 따라 경고를 한 출원인은 경고 후 상표권을 설정등록할 때까지의 기간에 발생한 해당 상표의 사용에 관한 업무상 손실에 상당하는 보상금의 지급을 청구할 수 있다.

③ 제2항에 따른 청구권은 해당 상표등록출원에 대한 상표권의 설정등록 전까지는 행사할 수 없다.

④ 제2항에 따른 청구권의 행사는 상표권의 행사에 영향을 미치지 아니한다.

⑤ 제2항에 따른 청구권을 행사하는 경우의 등록상표 보호범위 등에 관하여는 제91조, 제108조, 제113조 및 제114조와 「민법」 제760조 및 제766조를 준용한다. 이 경우 「민법」 제766조제1항 중 "피해자나 그 법정대리인이 그 손해 및 가해자를 안 날"은 "해당 상표권의 설정등록일"로 본다.

⑥ 상표등록출원이 다음 각 호의 어느 하나에 해당하는 경우에는 제2항에 따른 청구권은 처음부터 발생하지 아니한 것으로 본다.

1. 상표등록출원이 포기·취하 또는 무효가 된 경우
2. 상표등록출원에 대한 제54조에 따른 상표등록거절결정이 확정된 경우
3. 제117조에 따라 상표등록을 무효로 한다는 심결(같은 조 제1항제5호부터 제7호까지의 규정에 따른 경우는 제외한다)이 확정된 경우

제59조(직권보정 등) ① 심사관은 제57조에 따른 출원공고결정을 할 때에 상표등록출원서에 적힌 사항이 명백히 잘못된 경우에는 직권으로 보정(이하 이 조에서 "직권보정"이라 한다)을 할 수 있다.

② 제1항에 따라 심사관이 직권보정을 하려면 제57조제2항에 따른 출원공고결정 등본의 송달과 함께 그 직권보정 사항을 출원인에게 알려야 한다.

③ 출원인은 직권보정 사항의 전부 또는 일부를 받아들일 수 없는 경우에는 제57조제3항에 따른 기간 내에 그 직권보정 사항에 대한 의견서를 특허청장에게 제출하여야 한다.

④ 출원인이 제3항에 따라 의견서를 제출한 경우 해당 직권보정 사항의 전부 또는 일부는 처음부터 없었던 것으로 본다. 이 경우 그 출원공고결정도 함께 취소된 것으로 본다.

제60조(이의신청) ① 출원공고가 있는 경우에는 누구든지 출원공고일부터 2개월 내에 다음 각 호의 어느 하나에 해당한다는 것을 이유로 특허청장에게 이의신청을 할 수 있다.

1. 제54조에 따른 상표등록거절결정의 거절이유에 해당한다는 것
2. 제87조제1항에 따른 추가등록거절결정의 거절이유에 해당한다는 것

② 제1항에 따라 이의신청을 하려는 자는 다음 각 호의 사항을 적은 이의신청서에 필요한 증거를 첨부하여 특허청장에게 제출하여야 한다.

1. 신청인의 성명 및 주소(법인인 경우에는 그 명칭 및 영업소의 소재지를 말한다)
2. 신청인의 대리인이 있는 경우에는 그 대리인의 성명 및 주소나 영업소의 소재지[대리인이 특허법인·특허법인(유한)인 경우에는 그 명칭, 사무소의 소재지 및 지정된 변리사의 성명을 말한다]

3. 이의신청의 대상
4. 이의신청사항
5. 이의신청의 이유 및 필요한 증거의 표시

제61조(이의신청 이유 등의 보정) 제60조제1항에 따른 상표등록의 이의신청인(이하 "이의신청인"이라 한다)은 이의신청기간이 지난 후 30일 이내에 그 이의신청서에 적은 이유와 증거를 보정할 수 있다.

제62조(이의신청에 대한 심사 등) ① 이의신청은 심사관 3명으로 구성되는 심사관합의체(이하 "심사관합의체"라 한다)에서 심사·결정한다.

② 특허청장은 각각의 이의신청에 대하여 심사관합의체를 구성할 심사관을 지정하여야 한다.

③ 특허청장은 제2항에 따라 지정된 심사관 중 1명을 심사장으로 지정하여야 한다.

④ 심사관합의체 및 심사장에 관하여는 제130조제2항, 제131조제2항 및 제132조제2항·제3항을 준용한다. 이 경우 제130조제2항 중 "특허심판원장"은 "특허청장"으로, "심판관"은 "심사관"으로, "심판"은 "심사"로 보고, 제131조제2항 중 "심판장"은 "심사장"으로, "심판사건"은 "이의신청사건"으로 보며, 제132조제2항 중 "심판관합의체"는 "심사관합의체"로 보고, 같은 조 제3항 중 "심판"은 "심사"로 본다.

제63조(이의신청에 대한 심사의 범위) 심사관합의체는 이의신청에 관하여 출원인이나 이의신청인이 주장하지 아니한 이유에 관하여도 심사할 수 있다. 이 경우 출원인이나 이의신청인에게 기간을 정하여 그 이유에 관하여 의견을 진술할 수 있는 기회를 주어야 한다.

제64조(이의신청의 병합 또는 분리) 심사관합의체는 둘 이상의 이의신청을 병합하거나 분리하여 심사·결정할 수 있다.

제65조(이의신청의 경합) ① 심사관합의체는 둘 이상의 이의신청이 있는 경우에 그중 어느 하나의 이의신청에 대하여 심사한 결과 그 이의신청이 이유가 있다고 인정할 때에는 다른 이의신청에 대해서는 결정을 하지 아니할 수 있다.

② 특허청장은 심사관합의체가 제1항에 따라 이의신청에 대하여 결정을 하지 아니한 경우에는 해당 이의신청인에게도 상표등록거절결정 등본을 송달하여야 한다.

제66조(이의신청에 대한 결정) ① 심사장은 이의신청이 있는 경우에는 이의신청서 부본(副本)을 출원인에게 송달하고 기간을 정하여 답변서 제출의 기회를 주어야 한다.

② 심사관합의체는 제1항 및 제60조제1항에 따른 이의신청기간이 지난 후에 이의신청에 대한 결정을 하여야 한다.

③ 이의신청에 대한 결정은 서면으로 하여야 하며, 그 이유를 붙여야 한다. 이 경우

둘 이상의 지정상품에 대한 결정이유가 다른 경우에는 지정상품마다 그 이유를 붙여야 한다.

④ 심사관합의체는 이의신청인이 제60조제1항에 따른 이의신청기간 내에 그 이유나 증거를 제출하지 아니한 경우에는 제1항에도 불구하고 제61조에 따른 기간이 지난 후 결정으로 이의신청을 각하할 수 있다. 이 경우 그 결정의 등본을 이의신청인에게 송달하여야 한다.

⑤ 특허청장은 제2항에 따른 결정이 있는 경우에는 그 결정의 등본을 출원인 및 이의신청인에게 송달하여야 한다.

⑥ 출원인 및 이의신청인은 제2항 및 제4항에 따른 결정에 대하여 다음 각 호의 구분에 따른 방법으로 불복할 수 있다.

1. 출원인: 제116조에 따른 심판의 청구
2. 이의신청인: 제117조에 따른 상표등록 무효심판의 청구

제67조(상표등록 출원공고 후의 직권에 의한 상표등록거절결정) ① 심사관은 출원공고 후 거절이유를 발견한 경우에는 직권으로 제54조에 따른 상표등록거절결정을 할 수 있다.

② 제1항에 따라 상표등록거절결정을 할 경우에는 이의신청이 있더라도 그 이의신청에 대해서는 결정을 하지 아니한다.

③ 특허청장은 제1항에 따라 심사관이 상표등록거절결정을 한 경우에는 이의신청인에게 상표등록거절결정 등본을 송달하여야 한다.

제68조(상표등록결정) 심사관은 상표등록출원에 대하여 거절이유를 발견할 수 없는 경우에는 상표등록결정을 하여야 한다.

제69조(상표등록여부결정의 방식) ① 상표등록여부결정은 서면으로 하여야 하며, 그 이유를 붙여야 한다.

② 특허청장은 상표등록여부결정이 있는 경우에는 그 결정의 등본을 출원인에게 송달하여야 한다.

제70조(심사 또는 소송 절차의 중지) ① 상표등록출원의 심사에서 필요한 경우에는 심결이 확정될 때까지 또는 소송절차가 완결될 때까지 그 상표등록출원의 심사절차를 중지할 수 있다.

② 법원은 소송에서 필요한 경우에는 상표등록여부결정이 확정될 때까지 그 소송절차를 중지할 수 있다.

제71조(심판 규정의 이의신청 심사 및 결정에의 준용) 이의신청에 대한 심사 및 결정에 관하여는 제128조, 제134조제1호부터 제5호까지 및 제7호, 제144조와 「민사소송법」

제143조, 제299조 및 제367조를 준용한다.

제4장 상표등록료 및 상표등록 등

제72조(상표등록료) ① 다음 각 호의 어느 하나에 해당하는 상표권의 설정등록 등을 받으려는 자는 상표등록료를 내야 한다. 이 경우 제1호 또는 제2호에 해당할 때에는 상표등록료를 2회로 분할하여 낼 수 있다.

1. 제82조에 따른 상표권의 설정등록
2. 존속기간갱신등록
3. 제86조에 따른 지정상품의 추가등록

② 이해관계인은 제1항에 따른 상표등록료를 내야 할 자의 의사와 관계없이 상표등록료를 낼 수 있다.

③ 제1항에 따른 상표등록료, 그 납부방법, 납부기간 및 분할납부 등에 필요한 사항은 산업통상자원부령으로 정한다.

제73조(상표등록료를 납부할 때의 일부 지정상품의 포기) ① 다음 각 호의 어느 하나에 해당하는 자가 상표등록료(제72조제1항 각 호 외의 부분 후단에 따라 분할납부하는 경우에는 1회차 상표등록료를 말한다)를 낼 때에는 지정상품별로 상표등록을 포기할 수 있다.

1. 둘 이상의 지정상품이 있는 상표등록출원에 대한 상표등록결정을 받은 자
2. 지정상품추가등록출원에 대한 지정상품의 추가등록결정을 받은 자
3. 존속기간갱신등록신청을 한 자

② 제1항에 따른 지정상품의 포기에 필요한 사항은 산업통상자원부령으로 정한다.

제74조(상표등록료의 납부기간 연장) 특허청장은 제72조제3항에 따른 상표등록료의 납부기간을 청구에 의하여 30일을 넘지 아니하는 범위에서 연장할 수 있다.

제75조(상표등록료의 미납으로 인한 출원 또는 신청의 포기) 다음 각 호의 어느 하나에 해당하는 경우에는 상표등록출원, 지정상품추가등록출원 또는 존속기간갱신등록신청을 포기한 것으로 본다.

1. 제72조제3항 또는 제74조에 따른 납부기간에 해당 상표등록료(제72조제1항 각 호 외의 부분 후단에 따라 분할납부하는 경우에는 1회차 상표등록료를 말한다. 이하 이 조에서 같다)를 내지 아니한 경우
2. 제76조제1항에 따라 상표등록료의 보전명령을 받은 경우로서 그 보전기간 내에 보전하지 아니한 경우

3. 제77조제1항에 해당하는 경우로서 그 해당 기간 내에 상표등록료를 내지 아니하거나 보전하지 아니한 경우

제76조(상표등록료의 보전 등) ① 특허청장은 상표권의 설정등록, 지정상품의 추가등록, 존속기간갱신등록을 받으려는 자 또는 상표권자가 제72조제3항 또는 제74조에 따른 납부기간 내에 상표등록료의 일부를 내지 아니한 경우에는 상표등록료의 보전(補塡)을 명하여야 한다.

② 제1항에 따라 보전명령을 받은 자는 그 보전명령을 받은 날부터 1개월 이내(이하 "보전기간"이라 한다)에 상표등록료를 보전할 수 있다.

③ 제2항에 따라 상표등록료를 보전하는 자는 내지 아니한 금액의 2배의 범위에서 산업통상자원부령으로 정하는 금액을 내야 한다.

제77조(상표등록료 납부 또는 보전에 의한 상표등록출원의 회복 등) ① 다음 각 호의 어느 하나에 해당하는 자가 책임질 수 없는 사유로 제72조제3항 또는 제74조에 따른 납부기간 내에 상표등록료를 내지 아니하였거나 제76조제2항에 따른 보전기간 내에 보전하지 아니한 경우에는 그 사유가 소멸한 날부터 2개월 이내에 그 상표등록료를 내거나 보전할 수 있다. 다만, 납부기간의 만료일 또는 보전기간의 만료일 중 늦은 날부터 1년이 지났을 경우에는 상표등록료를 내거나 보전할 수 없다.

1. 상표등록출원의 출원인
2. 지정상품추가등록출원의 출원인
3. 존속기간갱신등록신청의 신청인 또는 상표권자

② 제1항에 따라 상표등록료를 내거나 보전한 자(제72조제1항 각 호 외의 부분 후단에 따라 분할하여 낸 경우에는 1회차 상표등록료를 내거나 보전한 자를 말한다)는 제75조에도 불구하고 그 상표등록출원, 지정상품추가등록출원 또는 존속기간갱신등록신청을 포기하지 아니한 것으로 본다.

③ 제2항에 따라 상표등록출원, 지정상품추가등록출원 또는 상표권(이하 이 조에서 "상표등록출원등"이라 한다)이 회복된 경우에는 그 상표등록출원등의 효력은 제72조제3항 또는 제74조에 따른 납부기간이 지난 후 상표등록출원등이 회복되기 전에 그 상표와 동일·유사한 상표를 그 지정상품과 동일·유사한 상품에 사용한 행위에는 미치지 아니한다.

제78조(수수료) ① 상표에 관한 절차를 밟는 자는 수수료를 내야 한다. 다만, 제117조제1항 및 제118조제1항에 따라 심사관이 무효심판을 청구하는 경우에는 수수료를 면제한다.

② 제1항에 따른 수수료, 그 납부방법, 납부기간 등에 관하여 필요한 사항은 산업통상

자원부령으로 정한다.

③ 제84조제2항 단서에 따른 기간에 존속기간갱신등록신청을 하려는 자는 제2항에 따른 수수료에 산업통상자원부령으로 정하는 금액을 더하여 내야 한다.

제79조(상표등록료 및 수수료의 반환) ① 납부된 상표등록료와 수수료가 다음 각 호의 어느 하나에 해당하는 경우에는 해당 호의 구분에 따른 상표등록료 및 수수료를 납부한 자의 청구에 의하여 반환한다.

1. 잘못 납부된 경우: 그 잘못 납부된 상표등록료 및 수수료
2. 상표등록출원 후 1개월 이내에 그 상표등록출원을 취하하거나 포기한 경우: 이미 낸 수수료 중 상표등록출원료 및 우선권 주장 신청료. 다만, 다음 각 목의 어느 하나에 해당하는 경우는 제외한다.
   가. 분할출원, 변경출원, 분할출원 또는 변경출원의 기초가 된 상표등록출원
   나. 제53조에 따른 우선심사의 신청이 있는 출원
   다. 제180조제1항에 따라 이 법에 따른 상표등록출원으로 보는 국제상표등록출원
3. 제156조에 따라 보정각하결정 또는 거절결정이 취소된 경우(제161조에 따라 재심의 절차에서 준용되는 경우를 포함하되, 심판 또는 재심 중 제40조제1항 각 호 및 제41조제1항제1호에 따른 보정이 있는 경우는 제외한다): 이미 낸 수수료 중 심판청구료(재심의 경우에는 재심청구료를 말한다. 이하 이 조에서 같다)
4. 심판청구가 제127조제2항에 따라 결정으로 각하되고 그 결정이 확정된 경우(제161조에 따라 재심의 절차에서 준용되는 경우를 포함한다): 이미 낸 수수료 중 심판청구료의 2분의 1에 해당하는 금액
5. 심리의 종결을 통지받기 전까지 제142조제1항에 따른 참가신청을 취하한 경우(제161조에 따라 재심의 절차에서 준용되는 경우를 포함한다): 이미 낸 수수료 중 참가신청료의 2분의 1에 해당하는 금액
6. 제142조제1항에 따른 참가신청이 결정으로 거부된 경우(제161조에 따라 재심의 절차에서 준용되는 경우를 포함한다): 이미 낸 수수료 중 참가신청료의 2분의 1에 해당하는 금액
7. 심리의 종결을 통지받기 전까지 심판청구를 취하한 경우(제161조에 따라 재심의 절차에서 준용되 는 경우를 포함한다): 이미 낸 수수료 중 심판청구료의 2분의 1에 해당하는 금액

② 특허청장 또는 특허심판원장은 납부된 상표등록료 및 수수료가 제1항 각 호의 어느 하나에 해당하는 경우에는 그 사실을 납부한 자에게 통지하여야 한다.

③ 제1항에 따른 상표등록료 및 수수료의 반환청구는 제2항에 따른 통지를 받은 날부

터 3년이 지나면 할 수 없다.

제80조(상표원부) ① 특허청장은 특허청에 상표원부를 갖추어 두고 다음 각 호의 사항을 등록한다.

1. 상표권의 설정·이전·변경·소멸·회복, 존속기간의 갱신, 제209조에 따른 상품분류전환(이하 "상품분류전환"이라 한다), 지정상품의 추가 또는 처분의 제한
2. 전용사용권 또는 통상사용권의 설정·보존·이전·변경·소멸 또는 처분의 제한
3. 상표권·전용사용권 또는 통상사용권을 목적으로 하는 질권(質權)의 설정·이전·변경·소멸 또는 처분의 제한

② 제1항에 따른 상표원부는 그 전부 또는 일부를 전자적 기록매체 등으로 작성할 수 있다.

③ 제1항 및 제2항에서 규정한 사항 외에 등록사항 및 등록절차 등에 관하여 필요한 사항은 대통령령으로 정한다.

제81조(상표등록증의 발급) ① 특허청장은 상표권의 설정등록을 하였을 경우에는 산업통상자원부령으로 정하는 바에 따라 상표권자에게 상표등록증을 발급하여야 한다.

② 특허청장은 상표등록증이 상표원부나 그 밖의 서류와 맞지 아니할 경우에는 신청에 의하여 또는 직권으로 상표등록증을 회수하여 정정발급하거나 새로운 상표등록증을 발급하여야 한다.

제5장 상표권

제82조(상표권의 설정등록) ① 상표권은 설정등록에 의하여 발생한다.

② 특허청장은 다음 각 호의 어느 하나에 해당하는 경우에는 상표권을 설정하기 위한 등록을 하여야 한다.

1. 제72조제3항 또는 제74조에 따라 상표등록료(제72조제1항 각 호 외의 부분 후단에 따라 분할납부하는 경우에는 1회차 상표등록료를 말하며, 이하 이 항에서 같다)를 낸 경우
2. 제76조제2항에 따라 상표등록료를 보전하였을 경우
3. 제77조제1항에 따라 상표등록료를 내거나 보전하였을 경우

③ 특허청장은 제2항에 따라 등록한 경우에는 상표권자의 성명·주소 및 상표등록번호 등 대통령령으로 정하는 사항을 상표공보에 게재하여 등록공고를 하여야 한다.

제83조(상표권의 존속기간) ① 상표권의 존속기간은 제82조제1항에 따라 설정등록이 있는 날부터 10년으로 한다.

② 상표권의 존속기간은 존속기간갱신등록신청에 의하여 10년씩 갱신할 수 있다.

③ 제1항 및 제2항에도 불구하고 다음 각 호의 어느 하나에 해당하는 경우에는 상표권의 설정등록일 또는 존속기간갱신등록일부터 5년이 지나면 상표권이 소멸한다.

1. 제72조제3항 또는 제74조에 따른 납부기간 내에 상표등록료(제72조제1항 각 호 외의 부분 후단에 따라 상표등록료를 분할납부하는 경우로서 2회차 상표등록료를 말한다. 이하 이 항에서 같다)를 내지 아니한 경우
2. 제76조제1항에 따라 상표등록료의 보전을 명한 경우로서 그 보전기간 내에 보전하지 아니한 경우
3. 제77조제1항에 해당하는 경우로서 그 해당 기간 내에 상표등록료를 내지 아니하거나 보전하지 아니한 경우

제84조(존속기간갱신등록신청) ① 제83조제2항에 따라 존속기간갱신등록신청을 하고자 하는 자는 다음 각 호의 사항을 적은 존속기간갱신등록신청서를 특허청장에게 제출하여야 한다.

1. 제36조제1항제1호·제2호·제4호 및 제6호의 사항
2. 등록상표의 등록번호

② 존속기간갱신등록신청서는 상표권의 존속기간 만료 전 1년 이내에 제출하여야 한다. 다만, 이 기간에 존속기간갱신등록신청을 하지 아니한 자는 상표권의 존속기간이 끝난 후 6개월 이내에 할 수 있다.

③ 상표권이 공유인 경우에는 공유자 모두가 공동으로 존속기간갱신등록신청을 하여야 한다.

④ 제1항부터 제3항까지에서 규정한 사항 외에 존속기간갱신등록신청에 필요한 사항은 산업통상자원부령으로 정한다.

제85조(존속기간갱신등록신청 등의 효력) ① 제84조제2항에 따른 기간에 존속기간갱신등록신청을 하면 상표권의 존속기간이 갱신된 것으로 본다.

② 존속기간갱신등록은 원등록(原登錄)의 효력이 끝나는 날의 다음 날부터 효력이 발생한다.

제86조(지정상품추가등록출원) ① 상표권자 또는 출원인은 등록상표 또는 상표등록출원의 지정상품을 추가하여 상표등록을 받을 수 있다. 이 경우 추가등록된 지정상품에 대한 상표권의 존속기간 만료일은 그 등록상표권의 존속기간 만료일로 한다.

② 제1항에 따라 지정상품의 추가등록을 받으려는 자는 다음 각 호의 사항을 적은 지정상품의 추가등록출원서를 특허청장에게 제출하여야 한다.

1. 제36조제1항제1호·제2호·제5호 및 제6호의 사항

2. 상표등록번호 또는 상표등록출원번호
3. 추가로 지정할 상품 및 그 상품류

제87조(지정상품의 추가등록거절결정 및 거절이유통지) ① 심사관은 지정상품추가등록출원이 다음 각 호의 어느 하나에 해당하는 경우에는 그 지정상품의 추가등록거절결정을 하여야 한다.

1. 제54조 각 호의 어느 하나에 해당할 경우
2. 지정상품의 추가등록출원인이 해당 상표권자 또는 출원인이 아닌 경우
3. 등록상표의 상표권 또는 상표등록출원이 다음 각 목의 어느 하나에 해당하게 된 경우
 가. 상표권의 소멸
 나. 상표등록출원의 포기, 취하 또는 무효
 다. 상표등록출원에 대한 제54조에 따른 상표등록거절결정의 확정

② 심사관은 제1항에 따라 지정상품의 추가등록거절결정을 하려는 경우에는 출원인에게 거절이유를 통지하여야 한다. 이 경우 출원인은 산업통상자원부령으로 정하는 기간 내에 거절이유에 대한 의견서를 제출할 수 있다.

③ 제2항 후단에 따른 기간 내에 의견서를 제출하지 아니한 출원인은 그 기간의 만료일부터 2개월 이내에 지정상품의 추가등록에 관한 절차를 계속 진행할 것을 신청하고, 그 기간 내에 거절이유에 대한 의견서를 제출할 수 있다.

제88조(존속기간갱신등록신청 절차 등에 관한 준용) ① 존속기간갱신등록신청 절차의 보정에 관하여는 제39조를 준용한다.

② 지정상품추가등록출원에 관하여는 제37조, 제38조제1항, 제39조부터 제43조까지, 제46조, 제47조, 제50조, 제53조, 제57조부터 제70조까지, 제128조, 제134조제1호부터 제5호까지 및 제7호, 제144조, 「민사소송법」 제143조, 제299조 및 제367조를 준용한다.

제89조(상표권의 효력) 상표권자는 지정상품에 관하여 그 등록상표를 사용할 권리를 독점한다. 다만, 그 상표권에 관하여 전용사용권을 설정한 때에는 제95조제3항에 따라 전용사용권자가 등록상표를 사용할 권리를 독점하는 범위에서는 그러하지 아니하다.

제90조(상표권의 효력이 미치지 아니하는 범위) ① 상표권(지리적 표시 단체표장권은 제외한다)은 다음 각 호의 어느 하나에 해당하는 경우에는 그 효력이 미치지 아니한다.

1. 자기의 성명·명칭 또는 상호·초상·서명·인장 또는 저명한 아호·예명·필명과 이들의 저명한 약칭을 상거래 관행에 따라 사용하는 상표
2. 등록상표의 지정상품과 동일·유사한 상품의 보통명칭·산지·품질·원재료·효능·용도·수량·형상·가격 또는 생산방법·가공방법·사용방법 및 시기를 보통으로 사

용하는 방법으로 표시하는 상표

3. 입체적 형상으로 된 등록상표의 경우에는 그 입체적 형상이 누구의 업무에 관련된 상품을 표시하는 것인지 식별할 수 없는 경우에 등록상표의 지정상품과 동일·유사한 상품에 사용하는 등록상표의 입체적 형상과 동일·유사한 형상으로 된 상표
4. 등록상표의 지정상품과 동일·유사한 상품에 대하여 관용하는 상표와 현저한 지리적 명칭 및 그 약어 또는 지도로 된 상표
5. 등록상표의 지정상품 또는 그 지정상품 포장의 기능을 확보하는 데 불가결한 형상, 색채, 색채의 조합, 소리 또는 냄새로 된 상표

② 지리적 표시 단체표장권은 다음 각 호의 어느 하나에 해당하는 경우에는 그 효력이 미치지 아니한다.

1. 제1항제1호·제2호(산지에 해당하는 경우는 제외한다) 또는 제4호에 해당하는 상표
2. 지리적 표시 등록단체표장의 지정상품과 동일하다고 인정되어 있는 상품에 대하여 관용하는 상표
3. 지리적 표시 등록단체표장의 지정상품과 동일하다고 인정되어 있는 상품에 사용하는 지리적 표시로서 해당 지역에서 그 상품을 생산·제조 또는 가공하는 것을 업으로 영위하는 자가 사용하는 지리적 표시 또는 동음이의어 지리적 표시
4. 선출원에 의한 등록상표가 지리적 표시 등록단체표장과 동일·유사한 지리적 표시를 포함하고 있는 경우에 상표권자, 전용사용권자 또는 통상사용권자가 지정상품에 사용하는 등록상표

③ 제1항제1호는 상표권의 설정등록이 있은 후에 부정경쟁의 목적으로 자기의 성명·명칭 또는 상호·초상·서명·인장 또는 저명한 아호·예명·필명과 이들의 저명한 약칭을 사용하는 경우에는 적용하지 아니한다.

제91조(등록상표 등의 보호범위) ① 등록상표의 보호범위는 상표등록출원서에 적은 상표 및 기재사항에 따라 정해진다.

② 지정상품의 보호범위는 상표등록출원서 또는 상품분류전환등록신청서에 기재된 상품에 따라 정해진다.

제92조(타인의 디자인권 등과의 관계) ① 상표권자·전용사용권자 또는 통상사용권자는 그 등록상표를 사용할 경우에 그 사용상태에 따라 그 상표등록출원일 전에 출원된 타인의 특허권·실용신안권·디자인권 또는 그 상표등록출원일 전에 발생한 타인의 저작권과 저촉되는 경우에는 지정상품 중 저촉되는 지정상품에 대한 상표의 사용은 특허권자·실용신안권자·디자인권자 또는 저작권자의 동의를 받지 아니하고는 그 등록상표를 사용할 수 없다.

② 상표권자·전용사용권자 또는 통상사용권자는 그 등록상표의 사용이 「부정경쟁방지 및 영업비밀보호에 관한 법률」 제2조제1호차목에 따른 부정경쟁행위에 해당하는 경우에는 같은 목에 따른 타인의 동의를 받지 아니하고는 그 등록상표를 사용할 수 없다.

제93조(상표권 등의 이전 및 공유) ① 상표권은 그 지정상품마다 분할하여 이전할 수 있다. 이 경우 유사한 지정상품은 함께 이전하여야 한다.

② 상표권이 공유인 경우에는 각 공유자는 다른 공유자 모두의 동의를 받지 아니하면 그 지분을 양도하거나 그 지분을 목적으로 하는 질권을 설정할 수 없다.

③ 상표권이 공유인 경우에는 각 공유자는 다른 공유자 모두의 동의를 받지 아니하면 그 상표권에 대하여 전용사용권 또는 통상사용권을 설정할 수 없다.

④ 업무표장권은 양도할 수 없다. 다만, 그 업무와 함께 양도하는 경우에는 그러하지 아니하다.

⑤ 제34조제1항제1호다목 단서, 같은 호 라목 단서 또는 같은 항 제3호 단서에 따라 등록된 상표권은 이전할 수 없다. 다만, 제34조제1항제1호다목·라목 또는 같은 항 제3호의 명칭, 약칭 또는 표장과 관련된 업무와 함께 양도하는 경우에는 그러하지 아니하다.

⑥ 단체표장권은 이전할 수 없다. 다만, 법인의 합병의 경우에는 특허청장의 허가를 받아 이전할 수 있다.

⑦ 증명표장권은 이전할 수 없다. 다만, 해당 증명표장에 대하여 제3조제3항에 따라 등록받을 수 있는 자에게 그 업무와 함께 이전할 경우에는 특허청장의 허가를 받아 이전할 수 있다.

⑧ 업무표장권, 제34조제1항제1호다목 단서, 같은 호 라목 단서 또는 같은 항 제3호 단서에 따른 상표권, 단체표장권 또는 증명표장권을 목적으로 하는 질권은 설정할 수 없다.

제94조(상표권의 분할) ① 상표권의 지정상품이 둘 이상인 경우에는 그 상표권을 지정상품별로 분할할 수 있다.

② 제1항에 따른 분할은 제117조제1항에 따른 무효심판이 청구된 경우에는 심결이 확정되기까지는 상표권이 소멸된 후에도 할 수 있다.

제95조(전용사용권) ① 상표권자는 그 상표권에 관하여 타인에게 전용사용권을 설정할 수 있다.

② 업무표장권, 단체표장권 또는 증명표장권에 관하여는 전용사용권을 설정할 수 없다.

③ 제1항에 따른 전용사용권의 설정을 받은 전용사용권자는 그 설정행위로 정한 범위

에서 지정상품에 관하여 등록상표를 사용할 권리를 독점한다.

④ 전용사용권자는 그 상품에 자기의 성명 또는 명칭을 표시하여야 한다.

⑤ 전용사용권자는 상속이나 그 밖의 일반승계의 경우를 제외하고는 상표권자의 동의를 받지 아니하면 그 전용사용권을 이전할 수 없다.

⑥ 전용사용권자는 상표권자의 동의를 받지 아니하면 그 전용사용권을 목적으로 하는 질권을 설정하거나 통상사용권을 설정할 수 없다.

⑦ 전용사용권의 이전 및 공유에 관하여는 제93조제2항 및 제3항을 준용한다.

제96조(상표권 등의 등록의 효력) ① 다음 각 호에 해당하는 사항은 등록하지 아니하면 그 효력이 발생하지 아니한다.

1. 상표권의 이전(상속이나 그 밖의 일반승계에 의한 경우는 제외한다)·변경·포기에 의한 소멸, 존속기간의 갱신, 상품분류전환, 지정상품의 추가 또는 처분의 제한
2. 상표권을 목적으로 하는 질권의 설정·이전(상속이나 그 밖의 일반승계에 의한 경우는 제외한다)·변경·소멸(권리의 혼동에 의한 경우는 제외한다) 또는 처분의 제한

② 제1항 각 호에 따른 상표권 및 질권의 상속이나 그 밖의 일반승계의 경우에는 지체 없이 그 취지를 특허청장에게 신고하여야 한다.

제97조(통상사용권) ① 상표권자는 그 상표권에 관하여 타인에게 통상사용권을 설정할 수 있다.

② 제1항에 따른 통상사용권의 설정을 받은 통상사용권자는 그 설정행위로 정한 범위에서 지정상품에 관하여 등록상표를 사용할 권리를 가진다.

③ 통상사용권은 상속이나 그 밖의 일반승계의 경우를 제외하고는 상표권자(전용사용권에 관한 통상사용권의 경우에는 상표권자 및 전용사용권자를 말한다)의 동의를 받지 아니하면 이전할 수 없다.

④ 통상사용권은 상표권자(전용사용권에 관한 통상사용권의 경우에는 상표권자 및 전용사용권자를 말한다)의 동의를 받지 아니하면 그 통상사용권을 목적으로 하는 질권을 설정할 수 없다.

⑤ 통상사용권의 공유 및 설정의 제한 등에 관하여는 제93조제2항 및 제95조제2항·제4항을 준용한다.

제98조(특허권 등의 존속기간 만료 후 상표를 사용하는 권리) ① 상표등록출원일 전 또는 상표등록출원일과 동일한 날에 출원되어 등록된 특허권이 그 상표권과 저촉되는 경우 그 특허권의 존속기간이 만료되는 때에는 그 원특허권자는 원특허권의 범위에서 그 등록상표의 지정상품과 동일·유사한 상품에 대하여 그 등록상표와 동일·유사

한 상표를 사용할 권리를 가진다. 다만, 부정경쟁의 목적으로 그 상표를 사용하는 경우에는 그러하지 아니하다.

② 상표등록출원일 전 또는 상표등록출원일과 동일한 날에 출원되어 등록된 특허권이 그 상표권과 저촉되는 경우 그 특허권의 존속기간이 만료되는 때에는 그 만료되는 당시에 존재하는 특허권에 대한 전용실시권 또는 그 특허권이나 전용실시권에 대한 「특허법」 제118조제1항의 효력을 가지는 통상실시권을 가진 자는 원권리의 범위에서 그 등록상표의 지정상품과 동일·유사한 상품에 대하여 그 등록상표와 동일·유사한 상표를 사용할 권리를 가진다. 다만, 부정경쟁의 목적으로 그 상표를 사용하는 경우에는 그러하지 아니하다.

③ 제2항에 따라 상표를 사용할 권리를 가진 자는 상표권자 또는 전용사용권자에게 상당한 대가를 지급하여야 한다.

④ 해당 상표권자 또는 전용사용권자는 제1항 또는 제2항에 따라 상표를 사용할 권리를 가진 자에게 그 자의 업무에 관한 상품과 자기의 업무에 관한 상품 간에 혼동을 방지하는 데 필요한 표시를 하도록 청구할 수 있다.

⑤ 제1항 및 제2항에 따른 상표를 사용할 권리를 이전(상속이나 그 밖의 일반승계에 의한 경우는 제외한다)하려는 경우에는 상표권자 또는 전용사용권자의 동의를 받아야 한다.

⑥ 상표등록출원일 전 또는 상표등록출원일과 동일한 날에 출원되어 등록된 실용신안권 또는 디자인권이 그 상표권과 저촉되는 경우로서 그 실용신안권 또는 디자인권의 존속기간이 만료되는 경우에는 제1항부터 제5항까지의 규정을 준용한다.

제99조(선사용에 따른 상표를 계속 사용할 권리) ① 타인의 등록상표와 동일·유사한 상표를 그 지정상품과 동일·유사한 상품에 사용하는 자로서 다음 각 호의 요건을 모두 갖춘 자(그 지위를 승계한 자를 포함한다)는 해당 상표를 그 사용하는 상품에 대하여 계속하여 사용할 권리를 가진다.

1. 부정경쟁의 목적이 없이 타인의 상표등록출원 전부터 국내에서 계속하여 사용하고 있을 것
2. 제1호에 따라 상표를 사용한 결과 타인의 상표등록출원 시에 국내 수요자 간에 그 상표가 특정인의 상품을 표시하는 것이라고 인식되어 있을 것

② 자기의 성명·상호 등 인격의 동일성을 표시하는 수단을 상거래 관행에 따라 상표로 사용하는 자로서 제1항제1호의 요건을 갖춘 자는 해당 상표를 그 사용하는 상품에 대하여 계속 사용할 권리를 가진다.

③ 상표권자나 전용사용권자는 제1항에 따라 상표를 사용할 권리를 가지는 자에게 그

자의 상품과 자기의 상품 간에 출처의 오인이나 혼동을 방지하는 데 필요한 표시를 할 것을 청구할 수 있다.

제100조(전용사용권·통상사용권 등의 등록의 효력) ① 다음 각 호에 해당하는 사항은 등록하지 아니하면 제3자에게 대항할 수 없다.

1. 전용사용권 또는 통상사용권의 설정·이전(상속이나 그 밖의 일반승계에 의한 경우는 제외한다)·변경·포기에 의한 소멸 또는 처분의 제한
2. 전용사용권 또는 통상사용권을 목적으로 하는 질권의 설정·이전(상속이나 그 밖의 일반승계에 의한 경우는 제외한다)·변경·포기에 의한 소멸 또는 처분의 제한

② 전용사용권 또는 통상사용권을 등록한 경우에는 그 등록 후에 상표권 또는 전용사용권을 취득한 자에 대해서도 그 효력이 발생한다.

③ 제1항 각 호에 따른 전용사용권·통상사용권 및 질권의 상속이나 그 밖의 일반승계의 경우에는 지체 없이 그 취지를 특허청장에게 신고하여야 한다.

제101조(상표권의 포기) 상표권자는 상표권에 관하여 지정상품마다 포기할 수 있다.

제102조(상표권 등의 포기의 제한) ① 상표권자는 전용사용권자·통상사용권자 또는 질권자의 동의를 받지 아니하면 상표권을 포기할 수 없다.

② 전용사용권자는 제95조제6항에 따른 질권자 또는 통상사용권자의 동의를 받지 아니하면 전용사용권을 포기할 수 없다.

③ 통상사용권자는 제97조제4항에 따른 질권자의 동의를 받지 아니하면 통상사용권을 포기할 수 없다.

제103조(포기의 효과) 상표권·전용사용권·통상사용권 및 질권을 포기하였을 경우에는 상표권·전용사용권·통상사용권 및 질권은 그때부터 소멸된다.

제104조(질권) 상표권·전용사용권 또는 통상사용권을 목적으로 하는 질권을 설정하였을 경우에는 질권자는 해당 등록상표를 사용할 수 없다.

제105조(질권의 물상대위) 질권은 이 법에 따른 상표권의 사용에 대하여 받을 대가나 물건에 대해서도 행사할 수 있다. 다만, 그 지급 또는 인도 전에 그 대가나 물건을 압류하여야 한다.

제106조(상표권의 소멸) ① 상표권자가 사망한 날부터 3년 이내에 상속인이 그 상표권의 이전등록을 하지 아니한 경우에는 상표권자가 사망한 날부터 3년이 되는 날의 다음 날에 상표권이 소멸된다.

② 청산절차가 진행 중인 법인의 상표권은 법인의 청산종결등기일(청산종결등기가 되었더라도 청산사무가 사실상 끝나지 아니한 경우에는 청산사무가 사실상 끝난 날과 청산종결등기일부터 6개월이 지난 날 중 빠른 날로 한다. 이하 이 항에서 같다)까지 그

상표권의 이전등록을 하지 아니한 경우에는 청산종결등기일의 다음 날에 소멸된다.

제6장 상표권자의 보호

제107조(권리침해에 대한 금지청구권 등) ① 상표권자 또는 전용사용권자는 자기의 권리를 침해한 자 또는 침해할 우려가 있는 자에 대하여 그 침해의 금지 또는 예방을 청구할 수 있다.

② 상표권자 또는 전용사용권자가 제1항에 따른 청구를 할 경우에는 침해행위를 조성한 물건의 폐기, 침해행위에 제공된 설비의 제거나 그 밖에 필요한 조치를 청구할 수 있다.

③ 제1항에 따른 침해의 금지 또는 예방을 청구하는 소가 제기된 경우 법원은 원고 또는 고소인(이 법에 따른 공소가 제기된 경우만 해당한다)의 신청에 의하여 임시로 침해행위의 금지, 침해행위에 사용된 물건 등의 압류나 그 밖에 필요한 조치를 명할 수 있다. 이 경우 법원은 원고 또는 고소인에게 담보를 제공하게 할 수 있다.

제108조(침해로 보는 행위) ① 다음 각 호의 어느 하나에 해당하는 행위는 상표권(지리적 표시 단체표장권은 제외한다) 또는 전용사용권을 침해한 것으로 본다.

1. 타인의 등록상표와 동일한 상표를 그 지정상품과 유사한 상품에 사용하거나 타인의 등록상표와 유사한 상표를 그 지정상품과 동일·유사한 상품에 사용하는 행위
2. 타인의 등록상표와 동일·유사한 상표를 그 지정상품과 동일·유사한 상품에 사용하거나 사용하게 할 목적으로 교부·판매·위조·모조 또는 소지하는 행위
3. 타인의 등록상표를 위조 또는 모조하거나 위조 또는 모조하게 할 목적으로 그 용구를 제작·교부·판매 또는 소지하는 행위
4. 타인의 등록상표 또는 이와 유사한 상표가 표시된 지정상품과 동일·유사한 상품을 양도 또는 인도하기 위하여 소지하는 행위

② 다음 각 호의 어느 하나에 해당하는 행위는 지리적 표시 단체표장권을 침해한 것으로 본다.

1. 타인의 지리적 표시 등록단체표장과 유사한 상표(동음이의어 지리적 표시는 제외한다. 이하 이 항에서 같다)를 그 지정상품과 동일하다고 인정되는 상품에 사용하는 행위
2. 타인의 지리적 표시 등록단체표장과 동일·유사한 상표를 그 지정상품과 동일하다고 인정되는 상품에 사용하거나 사용하게 할 목적으로 교부·판매·위조·모조 또는 소지하는 행위

3. 타인의 지리적 표시 등록단체표장을 위조 또는 모조하거나 위조 또는 모조하게 할 목적으로 그 용구를 제작·교부·판매 또는 소지하는 행위
4. 타인의 지리적 표시 등록단체표장과 동일·유사한 상표가 표시된 지정상품과 동일하다고 인정되는 상품을 양도 또는 인도하기 위하여 소지하는 행위

제109조(손해배상의 청구) 상표권자 또는 전용사용권자는 자기의 상표권 또는 전용사용권을 고의 또는 과실로 침해한 자에 대하여 그 침해에 의하여 자기가 받은 손해의 배상을 청구할 수 있다.

제110조(손해액의 추정 등) ① 제109조에 따른 손해배상을 청구하는 경우 침해한 자가 그 침해행위를 하게 한 상품을 양도한 경우에는 그 상품의 양도수량에 상표권자 또는 전용사용권자가 그 침해행위가 없었다면 판매할 수 있었던 상품의 단위수량당 이익액을 곱한 금액을 상표권자 또는 전용사용권자의 손해액으로 할 수 있다.

② 제1항에 따른 손해액은 상표권자 또는 전용사용권자가 생산할 수 있었던 상품의 수량에서 실제 판매한 상품의 수량을 뺀 수량에 단위수량당 이익액을 곱한 금액을 한도로 한다. 다만, 상표권자 또는 전용사용권자가 해당 침해행위 외의 사유로 판매할 수 없었던 사정이 있는 경우에는 해당 침해행위 외의 사유로 판매할 수 없었던 수량에 따른 금액을 빼야 한다.

③ 제109조에 따른 손해배상을 청구하는 경우 권리를 침해한 자가 그 침해행위에 의하여 이익을 받은 경우에는 그 이익액을 상표권자 또는 전용사용권자가 받은 손해액으로 추정한다.

④ 제109조에 따른 손해배상을 청구하는 경우 그 등록상표의 사용에 대하여 통상 받을 수 있는 금액에 상당하는 금액을 상표권자 또는 전용사용권자가 받은 손해액으로 하여 그 손해배상을 청구할 수 있다.

⑤ 제4항에도 불구하고 손해액이 같은 항에 규정된 금액을 초과하는 경우에는 그 초과액에 대해서도 손해배상을 청구할 수 있다. 이 경우 상표권 또는 전용사용권을 침해한 자에게 고의 또는 중대한 과실이 없을 때에는 법원은 손해배상액을 산정할 때 그 사실을 고려할 수 있다.

⑥ 법원은 상표권 또는 전용사용권의 침해행위에 관한 소송에서 손해가 발생한 것은 인정되나 그 손해액을 증명하기 위하여 필요한 사실을 밝히는 것이 사실의 성질상 극히 곤란한 경우에는 제1항부터 제5항까지의 규정에도 불구하고 변론전체의 취지와 증거조사의 결과에 기초하여 상당한 손해액을 인정할 수 있다.

제111조(법정손해배상의 청구) ① 상표권자 또는 전용사용권자는 자기가 사용하고 있는 등록상표와 같거나 동일성이 있는 상표를 그 지정상품과 같거나 동일성이 있는 상품

에 사용하여 자기의 상표권 또는 전용사용권을 고의나 과실로 침해한 자에 대하여 제109조에 따른 손해배상을 청구하는 대신 5천만원 이하의 범위에서 상당한 금액을 손해액으로 하여 배상을 청구할 수 있다. 이 경우 법원은 변론전체의 취지와 증거조사의 결과를 고려하여 상당한 손해액을 인정할 수 있다.

② 제1항 전단에 해당하는 침해행위에 대하여 제109조에 따라 손해배상을 청구한 상표권자 또는 전용사용권자는 법원이 변론을 종결할 때까지 그 청구를 제1항에 따른 청구로 변경할 수 있다.

제112조(고의의 추정) 제222조에 따라 등록상표임을 표시한 타인의 상표권 또는 전용사용권을 침해한 자는 그 침해행위에 대하여 그 상표가 이미 등록된 사실을 알았던 것으로 추정한다.

제113조(상표권자 등의 신용회복) 법원은 고의나 과실로 상표권 또는 전용사용권을 침해함으로써 상표권자 또는 전용사용권자의 업무상 신용을 떨어뜨린 자에 대해서는 상표권자 또는 전용사용권자의 청구에 의하여 손해배상을 갈음하거나 손해배상과 함께 상표권자 또는 전용사용권자의 업무상 신용회복을 위하여 필요한 조치를 명할 수 있다.

제114조(서류의 제출) 법원은 상표권 또는 전용사용권의 침해에 관한 소송에서 당사자의 신청에 의하여 다른 당사자에 대하여 해당 침해행위로 인한 손해를 계산하는 데에 필요한 서류의 제출을 명할 수 있다. 다만, 그 서류의 소지자가 그 서류의 제출을 거절할 정당한 이유가 있는 경우에는 그러하지 아니하다.

제7장 심 판

제115조(보정각하결정에 대한 심판) 제42조제1항에 따른 보정각하결정을 받은 자가 그 결정에 불복할 경우에는 그 결정등본을 송달받은 날부터 30일 이내에 심판을 청구할 수 있다.

제116조(거절결정에 대한 심판) 제54조에 따른 상표등록거절결정, 지정상품추가등록 거절결정 또는 상품분류전환등록 거절결정(이하 "거절결정"이라 한다)을 받은 자가 불복하는 경우에는 그 거절결정의 등본을 송달받은 날부터 30일 이내에 심판을 청구할 수 있다.

제117조(상표등록의 무효심판) ① 이해관계인 또는 심사관은 상표등록 또는 지정상품의 추가등록이 다음 각 호의 어느 하나에 해당하는 경우에는 무효심판을 청구할 수 있다. 이 경우 등록상표의 지정상품이 둘 이상인 경우에는 지정상품마다 청구할 수 있다.

1. 상표등록 또는 지정상품의 추가등록이 제3조, 제27조, 제33조부터 제35조까지, 제48조제2항 후단, 같은 조 제4항 및 제6항부터 제8항까지, 제54조제1호·제2호 및 제4호부터 제7호까지의 규정에 위반된 경우
2. 상표등록 또는 지정상품의 추가등록이 그 상표등록출원에 의하여 발생한 권리를 승계하지 아니한 자가 한 것인 경우
3. 지정상품의 추가등록이 제87조제1항제3호에 위반된 경우
4. 상표등록 또는 지정상품의 추가등록이 조약에 위반된 경우
5. 상표등록된 후 그 상표권자가 제27조에 따라 상표권을 누릴 수 없는 자로 되거나 그 등록상표가 조약에 위반된 경우
6. 상표등록된 후 그 등록상표가 제33조제1항 각 호의 어느 하나에 해당하게 된 경우(같은 조 제2항에 해당하게 된 경우는 제외한다)
7. 제82조에 따라 지리적 표시 단체표장등록이 된 후 그 등록단체표장을 구성하는 지리적 표시가 원산지 국가에서 보호가 중단되거나 사용되지 아니하게 된 경우

② 제1항에 따른 무효심판은 상표권이 소멸된 후에도 청구할 수 있다.

③ 상표등록을 무효로 한다는 심결이 확정된 경우에는 그 상표권은 처음부터 없었던 것으로 본다. 다만, 제1항제5호부터 제7호까지의 규정에 따라 상표등록을 무효로 한다는 심결이 확정된 경우에는 상표권은 그 등록상표가 같은 호에 해당하게 된 때부터 없었던 것으로 본다.

④ 제3항 단서를 적용하는 경우에 등록상표가 제1항제5호부터 제7호까지의 규정에 해당하게 된 때를 특정할 수 없는 경우에는 해당 상표권은 제1항에 따른 무효심판이 청구되어 그 청구내용이 등록원부에 공시(公示)된 때부터 없었던 것으로 본다.

⑤ 심판장은 제1항의 무효심판이 청구된 경우에는 그 취지를 해당 상표권의 전용사용권자와 그 밖에 상표에 관한 권리를 등록한 자에게 통지하여야 한다.

제118조(존속기간갱신등록의 무효심판) ① 이해관계인 또는 심사관은 존속기간갱신등록이 다음 각 호의 어느 하나에 해당하는 경우에는 무효심판을 청구할 수 있다. 이 경우 갱신등록된 등록상표의 지정상품이 둘 이상인 경우에는 지정상품마다 청구할 수 있다.

1. 존속기간갱신등록이 제84조제2항에 위반된 경우
2. 해당 상표권자가 아닌 자가 존속기간갱신등록신청을 한 경우

② 제1항에 따른 무효심판은 상표권이 소멸된 후에도 청구할 수 있다.

③ 존속기간갱신등록을 무효로 한다는 심결이 확정된 경우에는 그 존속기간갱신등록은 처음부터 없었던 것으로 본다.

④ 심판장은 제1항의 심판이 청구된 경우에는 그 취지를 해당 상표권의 전용사용권자와 그 밖에 상표에 관한 권리를 등록한 자에게 통지하여야 한다.

제119조(상표등록의 취소심판) ① 등록상표가 다음 각 호의 어느 하나에 해당하는 경우에는 그 상표등록의 취소심판을 청구할 수 있다.

1. 상표권자가 고의로 지정상품에 등록상표와 유사한 상표를 사용하거나 지정상품과 유사한 상품에 등록상표 또는 이와 유사한 상표를 사용함으로써 수요자에게 상품의 품질을 오인하게 하거나 타인의 업무와 관련된 상품과 혼동을 불러일으키게 한 경우
2. 전용사용권자 또는 통상사용권자가 지정상품 또는 이와 유사한 상품에 등록상표 또는 이와 유사한 상표를 사용함으로써 수요자에게 상품의 품질을 오인하게 하거나 타인의 업무와 관련된 상품과의 혼동을 불러일으키게 한 경우. 다만, 상표권자가 상당한 주의를 한 경우는 제외한다.
3. 상표권자·전용사용권자 또는 통상사용권자 중 어느 누구도 정당한 이유 없이 등록상표를 그 지정상품에 대하여 취소심판청구일 전 계속하여 3년 이상 국내에서 사용하고 있지 아니한 경우
4. 제93조제1항 후단, 같은 조 제2항 및 같은 조 제4항부터 제7항까지의 규정에 위반된 경우
5. 상표권의 이전으로 유사한 등록상표가 각각 다른 상표권자에게 속하게 되고 그중 1인이 자기의 등록상표의 지정상품과 동일·유사한 상품에 부정경쟁을 목적으로 자기의 등록상표를 사용함으로써 수요자에게 상품의 품질을 오인하게 하거나 타인의 업무와 관련된 상품과 혼동을 불러일으키게 한 경우
6. 제92조제2항에 해당하는 상표가 등록된 경우에 그 상표에 관한 권리를 가진 자가 해당 상표등록일부터 5년 이내에 취소심판을 청구한 경우
7. 단체표장과 관련하여 다음 각 목의 어느 하나에 해당하는 경우
   가. 소속 단체원이 그 단체의 정관을 위반하여 단체표장을 타인에게 사용하게 한 경우나 소속 단체원이 그 단체의 정관을 위반하여 단체표장을 사용함으로써 수요자에게 상품의 품질 또는 지리적 출처를 오인하게 하거나 타인의 업무와 관련된 상품과 혼동을 불러일으키게 한 경우. 다만, 단체표장권자가 소속 단체원의 감독에 상당한 주의를 한 경우는 제외한다.
   나. 단체표장의 설정등록 후 제36조제3항에 따른 정관을 변경함으로써 수요자에게 상품의 품질을 오인하게 하거나 타인의 업무와 관련된 상품과 혼동을 불러일으키게 할 염려가 있는 경우

다. 제3자가 단체표장을 사용하여 수요자에게 상품의 품질이나 지리적 출처를 오인하게 하거나 타인의 업무와 관련된 상품과 혼동을 불러일으키게 하였음에도 단체표장권자가 고의로 적절한 조치를 하지 아니한 경우

8. 지리적 표시 단체표장과 관련하여 다음 각 목의 어느 하나에 해당하는 경우

가. 지리적 표시 단체표장등록출원의 경우에 그 소속 단체원의 가입에 관하여 정관에 의하여 단체의 가입을 금지하거나 정관에 충족하기 어려운 가입조건을 규정하는 등 단체의 가입을 실질적으로 허용하지 아니하거나 그 지리적 표시를 사용할 수 없는 자에게 단체의 가입을 허용한 경우

나. 지리적 표시 단체표장권자나 그 소속 단체원이 제223조를 위반하여 단체표장을 사용함으로써 수요자에게 상품의 품질을 오인하게 하거나 지리적 출처에 대한 혼동을 불러일으키게 한 경우

9. 증명표장과 관련하여 다음 각 목의 어느 하나에 해당하는 경우

가. 증명표장권자가 제36조제4항에 따라 제출된 정관 또는 규약을 위반하여 증명표장의 사용을 허락한 경우

나. 증명표장권자가 제3조제3항 단서를 위반하여 증명표장을 자기의 상품에 대하여 사용하는 경우

다. 증명표장의 사용허락을 받은 자가 정관 또는 규약을 위반하여 타인에게 사용하게 한 경우 또는 사용을 허락받은 자가 정관 또는 규약을 위반하여 증명표장을 사용함으로써 수요자에게 상품의 품질, 원산지, 생산방법이나 그 밖의 특성에 관하여 혼동을 불러일으키게 한 경우. 다만, 증명표장권자가 사용을 허락받은 자에 대한 감독에 상당한 주의를 한 경우는 제외한다.

라. 증명표장권자가 증명표장의 사용허락을 받지 아니한 제3자가 증명표장을 사용하여 수요자에게 상품의 품질, 원산지, 생산방법이나 그 밖의 상품의 특성에 관한 혼동을 불러일으키게 하였음을 알면서도 적절한 조치를 하지 아니한 경우

마. 증명표장권자가 그 증명표장을 사용할 수 있는 자에 대하여 정당한 사유 없이 정관 또는 규약으로 사용을 허락하지 아니하거나 정관 또는 규약에 충족하기 어려운 사용조건을 규정하는 등 실질적으로 사용을 허락하지 아니한 경우

② 제1항제3호에 해당하는 것을 사유로 취소심판을 청구하는 경우 등록상표의 지정상품이 둘 이상 있는 경우에는 일부 지정상품에 관하여 취소심판을 청구할 수 있다.

③ 제1항제3호에 해당하는 것을 사유로 취소심판이 청구된 경우에는 피청구인이 해당 등록상표를 취소심판청구에 관계되는 지정상품 중 하나 이상에 대하여 그 심판청구일 전 3년 이내에 국내에서 정당하게 사용하였음을 증명하지 아니하면 상표권자는

취소심판청구와 관계되는 지정상품에 관한 상표등록의 취소를 면할 수 없다. 다만, 피청구인이 사용하지 아니한 것에 대한 정당한 이유를 증명한 경우에는 그러하지 아니하다.

④ 제1항(같은 항 제4호 및 제6호는 제외한다)에 해당하는 것을 사유로 취소심판을 청구한 후 그 심판청구사유에 해당하는 사실이 없어진 경우에도 취소사유에 영향이 미치지 아니한다.

⑤ 제1항에 따른 취소심판은 누구든지 청구할 수 있다. 다만, 제1항제4호 및 제6호에 해당하는 것을 사유로 하는 심판은 이해관계인만이 청구할 수 있다.

⑥ 상표등록을 취소한다는 심결이 확정되었을 경우에는 그 상표권은 그때부터 소멸된다. 다만, 제1항제3호에 해당하는 것을 사유로 취소한다는 심결이 확정된 경우에는 그 심판청구일에 소멸하는 것으로 본다.

⑦ 심판장은 제1항의 심판이 청구된 경우에는 그 취지를 해당 상표권의 전용사용권자와 그 밖에 상표에 관한 권리를 등록한 자에게 통지하여야 한다.

제120조(전용사용권 또는 통상사용권 등록의 취소심판) ① 전용사용권자 또는 통상사용권자가 제119조제1항제2호에 해당하는 행위를 한 경우에는 그 전용사용권 또는 통상사용권 등록의 취소심판을 청구할 수 있다.

② 제1항에 따라 전용사용권 또는 통상사용권 등록의 취소심판을 청구한 후 그 심판청구사유에 해당하는 사실이 없어진 경우에도 취소 사유에 영향이 미치지 아니한다.

③ 제1항에 따른 전용사용권 또는 통상사용권의 취소심판은 누구든지 청구할 수 있다.

④ 전용사용권 또는 통상사용권 등록을 취소한다는 심결이 확정되었을 경우에는 그 전용사용권 또는 통상사용권은 그 때부터 소멸된다.

⑤ 심판장은 제1항의 심판이 청구되었을 경우에는 그 취지를 해당 전용사용권의 통상사용권자와 그 밖에 전용사용권에 관하여 등록을 한 권리자 또는 해당 통상사용권에 관하여 등록을 한 권리자에게 알려야 한다.

제121조(권리범위 확인심판) 상표권자, 전용사용권자 또는 이해관계인은 등록상표의 권리범위를 확인하기 위하여 상표권의 권리범위 확인심판을 청구할 수 있다. 이 경우 등록상표의 지정상품이 둘 이상 있는 경우에는 지정상품마다 청구할 수 있다.

제122조(제척기간) ① 제34조제1항제6호부터 제10호까지 및 제16호, 제35조, 제118조제1항제1호 및 제214조제1항제3호에 해당하는 것을 사유로 하는 상표등록의 무효심판, 존속기간갱신등록의 무효심판 또는 상품분류전환등록의 무효심판은 상표등록일, 존속기간갱신등록일 또는 상품분류전환등록일부터 5년이 지난 후에는 청구할 수 없다.

② 제119조제1항제1호·제2호·제5호, 제7호부터 제9호까지 및 제120조제1항에 해당하

는 것을 사유로 하는 상표등록의 취소심판 및 전용사용권 또는 통상사용권 등록의 취소심판은 취소사유에 해당하는 사실이 없어진 날부터 3년이 지난 후에는 청구할 수 없다.

제123조(심사규정의 상표등록거절결정에 대한 심판에 관한 준용) ① 제54조에 따른 상표등록거절결정에 대한 심판에 관하여는 제41조, 제42조, 제45조, 제55조, 제57조부터 제68조까지, 제87조제2항·제3항 및 제210조제2항·제3항을 준용한다. 이 경우 그 상표등록출원 또는 지정상품추가등록출원에 대하여 이미 출원공고가 있는 경우에는 제57조는 준용하지 아니한다.

② 제1항에 따라 제42조를 준용하는 경우에는 제42조제3항 중 "제115조에 따라 심판을 청구한 경우"는 "제162조제1항에 따라 소를 제기한 경우"로, "그 심판의 심결이 확정될 때까지"는 "그 판결이 확정될 때까지"로 본다.

③ 제1항에 따라 준용되는 제42조제4항·제5항, 제55조, 제87조제2항·제3항 및 제210조제2항·제3항을 적용할 때에는 해당 상표등록거절결정의 이유와 다른 거절이유를 발견한 경우에도 준용한다.

제124조(공동심판의 청구 등) ① 같은 상표권에 대하여 다음 각 호의 어느 하나에 해당하는 심판을 청구하는 자가 2인 이상이면 각자 또는 그 모두가 공동으로 심판을 청구할 수 있다.

1. 제117조제1항 또는 제118조제1항에 따른 상표등록 또는 존속기간갱신등록의 무효심판
2. 제119조제1항에 따른 상표등록의 취소심판
3. 제120조제1항에 따른 전용사용권 또는 통상사용권 등록의 취소심판
4. 제121조에 따른 권리범위 확인심판
5. 제214조제1항에 따른 상품분류전환등록의 무효심판

② 공유인 상표권의 상표권자에 대하여 심판을 청구할 경우에는 공유자 모두를 피청구인으로 청구하여야 한다.

③ 제1항에도 불구하고 상표권 또는 상표등록을 받을 수 있는 권리의 공유자가 그 공유인 권리에 관하여 심판을 청구할 경우에는 공유자 모두가 공동으로 청구하여야 한다.

④ 제1항 또는 제3항에 따른 청구인이나 제2항에 따른 피청구인 중 1인에게 심판절차의 중단 또는 중지의 원인이 있을 경우에는 모두에 대하여 그 효력이 발생한다.

제125조(상표등록의 무효심판 등에 대한 심판청구방식) ① 제117조부터 제121조까지의 규정에 따른 심판을 청구하려는 자는 다음 각 호의 사항을 적은 심판청구서를 특허심판원장에게 제출하여야 한다.

1. 당사자의 성명 및 주소(법인인 경우에는 그 명칭 및 영업소의 소재지를 말한다)
2. 당사자의 대리인이 있는 경우에는 그 대리인의 성명 및 주소나 영업소의 소재지 [대리인이 특허법인·특허법인(유한)인 경우에는 그 명칭, 사무소의 소재지 및 지정된 변리사의 성명을 말한다]
3. 심판사건의 표시
4. 청구의 취지 및 그 이유

② 제1항에 따라 제출된 심판청구서를 보정하는 경우에는 요지를 변경할 수 없다. 다만, 다음 각 호의 어느 하나에 해당하는 경우에는 그러하지 아니하다.

1. 제1항제1호에 따른 당사자 중 상표권자의 기재사항을 바로 잡기 위하여 보정(추가하는 것을 포함한다)하는 경우
2. 제1항제4호에 따른 청구의 이유를 보정하는 경우
3. 상표권자 또는 전용사용권자가 제121조에 따라 청구한 권리범위 확인심판에서 심판청구서의 확인대상 상표 및 상표가 사용되고 있는 상품(청구인이 주장하는 피청구인의 상표와 그 사용상품을 말한다)에 대하여 피청구인이 자신이 실제로 사용하고 있는 상표 및 그 사용상품과 비교하여 다르다고 주장하는 경우에 청구인이 피청구인의 사용 상표 및 그 상품과 같게 하기 위하여 심판청구서의 확인대상 상표 및 사용상품을 보정하는 경우

③ 제121조에 따른 권리범위 확인심판을 청구할 경우에는 등록상표와 대비할 수 있는 상표견본 및 그 사용상품목록을 첨부하여야 한다.

제126조(보정각하결정 등에 대한 심판청구방식) ① 제115조에 따른 보정각하결정에 대한 심판 또는 제116조에 따른 거절결정에 대한 심판을 청구하려는 자는 다음 각 호의 사항을 적은 심판청구서를 특허심판원장에게 제출하여야 한다.

1. 청구인의 성명 및 주소(법인인 경우에는 그 명칭 및 영업소의 소재지를 말한다)
2. 청구인의 대리인이 있는 경우에는 그 대리인의 성명 및 주소나 영업소의 소재지 [대리인이 특허법인·특허법인(유한)인 경우에는 그 명칭, 사무소의 소재지 및 지정된 변리사의 성명을 말한다]
3. 출원일 및 출원번호
4. 지정상품 및 그 상품류
5. 심사관의 거절결정일 또는 보정각하결정일
6. 심판사건의 표시
7. 청구의 취지 및 그 이유

② 제1항에 따라 제출된 심판청구서를 보정하는 경우 그 요지를 변경할 수 없다. 다

만, 다음 각 호의 어느 하나에 해당하는 경우에는 그러하지 아니하다.

1. 제1항제1호에 따른 청구인의 기재사항을 바로잡기 위하여 보정(추가하는 것을 포함한다)하는 경우
2. 제1항제7호에 따른 청구의 이유를 보정하는 경우

③ 특허심판원장은 제116조에 따른 거절결정에 대한 심판이 청구된 경우 그 거절결정이 이의신청에 의한 것일 경우에는 그 취지를 이의신청인에게 알려야 한다.

제127조(심판청구서 등의 각하) ① 심판장은 다음 각 호의 어느 하나에 해당하는 경우에는 기간을 정하여 그 보정을 명하여야 한다.

1. 심판청구서가 제125조제1항·제3항 또는 제126조제1항에 위반된 경우
2. 심판에 관한 절차가 다음 각 목의 어느 하나에 해당되는 경우
   가. 제4조제1항 또는 제7조에 위반된 경우
   나. 제78조에 따라 내야 할 수수료를 내지 아니한 경우
   다. 이 법 또는 이 법에 따른 명령으로 정하는 방식에 위반된 경우

② 심판장은 제1항에 따른 보정명령을 받은 자가 지정된 기간 내에 보정을 하지 아니하거나 보정한 사항이 제125조제2항 또는 제126조제2항을 위반한 경우에는 심판청구서 또는 해당 절차와 관련된 청구 등을 결정으로 각하하여야 한다.

③ 제2항에 따른 결정은 서면으로 하여야 하며, 그 이유를 붙여야 한다.

제128조(보정할 수 없는 심판청구의 심결 각하) 부적법한 심판청구로서 그 흠을 보정할 수 없는 경우에는 제133조제1항에도 불구하고 피청구인에게 답변서 제출의 기회를 주지 아니하고 심결로써 그 청구를 각하할 수 있다.

제129조(심판관) ① 특허심판원장은 심판청구가 있으면 심판관에게 심판하게 한다.

② 심판관의 자격은 대통령령으로 정한다.

③ 심판관은 직무상 독립하여 심판한다.

제130조(심판관의 지정) ① 특허심판원장은 각 심판사건에 대하여 제132조에 따른 합의체(이하 "심판관합의체"라 한다)를 구성할 심판관을 지정하여야 한다.

② 특허심판원장은 제1항의 심판관 중 심판에 관여하는 데에 지장이 있는 사람이 있으면 다른 심판관에게 심판을 하게 할 수 있다.

제131조(심판장) ① 특허심판원장은 제130조제1항에 따라 지정된 심판관 중에서 1명을 심판장으로 지정하여야 한다.

② 심판장은 그 심판사건에 관한 사무를 총괄한다.

제132조(심판의 합의체) ① 심판은 3명 또는 5명의 심판관으로 구성되는 심판관합의체가 한다.

② 제1항에 따른 심판관합의체의 합의는 과반수로 결정한다.

③ 심판의 합의는 공개하지 아니한다.

제133조(답변서 제출 등) ① 심판장은 심판이 청구되면 청구서 부본을 피청구인에게 송달하고 기간을 정하여 답변서를 제출할 수 있는 기회를 주어야 한다.

② 심판장은 제1항의 답변서를 수리(受理)하였을 경우에는 그 부본을 청구인에게 송달하여야 한다.

③ 심판장은 심판에 관하여 당사자를 심문할 수 있다.

제134조(심판관의 제척) 심판관은 다음 각 호의 어느 하나에 해당하는 경우에는 그 심판에서 제척된다.

1. 심판관 또는 그 배우자나 배우자였던 사람이 사건의 당사자, 참가인 또는 이의신청인인 경우
2. 심판관이 사건의 당사자, 참가인 또는 이의신청인의 친족이거나 친족이었던 경우
3. 심판관이 사건의 당사자, 참가인 또는 이의신청인의 법정대리인이거나 법정대리인이었던 경우
4. 심판관이 사건에 대한 증인, 감정인이 된 경우 또는 감정인이었던 경우
5. 심판관이 사건의 당사자, 참가인 또는 이의신청인의 대리인이거나 대리인이었던 경우
6. 심판관이 사건에 대하여 심사관 또는 심판관으로서 상표등록여부결정이나 이의신청에 대한 결정 또는 심결에 관여한 경우
7. 심판관이 사건에 관하여 직접 이해관계를 가진 경우

제135조(제척신청) 제134조에 따른 제척의 원인이 있으면 당사자 또는 참가인은 제척신청을 할 수 있다.

제136조(심판관의 기피) ① 심판관에게 공정한 심판을 기대하기 어려운 사정이 있으면 당사자 또는 참가인은 기피신청을 할 수 있다.

② 당사자 또는 참가인은 사건에 대하여 심판관에게 서면 또는 말로 진술을 한 후에는 기피신청을 할 수 없다. 다만, 기피의 원인이 있는 것을 알지 못한 경우 또는 기피의 원인이 그 후에 발생한 경우에는 그러하지 아니하다.

제137조(제척 또는 기피의 소명) ① 제135조 및 제136조에 따라 제척 또는 기피 신청을 하려는 자는 그 원인을 적은 서면을 특허심판원장에게 제출하여야 한다. 다만, 구술심리를 할 경우에는 말로 할 수 있다.

② 제척 또는 기피의 원인은 신청한 날부터 3일 이내에 소명(疎明)하여야 한다.

제138조(제척 또는 기피 신청에 관한 결정) ① 제척 또는 기피 신청이 있으면 심판으로

결정하여야 한다.

② 제척 또는 기피 신청의 대상이 된 심판관은 그 제척 또는 기피에 대한 심판에 관여할 수 없다. 다만, 의견을 진술할 수 있다.

③ 제1항에 따른 결정은 서면으로 하여야 하며, 그 이유를 붙여야 한다.

④ 제1항에 따른 결정에는 불복할 수 없다.

제139조(심판절차의 중지) 제척 또는 기피의 신청이 있으면 그 신청에 대한 결정이 있을 때까지 심판절차를 중지하여야 한다. 다만, 대통령령으로 정하는 긴급한 사유가 있는 경우에는 그러하지 아니하다.

제140조(심판관의 회피) 심판관이 제134조 또는 제136조에 해당하는 경우에는 특허심판원장의 허가를 받아 해당 사건에 대한 심판을 회피할 수 있다.

제141조(심리 등) ① 심판은 구술심리 또는 서면심리로 한다. 다만, 당사자가 구술심리를 신청한 경우에는 서면심리만으로 결정할 수 있다고 인정되는 경우 외에는 구술심리를 하여야 한다.

② 구술심리는 공개하여야 한다. 다만, 공공의 질서 또는 선량한 풍속을 어지럽힐 우려가 있는 경우에는 그러하지 아니하다.

③ 심판장은 제1항에 따라 구술심리에 의한 심판을 할 경우에는 그 기일 및 장소를 정하고 그 취지를 적은 서면을 당사자와 참가인에게 송달하여야 한다. 다만, 해당 사건에 출석한 당사자 및 참가인에게 알린 경우에는 그러하지 아니하다.

④ 심판장은 제1항에 따라 구술심리에 의한 심판을 할 경우에는 특허심판원장이 지정한 직원에게 기일마다 심리의 요지와 그 밖에 필요한 사항을 적은 조서를 작성하게 하여야 한다.

⑤ 제4항에 따른 조서에는 심판의 심판장 및 조서를 작성한 직원이 기명날인하여야 한다.

⑥ 제4항에 따른 조서에 관하여는 「민사소송법」 제153조, 제154조 및 제156조부터 제160조까지의 규정을 준용한다.

⑦ 심판에 관하여는 「민사소송법」 제143조, 제259조, 제299조 및 제367조를 준용한다.

⑧ 심판장은 구술심리 중 심판정 내의 질서를 유지한다.

제142조(참가) ① 제124조제1항에 따라 심판을 청구할 수 있는 자는 심리가 종결될 때까지 그 심판에 참가할 수 있다.

② 제1항에 따른 참가인은 피참가인이 그 심판의 청구를 취하한 후에도 심판절차를 속행할 수 있다.

③ 심판의 결과에 대하여 이해관계를 가진 자는 심리가 종결될 때까지 당사자의 어느

한쪽을 보조하기 위하여 그 심판에 참가할 수 있다.

④ 제3항에 따른 참가인은 모든 심판절차를 밟을 수 있다.

⑤ 제1항 또는 제3항에 따른 참가인에게 심판절차의 중단 또는 중지의 원인이 있으면 그 중단 또는 중지는 피참가인에 대해서도 그 효력이 발생한다.

제143조(참가의 신청 및 결정) ① 심판에 참가하려는 자는 참가신청서를 심판장에게 제출하여야 한다.

② 심판장은 참가신청을 받은 경우에는 참가신청서 부본을 당사자와 다른 참가인에게 송달하고 기간을 정하여 의견서를 제출할 수 있는 기회를 주어야 한다.

③ 참가신청이 있는 경우에는 심판에 의하여 그 참가 여부를 결정하여야 한다.

④ 제3항에 따른 결정은 서면으로 하여야 하며, 그 이유를 붙여야 한다.

⑤ 제3항에 따른 결정에 대해서는 불복할 수 없다.

제144조(증거조사 및 증거보전) ① 심판관은 당사자, 참가인 또는 이해관계인의 신청에 의하여 또는 직권으로 증거조사나 증거보전을 할 수 있다.

② 제1항에 따른 증거조사 및 증거보전에 관하여는 「민사소송법」 중 증거조사 및 증거보전에 관한 규정을 준용한다. 다만, 심판관은 과태료를 결정하거나 구인(拘引)을 명하거나 보증금을 공탁하게 하지 못한다.

③ 제1항에 따른 증거보전 신청은 심판청구 전에는 특허심판원장에게 하고, 심판계속 중에는 그 사건의 심판장에게 하여야 한다.

④ 특허심판원장은 심판청구 전에 제1항에 따른 증거보전 신청이 있으면 그 신청에 관여할 심판관을 지정한다.

⑤ 심판장은 제1항에 따라 직권으로 증거조사나 증거보전을 하였을 경우에는 그 결과를 당사자, 참가인 또는 이해관계인에게 송달하고 기간을 정하여 의견서를 제출할 수 있는 기회를 주어야 한다.

제145조(심판의 진행) 심판장은 당사자 또는 참가인이 법정기간 또는 지정기간 내에 절차를 밟지 아니하거나 제141조제3항에 따른 기일에 출석하지 아니하여도 심판을 진행할 수 있다.

제146조(직권심리) ① 심판관은 당사자 또는 참가인이 신청하지 아니한 이유에 대해서도 심리할 수 있다. 이 경우 기간을 정하여 당사자와 참가인에게 그 이유에 대하여 의견을 진술할 수 있는 기회를 주어야 한다.

② 심판관은 청구인이 신청하지 아니한 청구의 취지에 대해서는 심리할 수 없다.

제147조(심리·심결의 병합 또는 분리) 심판관합의체는 당사자 양쪽 또는 어느 한 쪽이 같은 둘 이상의 심판에 대하여 심리 또는 심결을 병합하거나 분리할 수 있다.

제148조(심판청구의 취하) ① 심판청구는 심결이 확정될 때까지 취하할 수 있다. 다만, 제133조제1항에 따른 답변서가 제출된 경우에는 상대방의 동의를 받아야 한다.

② 둘 이상의 지정상품에 관하여 제117조제1항, 제118조제1항 또는 제214조제1항에 따른 무효심판이 청구되었을 경우에는 지정상품마다 심판청구를 취하할 수 있다.

③ 제1항 또는 제2항에 따라 심판청구가 취하되었을 경우에는 그 심판청구 또는 그 지정상품에 대한 심판청구는 처음부터 없었던 것으로 본다.

제149조(심결) ① 심판은 특별한 규정이 있는 경우를 제외하고는 심결로써 종결한다.

② 제1항에 따른 심결은 다음 각 호의 사항을 적은 서면으로 하여야 하며, 심결을 한 심판관은 그 서면에 기명날인하여야 한다.

1. 심판의 번호
2. 당사자와 참가인의 성명 및 주소(법인인 경우에는 그 명칭 및 영업소의 소재지를 말한다)
3. 당사자와 참가인의 대리인이 있는 경우에는 그 대리인의 성명 및 주소나 영업소의 소재지[대리인이 특허법인·특허법인(유한)인 경우에는 그 명칭, 사무소의 소재지 및 지정된 변리사의 성명을 말한다]
4. 심판사건의 표시
5. 심결의 주문(主文)
6. 심결의 이유(청구의 취지와 그 이유의 요지를 포함한다)
7. 심결 연월일

③ 심판장은 사건이 심결을 할 정도로 성숙하였을 때에는 심리의 종결을 당사자와 참가인에게 알려야 한다.

④ 심판장은 필요하다고 인정하면 제3항에 따라 심리 종결을 통지한 후에도 당사자 또는 참가인의 신청에 의하여 또는 직권으로 심리를 재개할 수 있다.

⑤ 심결은 제3항에 따른 심리 종결 통지를 한 날부터 20일 이내에 한다.

⑥ 심판장은 심결 또는 결정이 있으면 그 등본을 당사자, 참가인 및 심판에 참가신청을 하였으나 그 신청이 거부된 자에게 송달하여야 한다.

제150조(일사부재리) 이 법에 따른 심판의 심결이 확정되었을 경우에는 그 사건에 대해서는 누구든지 같은 사실 및 같은 증거에 의하여 다시 심판을 청구할 수 없다. 다만, 확정된 심결이 각하심결인 경우에는 그러하지 아니하다.

제151조(소송과의 관계) ① 심판장은 심판에서 필요하면 직권 또는 당사자의 신청에 따라 그 심판사건과 관련되는 다른 심판의 심결이 확정되거나 소송절차가 완결될 때까지 그 절차를 중지할 수 있다.

② 법원은 소송절차에서 필요하면 직권 또는 당사자의 신청에 따라 상표에 관한 심결이 확정될 때까지 그 소송절차를 중지할 수 있다.

③ 법원은 상표권 또는 전용사용권의 침해에 관한 소가 제기된 경우에는 그 취지를 특허심판원장에게 통보하여야 한다. 그 소송절차가 끝난 경우에도 또한 같다.

④ 특허심판원장은 제3항에 따른 상표권 또는 전용사용권의 침해에 관한 소에 대응하여 그 상표권에 관한 무효심판 등이 청구된 경우에는 그 취지를 같은 항에 따른 법원에 통보하여야 한다. 그 심판청구서의 각하결정, 심결 또는 청구의 취하가 있는 경우에도 또한 같다.

第152조(심판비용) ① 제117조제1항, 제118조제1항, 제119조제1항, 제120조제1항, 제121조 및 제214조제1항에 따른 심판비용의 부담에 관하여는 심판이 심결에 의하여 종결될 경우에는 그 심결로써 정하고, 심판이 심결에 의하지 아니하고 종결될 경우에는 결정으로써 정하여야 한다.

② 제1항에 따른 심판비용에 관하여는 「민사소송법」 제98조부터 제103조까지, 제107조제1항·제2항, 제108조, 제111조, 제112조 및 제116조를 준용한다.

③ 제115조 또는 제116조에 따른 심판비용은 청구인이 부담한다.

④ 제3항에 따라 청구인이 부담하는 비용에 관하여는 「민사소송법」 제102조를 준용한다.

⑤ 심판비용의 금액은 심결 또는 결정이 확정된 후 당사자의 청구에 의하여 특허심판원장이 결정한다.

⑥ 심판비용의 범위·금액·납부 및 심판에서 절차상의 행위를 하기 위하여 필요한 비용의 지급에 관하여는 그 성질에 반하지 아니하는 범위에서 「민사소송비용법」 중 해당 규정의 예에 따른다.

⑦ 심판절차를 대리한 변리사에게 당사자가 지급하였거나 지급할 보수는 특허청장이 정하는 금액의 범위에서 심판비용으로 본다. 이 경우 여러 명의 변리사가 심판절차를 대리하였더라도 1명의 변리사가 심판대리를 한 것으로 본다.

第153조(심판비용의 금액에 대한 집행권원) 이 법에 따라 특허심판원장이 정한 심판비용의 금액에 관하여 확정된 결정은 집행력 있는 집행권원(執行權原)과 같은 효력을 가진다. 이 경우 집행력 있는 정본은 특허심판원 소속 공무원이 부여한다.

第154조(보정각하결정 및 거절결정에 대한 심판의 특칙) 제133조제1항·제2항, 제142조 및 제143조는 제115조에 따른 보정각하결정 및 제116조에 따른 거절결정에 대한 심판에는 적용하지 아니한다.

第155조(심사 또는 이의신청 절차의 효력) 심사 또는 이의신청에서 밟은 상표에 관한 절차는 다음 각 호의 어느 하나에 해당하는 거절결정에 대한 심판에서도 그 효력이 있다.

1. 제54조에 따른 상표등록거절결정
2. 존속기간갱신등록신청의 거절결정
3. 지정상품추가등록출원의 거절결정
4. 상품분류전환등록의 거절결정

제156조(보정각하결정 등의 취소) ① 심판관합의체는 제115조에 따른 보정각하결정에 대한 심판 또는 제116조에 따른 거절결정에 대한 심판이 청구된 경우에 그 청구가 이유 있다고 인정하는 경우에는 심결로써 보정각하결정 또는 거절결정을 취소하여야 한다.

② 제1항에 따라 심판에서 보정각하결정 또는 거절결정을 취소하는 경우에는 심사에 부칠 것이라는 심결을 할 수 있다.

③ 제1항 및 제2항에 따른 심결에서 취소의 기본이 된 이유는 그 사건에 대하여 심사관을 기속(羈束)한다.

제8장 재심 및 소송

제157조(재심의 청구) ① 당사자는 확정된 심결에 대하여 재심을 청구할 수 있다.

② 제1항의 재심청구에 관하여는 「민사소송법」 제451조, 제453조 및 제459조제1항을 준용한다.

제158조(사해심결에 대한 불복청구) ① 심판의 당사자가 공모(共謀)하여 속임수를 써서 제3자의 권리 또는 이익에 손해를 입힐 목적으로 심결을 하게 하였을 경우에는 제3자는 그 확정된 심결에 대하여 재심을 청구할 수 있다.

② 제1항에 따른 재심청구의 경우에는 심판의 당사자를 공동피청구인으로 한다.

제159조(재심의 청구기간) ① 당사자는 심결 확정 후 재심 사유를 안 날부터 30일 이내에 재심을 청구하여야 한다.

② 대리권의 흠을 이유로 하여 재심을 청구하는 경우에 제1항의 기간은 청구인 또는 법정대리인이 심결 등본의 송달에 의하여 심결이 있은 것을 안 날의 다음 날부터 기산한다.

③ 심결 확정 후 3년이 지나면 재심을 청구할 수 없다.

④ 재심 사유가 심결 확정 후에 생겼을 경우에는 제3항의 기간은 그 사유가 발생한 날의 다음 날부터 기산한다.

⑤ 제1항 및 제3항은 해당 심결 이전의 확정심결에 저촉된다는 이유로 재심을 청구하는 경우에는 적용하지 아니한다.

제160조(재심에 의하여 회복한 상표권의 효력 제한) 다음 각 호의 어느 하나에 해당하는 경우 상표권의 효력은 해당 심결이 확정된 후 그 회복된 상표권의 등록 전에 선의(善意)로 해당 등록상표와 같은 상표를 그 지정상품과 같은 상품에 사용한 행위, 제108조제1항 각 호의 어느 하나 또는 같은 조 제2항 각 호의 어느 하나에 해당하는 행위에는 미치지 아니한다.

1. 상표등록 또는 존속기간갱신등록이 무효로 된 후 재심에 의하여 그 효력이 회복된 경우
2. 상표등록이 취소된 후 재심에 의하여 그 효력이 회복된 경우
3. 상표권의 권리범위에 속하지 아니한다는 심결이 확정된 후 재심에 의하여 이와 상반되는 심결이 확정된 경우

제161조(재심에서의 심판 절차 규정의 준용) 심판에 대한 재심의 절차에 관하여는 그 성질에 반하지 아니하는 범위에서 심판의 절차에 관한 규정을 준용한다.

제162조(심결 등에 대한 소) ① 심결에 대한 소와 제123조제1항(제161조에서 준용하는 경우를 포함한다)에 따라 준용되는 제42조제1항에 따른 보정각하결정 및 심판청구서나 재심청구서의 각하결정에 대한 소는 특허법원의 전속관할로 한다.

② 제1항에 따른 소는 당사자, 참가인 또는 해당 심판이나 재심에 참가신청을 하였으나 그 신청이 거부된 자만 제기할 수 있다.

③ 제1항에 따른 소는 심결 또는 결정의 등본을 송달받은 날부터 30일 이내에 제기하여야 한다.

④ 제3항의 기간은 불변기간(不變期間)으로 한다. 다만, 심판장은 도서·벽지 등 교통이 불편한 지역에 있는 자를 위하여 산업통상자원부령으로 정하는 바에 따라 직권으로 불변기간에 대하여 부가기간(附加期間)을 정할 수 있다.

⑤ 심판을 청구할 수 있는 사항에 관한 소는 심결에 대한 것이 아니면 제기할 수 없다.

⑥ 제152조제1항에 따른 심판비용의 심결 또는 결정에 대해서는 독립하여 제1항에 따른 소를 제기할 수 없다.

⑦ 제1항에 따른 특허법원의 판결에 대해서는 대법원에 상고할 수 있다.

제163조(피고적격) 제162조제1항에 따른 소는 특허청장을 피고로 하여 제기하여야 한다. 다만, 제117조제1항, 제118조제1항, 제119조제1항·제2항, 제120조제1항, 제121조 및 제214조제1항에 따른 심판 또는 그 재심의 심결에 대한 소는 그 청구인 또는 피청구인을 피고로 하여 제기하여야 한다.

제164조(소 제기 통지 및 재판서 정본 송부) ① 법원은 제162조제1항에 따른 소 제기 또는 같은 조 제7항에 따른 상고가 있는 경우에는 지체 없이 그 취지를 특허심판원장에게 통지하여야 한다.

② 법원은 제163조 단서에 따른 소에 관하여 소송절차가 완결되었을 경우에는 지체 없이 그 사건에 대한 각 심급(審級)의 재판서 정본을 특허심판원장에게 송부하여야 한다.

제165조(심결 또는 결정의 취소) ① 법원은 제162조제1항에 따라 소가 제기된 경우에 그 청구가 이유 있다고 인정할 경우에는 판결로써 해당 심결 또는 결정을 취소하여야 한다.

② 심판관은 제1항에 따라 심결 또는 결정의 취소판결이 확정되었을 경우에는 다시 심리를 하여 심결 또는 결정을 하여야 한다.

③ 제1항에 따른 판결에서 취소의 기본이 된 이유는 그 사건에 대하여 특허심판원을 기속한다.

제166조(변리사의 보수와 소송비용) 소송을 대리한 변리사의 보수에 관하여는 「민사소송법」 제109조를 준용한다. 이 경우 "변호사"는 "변리사"로 본다.

제9장 「표장의 국제등록에 관한 마드리드협정에 대한 의정서」에 따른 국제출원

제1절 국제출원 등

제167조(국제출원) 「표장의 국제등록에 관한 마드리드협정에 대한 의정서」(이하 "마드리드 의정서"라 한다) 제2조(1)에 따른 국제등록(이하 "국제등록"이라 한다)을 받으려는 자는 다음 각 호의 어느 하나에 해당하는 상표등록출원 또는 상표등록을 기초로 하여 특허청장에게 국제출원을 하여야 한다.

1. 본인의 상표등록출원
2. 본인의 상표등록
3. 본인의 상표등록출원 및 본인의 상표등록

제168조(국제출원인의 자격) ① 특허청장에게 국제출원을 할 수 있는 자는 다음 각 호의 어느 하나에 해당하는 자로 한다.

1. 대한민국 국민
2. 대한민국에 주소(법인인 경우에는 영업소의 소재지를 말한다)를 가진 자

② 2인 이상이 공동으로 국제출원을 하려는 경우 출원인은 다음 각 호의 요건을 모두

충족하여야 한다.

1. 공동으로 국제출원을 하려는 자가 각각 제1항 각 호의 어느 하나에 해당할 것
2. 제169조제2항제4호에 따른 기초출원을 공동으로 하였거나 기초등록에 관한 상표권을 공유하고 있을 것

제169조(국제출원의 절차) ① 국제출원을 하려는 자는 산업통상자원부령으로 정하는 언어로 작성한 국제출원서(이하 "국제출원서"라 한다) 및 국제출원에 필요한 서류를 특허청장에게 제출하여야 한다.

② 국제출원서에는 다음 각 호의 사항을 적어야 한다.

1. 출원인의 성명 및 주소(법인인 경우에는 그 명칭 및 영업소의 소재지를 말한다)
2. 제168조에 따른 국제출원인 자격에 관한 사항
3. 상표를 보호받으려는 국가(정부 간 기구를 포함하며, 이하 "지정국"이라 한다)
4. 마드리드 의정서 제2조(1)에 따른 기초출원(이하 "기초출원"이라 한다)의 출원일 및 출원번호 또는 마드리드 의정서 제2조(1)에 따른 기초등록(이하 "기초등록"이라 한다)의 등록일 및 등록번호
5. 국제등록을 받으려는 상표
6. 국제등록을 받으려는 상품과 그 상품류
7. 그 밖에 산업통상자원부령으로 정하는 사항

제170조(국제출원서 등 서류제출의 효력발생 시기) 국제출원서와 그 출원에 필요한 서류는 특허청장에게 도달한 날부터 그 효력이 발생한다. 우편으로 제출된 경우에도 또한 같다.

제171조(기재사항의 심사 등) ① 특허청장은 국제출원서의 기재사항이 기초출원 또는 기초등록의 기재사항과 합치하는 경우에는 그 사실을 인정한다는 뜻과 국제출원서가 특허청에 도달한 날을 국제출원서에 적어야 한다.

② 특허청장은 제1항에 따라 도달일 등을 적은 후에는 즉시 국제출원서 및 국제출원에 필요한 서류를 마드리드 의정서 제2조(1)에 따른 국제사무국(이하 "국제사무국"이라 한다)에 보내고, 그 국제출원서의 사본을 해당 출원인에게 보내야 한다.

제172조(사후지정) ① 국제등록의 명의인(이하 "국제등록명의인"이라 한다)은 국제등록된 지정국을 추가로 지정(이하 "사후지정"이라 한다)하려는 경우에는 산업통상자원부령으로 정하는 바에 따라 특허청장에게 사후지정을 신청할 수 있다.

② 제1항을 적용하는 경우 국제등록명의인은 국제등록된 지정상품의 전부 또는 일부에 대하여 사후지정을 할 수 있다.

제173조(존속기간의 갱신) ① 국제등록명의인은 국제등록의 존속기간을 10년씩 갱신할

수 있다.

② 제1항에 따라 국제등록의 존속기간을 갱신하려는 자는 산업통상자원부령으로 정하는 바에 따라 특허청장에게 국제등록 존속기간의 갱신을 신청할 수 있다.

제174조(국제등록의 명의변경) ① 국제등록명의인이나 그 승계인은 지정상품 또는 지정국의 전부 또는 일부에 대하여 국제등록의 명의를 변경할 수 있다.

② 제1항에 따라 국제등록의 명의를 변경하려는 자는 산업통상자원부령으로 정하는 바에 따라 특허청장에게 국제등록 명의변경등록을 신청할 수 있다.

제175조(수수료의 납부) ① 다음 각 호의 어느 하나에 해당하는 자는 수수료를 특허청장에게 내야 한다.

1. 국제출원을 하려는 자
2. 사후지정을 신청하려는 자
3. 제173조에 따라 국제등록 존속기간의 갱신을 신청하려는 자
4. 제174조에 따라 국제등록 명의변경등록을 신청하려는 자

② 제1항에 따른 수수료, 그 납부방법 및 납부기간 등에 관하여 필요한 사항은 산업통상자원부령으로 정한다.

제176조(수수료 미납에 대한 보정) 특허청장은 제175조제1항 각 호의 어느 하나에 해당하는 자가 수수료를 내지 아니하는 경우에는 산업통상자원부령으로 정하는 바에 따라 기간을 정하여 보정을 명할 수 있다.

제177조(절차의 무효) 특허청장은 제176조에 따라 보정명령을 받은 자가 지정된 기간 내에 그 수수료를 내지 아니하는 경우에는 해당 절차를 무효로 할 수 있다.

제178조(국제등록 사항의 변경등록 등) 국제등록 사항의 변경등록 신청과 그 밖에 국제출원에 관하여 필요한 사항은 산업통상자원부령으로 정한다.

제179조(업무표장에 대한 적용 제외) 업무표장에 관하여는 제167조부터 제178조까지의 규정을 적용하지 아니한다.

제 2 절 국제상표등록출원에 관한 특례

제180조(국제상표등록출원) ① 마드리드 의정서에 따라 국제등록된 국제출원으로서 대한민국을 지정국으로 지정(사후지정을 포함한다)한 국제출원은 이 법에 따른 상표등록출원으로 본다.

② 제1항을 적용하는 경우 마드리드 의정서 제3조(4)에 따른 국제등록일(이하 "국제등록일"이라 한다)은 이 법에 따른 상표등록출원일로 본다. 다만, 대한민국을 사후지

정한 국제출원의 경우에는 그 사후지정이 국제등록부[마드리드 의정서 제2조(1)에 따른 국제등록부를 말하며, 이하 "국제상표등록부"라 한다]에 등록된 날(이하 "사후지정일"이라 한다)을 이 법에 따른 상표등록출원일로 본다.

③ 제1항에 따라 이 법에 따른 상표등록출원으로 보는 국제출원(이하 "국제상표등록출원"이라 한다)에 대해서는 국제상표등록부에 등록된 국제등록명의인의 성명 및 주소(법인인 경우에는 그 명칭 및 영업소의 소재지를 말한다), 상표, 지정상품 및 그 상품류는 이 법에 따른 출원인의 성명 및 주소(법인인 경우에는 그 명칭 및 영업소의 소재지를 말한다), 상표, 지정상품 및 그 상품류로 본다.

제181조(업무표장의 특례) 국제상표등록출원에 대해서는 업무표장에 관한 규정을 적용하지 아니한다.

제182조(국제상표등록출원의 특례) ① 국제상표등록출원에 대하여 이 법을 적용할 경우에는 국제상표등록부에 등록된 우선권 주장의 취지, 최초로 출원한 국가명 및 출원 연월일은 상표등록출원서에 적힌 우선권 주장의 취지, 최초로 출원한 국가명 및 출원의 연월일로 본다.

② 국제상표등록출원에 대하여 이 법을 적용할 경우에는 국제상표등록부에 등록된 상표의 취지는 상표등록출원서에 기재된 해당 상표의 취지로 본다.

③ 단체표장등록을 받으려는 자는 제36조제1항·제3항에 따른 서류 및 정관을, 증명표장의 등록을 받으려는 자는 같은 조 제1항·제4항에 따른 서류를 산업통상자원부령으로 정하는 기간 내에 특허청장에게 제출하여야 한다. 이 경우 지리적 표시 단체표장을 등록받으려는 자는 그 취지를 적은 서류와 제2조제1항제4호에 따른 지리적 표시의 정의에 합치함을 입증할 수 있는 대통령령으로 정하는 서류를 함께 제출하여야 한다.

제183조(국내등록상표가 있는 경우의 국제상표등록출원의 효과) ① 대한민국에 설정등록된 상표(국제상표등록출원에 따른 등록상표는 제외하며, 이하 이 조에서 "국내등록상표"라 한다)의 상표권자가 국제상표등록출원을 하는 경우에 다음 각 호의 요건을 모두 갖추었을 때에는 그 국제상표등록출원은 지정상품이 중복되는 범위에서 해당 국내등록상표에 관한 상표등록출원의 출원일에 출원된 것으로 본다.

1. 국제상표등록출원에 따라 국제상표등록부에 등록된 상표(이하 이 항에서 "국제등록상표"라 한다)와 국내등록상표가 동일할 것
2. 국제등록상표에 관한 국제등록명의인과 국내등록상표의 상표권자가 동일할 것
3. 국내등록상표의 지정상품이 국제등록상표의 지정상품에 모두 포함되어 있을 것
4. 마드리드 의정서 제3조의3에 따른 영역확장의 효력이 국내등록상표의 상표등록일 후에 발생할 것

② 제1항에 따른 국내등록상표에 관한 상표등록출원에 대하여 조약에 따른 우선권이 인정되는 경우에는 그 우선권이 같은 항에 따른 국제상표등록출원에도 인정된다.

③ 국내등록상표의 상표권이 다음 각 호의 어느 하나에 해당하는 사유로 취소되거나 소멸되는 경우에는 그 취소되거나 소멸된 상표권의 지정상품과 동일한 범위에서 제1항 및 제2항에 따른 해당 국제상표등록출원에 대한 효과는 인정되지 아니한다.

1. 제119조제1항 각 호(제4호는 제외한다)에 해당한다는 사유로 상표등록을 취소한다는 심결이 확정된 경우
2. 제119조제1항 각 호(제4호는 제외한다)에 해당한다는 사유로 상표등록의 취소심판이 청구되고, 그 청구일 이후에 존속기간의 만료로 상표권이 소멸하거나 상표권 또는 지정상품의 일부를 포기한 경우

④ 마드리드 의정서 제4조의2(2)에 따른 신청을 하려는 자는 다음 각 호의 사항을 적은 신청서를 특허청장에게 제출하여야 한다.

1. 국제등록명의인의 성명 및 주소(법인인 경우에는 그 명칭 및 영업소의 소재지를 말한다)
2. 국제등록번호
3. 관련 국내등록상표 번호
4. 중복되는 지정상품
5. 그 밖에 산업통상자원부령으로 정하는 사항

⑤ 심사관은 제4항에 따른 신청이 있는 경우에는 해당 국제상표등록출원에 대하여 제1항부터 제3항까지의 규정에 따른 효과의 인정 여부를 신청인에게 알려야 한다.

제184조(출원의 승계 및 분할이전 등의 특례) ① 국제상표등록출원에 대하여 제48조제1항을 적용할 경우 "상속이나 그 밖의 일반승계의 경우를 제외하고는 출원인 변경신고를"은 "출원인이 국제사무국에 명의변경 신고를"로 본다.

② 국제등록 명의의 변경에 따라 국제등록 지정상품의 전부 또는 일부가 분할되어 이전된 경우에는 국제상표등록출원은 변경된 국제등록명의인에 의하여 각각 출원된 것으로 본다.

③ 국제상표등록출원에 대해서는 제48조제3항을 적용하지 아니한다.

제185조(보정의 특례) ① 국제상표등록출원에 대하여 제40조제1항 각 호 외의 부분을 적용할 경우 "상표등록출원서의 기재사항, 상표등록출원에 관한 지정상품 및 상표를"은 "제55조제1항에 따른 거절이유의 통지를 받은 경우에 한정하여 그 상표등록출원에 관한 지정상품을"로 본다.

② 국제상표등록출원에 대해서는 제40조제2항제4호를 적용하지 아니한다.

③ 국제상표등록출원에 대하여 제40조제3항을 적용할 경우 "제1항에 따른 보정이 제2항 각 호"는 "지정상품의 보정이 제2항 각 호(같은 항 제4호는 제외한다)"로 보고, 제41조제3항을 적용할 경우 "제1항에 따른 보정이 제40조제2항 각 호"는 "지정상품의 보정이 제40조제2항 각 호(같은 항 제4호는 제외한다)"로 본다.

④ 국제상표등록출원에 대하여 제41조제1항을 적용할 경우 "지정상품 및 상표를"은 "지정상품을"로 본다.

제186조(출원 변경의 특례) 국제상표등록출원에 대해서는 제44조제1항부터 제4항까지의 규정을 적용하지 아니한다.

제187조(출원 분할의 특례) 국제상표등록출원에 대해서는 제45조를 적용하지 아니한다.

제188조(파리협약에 따른 우선권 주장의 특례) 국제상표등록출원을 하려는 자가 파리협약에 따른 우선권 주장을 하는 경우에는 제46조제4항 및 제5항을 적용하지 아니한다.

제189조(출원 시 및 우선심사의 특례) ① 국제상표등록출원에 대하여 제47조제2항을 적용할 경우 "그 취지를 적은 상표등록출원서를 특허청장에게 제출하고, 이를 증명할 수 있는 서류를 상표등록출원일부터 30일 이내에"는 "그 취지를 적은 서면 및 이를 증명할 수 있는 서류를 산업통상자원부령으로 정하는 기간 내에"로 본다.

② 국제상표등록출원에 대해서는 제53조제2항을 적용하지 아니한다.

제190조(거절이유 통지의 특례) ① 국제상표등록출원에 대하여 제55조제1항 전단을 적용할 경우 "출원인에게"는 "국제사무국을 통하여 출원인에게"로 본다.

② 국제상표등록출원에 대해서는 제55조제3항을 적용하지 아니한다.

제191조(출원공고의 특례) 국제상표등록출원에 대하여 제57조제1항 각 호 외의 부분 본문을 적용할 경우 "거절이유를 발견할 수 없는 경우에는"은 "산업통상자원부령으로 정하는 기간 내에 거절이유를 발견할 수 없는 경우에는"으로 본다.

제192조(손실보상청구권의 특례) 국제상표등록출원에 대하여 제58조제1항 단서를 적용할 경우 "해당 상표등록출원의 사본"은 "해당 국제출원의 사본"으로 본다.

제193조(상표등록결정 및 직권에 의한 보정의 특례) ① 국제상표등록출원에 대하여 제68조를 적용할 경우 "거절이유를 발견할 수 없는 경우에는"은 "산업통상자원부령으로 정하는 기간 내에 거절이유를 발견할 수 없는 경우에는"으로 본다.

② 국제상표등록출원에 대해서는 제59조를 적용하지 아니한다.

제194조(상표등록료 등의 특례) ① 국제상표등록출원을 하려는 자 또는 제197조에 따라 설정등록을 받은 상표권(이하 "국제등록기초상표권"이라 한다)의 존속기간을 갱신하려는 자는 마드리드 의정서 제8조(7)(a)에 따른 개별수수료를 국제사무국에 내야 한다.

② 제1항에 따른 개별수수료에 관하여 필요한 사항은 산업통상자원부령으로 정한다.

③ 국제상표등록출원 또는 국제등록기초상표권에 대해서는 제72조부터 제77조까지의 규정을 적용하지 아니한다.

제195조(상표등록료 등의 반환의 특례) 국제상표등록출원에 대하여 제79조제1항 각 호 외의 부분을 적용할 경우 "납부된 상표등록료와 수수료"는 "이미 낸 수수료"로, "상표등록표 및 수수료"를 "수수료"로 보고, 같은 항 제1호 및 같은 조 제2항·제3항을 적용할 경우 "상표등록료 및 수수료"는 각각 "수수료"로 본다.

제196조(상표원부에의 등록의 특례) ① 국제등록기초상표권에 대하여 제80조제1항제1호를 적용할 경우 "상표권의 설정·이전·변경·소멸·회복, 존속기간의 갱신, 상품분류전환, 지정상품의 추가 또는 처분의 제한"은 "상표권의 설정 또는 처분의 제한"으로 본다.

② 국제등록기초상표권의 이전, 변경, 소멸 또는 존속기간의 갱신은 국제상표등록부에 등록된 바에 따른다.

제197조(상표권 설정등록의 특례) 국제상표등록출원에 대하여 제82조제2항 각 호 외의 부분을 적용할 경우 "다음 각 호의 어느 하나에 해당하는 경우에는"은 "상표등록결정이 있는 경우"로 본다.

제198조(상표권 존속기간 등의 특례) ① 국제등록기초상표권의 존속기간은 제197조에 따른 상표권의 설정등록이 있은 날부터 국제등록일 후 10년이 되는 날까지로 한다.

② 국제등록기초상표권의 존속기간은 국제등록의 존속기간의 갱신에 의하여 10년씩 갱신할 수 있다.

③ 제2항에 따라 국제등록기초상표권의 존속기간이 갱신된 경우에는 그 국제등록기초상표권의 존속기간은 그 존속기간의 만료 시에 갱신된 것으로 본다.

④ 국제등록기초상표권에 대해서는 제83조부터 제85조까지, 제88조제1항 및 제209조부터 제213조까지의 규정을 적용하지 아니한다.

제199조(지정상품추가등록출원의 특례) 국제상표등록출원 또는 국제등록기초상표권에 대해서는 제86조, 제87조 및 제88조제2항을 적용하지 아니한다.

제200조(상표권 분할의 특례) 국제등록기초상표권에 대해서는 제94조를 적용하지 아니한다.

제201조(상표권등록 효력의 특례) ① 국제등록기초상표권의 이전·변경·포기에 의한 소멸 또는 존속기간의 갱신은 국제상표등록부에 등록하지 아니하면 그 효력이 발생하지 아니한다.

② 국제등록기초상표권에 대해서는 제96조제1항제1호(처분의 제한에 관한 부분은 제외한다)를 적용하지 아니한다.

③ 국제등록기초상표권에 대하여 제96조제2항을 적용할 경우 "상표권 및 질권"은 "질권"으로 본다.

제202조(국제등록 소멸의 효과) ① 국제상표등록출원의 기초가 되는 국제등록의 전부 또는 일부가 소멸된 경우에는 그 소멸된 범위에서 해당 국제상표등록출원은 지정상품의 전부 또는 일부에 대하여 취하된 것으로 본다.

② 국제등록기초상표권의 기초가 되는 국제등록의 전부 또는 일부가 소멸된 경우에는 그 소멸된 범위에서 해당 상표권은 지정상품의 전부 또는 일부에 대하여 소멸된 것으로 본다.

③ 제1항 및 제2항에 따른 취하 또는 소멸의 효과는 국제상표등록부상 해당 국제등록이 소멸된 날부터 발생한다.

제203조(상표권 포기의 특례) ① 국제등록기초상표권에 대해서는 제102조제1항을 적용하지 아니한다.

② 국제등록기초상표권에 대하여 제103조를 적용할 경우 "상표권·전용사용권"은 "전용사용권"으로 본다.

제204조(존속기간갱신등록의 무효심판 등의 특례) 국제등록기초상표권에 대해서는 제118조 또는 제214조를 적용하지 아니한다.

제 3 절 상표등록출원의 특례

제205조(국제등록 소멸 후의 상표등록출원의 특례) ① 대한민국을 지정국으로 지정(사후지정을 포함한다)한 국제등록의 대상인 상표가 지정상품의 전부 또는 일부에 관하여 마드리드 의정서 제6조(4)에 따라 그 국제등록이 소멸된 경우에는 그 국제등록의 명의인은 그 상품의 전부 또는 일부에 관하여 특허청장에게 상표등록출원을 할 수 있다.

② 제1항에 따른 상표등록출원이 다음 각 호의 요건을 모두 갖춘 경우에는 국제등록일(사후지정의 경우에는 사후지정일을 말한다)에 출원된 것으로 본다.

1. 제1항에 따른 상표등록출원이 같은 항에 따른 국제등록 소멸일부터 3개월 이내에 출원될 것
2. 제1항에 따른 상표등록출원의 지정상품이 같은 항에 따른 국제등록의 지정상품에 모두 포함될 것
3. 상표등록을 받으려는 상표가 소멸된 국제등록의 대상인 상표와 동일할 것

③ 제1항에 따른 국제등록에 관한 국제상표등록출원에 대하여 조약에 따른 우선권이 인정되는 경우에는 그 우선권이 같은 항에 따른 상표등록출원에도 인정된다.

제206조(마드리드 의정서 폐기 후의 상표등록출원의 특례) ① 대한민국을 지정국으로 지정(사후지정을 포함한다)한 국제등록의 명의인이 마드리드 의정서 제15조(5)(b)에 따라 출원인 자격을 잃게 되었을 경우에는 해당 국제등록의 명의인은 국제등록된 지정상품의 전부 또는 일부에 관하여 특허청장에게 상표등록출원을 할 수 있다.

② 제1항에 따른 상표등록출원에 관하여는 제205조제2항 및 제3항을 준용한다. 이 경우 제205조제2항제1호 중 "같은 항에 따른 국제등록 소멸일부터 3개월 이내"는 "마드리드 의정서 제15조(3)에 따라 폐기의 효력이 발생한 날부터 2년 이내"로 본다.

제207조(심사의 특례) 다음 각 호의 어느 하나에 해당하는 상표등록출원(이하 "재출원"이라 한다)이 제197조에 따라 설정등록되었던 등록상표에 관한 것인 경우 해당 본인의 상표등록출원에 대해서는 제54조, 제55조, 제57조 및 제60조부터 제67조까지의 규정을 적용하지 아니한다. 다만, 제54조제2호에 해당하는 경우에는 그러하지 아니하다.

1. 제205조제2항 각 호의 요건을 모두 갖추어 같은 조 제1항에 따라 하는 상표등록출원
2. 제206조제2항에 따라 준용되는 제205조제2항 각 호의 요건을 모두 갖추어 제206조 제1항에 따라 하는 상표등록출원

제208조(제척기간의 특례) 재출원에 따라 해당 상표가 설정등록된 경우로서 종전의 국제등록기초상표권에 대한 제122조제1항의 제척기간이 지났을 경우에는 재출원에 따라 설정등록된 상표에 대하여 무효심판을 청구할 수 없다.

제10장 상품분류전환의 등록

제209조(상품분류전환등록의 신청) ① 종전의 법(법률 제5355호 상표법중개정법률로 개정되기 전의 것을 말한다) 제10조제1항에 따른 통상산업부령으로 정하는 상품류의 구분에 따라 상품을 지정하여 상표권의 설정등록, 지정상품의 추가등록 또는 존속기간갱신등록을 받은 상표권자는 해당 지정상품을 상품류의 구분에 따라 전환하여 등록을 받아야 한다. 다만, 법률 제5355호 상표법중개정법률 제10조제1항에 따른 통상산업부령으로 정하는 상품류의 구분에 따라 상품을 지정하여 존속기간갱신등록을 받은 자는 그러하지 아니하다.

② 제1항에 따른 상품분류전환등록을 받으려는 자는 다음 각 호의 사항을 적은 상품분류전환등록신청서를 특허청장에게 제출하여야 한다.

1. 신청인의 성명 및 주소(법인인 경우에는 그 명칭 및 영업소의 소재지를 말한다)
2. 신청인의 대리인이 있는 경우에는 그 대리인의 성명 및 주소나 영업소의 소재지 [대리인이 특허법인·특허법인(유한)인 경우에는 그 명칭, 사무소의 소재지 및 지

정된 변리사의 성명을 말한다]

3. 등록상표의 등록번호
4. 전환하여 등록받으려는 지정상품 및 그 상품류

③ 상품분류전환등록신청은 상표권의 존속기간이 만료되기 1년 전부터 존속기간이 만료된 후 6개월 이내의 기간에 하여야 한다.

④ 상표권이 공유인 경우에는 공유자 전원이 공동으로 상품분류전환등록을 신청하여야 한다.

제210조(상품분류전환등록의 거절결정 및 거절이유의 통지) ① 심사관은 상품분류전환등록신청이 다음 각 호의 어느 하나에 해당하는 경우에는 그 신청에 대하여 상품분류전환등록거절결정을 하여야 한다.

1. 상품분류전환등록신청의 지정상품을 해당 등록상표의 지정상품이 아닌 상품으로 하거나 지정상품의 범위를 실질적으로 확장한 경우
2. 상품분류전환등록신청의 지정상품이 상품류 구분과 일치하지 아니하는 경우
3. 상품분류전환등록을 신청한 자가 해당 등록상표의 상표권자가 아닌 경우
4. 제209조에 따른 상품분류전환등록신청의 요건을 갖추지 못한 경우
5. 상표권이 소멸하거나 존속기간갱신등록신청을 포기·취하하거나 존속기간갱신등록신청이 무효로 된 경우

② 심사관은 제1항에 따라 상품분류전환등록거절결정을 하려는 경우에는 신청인에게 거절이유를 통지하여야 한다. 이 경우 신청인은 산업통상자원부령으로 정하는 기간 내에 거절이유에 대한 의견서를 제출할 수 있다.

③ 제2항 후단에 따른 기간 내에 의견서를 제출하지 아니한 신청인은 그 기간이 만료된 후 2개월 이내에 상품분류전환등록에 관한 절차를 계속 진행할 것을 신청하고, 그 기간 내에 거절이유에 대한 의견서를 제출할 수 있다.

제211조(상품분류전환등록) 특허청장은 제212조에 따라 준용되는 제68조에 따른 상표등록결정이 있는 경우에는 지정상품의 분류를 전환하여 등록하여야 한다.

제212조(상품분류전환등록신청에 관한 준용) 상품분류전환등록신청에 관하여는 제38조제1항, 제39조, 제40조, 제41조제3항, 제42조, 제50조, 제68조부터 제70조까지, 제134조제1호부터 제5호까지 및 제7호를 준용한다.

제213조(상품분류전환등록이 없는 경우 등의 상표권의 소멸) ① 다음 각 호의 어느 하나에 해당하는 경우 상품분류전환등록의 대상이 되는 지정상품에 관한 상표권은 제209조제3항에 따른 상품분류전환등록신청기간의 만료일이 속하는 존속기간의 만료일 다음 날에 소멸한다.

1. 상품분류전환등록을 받아야 하는 자가 제209조제3항에 따른 기간 내에 상품분류전환등록을 신청하지 아니하는 경우
2. 상품분류전환등록신청이 취하된 경우
3. 제18조제1항에 따라 상품분류전환에 관한 절차가 무효로 된 경우
4. 상품분류전환등록거절결정이 확정된 경우
5. 제214조에 따라 상품분류전환등록을 무효로 한다는 심결이 확정된 경우

② 상품분류전환등록의 대상이 되는 지정상품으로서 제209조제2항에 따른 상품분류전환등록신청서에 적지 아니한 지정상품에 관한 상표권은 상품분류전환등록신청서에 적은 지정상품이 제211조에 따라 전환등록되는 날에 소멸한다. 다만, 상품분류전환등록이 상표권의 존속기간만료일 이전에 이루어지는 경우에는 상표권의 존속기간만료일의 다음 날에 소멸한다.

제214조(상품분류전환등록의 무효심판) ① 이해관계인 또는 심사관은 상품분류전환등록이 다음 각 호의 어느 하나에 해당하는 경우에는 무효심판을 청구할 수 있다. 이 경우 상품분류전환등록에 관한 지정상품이 둘 이상 있는 경우에는 지정상품마다 청구할 수 있다.

1. 상품분류전환등록이 해당 등록상표의 지정상품이 아닌 상품으로 되거나 지정상품의 범위가 실질적으로 확장된 경우
2. 상품분류전환등록이 해당 등록상표의 상표권자가 아닌 자의 신청에 의하여 이루어진 경우
3. 상품분류전환등록이 제209조제3항에 위반되는 경우

② 상품분류전환등록의 무효심판에 관하여는 제117조제2항 및 제5항을 준용한다.

③ 상품분류전환등록을 무효로 한다는 심결이 확정된 경우에는 해당 상품분류전환등록은 처음부터 없었던 것으로 본다.

제11장 보 칙

제215조(서류의 열람 등) 상표등록출원 및 심판에 관한 증명, 서류의 등본 또는 초본의 발급, 상표원부 및 서류의 열람 또는 복사를 원하는 자는 특허청장 또는 특허심판원장에게 서류의 열람 등의 허가를 신청할 수 있다.

제216조(상표등록출원·심사·심판 등에 관한 서류의 반출과 공개 금지) ① 상표등록출원, 심사, 이의신청, 심판 또는 재심에 관한 서류나 상표원부는 다음 각 호의 어느 하나에 해당하는 경우를 제외하고는 외부로 반출할 수 없다.

1. 제51조제1항부터 제3항까지의 규정에 따른 상표검색 등을 위하여 상표등록출원, 지리적 표시 단체표장등록출원, 심사 또는 이의신청에 관한 서류를 반출하는 경우
2. 제217조제2항에 따른 상표문서 전자화업무의 위탁을 위하여 상표등록출원, 심사, 이의신청, 심판 또는 재심에 관한 서류나 상표원부를 반출하는 경우
3. 「전자정부법」 제32조제3항에 따른 온라인 원격근무를 위하여 상표등록출원, 심사, 이의신청, 심판 또는 재심에 관한 서류나 상표원부를 반출하는 경우

② 상표등록출원, 심사, 이의신청, 심판 또는 재심으로 계속 중인 사건의 내용이나 상표등록여부결정, 심결 또는 결정의 내용에 관하여는 감정·증언을 하거나 질의에 응답할 수 없다.

제217조(상표문서 전자화업무의 대행) ① 특허청장은 상표에 관한 절차를 효율적으로 처리하기 위하여 상표등록출원, 심사, 심판, 재심에 관한 서류 또는 상표원부를 전산정보처리조직과 전산정보처리조직의 이용기술을 활용하여 전자화하는 업무 또는 이와 유사한 업무(이하 "상표문서 전자화업무"라 한다)를 할 수 있다.

② 특허청장은 상표문서 전자화업무를 산업통상자원부령으로 정하는 시설 및 인력을 갖춘 법인에 위탁하여 수행하게 할 수 있다.

③ 특허청장은 제30조제1항에 따른 전자문서로 제출되지 아니한 상표등록출원서, 그 밖에 산업통상자원부령으로 정하는 서류를 이 조 제1항에 따라 전자화하고 특허청 또는 특허심판원에서 사용하는 전산정보처리조직의 파일에 수록할 수 있다.

④ 제3항에 따라 파일에 수록된 내용은 해당 서류에 적힌 내용과 같은 것으로 본다.

⑤ 상표문서 전자화업무의 수행방법과 그 밖에 상표문서 전자화업무의 수행을 위하여 필요한 사항은 산업통상자원부령으로 정한다.

⑥ 특허청장은 제2항에 따라 상표문서 전자화업무를 위탁받은 자(이하 이 항에서 "상표문서 전자화기관"이라 한다)가 같은 항에 따른 산업통상자원부령으로 정하는 시설 및 인력기준에 미치지 못하는 경우에는 시정을 명할 수 있으며, 상표문서 전자화기관이 시정명령에 따르지 아니하면 상표문서 전자화업무의 위탁을 취소할 수 있다.

제218조(서류의 송달) 이 법에 규정된 서류의 송달절차 등에 관하여 필요한 사항은 대통령령으로 정한다.

제219조(공시송달) ① 송달을 받을 자의 주소나 영업소가 불분명하여 송달할 수 없을 경우에는 공시송달을 하여야 한다.

② 공시송달은 서류를 송달받을 자에게 어느 때라도 교부한다는 뜻을 상표공보에 게재함으로써 한다.

③ 최초의 공시송달은 상표공보에 게재한 날부터 2주일이 지나면 그 효력이 발생한

다. 다만, 그 이후의 같은 당사자에 대한 공시송달은 상표공보에 게재한 날의 다음 날부터 그 효력이 발생한다.

제220조(재외자에 대한 송달) ① 재외자로서 상표관리인이 있으면 그 재외자에게 송달할 서류는 상표관리인에게 송달하여야 한다. 다만, 심사관이 제190조에 따라 국제사무국을 통하여 국제상표등록출원인에게 거절이유를 통지하는 경우에는 그러하지 아니하다.

② 재외자로서 상표관리인이 없으면 그 재외자에게 송달할 서류는 항공등기우편으로 발송할 수 있다.

③ 제2항에 따라 서류를 항공등기우편으로 발송하였을 경우에는 발송을 한 날에 송달된 것으로 본다.

제221조(상표공보) ① 특허청장은 상표공보를 발행하여야 한다.

② 상표공보는 산업통상자원부령으로 정하는 바에 따라 전자적 매체로 발행할 수 있다.

③ 특허청장은 전자적 매체로 상표공보를 발행하는 경우에는 정보통신망을 활용하여 상표공보의 발행 사실, 주요 목록 및 공시송달에 관한 사항을 알려야 한다.

④ 상표공보에 게재할 사항은 대통령령으로 정한다.

제222조(등록상표의 표시) 상표권자·전용사용권자 또는 통상사용권자는 등록상표를 사용할 때에 해당 상표가 등록상표임을 표시할 수 있다.

제223조(동음이의어 지리적 표시 등록단체표장의 표시) 둘 이상의 지리적 표시 등록단체표장이 서로 동음이의어 지리적 표시에 해당하는 경우 각 단체표장권자와 그 소속 단체원은 지리적 출처에 대하여 수요자가 혼동하지 아니하도록 하는 표시를 등록단체표장과 함께 사용하여야 한다.

제224조(거짓 표시의 금지) ① 누구든지 다음 각 호의 어느 하나에 해당하는 행위를 해서는 아니 된다.

1. 등록을 하지 아니한 상표 또는 상표등록출원을 하지 아니한 상표를 등록상표 또는 등록출원상표인 것같이 상품에 표시하는 행위
2. 등록을 하지 아니한 상표 또는 상표등록출원을 하지 아니한 상표를 등록상표 또는 등록출원상표인 것같이 영업용 광고, 간판, 표찰, 상품의 포장 또는 그 밖의 영업용 거래 서류 등에 표시하는 행위
3. 지정상품 외의 상품에 대하여 등록상표를 사용하는 경우에 그 상표에 상표등록 표시 또는 이와 혼동하기 쉬운 표시를 하는 행위

② 제1항제1호 및 제2호에 따른 상표를 표시하는 행위에는 상품, 상품의 포장, 광고, 간판 또는 표찰을 표장의 형상으로 하는 것을 포함한다.

제225조(등록상표와 유사한 상표 등에 대한 특칙) ① 제89조, 제92조, 제95조제3항, 제97조제2항, 제104조, 제110조제4항, 제119조제1항제3호 및 같은 조 제3항, 제160조, 제222조 및 제224조에 따른 "등록상표"에는 그 등록상표와 유사한 상표로서 색채를 등록상표와 동일하게 하면 등록상표와 같은 상표라고 인정되는 상표가 포함되는 것으로 한다.

② 제108조제1항제1호 및 제119조제1항제1호에 따른 "등록상표와 유사한 상표"에는 그 등록상표와 유사한 상표로서 색채를 등록상표와 동일하게 하면 등록상표와 같은 상표라고 인정되는 상표가 포함되지 아니하는 것으로 한다.

③ 제108조제2항제1호에 따른 "타인의 지리적 표시 등록단체표장과 유사한 상표"에는 그 등록단체표장과 유사한 상표로서 색채를 등록단체표장과 동일하게 하면 등록단체표장과 같은 상표라고 인정되는 상표가 포함되지 아니하는 것으로 한다.

④ 제1항부터 제3항까지의 규정은 색채나 색채의 조합만으로 된 등록상표의 경우에는 적용하지 아니한다.

제226조(불복의 제한) ① 보정각하결정, 상표등록여부결정, 심결, 심판청구나 재심청구의 각하결정에 대해서는 다른 법률에 따른 불복을 할 수 없으며, 이 법에 따라 불복할 수 없도록 규정되어 있는 처분에 대해서는 다른 법률에 따른 불복을 할 수 없다.

② 제1항에 따른 처분 외의 처분에 대한 불복에 대해서는 「행정심판법」 또는 「행정소송법」에 따른다.

제227조(비밀유지명령) ① 법원은 상표권 또는 전용사용권의 침해에 관한 소송에서 어느 한쪽 당사자가 보유한 영업비밀(「부정경쟁방지 및 영업비밀보호에 관한 법률」 제2조제2호에 따른 영업비밀을 말하며, 이하 같다)에 대하여 다음 각 호의 사유를 모두 소명한 경우에는 그 당사자의 신청에 의하여 결정으로 다른 당사자(법인인 경우에는 그 대표자를 말한다), 당사자를 위하여 소송을 대리하는 자, 그 밖에 그 소송으로 인하여 영업비밀을 알게 된 자에게 그 영업비밀을 그 소송의 계속적인 수행 외의 목적으로 사용하거나 그 영업비밀에 관계된 이 항에 따른 명령을 받은 자 외의 자에게 공개하지 아니할 것을 명할 수 있다. 다만, 그 신청 시점까지 다른 당사자(법인인 경우에는 그 대표자를 말한다), 당사자를 위하여 소송을 대리하는 자, 그 밖에 그 소송으로 인하여 영업비밀을 알게 된 자가 제1호에 따른 준비서면의 열람이나 증거조사 외의 방법으로 그 영업비밀을 이미 취득하고 있는 경우에는 그러하지 아니하다.

1. 이미 제출하였거나 제출하여야 할 준비서면 또는 이미 조사하였거나 조사하여야 할 증거에 영업비밀이 포함되어 있다는 것
2. 제1호에 따른 영업비밀이 해당 소송 수행 외의 목적으로 사용되거나 공개되면 당

사자의 영업에 지장을 줄 우려가 있어 이를 방지하기 위하여 영업비밀의 사용 또는 공개를 제한할 필요가 있다는 것

② 제1항에 따른 명령(이하 "비밀유지명령"이라 한다)의 신청은 다음 각 호의 사항을 적은 서면으로 하여야 한다.

1. 비밀유지명령을 받을 자
2. 비밀유지명령의 대상이 될 영업비밀을 특정하기에 충분한 사실
3. 제1항 각 호의 사유에 해당하는 사실

③ 법원은 비밀유지명령이 결정된 경우에는 그 결정서를 비밀유지명령을 받은 자에게 송달하여야 한다.

④ 비밀유지명령은 제3항에 따른 결정서가 비밀유지명령을 받은 자에게 송달된 때부터 효력이 발생한다.

⑤ 비밀유지명령의 신청을 기각하거나 각하한 재판에 대해서는 즉시항고를 할 수 있다.

제228조(비밀유지명령의 취소) ① 비밀유지명령을 신청한 자 또는 비밀유지명령을 받은 자는 제227조제1항에 따른 요건을 갖추지 못하였거나 갖추지 못하게 된 경우 소송기록을 보관하고 있는 법원(소송기록을 보관하고 있는 법원이 없는 경우에는 비밀유지명령을 내린 법원을 말한다)에 비밀유지명령의 취소를 신청할 수 있다.

② 법원은 비밀유지명령의 취소 신청에 대한 재판이 있는 경우에는 그 결정서를 그 신청을 한 자 및 상대방에게 송달하여야 한다.

③ 비밀유지명령의 취소 신청에 대한 재판에 대해서는 즉시항고를 할 수 있다.

④ 비밀유지명령을 취소하는 재판은 확정되어야 그 효력이 발생한다.

⑤ 비밀유지명령을 취소하는 재판을 한 법원은 비밀유지명령의 취소 신청을 한 자 또는 상대방 외에 해당 영업비밀에 관한 비밀유지명령을 받은 자가 있는 경우에는 그 자에게 즉시 비밀유지명령의 취소 재판을 한 사실을 알려야 한다.

제229조(소송기록 열람 등의 청구 통지 등) ① 비밀유지명령이 내려진 소송(모든 비밀유지명령이 취소된 소송은 제외한다)에 관한 소송기록에 대하여 「민사소송법」 제163조제1항에 따른 열람 등의 제한 결정이 있는 경우로서, 그 소송에서 비밀유지명령을 받지 아니한 자가 열람 등이 가능한 당사자를 위하여 그 비밀 기재 부분의 열람 등의 청구절차를 밟은 경우에는 법원서기관, 법원사무관, 법원주사 또는 법원주사보(이하 이 조에서 "법원사무관등"이라 한다)는 「민사소송법」 제163조제1항에 따라 열람 등의 제한 신청을 한 당사자(그 열람 등의 청구를 한 자는 제외하며, 이하 제3항에서 같다)에게 그 청구 직후에 그 열람 등의 청구가 있었다는 사실을 알려야 한다.

② 제1항의 경우에 법원사무관등은 제1항에 따른 청구가 있었던 날부터 2주일이 지날

때까지 그 청구절차를 밟은 자에게 같은 항에 따른 비밀 기재 부분의 열람 등을 하게 해서는 아니 된다. 이 경우 그 청구절차를 밟은 자에 대한 비밀유지명령 신청이 그 기간 내에 이루어진 경우에는 그 신청에 대한 재판이 확정되는 시점까지 그 청구절차를 밟은 자에게 제1항에 따른 비밀 기재 부분의 열람 등을 하게 해서는 아니 된다.

③ 제2항은 제1항에 따라 열람 등의 청구를 한 자에게 제1항에 따른 비밀 기재 부분의 열람 등을 하게 하는 것에 대하여 「민사소송법」 제163조제1항에 따라 열람 등의 제한 신청을 한 당사자 모두의 동의가 있는 경우에는 적용되지 아니한다.

제12장 벌 칙

제230조(침해죄) 상표권 또는 전용사용권의 침해행위를 한 자는 7년 이하의 징역 또는 1억원 이하의 벌금에 처한다.

제231조(비밀유지명령 위반죄) ① 국내외에서 정당한 사유 없이 비밀유지명령을 위반한 자는 5년 이하의 징역 또는 5천만원 이하의 벌금에 처한다.

② 제1항의 죄에 대해서는 비밀유지명령을 신청한 자의 고소가 있어야 공소를 제기할 수 있다.

제232조(위증죄) ① 이 법에 따라 선서한 증인, 감정인 또는 통역인이 특허심판원에 대하여 거짓의 진술·감정 또는 통역을 하였을 경우에는 5년 이하의 징역 또는 1천만원 이하의 벌금에 처한다.

② 제1항에 따른 죄를 범한 자가 그 사건의 상표등록여부결정 또는 심결의 확정 전에 자수하였을 경우에는 그 형을 감경하거나 면제할 수 있다.

제233조(거짓 표시의 죄) 제224조를 위반한 자는 3년 이하의 징역 또는 2천만원 이하의 벌금에 처한다.

제234조(거짓 행위의 죄) 거짓이나 그 밖의 부정한 행위를 하여 상표등록, 지정상품의 추가등록, 존속기간갱신등록, 상품분류전환등록 또는 심결을 받은 자는 3년 이하의 징역 또는 2천만원 이하의 벌금에 처한다.

제235조(양벌규정) 법인의 대표자나 법인 또는 개인의 대리인, 사용인, 그 밖의 종업원이 그 법인 또는 개인의 업무에 관하여 제230조, 제233조 또는 제234조의 위반행위를 하면 그 행위자를 벌하는 외에 그 법인에는 다음 각 호의 구분에 따른 벌금형을 과(科)하고, 그 개인에게는 해당 조문의 벌금형을 과한다. 다만, 법인 또는 개인이 그 위반행위를 방지하기 위하여 해당 업무에 관하여 상당한 주의와 감독을 게을리하지 아니한 경우에는 그러하지 아니하다.

1. 제230조를 위반한 경우: 3억원 이하의 벌금
2. 제233조 또는 제234조를 위반한 경우: 6천만원 이하의 벌금

제236조(몰수) ① 제230조에 따른 상표권 또는 전용사용권의 침해행위에 제공되거나 그 침해행위로 인하여 생긴 상표·포장 또는 상품(이하 이 항에서 "침해물"이라 한다)과 그 침해물 제작에 주로 사용하기 위하여 제공된 제작 용구 또는 재료는 몰수한다.

② 제1항에도 불구하고 상품이 그 기능 및 외관을 해치지 아니하고 상표 또는 포장과 쉽게 분리될 수 있는 경우에는 그 상품은 몰수하지 아니할 수 있다.

제237조(과태료) ① 다음 각 호의 어느 하나에 해당하는 자에게는 50만원 이하의 과태료를 부과한다.

1. 제141조제7항에 따라 준용되는 「민사소송법」 제299조제2항 또는 제367조에 따라 선서를 한 사람으로서 특허심판원에 대하여 거짓 진술을 한 사람
2. 특허심판원으로부터 증거조사 또는 증거보전에 관하여 서류나 그 밖의 물건의 제출 또는 제시 명령을 받은 자로서 정당한 이유 없이 그 명령에 따르지 아니한 자
3. 특허심판원으로부터 증인, 감정인 또는 통역인으로 출석이 요구된 사람으로서 정당한 이유 없이 출석요구에 응하지 아니하거나 선서·진술·증언·감정 또는 통역을 거부한 사람

② 제1항에 따른 과태료는 대통령령으로 정하는 바에 따라 특허청장이 부과·징수한다.

부칙 〈제14033호,2016.2.29〉

제1조(시행일) 이 법은 공포 후 6개월이 경과한 날부터 시행한다.

제2조(일반적 적용례) ① 이 법은 이 법 시행 이후 출원한 상표등록출원부터 적용한다.

② 이 법 중 심판청구에 관한 개정규정은 이 법 시행 이후 심판청구한 경우부터 적용한다. 다만, 제79조제1항 및 제2항의 개정규정은 법률 제13848호 상표법 일부개정법률의 시행일인 2016년 4월 28일 이후에 보정각하결정 또는 거절결정이 취소되거나 취하된 심판청구, 각하결정이 확정된 심판청구, 참가신청이 취하되거나 거부된 심판청구에 대해서도 적용한다.

제3조(절차의 무효에 관한 적용례) 제18조제2항 본문의 개정규정은 이 법 시행 전에 보정명령을 받은 자가 책임질 수 없는 사유로 보정기간을 지키지 못하여 상표에 관한 절차가 무효로 된 경우로서 이 법 시행 당시 그 사유가 소멸한 날부터 2개월이 지나지 아니한 경우에도 적용한다.

제4조(상표등록을 받을 수 없는 상표에 관한 적용례) 제34조제1항의 개정규정(같은 항

제21호의 개정규정은 제외한다)은 이 법 시행 전에 출원된 상표등록출원으로서 이 법 시행 이후 상표등록결정을 하는 경우에도 적용한다.

제5조(출원공고결정 전 보정에 관한 적용례) 제40조제1항의 개정규정은 이 법 시행 전에 출원된 상표등록출원의 경우에도 적용한다.

제6조(상표등록료 납부 또는 보전에 의한 상표등록출원의 회복 등에 관한 적용례) ① 제77조제1항 각 호 외의 부분 본문의 개정규정은 이 법 시행 전에 출원인 등이 책임질 수 없는 사유로 상표등록료 납부기간 내에 상표등록료를 내지 아니하거나 보전기간 내에 보전하지 아니한 경우로서 이 법 시행 당시 그 사유가 소멸한 날부터 2개월이 지나지 아니한 경우에도 적용한다.

② 제77조제1항 각 호 외의 부분 단서의 개정규정은 이 법 시행 전에 출원인 등이 책임질 수 없는 사유로 상표등록료 납부기간 내에 상표등록료를 내지 아니하거나 보전기간 내에 보전하지 아니한 경우로서 이 법 시행 당시 그 납부기간의 만료일 또는 보전기간의 만료일 중 늦은 날부터 1년이 지나지 아니한 경우에도 적용한다.

제7조(상표권 설정등록의 공고에 관한 적용례) 제82조제3항의 개정규정은 이 법 시행 이후 상표권의 설정등록을 하는 경우부터 적용한다.

제8조(심판청구서 등의 각하에 관한 적용례) 제127조제2항의 개정규정은 이 법 시행 이후 청구되는 심판부터 적용한다.

제9조(일반적 경과조치) 이 법 시행 전에 종전의 규정에 따라 출원된 상표등록출원에 대해서는 종전의 규정에 따른다.

제10조(서비스표에 관한 경과조치) 이 법 시행 당시 종전의 규정에 따라 서비스표로 등록출원되었거나 등록된 경우에 대해서는 제2조제3항, 제3조제4항 및 제44조제1항의 개정규정에도 불구하고 종전의 규정에 따른다.

제11조(금치산자 등에 대한 경과조치) 제4조제1항의 개정규정에 따른 피성년후견인 및 피한정후견인에는 법률 제10429호 민법 일부개정법률 부칙 제2조에 따라 금치산 또는 한정치산 선고의 효력이 유지되는 자가 포함되는 것으로 본다.

제12조(상표등록출원서 제출에 관한 경과조치) 이 법 시행 당시 종전의 규정에 따라 유구분(類區分)을 기재하여 제출된 상표등록출원서는 제36조제1항의 개정규정에 따라 제출된 상표등록출원서로 본다.

제13조(수정정관 등의 제출에 관한 경과조치) 이 법 시행 전에 정관 또는 규약을 수정한 경우에 대해서는 제43조의 개정규정에도 불구하고 종전의 규정에 따른다.

제14조(전문조사기관에 대한 경과조치) 이 법 시행 당시 종전의 규정에 따라 지정된 전문조사기관은 제51조의 개정규정에 따라 지정된 전문기관으로 본다.

제15조(상표등록거절결정 및 거절이유 통지의 사유 등에 관한 경과조치) ① 이 법 시행 당시 조약당사국에 등록된 상표 또는 이와 유사한 상표로서 그 등록된 상표에 관한 권리를 가진 자의 대리인이나 대표자 또는 상표등록출원일 전 1년 이내에 대리인이나 대표자였던 자가 그 상품에 관한 권리를 가진 자의 동의를 받지 아니하는 등 정당한 이유 없이 그 상표의 지정상품과 동일·유사한 상품을 지정상품으로 상표등록출원한 상표(이하 이 조에서 "해당 상표"이라 한다)에 해당한다는 이유로 등록거절결정 또는 거절이유 통지를 받은 경우에 대해서는 제54조의 개정규정에도 불구하고 종전의 규정에 따른다.

② 이 법 시행 당시 해당 상표가 상표등록된 경우로서 조약당사국에 등록된 상표에 관한 권리를 가진 자가 종전의 규정에 따라 해당 상표의 등록일부터 5년 이내에 취소심판을 청구한 경우에는 제119조제1항의 개정규정에도 불구하고 종전의 규정에 따른다.

제16조(직권보정에 관한 경과조치) 이 법 시행 전에 상표등록출원서에 대하여 직권보정이 이루어진 경우에는 제59조의 개정규정에도 불구하고 종전의 규정에 따른다.

제17조(종전 법률의 개정에 따른 사용권의 효력에 관한 경과조치) 법률 제4210호 商標法改正法律(이하 이 조에서 "같은 법"이라 한다)의 시행일인 1990년 9월 1일 전에 같은 법으로 개정되기 전의 규정(이하 이 조에서 "종전의 규정"이라 한다)에 따라 등록된 사용권의 효력은 종전의 규정에 따른다.

제18조(다른 법률의 개정) ① 농수산물 품질관리법 일부를 다음과 같이 개정한다.

제37조제2항 중 "「상표법」 제67조 및 제70조"를 "「상표법」 제110조 및 제114조"로 한다.

② 법원조직법 일부를 다음과 같이 개정한다.

제28조의4제1호 중 "「상표법」 제85조의3제1항"을 "「상표법」 제162조"로 한다.

③ 부정경쟁방지 및 영업비밀보호에 관한 법률 일부를 다음과 같이 개정한다.

제16조제1항 중 "「상표법」 제2조제1항제6호"를 "「상표법」 제2조제1항제10호"로 한다.

④ 지방세법 일부를 다음과 같이 개정한다.

제28조제1항제12호가목 중 "「상표법」 제41조 및 제43조"를 "「상표법」 제82조 및 제84조"로 한다.

제28조제1항제12호나목1) 및 2)의 규정 외의 부분 중 "「상표법」 제86조의30제2항"을 "「상표법」 제196조제2항"으로 한다.

제31조제1항 중 "「상표법」 제86조의31"을 "「상표법」 제197조"로 한다.

제19조(다른 법령과의 관계) 이 법 시행 당시 다른 법령에서 종전의 「상표법」의 규정을 인용하고 있는 경우에 이 법 가운데 그에 해당하는 규정이 있을 때에는 종전의 규정을 갈음하여 이 법의 해당 규정을 인용한 것으로 본다.

상표법 시행령

(대통령령 제27331호, 시행일: 2016년 9월 1일)

제1조(목적) 이 영은 「상표법」에서 위임된 사항과 그 시행에 필요한 사항을 규정함을 목적으로 한다.

제2조(표장의 구분) 「상표법」(이하 "법"이라 한다) 제2조제1항제2호에 따른 표장은 다음 각 호로 구분한다.

1. 기호, 문자, 숫자, 도형, 도안, 입체적 형상, 이들의 결합 또는 이들에 색채를 결합한 것
2. 단일의 색채, 색채의 조합, 홀로그램, 연속된 동작 등 시각적으로 인식할 수 있는 것
3. 소리·냄새 등 시각적으로 인식할 수 없는 것

제3조(단체표장 사용에 관한 정관의 기재사항) ① 법 제36조제3항에서 "대통령령으로 정하는 단체표장의 사용에 관한 사항"이란 다음 각 호의 사항을 말한다.

1. 단체표장을 사용하는 소속 단체원의 가입자격·가입조건 및 탈퇴
2. 단체표장의 사용조건
3. 제2호의 사용조건을 위반한 자에 대한 제재
4. 그 밖에 단체표장 사용에 필요한 사항

② 지리적 표시 단체표장의 경우에는 제1항 각 호의 사항 외에 다음 각 호의 사항을 포함한다.

1. 상품의 특정 품질·명성 또는 그 밖의 특성
2. 지리적 환경과 상품의 특정 품질·명성 또는 그 밖의 특성과의 본질적 연관성
3. 지리적 표시의 대상 지역
4. 상품의 특정 품질·명성 또는 그 밖의 특성에 대한 자체관리기준 및 유지·관리 방안

제4조(증명표장 사용에 관한 사항을 정한 서류 등의 기재사항) ① 법 제36조제4항에서 "대통령령으로 정하는 증명표장의 사용에 관한 사항"이란 다음 각 호의 사항을 말한다.

1. 증명하려는 상품의 품질, 원산지, 생산방법이나 그 밖의 특성(이하 "품질등"이라 한다)
2. 증명표장의 사용조건
3. 제2호의 사용조건을 위반한 자에 대한 제재

4. 그 밖에 증명표장 사용에 필요한 사항

② 법 제36조제4항에 따른 품질등을 증명하고 관리할 수 있음을 증명하는 서류에는 다음 각 호의 사항이 포함되어야 한다.

1. 증명하려는 상품의 품질등에 대한 시험·검사의 기준, 절차 및 방법 등
2. 증명하려는 상품의 품질등을 증명하고 관리하기 위하여 필요한 전문설비, 전문인력 등
3. 증명표장 사용자에 대한 관리·감독 등
4. 그 밖에 증명하려는 상품의 품질등을 증명하고 관리할 수 있음을 객관적으로 증명할 수 있는 사항

제5조(지리적 표시의 정의와 일치함을 증명할 수 있는 서류) 지리적 표시 단체표장등록이나 지리적 표시 증명표장등록을 받으려는 자는 법 제36조제5항에 따라 같은 조 제3항 또는 제4항의 서류 외에 지리적 표시의 정의와 일치함을 증명할 수 있는 다음 각 호의 서류를 첨부하여야 한다.

1. 상품의 특정 품질·명성 또는 그 밖의 특성에 관한 서류
2. 지리적 환경과 상품의 특정 품질·명성 또는 그 밖의 특성과의 본질적 연관성에 관한 서류
3. 지리적 표시의 대상 지역에 관한 서류

제6조(증명표장등록출원에 관한 의견 청취 등) 특허청장은 증명표장등록출원의 심사에 필요한 경우 다음 각 호의 사항에 대하여 관계 행정기관이나 상품에 관한 지식과 경험이 풍부한 사람의 의견을 듣거나 자료 제출 등의 협조를 요청할 수 있다.

1. 증명하려는 상품의 품질등에 관한 사항
2. 증명표장등록출원인이 해당 상품의 품질등을 증명하고 관리할 수 있는 능력을 갖추고 있는지에 관한 사항
3. 그 밖에 증명표장등록의 요건에 관한 사항

제7조(지리적 표시 단체표장등록출원에 관한 지방자치단체의 의견 청취 등) ① 특허청장은 지리적 표시 단체표장등록출원의 심사에 필요한 경우 다음 각 호의 사항에 대하여 관련 지방자치단체의 의견을 듣거나 자료 제출 등의 협조를 요청할 수 있다.

1. 지리적 표시를 사용할 수 있는 해당 상품(이하 "지리적 표시 해당 상품"이라 한다)의 생산·제조·가공 및 유통에 관한 사항
2. 지리적 표시 해당 상품의 생산자 단체 등 지리적 표시 상품 현황에 관한 사항
3. 출원인이 그 지역의 생산자 등을 대표할 수 있는 자격이나 능력을 갖추고 있는지에 관한 사항

4. 그 밖에 지리적 표시 해당 상품의 특성, 지리적 환경과 상품의 특정 품질과의 본질적 연관성 등 지리적 표시 단체표장의 등록요건에 관한 사항

② 지리적 표시의 대상 지역을 관할하는 지방자치단체의 장은 해당 지리적 표시 단체표장등록출원에 대하여 특허청장에게 다음 각 호의 사항에 관한 의견을 제출할 수 있다.

1. 출원인이 지리적 표시 해당 상품의 생산·제조·가공 및 유통과 관련하여 그 지역의 생산자 등을 대표할 수 있는 자격이나 능력을 갖추고 있는지 여부
2. 지리적 표시 해당 상품의 특성, 지리적 표시의 대상 지역 및 자체관리기준 등이 적절한지 여부

③ 지리적 표시의 대상 지역을 관할하는 지방자치단체의 장은 지리적 표시의 적절한 보호를 위하여 필요한 경우에는 출원인과 협의하거나 조정할 수 있다.

제8조(단체표장등록출원 등의 이전) ① 법 제48조제7항 단서에 따라 단체표장등록출원의 이전허가를 받으려는 자는 산업통상자원부령으로 정하는 이전허가신청서에 다음 각 호의 서류를 첨부하여 특허청장에게 제출하여야 한다.

1. 법인의 합병을 증명하는 서류
2. 합병 후 존속하는 법인의 정관(제3조 각 호에 따른 단체표장의 사용에 관한 사항이 포함된 것을 말한다)

② 법 제48조제8항 단서에 따라 증명표장등록출원의 이전허가를 받으려는 자는 산업통상자원부령으로 정하는 이전허가신청서에 다음 각 호의 서류를 첨부하여 특허청장에게 제출하여야 한다.

1. 증명표장등록출원을 그 증명표장의 업무와 함께 이전함을 증명하는 서류
2. 증명표장등록출원을 이전받을 자가 사용할 법 제36조제4항에 따른 정관 또는 규약
3. 제4조제1항에 따른 증명표장 사용에 관한 사항을 정한 서류
4. 제4조제2항에 따른 증명하려는 상품의 품질등을 증명하고 관리할 수 있음을 증명하는 서류

제9조(심사관의 자격) ① 법 제50조제1항에 따른 심사관이 될 수 있는 사람은 다음 각 호의 어느 하나에 해당하는 특허청 또는 그 소속기관 공무원으로서 국제지식재산연수원에서 심사관 연수과정을 수료한 사람으로 한다. 다만, 「국가공무원법」 제28조의4제1항에 따른 개방형 직위로 지정된 심사관으로 임용될 수 있는 사람은 같은 조 제2항에 따라 설정된 직무수행요건을 갖춘 사람으로 하고, 같은 법 제28조의5제1항에 따른 공모 직위로 지정된 심사관으로 임용될 수 있는 사람은 같은 조 제2항에 따라 설정된 직무수행요건을 갖춘 사람으로 한다.

1. 고위공무원단에 속하는 일반직공무원

2. 5급 이상의 일반직 국가공무원
3. 6급 일반직 국가공무원(「공무원임용령」 별표 4의2에 따른 전문임기제공무원 가급 또는 나급의 자격기준을 충족하는 사람으로 한정한다)

② 제1항 각 호에 따른 심사관 자격의 직급에 해당하는 공무원(고위공무원단에 속하는 일반직공무원을 포함한다)으로서 변리사 자격이 있는 사람은 제1항 각 호 외의 부분 본문에도 불구하고 심사관이 될 수 있다.

③ 제1항 각 호 외의 부분 본문에 따른 심사관의 연수에 관한 사항은 특허청장이 정한다.

제10조(전문기관의 지정기준 등) ① 특허청장은 법 제51조제1항에 따라 다음 각 호의 요건을 모두 갖춘 법인을 전문기관으로 지정할 수 있다.

1. 업무에 필요한 장비를 보유할 것
2. 업무를 수행할 수 있는 전담인력 및 조직을 확보할 것
3. 업무 수행의 독립성과 공정성을 보장할 수 있는 업무처리기준을 갖출 것
4. 업무와 관련된 비밀의 누설 방지를 위한 보안체계를 갖출 것
5. 법 제52조제1항제1호의 사유로 전문기관 지정이 취소된 법인 또는 취소 당시에 그 법인에서 임원으로 있던 사람이 소속되어 있는 법인인 경우 그 지정이 취소된 지 2년이 지났을 것

② 전문기관으로 지정받으려는 자는 전문기관 지정신청서에 제1항 각 호의 요건을 모두 갖추었음을 증명하는 서류를 첨부하여 특허청장에게 제출하여야 한다.

③ 제1항 각 호의 요건에 따른 세부기준과 전문기관의 지정·운영에 필요한 사항은 특허청장이 정하여 고시한다.

제11조(전문기관의 업무 등) ① 법 제51조제1항제3호에서 "상표의 사용실태 조사 등 대통령령으로 정하는 업무"란 다음 각 호의 업무를 말한다.

1. 상표의 사용실태 조사
2. 상품의 거래실태 조사
3. 국제상표등록출원에 관한 번역
4. 상표심사자료의 구축 및 관리
5. 상표의 객관적 인지도 조사
6. 그 밖에 특허청장이 상표등록출원의 심사에 필요하다고 인정하는 업무

② 전문기관은 법 제51조제1항에 따라 특허청장으로부터 의뢰받은 업무를 공정하게 처리하고, 그 처리 결과를 신속히 특허청장에게 통지하여야 한다.

③ 특허청장은 제2항에 따라 통지받은 업무의 처리 결과에 대하여 추가 조사 등이 필

요하다고 판단되는 경우에는 조사 범위 등을 정하여 그 전문기관의 장에게 업무를 다시 의뢰할 수 있다.

제12조(우선심사의 대상) 법 제53조제2항제2호에서 "출원인이 상표등록출원한 상표를 지정상품의 전부에 사용하고 있는 등 대통령령으로 정하는 상표등록출원으로서 긴급한 처리가 필요하다고 인정되는 경우"란 다음 각 호의 어느 하나에 해당하는 경우를 말한다.

1. 상표등록출원인이 상표등록출원한 상표를 지정상품 전부에 대하여 사용하고 있거나 사용할 준비를 하고 있음이 명백한 경우
2. 상표등록출원인이 그 상표등록출원과 관련하여 다른 상표등록출원인으로부터 법 제58조제1항에 따른 서면 경고를 받은 경우
3. 상표등록출원인이 그 상표등록출원과 관련하여 법 제58조제1항에 따른 서면 경고를 한 경우
4. 법 제167조에 따른 마드리드 의정서(이하 "마드리드 의정서"라 한다)에 따른 국제출원의 기초가 되는 상표등록출원을 한 경우로서 마드리드 의정서에 따른 국제등록일 또는 사후지정일이 국제등록부에 등록된 경우
5. 「조달사업에 관한 법률」 제9조의2제1항제2호에 따른 중소기업자가 공동으로 설립한 법인이 출원한 단체표장인 경우
6. 조약에 따른 우선권 주장의 기초가 되는 상표등록출원을 한 경우로서 외국 특허기관에서 우선권 주장을 수반한 출원에 관한 절차가 진행 중인 경우
7. 존속기간 만료로 소멸한 등록상표의 상표권자가 상표등록출원을 한 경우로서 그 표장과 지정상품이 존속기간 만료로 소멸한 등록상표의 표장 및 지정상품과 전부 동일한 경우

제13조(우선심사의 신청 등) ① 법 제53조제2항에 따른 우선심사를 신청하려는 자는 산업통상자원부령으로 정하는 우선심사신청서에 산업통상자원부령으로 정하는 서류를 첨부하여 특허청장에게 제출하여야 한다.

② 특허청장은 제1항에 따른 우선심사 신청을 받은 경우에는 우선심사 여부를 결정하여 신청인에게 통지하여야 한다.

③ 제2항에 따른 우선심사 여부 결정에 필요한 사항은 특허청장이 정하여 고시한다.

제14조(상표공보에 게재하는 등록공고 사항) ① 법 제82조제3항에서 "상표권자의 성명·주소 및 상표등록번호 등 대통령령으로 정하는 사항"이란 다음 각 호의 사항을 말한다.

1. 상표권자의 성명과 주소(법인인 경우에는 그 명칭과 영업소의 소재지). 다만, 자연인인 상표권자의 신청이 있으면 주소의 일부만을 게재할 수 있다.

2. 표장(제2조제3호에 해당하는 표장의 경우에는 "견본 없음"이라고 표시한다)
3. 지정상품 및 상품류
4. 상표등록출원번호 및 상표등록출원일(법 제180조제1항에 따른 국제상표등록출원인 경우에는 국제등록번호 및 같은 조 제2항에 따른 국제등록일이나 사후지정일)
5. 출원공고번호 및 출원공고일
6. 상표등록번호 및 상표등록일
7. 상표등록공보번호 및 상표등록공고일
8. 조약에 따른 우선권 주장에 관한 사항(법 제46조제1항에 따른 우선권을 주장하는 상표등록출원인 경우만 해당한다)
9. 상표에 대한 설명(제2조제2호에 해당하는 표장만으로 된 상표 및 같은 조 제3호에 해당하는 표장을 포함하는 상표인 경우만 해당한다)
10. 제2조제3호에 해당하는 표장을 포함하는 상표의 경우 시각적 표현(해당 표장을 문자·숫자·기호·도형 또는 그 밖의 방법을 통하여 시각적으로 인식하고 특정할 수 있도록 구체적으로 표현한 것을 말한다. 이하 같다)에 관한 사항
11. 시각적 표현에 합치하는 소리파일(소리상표인 경우만 해당한다)
12. 법 제33조제2항에 해당함을 나타내는 취지(같은 항에 해당하여 등록결정된 상표등록출원인 경우만 해당한다)
13. 지리적 표시 단체표장 또는 지리적 표시 증명표장이라는 취지(지리적 표시 단체표장 또는 지리적 표시 증명표장만 해당한다)
14. 법 제36조제3항 및 제4항에 따른 정관 또는 규약의 요약서(단체표장, 지리적 표시 단체표장, 증명표장 및 지리적 표시 증명표장만 해당하며, 법 제43조제1항 또는 제2항에 따라 수정된 정관 또는 규약은 수정된 것으로 한다)
15. 지정상품을 추가하려는 상표의 상표등록번호 또는 상표등록출원번호(지정상품 추가등록인 경우만 해당한다)
16. 그 밖에 특허청장이 게재할 필요가 있다고 인정하는 사항

② 제1항제1호 단서에 따른 신청의 방법·절차와 주소의 게재 범위는 특허청장이 정하여 고시한다.

제15조(단체표장권 등의 이전) ① 법 제93조제6항 단서에 따라 단체표장권의 이전허가를 받으려는 자는 산업통상자원부령으로 정하는 이전허가신청서에 제8조제1항 각 호의 서류를 첨부하여 특허청장에게 제출하여야 한다.

② 법 제93조제7항 단서에 따라 증명표장권의 이전허가를 받으려는 자는 산업통상자원부령으로 정하는 이전허가신청서에 다음 각 호의 서류를 첨부하여 특허청장에게

제출하여야 한다.

1. 증명표장권을 그 증명표장의 업무와 함께 이전함을 증명하는 서류
2. 증명표장권을 이전받을 자가 사용할 법 제36조제4항에 따른 정관 또는 규약
3. 제8조제2항제3호 및 제4호의 서류

제16조(심판관 등의 자격) ① 법 제129조제2항에 따른 심판관이 될 수 있는 사람은 특허청이나 그 소속기관의 고위공무원단에 속하는 일반직공무원 또는 같은 기관의 4급 이상 일반직 국가공무원 중 다음 각 호의 어느 하나에 해당하는 사람으로서 국제지식재산연수원에서 심판관 연수과정을 수료한 사람으로 한다. 다만, 「국가공무원법」 제28조의4제1항에 따른 개방형 직위로 지정된 심판관으로 임용될 수 있는 사람은 같은 조 제2항에 따라 설정된 직무수행요건을 갖춘 사람으로 하고, 같은 법 제28조의5제1항에 따른 공모 직위로 지정된 심판관으로 임용될 수 있는 사람은 같은 조 제2항에 따라 설정된 직무수행요건을 갖춘 사람으로 한다.

1. 특허청에서 2년 이상 심사관으로 재직한 사람
2. 다음 각 목의 기간을 합한 기간이 2년 이상인 사람
   가. 고위공무원단에 속하는 일반직공무원 또는 5급 이상 일반직 국가공무원으로서 특허심판원에서 심판 업무에 직접 종사한 기간
   나. 특허청에서 심사관으로 재직한 기간

② 법 제131조제1항에 따른 심판장이 될 수 있는 사람은 특허청 또는 그 소속기관의 고위공무원단에 속하는 일반직공무원 또는 같은 기관의 3급 일반직 국가공무원으로서 다음 각 호의 어느 하나에 해당하는 사람으로 한다. 다만, 「국가공무원법」 제28조의4제1항에 따른 개방형 직위로 지정된 심판장으로 임용될 수 있는 사람은 같은 조 제2항에 따라 설정된 직무수행요건을 갖춘 사람으로 하고, 같은 법 제28조의5제1항에 따른 공모 직위로 지정된 심판장으로 임용될 수 있는 사람은 같은 조 제2항에 따라 설정된 직무수행요건을 갖춘 사람으로 한다.

1. 특허심판원에서 2년 이상 심판관으로 재직한 사람
2. 제1항에 따른 심판관 자격을 갖춘 사람으로서 3년 이상 특허청 또는 그 소속기관에서 심사 또는 심판 사무에 종사한 사람

③ 특허심판원장이 될 수 있는 사람은 심판관 자격이 있는 사람으로 한다.

④ 제1항부터 제3항까지의 규정에 따른 심판관, 심판장 또는 특허심판원장의 자격의 직급에 해당하는 공무원(고위공무원단에 속하는 일반직공무원을 포함한다)으로서 변리사 자격이 있는 사람은 제1항부터 제3항까지의 규정에도 불구하고 각각 심판관, 심판장 또는 특허심판원장이 될 수 있다.

⑤ 제1항 본문에 따른 심판관 연수에 필요한 사항은 특허청장이 정한다.

제17조(지리적 표시 단체표장의 국제상표등록출원 시 제출 서류) 법 제182조제3항 후단에서 "대통령령으로 정하는 서류"란 제5조 각 호의 서류를 말한다.

제18조(서류의 송달 등) ① 법 제218조에 따른 서류의 송달절차는 다음 각 호의 어느 하나에 해당하는 방법으로 한다.

1. 당사자나 그 대리인이 특허청 또는 특허심판원에서 직접 수령하는 방법
2. 당사자나 그 대리인이 정보통신망을 이용하여 수령하는 방법
3. 등기우편으로 발송하는 방법

② 특허청장이나 특허심판원장은 제1항에 따라 서류를 송달하였으면 다음 각 호의 구분에 따라 수령증 등을 보관하여야 한다.

1. 제1항제1호의 경우: 수령일 및 수령자의 성명이 적힌 수령증
2. 제1항제2호의 경우: 특허청이나 특허심판원이 운영하는 발송용 전산정보처리조직의 파일에 기록된 내용
3. 제1항제3호의 경우: 등기우편물 수령증

③ 상표등록 이의신청, 심판, 재심에 관한 심결 또는 결정의 등본은 제1항에도 불구하고 「우편법」 제15조제3항에 따른 선택적 우편역무 중 산업통상자원부령으로 정하는 종류로 송달하여야 한다. 다만, 법 제31조제1항에 따른 전자문서 이용신고를 한 자에게는 정보통신망을 이용하여 송달할 수 있다.

④ 송달을 하는 경우에는 법이나 이 영에 특별한 규정이 없으면 송달을 받는 자에게 서류의 등본을 보내야 하며, 송달할 서류의 제출을 갈음하여 조서를 작성하였을 때에는 그 조서의 등본이나 초본을 보내야 한다.

⑤ 다음 각 호의 어느 하나에 해당하는 경우에는 각 호에서 정한 자에게 서류를 송달한다.

1. 미성년자, 피한정후견인(상표권 또는 상표에 관한 권리와 관련된 법정대리인이 있는 경우로 한정한다) 또는 피성년후견인인 경우: 법정대리인
2. 교도소·구치소 등 교정시설에 구속된 사람인 경우: 교정시설의장
3. 당사자나 그의 대리인이 2인 이상인 경우에 서류를 송달받기 위한 대표자 1인을 선정하여 특허청장이나 특허심판원장에게 신고한 경우: 그 대표자
4. 2인 이상이 공동으로 대리권을 행사하는 경우: 그중 1인

⑥ 송달 장소는 송달을 받을 자의 주소나 영업소로 한다. 다만, 송달을 받으려는 자가 국내의 송달 장소를 특허청장이나 특허심판원장에게 미리 신고한 경우에는 그 장소로 한다.

⑦ 송달을 받을 자가 송달 장소를 변경하였을 때에는 지체 없이 그 사실을 특허청장에게 신고하여야 한다.

⑧ 송달을 받을 자가 정당한 사유 없이 송달받기를 거부하여 송달할 수 없게 되었을 때에는 발송한 날에 송달된 것으로 본다.

⑨ 법에 따라 송달할 서류 외의 서류의 송달에 필요한 사항은 특허청장이 정한다.

제19조(상표공보) ① 특허청장은 법 제221조제1항에 따라 다음 각 호의 사항을 게재한 상표공보를 발행하여야 한다.

1. 법 제57조제2항에 따른 출원공고
2. 법 제82조제3항에 따른 등록공고

② 제1항제1호에 따른 출원공고 사항을 상표공보에 게재할 경우에는 다음 각 호의 사항을 포함하여야 한다.

1. 출원인의 성명과 주소(법인인 경우에는 그 명칭과 영업소의 소재지). 다만, 자연인인 출원인의 주소는 그 출원인의 신청이 있으면 주소의 일부만을 게재할 수 있다.
2. 표장(제2조제3호에 해당하는 표장의 경우에는 "견본 없음"이라고 표시한다)
3. 지정상품 및 상품류
4. 상표등록출원번호 및 상표등록출원일(법 제180조제1항에 따른 국제상표등록출원인 경우에는 국제등록번호 및 같은 조 제2항에 따른 국제등록일이나 사후지정일)
5. 출원공고번호와 출원공고일
6. 조약에 따른 우선권 주장에 관한 사항(법 제46조제1항에 따른 우선권을 주장하는 상표등록출원인 경우만 해당한다)
7. 상표에 대한 설명(제2조제2호에 해당하는 표장만으로 된 상표 및 같은 조 제3호에 해당하는 표장을 포함하는 상표인 경우만 해당한다)
8. 시각적 표현에 관한 사항(제2조제3호에 해당하는 표장을 포함하는 상표인 경우만 해당한다)
9. 시각적 표현에 합치하는 소리파일(소리상표인 경우만 해당한다)
10. 법 제33조제2항에 해당함을 나타내는 취지(같은 항에 해당하여 공고결정된 상표등록출원인 경우만 해당한다)
11. 지리적 표시 단체표장 또는 지리적 표시 증명표장이라는 취지(지리적 표시 단체표장 또는 지리적 표시 증명표장만 해당한다)
12. 법 제36조제3항 및 제4항에 따른 정관 또는 규약의 요약서(단체표장, 지리적 표시 단체표장, 증명표장 및 지리적 표시 증명표장만 해당하며, 법 제43조제1항 또는 제2항에 따라 수정된 정관 또는 규약은 수정된 것으로 한다)

13. 지정상품을 추가하려는 상표의 상표등록번호 또는 상표등록출원번호(지정상품 추가등록인 경우만 해당한다)
14. 법 제59조에 따른 직권보정에 관한 사항
15. 그 밖에 특허청장이 게재할 필요가 있다고 인정하는 사항

③ 제2항제1호 단서에 따른 신청의 방법·절차와 주소의 게재 범위는 특허청장이 정하여 고시한다.

제20조(고유식별정보의 처리) 특허청장이나 특허심판원장은 다음 각 호의 사무를 수행하기 위하여 불가피한 경우 「개인정보 보호법 시행령」 제19조제1호 또는 제4호에 따른 주민등록번호 또는 외국인등록번호가 포함된 자료를 처리할 수 있다.

1. 법 제29조에 따른 고유번호의 부여에 관한 사무
2. 법 제56조에 따른 서류의 제출 등에 관한 사무
3. 법 제144조에 따른 증거조사 또는 증거보전에 관한 사무
4. 그 밖에 법 및 이 영에 따른 출원, 심사, 심판, 등록에 관한 신청·신고 또는 제출에 관한 사무

제21조(과태료의 부과기준) 법 제237조제1항에 따른 과태료의 부과기준은 별표와 같다.

부 칙 〈대통령령 제27331호, 2016.7.12.〉

제1조(시행일) 이 영은 2016년 9월 1일부터 시행한다.

제2조(우선심사의 대상에 관한 적용례) 제12조의 개정규정은 이 영 시행 전에 출원한 상표등록출원에 대해서도 적용한다.

제3조(과태료에 관한 경과조치) ① 이 영 시행 전의 위반행위로 받은 과태료의 부과처분은 별표의 개정규정에 따른 위반행위의 횟수 산정에 포함한다.

② 대통령령 제23343호 상표법 시행령 일부개정령(이하 "일부개정령"이라 한다)의 시행일인 2011년 12월 2일 전의 위반행위에 대하여 과태료의 부과기준을 적용할 때에는 별표의 개정규정에도 불구하고 일부개정령으로 개정되기 전의 규정에 따른다.

[별 표]

과태료의 부과기준(제21조 관련)

1. 일반기준

가. 위반행위의 횟수에 따른 과태료 부과기준은 최근 1년간 같은 위반행위로 과태료 처분을 받은 경우에 적용한다. 이 경우 위반 횟수는 같은 위반행위에 대하여 과태료 부과처분을 한 날과 그 처분 후 다시 같은 위반행위를 적발한 날을 각각 기준으로 하여 계산한다.

나. 위반행위가 둘 이상인 경우에는 그중 가장 무거운 처분기준(무거운 처분기준이 같은 경우에는 그중 하나의 부과기준을 말한다)을 따르며, 이 경우 무거운 부과기준의 2분의 1까지 가중하여 처분할 수 있다. 다만, 각 부과금액을 합한 금액을 넘을 수 없다.

다. 특허청장은 다음의 어느 하나에 해당하는 경우에는 제2호의 개별기준에 따른 과태료 금액의 2분의 1 범위에서 그 금액을 줄일 수 있다. 다만, 과태료를 체납하고 있는 위반행위자의 경우에는 그렇지 않다.

1) 위반행위자가 「질서위반행위규제법 시행령」 제2조의2제1항 각 호의 어느 하나에 해당하는 경우

2) 위반행위가 사소한 부주의나 오류로 인한 것으로 인정되는 경우

3) 위반행위자가 법 위반상태를 시정하거나 해소하기 위하여 노력한 것이 인정되는 경우

4) 그 밖에 위반행위의 정도, 위반행위의 동기와 그 결과 등을 고려하여 줄일 필요가 있다고 인정되는 경우

라. 특허청장은 다음의 어느 하나에 해당하는 경우에는 제2호의 개별기준에 따른 과태료 금액의 2분의 1 범위에서 그 금액을 늘릴 수 있다. 다만, 법 제237조제1항에 따른 과태료 금액의 상한을 넘을 수 없다.

1) 위반의 내용·정도가 중대하여 심판절차 등에 미치는 영향이 크다고 인정되는 경우

2) 법 위반상태의 기간이 6개월 이상인 경우

3) 그 밖에 위반행위의 정도, 위반행위의 동기와 그 결과 등을 고려하여 과태료를 늘릴 필요가 있다고 인정되는 경우

2. 개별기준

위반행위	근거 법조문	과태료 금액(단위: 만원)		
		1회 위반	2회 위반	3회 이상 위반
가. 「민사소송법」 제299조제2항 또는 제367조에 따라 선서를 한 사람이 특허심판원에 대하여 거짓 진술을 한 경우	법 제237조 제1항제1호	12.5	25	50
나. 특허심판원으로부터 증거조사 또는 증거보전에 관하여 서류나 그 밖의 물건의 제출 또는 제시 명령을 받은 자가 정당한 이유 없이 그 명령에 따르지 않은 경우	법 제237조 제1항제2호	12.5	25	50
다. 특허심판원으로부터 증인, 감정인 또는 통역인으로 출석이 요구된 사람이 정당한 이유 없이 출석요구에 응하지 않거나 선서·진술·증언·감정 또는 통역을 거부한 경우	법 제237조 제1항제3호	5	10	20

권세와 이익의 화려함에 가까이 하지 않는 자는 깨끗하지만
가까이 하되 물들지 않는 자는 더욱 깨끗하다.

- 채근담 (菜根譚) 중에서 -

Index 찾아보기

[저자 약력]

김 원 준(金元俊)

한양대학교 공과대학 전기공학과 졸업(공학사)
한양대학교 산업대학원 전자통신공학과 졸업(공학석사)
University of Missouri-Columbia 대학원 경제학과 졸업(경제학석사)
한국방송통신대학교 법과대학 졸업(법학사)
제14회 기술고등고시 합격
특허청 심사2국 전자과 심사관, 전기과 심사관, 특허청 심판소 심판관 역임
특허청 심사4국 통신심사담당관, 전기심사담당관, 심사4국 국장 역임
외교통상부 주GENEVA대표부 참사관 역임
리더스 국제특허법률사무소 대표변리사, 전남대학교 법학연구소장 역임
현) 전남대학교 법학전문대학원 교수
　　대통령 직속 국가지식재산위원회 전문위원, 한국지식재산법학회 부회장

주요 저서 및 논문
특허법(박영사, 2004. 2), 특허법원론(박영사, 2009. 2)
특허판례연구(도서출판 fides, 2012. 2), 특허법(신론사, 2013. 2)
산업재산권법(개정판)(MARONIE PRESS, 2017. 1)
미국의 Pro-patent 정책과 특허법 개혁안(전남대 법학논총, 2009)
상표등록의 취소심판에서 상표의 동일·유사판단(부산대 법학연구, 2012)
무효인 특허권행사에 따른 특허권자의 민형사책임(부산대 법학연구, 2012)
미국 특허법 개혁과 지식재산 전략에 관한 연구(기업법연구, 2012)
등록상표권의 행사와 권리남용(기업법연구, 2014)
권리범위확인심판에서 진보성 판단 여부(전남대 법학논총, 2014)
디자인의 유사여부 판단기준(기업법연구, 2015)
비상(飛上)하는 중국의 특허와 상표에 관한 연구(전북대 동북아법연구, 2015. 1)
특허무효에 기한 기지급 실시료의 반환에 관한 연구(전남대 법학논총, 2016. 3)
소프트웨어 특허의 현황과 미국 소프트웨어 판례 동향(전남대 법학논총, 2016. 9)
청구범위와 그 관련문제(전남대 법학논총, 2016. 12) 외 다수

상표법개론

초판인쇄 2017년 2월 15일
초판발행 2017년 2월 20일

지은이 김원준
펴낸이 박노일

총괄기획 김중용 · 최준규
편 집 심성보 · 김인숙

펴낸곳 피앤씨미디어
경기도 고양시 일산동구 강송로 153 310-1501
등록 제396-2012-000203호
전 화 070)7550-3758 팩 스 02)718-8554
홈페이지 www.pncmedia.co.kr 이메일 pnc@pncmedia.co.kr
ISBN 979-11-5730-386-1 93360

정 가 25,000원